José Paulo Netto.
Ensaios de um *marxista sem repouso*

Coordenadora do
Conselho Editorial de Serviço Social
Maria Liduína de Oliveira e Silva

Conselho Editorial de Serviço Social
Ademir Alves da Silva
Dilséa Adeodata Bonetti (Conselheira Honorífica)
Elaine Rossetti Behring
Ivete Simionatto
Maria Lúcia Carvalho da Silva (in memoriam)
Maria Lucia Silva Barroco

Dados Internacionais de Catalogação na Publicação (CIP)
(Câmara Brasileira do Livro, SP, Brasil)

José Paulo Netto. Ensaios de um *marxista sem repouso* / seleção, organização e apresentação Marcelo Braz. — São Paulo : Cortez, 2017.

Bibliografia
ISBN: 978-85-249-2578-8

1. Capitalismo 2. Ensaios - Coletâneas 3. Filosofia marxista 4. Marx, Karl, 1818-1883 - Crítica e interpretação 5. Política - Filosofia 6. Paulo Netto, José, 1947- 7. Serviço social - Aspectos políticos I. Braz, Marcelo.

17-08632   CDD-335.411

Índices para catálogo sistemático:

1. Ideias marxistas : História   335.411

Marcelo Braz
Seleção, organização e apresentação

José Paulo Netto. Ensaios de um *marxista sem repouso*

José Paulo Netto. Ensaios de um *marxista sem repouso*
Marcelo Braz (Org.)

Capa: de Sign Arte Visual
Revisão: Eloisa Riva Moura, Maria de Lourdes de Almeida
Preparação de originais: Alexandra Resende, Jaci Dantas
Assessoria Editorial: Maria Liduína de Oliveira e Silva
Editora-assistente: Priscila F. Augusto
Projeto gráfico e diagramação: Linea Editora
Coordenação editorial: Danilo A. Q. Morales

Nenhuma parte desta obra pode ser reproduzida ou duplicada sem autorização expressa do organizador e do editor.

© 2017 by Organizador

Direitos para esta edição
CORTEZ EDITORA
Rua Bartira, 317 — Perdizes
05009-000 — São Paulo-SP
Tels.: +55 11 3864-0111 / 3611-9616
E-mail: cortez@cortezeditora.com.br
www.cortezeditora.com.br

Impresso no Brasil — outubro de 2017

Sumário

NOTA DO EDITOR 7

APRESENTAÇÃO Pequeno inventário de um *marxista sem repouso*
■ Marcelo Braz 13

PARTE I
PARA A CRÍTICA DO CAPITALISMO CONTEMPORÂNEO

A crise global e a significação da ofensiva neoliberal 39
Uma face contemporânea da barbárie.. 56

PARTE II
DOIS PROCESSOS POLÍTICOS

Portugal: a Revolução dos Cravos 91
Brasil: o golpe de 1º de abril de 1964 109

Parte III

Marxismo — dos clássicos à América Latina

Karl Marx: um roteiro biobibliográfico 131

Da recepção dos *Manuscritos de 1844* 166

Razão, ontologia e práxis 175

Engels: o *Anti-Dühring* 196

Lenin: da política cultural e dos artigos sobre Leon Tolstoi 215

G. Lukács e a política 237

Nota sobre o marxismo na América Latina 254

Parte IV

Combates no Serviço Social

A crítica conservadora à Reconceituação 281

O Serviço Social e a tradição marxista 297

O *projeto ético-político* do Serviço Social: das ameaças à crise 309

Assistencialismo e regressividade profissional no Serviço Social 314

Anexos

I – Dos tempos da crítica de poesia

Ferreira Gullar e a superação do idílico 332

II – Atribuição da emerência acadêmica

Alocução de Carlos Nelson Coutinho 346

Notas 351

Nota do Editor

Fui convidado a dar meu testemunho sobre José Paulo Netto no ensejo da celebração dos seus 70 anos.

Este testemunho abre esta coletânea com seus escritos, reunidos pelo Professor Marcelo Braz, e faz parte, portanto, de um livro que é um presente para a sociedade brasileira.

Dar um testemunho é lembrar, contar, recordar.

Recorro à minha memória e me esforço para encontrar e conectar fragmentos que, em lembrança, refaçam as cenas que juntos protagonizamos, a começar da ocasião em que nos encontramos, há 36 anos.

Nos conhecemos no ano de 1981, e o cenário foi a Livraria Cortez, recém-inaugurada na rua Bartira, 387, no bairro de Perdizes, na capital paulista.

Ao levantar a porta de aço pela manhã, chega o Sr. Zé Paulo e pergunta:

"Você é o Cortez?"

"Sim, sou".

Em seguida, perguntou:

"É verdade que o Serviço Social é uma das prioridades de publicação da sua editora?".

Quando confirmei, ele exclamou e indagou ao mesmo tempo:

"Você é muito corajoso. Acha que vai sobreviver?"

Coube a mim, felizmente, confirmar que já estava sobrevivendo. Na ocasião, nosso catálogo contava com os primeiros doze títulos publicados na área.

Isso está documentado na relação da quarta capa da *Revista Serviço Social & Sociedade* número 5, de março de 1981.

Aliás, essa Revista tem também seu papel histórico nas memórias de nossa amizade. Foi nela que José Paulo Netto escreveu seu primeiro artigo: "A Crítica Conservadora à Reconceptualização"...

Retomar essas memórias diz respeito a aspectos singulares de nossas vidas. Por isso, não vou aqui comentar a trajetória brilhante desse professor, marxista impenitente, intelectual de referência, deixo para os inúmeros pesquisadores e estudiosos.

Quero compartilhar com o leitor o lugar especial que esse personagem ocupa tanto na minha memória profissional, quanto pessoal e afetiva.

Já no início de minha trajetória como Editor e Livreiro, ainda pouco experiente e com escassos recursos, recebi de José Paulo Netto muitas sugestões a respeito do que publicar, do que faltava ao leitor em geral e ao leitor do Serviço Social em particular.

Essa magnanimidade fez e faz parte de um contexto em que professores e pesquisadores, com generosidade, aconselham, propõem, colaboram com desprendimento para que saberes sejam partilhados.

Ocupam um papel na dinâmica das editoras, livrarias, bibliotecas, incluindo colegas professores, reforçando estratégias de difusão cultural que poucas vezes encontra respaldo em políticas educacionais voltadas à leitura.

Não preciso aqui mencionar o lugar acadêmico, político e intelectual desse autor. Lugar esse que conheço de perto, considerando os inúmeros escritos publicados pela nossa Casa.

Esses escritos se somam às palestras e conferências feitas nos eventos que organizamos, o que fez com que o editorial recebesse com grande reverência e respeito os originais dessa coletânea tão rigorosamente organizada pelo Professor Marcelo Braz.

É um autor que nos dignifica.

Mas não vou me furtar, num testemunho como este, a compartilhar lembranças originadas na nossa amizade e que, por isso mesmo, são lembranças que evocam o riso conjunto, a brincadeira saborosamente infantil, o pitoresco da vida.

Por um tempo, ambos residimos nas imediações da PUC São Paulo, o que facilitou e favoreceu muitos de nossos encontros. Durante alguns sábados, próximo ao meio-dia, nos reuníamos com alguns professores em uma mesa grande do primeiro andar da Editora, para uma boa conversa acompanhada de uma boa pinga ou vinho. Recordo da presença constante do Professor Evaldo Amaro Vieira e também de Antonio Jorge Soares, que fazia o doutorado em Filosofia na Unicamp.

Aprendemos também a trocar visitas.

Lembro-me que minhas três filhas, ainda pequenas, estranhavam aquela barba.

Divirto-me também com o "ator" habilidoso, que telefonava para mim na editora e costumava (aliás, costuma) se identificar com grande variedade de personagens.

Apresentava-se como agente da Polícia Federal, como homem de alta patente da Marinha (em alusão ao meu histórico político), como secretário de Educação de uma ou outra cidade, ou aludindo a "figurões". Eram muitos personagens a surpreender e a divertir, menos Zé Paulo.

As ligações tornaram-se parte de um "folclore familiar", a ponto de um dia Miriam, minha filha mais nova, em seu trabalho inicial como telefonista da Editora, atender seu chamado e apavorada me alertar: "Pai, se esconde porque a Polícia Federal lá te procurando!"

Outro acontecimento memorável, verdadeiramente marcante, aconteceu em 1984.

Para minha alegria, essa é uma memória partilhada com um casal amigo e autor, e esse seria um enredo impossível sem os detalhes que habitam suas lembranças. Trata-se do professor Antônio Joaquim Severino e sua esposa, Francisca Eleodora Severino. Naquele ano, combinamos eu, minha esposa Potira (*in memoriam*) e o casal, uma viagem de férias a Portugal.

Nas conversas com Zé Paulo, ele sempre se referia a Portugal, partilhando seus muitos conhecimentos históricos.

Portugal o acolheu no exílio e lá teve a oportunidade de ministrar aulas e fazer grandes amizades.

Como o período de viagem coincidia com sua presença por lá, ofereceu-se generosamente para nos ciceronear, um verdadeiro privilégio.

Ao chegarmos a Lisboa, ele marcou um encontro conosco no dia seguinte, às 10 horas, no Largo do Carmo.

Lá, o encontramos deitado numa mureta, com os braços escondidos.

Ao chegarmos, ele se levantou com largo sorriso, e com os braços ainda para trás desconsiderou a presença masculina e se aproximou de Potira e Francisca, dizendo que aquele lugar era para ele muito importante, porque era ali o local da rendição da ditadura salazarista.

Mostrando finalmente as mãos, tinha em cada uma um cravo vermelho, com os quais, segundo ele, homenagearia as mulheres portuguesas que se envolveram na luta pela libertação, nas pessoas de Potira e Francisca.

Nos dias seguintes caminhamos, os cinco, por várias ruas, vielas, becos, ele explicando os fatos históricos daquele chão da velha Lisboa, que tanto ama.

O novo encontro no dia seguinte foi marcado ao "pé do nosso Pedro I", mas sem nos alertar previamente que nosso príncipe regente Pedro I era, para os portugueses, Pedro IV.

Essa "confusão" gerou divertido desencontro, pois permanecemos cerca de meia hora aguardando-o junto à estátua do Pedro I de Portugal, que ficava em outra praça próxima.

Potira e Francisca desconfiaram que Zé Paulo poderia estar noutro lugar e tomaram a decisão de verificar, caminhando para a outra praça, seguidas por nós dois.

Lá nós o encontramos fumando cachimbo e dando sonoras gargalhadas aos pés de Pedro IV.

E aí ele nos presenteou com sua erudição contando a história de Portugal, relacionando-a com a história da colonização.

José Paulo Netto. Ensaios de um *marxista sem repouso*

Na sequência, levou-nos às margens do rio Tejo, descrevendo a viagem de Cabral ao Brasil.

Por dias seguidos tivemos excelentes aulas sobre a história portuguesa.

As noites foram regadas a bom vinho e premiadas com boa mesa, já que conhecia lugares estratégicos para o paladar e também para os ouvidos, pois tivemos inesquecíveis encontros com o fado lusitano.

Mas nessa inesquecível viagem não faltou situação "de fuga".

Quando fomos ao Castelo de São Jorge, Zé Paulo, muito empolgado em narrar a história desse Castelo, não se deu conta de que havia quatro gansos guardando a fonte e que passaram a persegui-lo, bicando-lhe as pernas e os braços. Ele batia as mãos e pulava como um garoto, ao mesmo tempo em que gritava: "Estes gansos não gostam de comunistas, foram treinados para persegui-los!".

Saindo do Castelo continuamos nossas andanças por Lisboa e conhecemos, além do bairro de Alfama, o Paço Municipal e fomos almoçar no restaurante Brasuca — que fica no térreo de um prédio centenário —, do nosso amigo Juca, que serve comida brasileira, mas preferimos a especialidade do "chef", o bacalhau na nata.

Zé Paulo dedicava muita amizade e admiração à Potira.

Caminhávamos, e ambos conversavam com alegria. Mas Zé Paulo inúmeras vezes interrompia esses diálogos para abrir debate com a Francisca, da área de Ciências Sociais, com densas questões que rapidamente se tornavam divertidas polêmicas.

Mas essas polêmicas não vingavam, pois Potira encontrava um modo de "recompor a prosa" e as questões eram, então, lançadas para "a posteridade", para que fossem "arrematadas" em futuros encontros no Brasil, na expectativa de almoços e jantares que ainda estão para acontecer.

Diversões à parte, havia decidido também conhecer a cidade do Porto, para que pudéssemos, inclusive, visitar um casal: Fernanda Rodrigues, assistente social e que se doutorou na PUC-SP, e seu marido Stephen Steuer (*in memoriam*).

A professora Fernanda Rodrigues era referência na área, tanto no Brasil quanto em Portugal, aliás país pródigo em formar reconhecidos intelectuais, inclusive na área de Serviço Social. Muitos deles doutorados no Brasil.

Na cidade do Porto as informações históricas de Zé Paulo foram também muito úteis.

Como se percebe, essa Nota é um capítulo da história política recente em que autor e editor se identificaram e se identificam em suas lutas, escolhas e visão de mundo. É também um capítulo na história de grandes e sólidas amizades.

José Xavier Cortez
São Paulo, setembro de 2017

Apresentação
Pequeno inventário de um *marxista sem repouso*

Marcelo Braz

> Ser um mártir é fácil; difícil, muito difícil, é permanecer entre luzes e sombras pelo bem de uma ideia. (L. Feuchtwanger)

> Questão lateral e a que não posso responder é a de saber se a ponte que tentei lançar entre o passado e o futuro, para e através do presente, será realmente duradoura [...]. Se, nestes tempos desfavoráveis, não logrei estender mais que uma frágil ponte, um dia irão substituí-la por outra, sólida [...]. Eu, pessoalmente, me contentaria em conseguir facilitar a alguns homens, mesmo que a poucos, o caminho do passado ao futuro, neste confuso período de transição. (G. Lukács)

Começo por dizer duas coisas que me deixaram à vontade para escrever essa *Apresentação* de uma coletânea que foi organizada sob a direta supervisão de José Paulo Netto.

O livro que o leitor tem em mãos é motivado pelo septuagésimo aniversário de José Paulo Netto, que transcorrerá em novembro de 2017. É, portanto, uma homenagem a ele. Nada melhor que um livro que repõe textos relevantes de sua obra para homenagear um intelectual que, muito apropriadamente, reconhece-se como "um trabalhador dos livros". Eu acrescentaria: um *incansável trabalhador dos livros*. Um *marxista sem repouso*.

No final dos anos 1970, num opúsculo sobre seu mestre Lukács, Netto escreveu: "Aos setenta e dois anos, desvinculado pela primeira vez (desde que se tornou comunista) do PC, compulsoriamente recolhido à vida privada e alvo de mais uma campanha de descrédito ideológico, Lukács parece afastado da cena cultural — entre 1958 e 1961, a sua bibliografia só registra títulos menores". Este foi o período da trajetória de Lukács compreendido entre 1957/58 e 1962 — entre a obra que anunciava o colossal projeto da Estética (*Introdução a uma Estética Marxista*) e a *Carta sobre o estalinismo*. Já com mais de 70 anos, o velho filósofo húngaro — *um guerreiro sem repouso*, como Netto o qualificou — dava seguimento a sua batalha no campo das ideias. Pois bem, perto de seus 70 anos, um dos melhores intérpretes da obra de Lukács é também, como seu mestre, um incansável *marxista sem repouso*.

Nosso autor segue produzindo intensamente novos ensaios, traduções, prefácios, apresentações/introduções, organizando antologias e, naturalmente, seus próprios *livros*. Atende convites para aulas, cursos, palestras e conferências para universidades e movimentos sociais, como é o caso das aulas que oferece na *Escola Nacional Florestan Fernandes/ ENFF*, vinculada ao *Movimento dos Trabalhadores Rurais sem Terra*/MST. Não poucas vezes, já passados seis anos de sua aposentadoria formal, é comum ver o Professor Emérito[1] José Paulo Netto na Escola de Serviço Social da Universidade Federal do Rio de Janeiro (ESS/UFRJ). Colabora mensalmente com o *blog* da editora Boitempo, meio através do qual presta

---

1. Maior honraria acadêmica que recebeu da universidade em 2011, proposta pela gestão (2010-2014) encabeçada pela Professora Mavi Rodrigues, aprovada por unanimidade pela Congregação da unidade acadêmica e encampada, entusiasticamente, pelo saudoso e memorável reitor Professor Aloísio Teixeira. O texto que sustentou a emergência ficou sob os cuidados do Professor Carlos Nelson Coutinho, cujo breve discurso que fez na ocasião da titulação de José Paulo Netto está publicado nesta coletânea (ver Anexo II). Não custa lembrar que Coutinho foi agraciado com a mesma honraria, também encaminhada na mesma gestão da ESS/UFRJ, já durante o reitorado do Professor Carlos Levy, em 2012. A sessão de titulação do Professor Emérito Carlos Nelson Coutinho ocorreu poucos meses após sua aposentadoria. Em setembro do mesmo ano, um câncer nos levou Coutinho precocemente.

inestimável serviço de difusão de informações sobre relevantes figuras marxistas ou não, em geral pouco conhecidas entre os mais jovens. Sempre que convidado, participa de reuniões e mesas de debates junto a seu partido de sempre, o Partido Comunista Brasileiro/PCB.

José Paulo Netto se aposentou, pelo menos formalmente, da universidade em 2011. Mas os estudantes não o deixam repousar. E ele parece se recusar à aposentadoria. Prosseguiu dando cursos na ESS/UFRJ na condição de Professor Emérito, esteve na Faculdade de Serviço Social da Universidade do Estado do Rio de Janeiro/UERJ como professor visitante entre 2015 e 2016, é recorrentemente convidado para atividades em outras instituições de ensino (por exemplo, na Faculdade de Serviço Social da Universidade Federal de Juiz de Fora/FSS-UFJF) e ainda é muito frequente em inúmeras bancas de mestrado e doutorado. Continua figurando, com a mesma frequência (e a empolgação de sempre!) em eventos os mais variados: desde diversas atividades organizadas por estudantes até congressos marxistas e profissionais aqui e no exterior. Recentemente, este ano mesmo, na ESS/UFRJ, tivemos que contornar um problema de agenda porque Netto havia se comprometido com dois eventos: um importante lançamento de livro de um colega seu da ESS/UFRJ, no qual dividiria a mesa com dois outros ilustres convidados — e uma atividade política, convocada pelos estudantes, a chamada "Aula Pública". Os leitores que conhecem o Professor José Paulo Netto certamente não se surpreenderiam: sabem que isso ocorre com frequência (não porque o Professor não tenha uma agenda organizada; ao contrário, ele é bastante cioso com seus compromissos) pela simples razão de o Professor não resistir a uma convocatória dos estudantes!

O nosso *marxista sem repouso*, para além das homenagens que estão sendo preparadas para ele neste ano, está envolvido com importantes trabalhos por ocasião do centenário da Revolução Russa. No momento em que escrevo esta *apresentação*, ele acabara de enviar à editora Expressão Popular os originais de uma enorme coletânea de textos de Lenin sobre a Revolução de 1917, com uma excelente *Introdução* que tive a oportunidade de ler antes da publicação, contendo expressivas informações biográficas, bibliográficas e históricas, características dos textos desta natureza assinados por Netto. Para o próximo ano (2018), está a preparar uma biografia de Marx relativa ao bicentenário do seu nascimento e, junto com este escriba, começará a organizar em breve uma seleta de cartas de Marx e de Engels sobre *O capital*.

Por ocasião de seus 70 anos, homenagens de amigos, admiradores, alunos/as e ex-alunos/as já se anunciaram, com merecimento, no Brasil e no exterior. Aqueles que o conhecem bem têm a certeza de que a homenagem que o deixaria realmente gratificado é o debate em torno de suas ideias — a melhor forma não apenas de homenageá-lo, mas também de apreciar e avaliar sua obra.

Os textos selecionados para esta coletânea foram organizados em 4 (quatro) partes, correspondentes às contribuições distintas do Professor José Paulo Netto às expressões diversas do pensamento social: Parte I: *Para a crítica do capitalismo contemporâneo*; Parte II — *Dois processos políticos*; Parte III — *Marxismo: dos clássicos à América Latina*; Parte IV — *Combates no Serviço Social*. Há ainda dois anexos: Anexo I — *Dos tempos da crítica de poesia*; Anexo II — *A atribuição do título de Professor Emérito da UFRJ* (nele reproduzimos o discurso de Carlos Nelson Coutinho na cerimônia da emerência). As notas de rodapé aparecem no final do livro (algumas foram atualizadas, consignadas edições mais recentes de textos antigos). Na abertura de cada parte e de cada anexo, o leitor é informado do contexto de cada peça presente aqui, basicamente da origem e do lugar delas na obra de Netto. Quanto aos textos, mantêm seu teor e fontes bibliográficas originais, apenas com pequenas modificações formais exigidas pela sua inserção neste volume.

Fundamentalmente, nesta *apresentação*, ocupei-me de introduzir o leitor no universo que envolve vida e obra de José Paulo Netto. Trata-se apenas de um muito *pequeno inventário de um marxista sem repouso*.

O homem

A História não faz nada, ela 'não possui uma enorme riqueza', ela 'não luta lutas'! É antes o homem quem faz, possui a luta, tudo; não é a 'História' quem usa o homem como meio para

> realizar seus fins [...]; ela não é senão a atividade do homem que persegue seus fins. (Marx/Engels, *A sagrada família*)

Não se trata de separar vida e obra, como se fossem duas partes autônomas. Se procedesse com essa formalidade, eu estaria quase renegando metodologicamente o marxismo, que tanto cultivo. Mais ainda: em se tratando de um intelectual cuja vida se entrelaça com a obra de modo incontornável, o procedimento seria insustentável. Estamos diante de um autor que faz do trabalho intelectual a estrutura nuclear de sua sociabilidade e que, em consequência, se reconhece como um "trabalhador dos livros".

Nosso autor é bem conhecido de seu público — respeitado intelectual tanto pela influência que sua obra desfruta nos campos do conhecimento em que interveio quanto pela audiência que suas aulas, palestras e conferências alcançam. Há realmente dois traços característicos, até mesmo duas vocações[2], marcantes em Netto: a de escritor e a de professor. Ele as desempenhou com talento especial, adquirido e desenvolvido em sua própria trajetória que, desde muito cedo, explicitou inquietudes juvenis diante das questões mundanas que, a pouco e pouco, despertaram-no para a busca, mais ou menos consciente, de respostas na política e na teoria. Mais importante aqui é considerar que as escolhas que fez, determinadas pelas formas de sociabilidade que encontrou pelo caminho e pelas aleatórias variações que o acaso operou, tiveram seus pesos distintos no seu desenvolvimento, como ocorre com qualquer ser social.

O que passo a descrever a seguir, nesta muito breve *apresentação*, não tem pretensões teóricas, muito menos pretende oferecer ao leitor sequer um ensaio de biografia, algo que requer pesquisa rigorosa. Entretanto, tenho a certeza de que alguns dos elementos biográficos[3] trazidos aqui,

---

2. Segundo o Caldas Aulete (que aprendi a consultar — e a cultivar — por influência do meu amigo), "vocação" tem duas acepções: pode se referir a uma tendência natural, a algo inato que, evidentemente, não é a que nos interessa; e ao *talento especial* para determinadas atividades ou profissão. É a essa segunda acepção que remeto a palavra "vocação".

3. Algumas das informações que utilizo são de entrevistas e depoimentos que José Paulo Netto forneceu em momentos diversos de sua vida. Uso também algumas informações que colhi da convivência com o próprio autor.

se relacionados à história, permitem abrir um campo de investigação a quem se dispuser a alçar voos maiores.

Nascido a 29 de novembro de 1947, em Juiz de Fora, nas Minas Gerais, José Paulo Netto completa neste ano seu septuagésimo aniversário. Filho de Paulo José Netto — um homem conservador, contabilista dedicado ao trabalho comercial, leitor de boa literatura — e de Maria Eid — mulher ativa e inteligente, solidária às causas populares e democráticas, que manteve laços com os comunistas —, Netto tem um irmão e uma tia-irmã com quem conviveu em sua infância e adolescência.

De 1947 até nossos dias, Netto viveu um mundo mutante, típico do breve século XX — a *era dos extremos*, na famosa identificação do historiador Eric Hobsbawm. As polarizações na política do século XX deram ao mundo figuras incontornáveis, marcantes para a trajetória de qualquer jovem que se iniciava nas artes da militância política no início da década de 1960. Uma *década longa* que, na continuidade de anos anteriores, ofereceu ao mundo sombras e luzes, com repercussões na América Latina e no Brasil: a morte de Stalin, em 1953 e a divulgação do *Relatório Kruschev*, em 1956; a *Declaração de Março*, do PCB, de 1958; a irrupção e a consolidação da Revolução Cubana, entre 1959 e 1962; as lutas anticoloniais em África e Ásia; a tentativa de golpe contra Jango e a *Campanha pela Legalidade* de Brizola, em 1961; o auge do combate pelas "reformas de base" de Jango e o golpe civil-militar, no 1º de abril de 1964; a efervescência político--cultural e a hegemonia da esquerda brasileira no "mundo da cultura", entre 1964 e o "golpe dentro do golpe" promovido pelo AI-5, em 1968; a intervenção da URSS na Tchecoslováquia e o Maio francês, em 1968; a chegada de Allende ao poder e o brutal golpe que sofreu em 1973; as polêmicas em torno da via democrática ao socialismo, patrocinadas pelo Partido Comunista Italiano/PCI na entrada da década de 1970; a gloriosa Revolução dos Cravos, em Portugal, no 25 de abril de 1974.

Este mundo mutante e de extremos — de *tempos difíceis*, mas também *interessantes* — que Netto só conheceu a partir da segunda metade do século, foi o mundo de grandes personalidades em todos os campos da vida social, especialmente na política. Foram tempos de J. Stalin (1878-1953), W. Churchill (1874-1965), Mao Tsé Tung (1893-1976), C. De Gaulle (1890-1970), N. Kruschev (1894-1971), J. D. Perón (1895-1974), João XIII

(1881-1963) J. Kennedy (1917-1963); entre nós, tempos de Getúlio Vargas (1882-1954), Luís Carlos Prestes (1898-1990), Juscelino Kubistchek (1902-1976), Carlos Lacerda (1914-1977), João Goulart (1918-1976), Giocondo Dias (1913-1987), Carlos Marighella (1911-1969); também e ainda, de Ho Chi Minh (1890-1969), Salvador Allende (1908-1973), N. Mandela (1918-2013), A. Cunhal (1913-2005), Vasco Gonçalves (1921-2005), Agostinho Neto (1922-1979), Amílcar Cabral (1924-1973), Malcom X (1925-1965), Fidel Castro (1926-2016), E. Che Guevara (1928-1967), M. Luther King (1929-1968), Angela Davis (1944)...

Foi justamente na entrada dos anos 1960 que Netto, então um adolescente com 13, 14, 15 anos, descobria esse mundo a partir de Juiz de Fora. Seria por esses anos que o jovem se depararia — como vivente daquele mundo que descrevemos acima, de tempos difíceis e interessantes — com eventos pessoais que eram expressões singulares da universalidade de uma época. Do mesmo modo, as pessoas que tiveram alguma participação em seus rumos nesses anos encarnavam, de forma mais ou menos desenvolvida, aquelas figuras históricas expoentes de um momento histórico. O "ponto de interseção", de que fala Adam Schaff (como veremos a seguir), expressa-se justamente nesse encontro entre determinantes sociais (ingovernáveis pelos indivíduos que, por isso, não fazem a história como querem...) — determinantes que criam, incessantemente, acontecimentos rotineiros que surgem como acasos no cotidiano dos homens, totalmente imprevisíveis a eles — e a existência singular dos homens que são levados a fazer escolhas condicionados pela sociabilidade acumulada e premidos pelas circunstâncias de sua vida imediata. Nesse torvelinho, entre determinantes que se afirmam sobre os indivíduos e as escolhas que eles fazem mediadas pela história e pelas exigências cotidianas (que são mesmo contingenciais), é que podemos pensar numa trajetória pessoal[4].

---

4. Quando de uma entrevista, no momento em que lhe foi solicitada uma análise da conjuntura, Netto saiu-se assim: "[...] Temos que, com clareza, distinguir aquilo que é possível do que é desejável. Não para nos contentarmos com o possível, só; mas para entender que o possível só o é verdadeiramente se tiver uma relação com o desejável. É isso que pode evitar que a gente caia no esquerdismo tolo, no radicalismo verbal ou, então, na complacência ou na cumplicidade" (NETTO, J. P. *Universidade e Sociedade*. Brasília, n. 30, Ano XIII, jun. 2003, p. 134).

No caso de Netto, três elementos de sua trajetória têm peso importante na estruturação de sua formação[5]. Eles acabaram por confluir num quarto elemento que foi para o nosso autor o ponto de interseção que, ainda muito cedo, estruturou, definitivamente, ainda que não deterministicamente, sua trajetória. Em síntese, os três elementos de sociabilidade estruturadores (a socialização inicial nas relações familiares, no bairro e na escola) confluíram e convergiram no partido.

Mas antes de irmos até eles, é necessário um pequeno comentário que permita compreender melhor esse processo de formação do ponto de vista materialista-histórico.

Quando se trata de identificar traços de individualidade, é necessário perceber como eles se desenvolveram historicamente. N'*A ideologia alemã*, Marx e Engels nos mostram que as individualidades são histórica e socialmente determinadas e que cada personalidade humana se estrutura como um ponto de interseção de uma multiplicidade complexa de determinantes sociais; essa formação resulta, de modo único, numa forma original em sua totalidade, como unicidade. Como ensina o conhecido marxista polonês Adam Schaff (1913-2006), o indivíduo "[...] embora não seja um mônade, se bem que esteja ligado à sociedade por múltiplos liames e seja produto dela, constitui na sua totalidade única um certo *mundo em si* que desaparece com a sua morte". Na concepção marxista do indivíduo, a "[...] personalidade do homem, exatamente porque possui um caráter social, não é dada, mas *torna-se*, é um processo; ela não é o produto de forças super-humanas, mas o do homem *social*, da *autocriação* humana".[6]

---

5. Nos limites do seu ecletismo, Hans Gerth e Wright Mills oferecem um esquema de identificação dos elementos de biografia que, relacionados à estrutura social mais abrangente, influenciam na formação da personalidade e do caráter dos indivíduos. A estrutura de classes, a posição social e as formas institucionais de controle social enlaçam os homens independentemente de suas vontades. Estas dependem tanto das formas de consciência que influem nas escolhas como das possibilidades que cada indivíduo encontra para fazer escolhas. Quanto menos alternativas ele dispõe, menos livre será. Em todo caso, num modo de produção marcado pela divisão social do trabalho e pela propriedade privada dos meios de produção, a liberdade é uma quimera para a maioria da humanidade (cf. GERTH, H.; MILLS, W. *Caráter e estrutura social*. Rio de Janeiro: Civilização Brasileira, 1973, p. 330-348).

6. SCHAFF, A. A concepção marxista do indivíduo. In: VOLPE, D. et al. *Moral e sociedade*. Rio de Janeiro: Paz e Terra, 1969. p. 90-91.

Agora podemos retornar ao nosso autor. Dizíamos que três elementos foram estruturadores em sua formação, afluentes que desaguaram num grande rio que foi o partido.

O primeiro deles vem de suas relações familiares. Para esse jovem que já na maturidade se autodeclarava, orgulhoso, como "um filho adotivo da classe operária"[7], a vida proporcionou um ambiente familiar, em um estrato baixo da pequena burguesia, estimulante para o desenvolvimento dos filhos. Em suas palavras: "Naquela casa, onde se discutia de tudo (religião, política, futebol), às vezes de maneira muito acalorada, podia-se pensar e falar livremente"[8]. Se sua mãe demonstrava posições políticas mais progressistas — "odiava o imperialismo norte-americano, viu a Revolução Cubana com alegria e, em 1964, entendeu com clareza que se iniciava um episódio ditatorial de novo tipo" e solidarizou-se corajosamente com os perseguidos da ditadura —, seu pai, apesar de seu conservadorismo — "julgou que o golpe do 1º de abril dirigia-se mesmo contra a 'corrupção'!"[9] — era bom leitor e aproximava os filhos aos livros.

Um segundo elemento importante vem do bom e respeitado colégio — Instituto Granbery, metodista, onde estudou dos seis anos até a universidade[10] — que legou a nosso autor um bom capital cultural, bem aproveitado, de que é prova o seu desempenho nas avaliações nas quais obtinha notas entre as mais elevadas da instituição. A disposição para o trabalho intelectual adquirida no colégio, ademais de outras inserções juvenis que também o levaram a adquirir responsabilidade e disciplina, ajudou a formar um jovem que, mais tarde, assumiria tarefas políticas numa organização leninista como o PCB, de que falaremos a seguir.

Sua sensibilidade social, que remete ao terceiro elemento estruturador, viu-se certamente condicionada pela forte presença proletária do

---

7. A referência de José Paulo Netto é Álvaro Cunhal, o histórico secretário-geral do Partido Comunista Português que, diante de um tribunal da ditadura salazarista, apresentou-se como oriundo de uma família burguesa de Coimbra que se tornou "um filho adotivo da classe operária".

8. NETTO, J. P. Entrevista. In: *Praia Vermelha*, v. 20, n. 2, jul./dez. 2010. p. 11.

9. *Idem*.

10. Na Universidade Federal de Juiz de Fora/UFJF, diplomou-se em Serviço Social e cursou Letras. Seu ingresso na Faculdade de Serviço Social deveu-se a razões bem objetivas, como ele mesmo declara: a instituição era a que "[...] oferecia na cidade, à época, a melhor formação para quem se interessava em compreender a vida social [...]" (NETTO, *op. cit.*, p. 12).

bairro onde se socializou em Juiz de Fora. Na infância, no Vitorino Braga (na zona leste de Juiz de Fora), foi parte de sua socialização elementar o convívio com os operários que trabalhavam e que circulavam pelo bairro. O som dos tamancos dos operários e operárias que transitavam no entorno das fábricas (uma de torrefação de café e outra têxtil) vizinhas à sua casa tocava-o desde cedo. Provavelmente, a ambiência que vivia em casa e nas ruas facilitou o trabalho de um militante, o barbeiro Milton Fernandes, conhecido comunista na cidade, que, talvez já percebendo o potencial do menino, então com 13 anos, deu-lhe de presente um livreto que, lido imediatamente, causou no jovem enorme impacto. Bem mais tarde, ele declararia que, após ler o *Manifesto do Partido Comunista*, sua "conversão (porque de conversão se tratou mesmo!) foi imediata"[11].

Dali em diante, dada a "conversão", o partido tratou de encaminhar o rapaz. Sua ligação com o PCB é a de uma vida dedicada a uma causa (o projeto comunista) e a uma organização política histórica disposta a torná-la realidade no Brasil. Do ingresso no partido em 1963, de que ficou encarregado por seu recrutamento um então dirigente estudantil — Roberto Resende Guedes (o "Roberto Bolinha") — até a saída, em 1992 (quando da crise que levou à desestruturação do partido), incluídos os anos no exílio entre 1976 e 1979, foram praticamente 30 anos de PCB. No partido, ademais de variadas atividades que desenvolveu como militante de base, foi dirigente do Comitê Central entre 1982 e 1989, tornou-se mesmo um militante "profissional", editorialista da *Voz da Unidade*. Em suas próprias palavras:

> Até 1975, meu trabalho partidário restringiu-se a Minas Gerais. No retorno do exílio em 1979, tornei-me assessor do que se designou "Coletivo Nacional de Dirigentes Comunistas", que tinha como principal figura Giocondo Dias. Fui eleito para o Comitê Central e para a Comissão Executiva no VII Congresso (1982). [...] Respondi, entre 1982 e 1987, pela página editorial da *Voz da Unidade* e, durante os anos em que Noé Gertel esteve no exterior, substituí-o como editor do semanário[12].

---

11. NETTO, *op. cit.*, (2010), p. 13.

12. *Idem.*

Sua vida e sua formação inicial se cruzaram com o Partido Comunista Brasileiro. Parece que nele Netto encontrou aquilo que vivenciava em suas primícias de infância e de adolescência que lhe foram favoráveis: a sensibilidade social adquirida em casa e no Vitorino Braga; a disposição para as discussões e os debates que também vivia em casa; o gosto pela leitura e a disciplina para o estudo incorporados no lar e no bom colégio. *Sensibilidade social, discussões e debates, leitura, estudo e disciplina: elementos presentes na vida de um partido comunista como o PCB.* Esse encontro, que foi não apenas o de uma vida singular com uma organização política, acabou por se tornar o encontro decisivo para estruturar o homem e sua obra, indelevelmente unidos àquela causa e, irremediavelmente, dedicados ao projeto comunista que ele ajudou/ajuda a construir no PCB.

A vida no partido, ademais de aprofundar sua relação com os trabalhadores (entre eles um conhecido por *Gato Preto* — José Henrique de Oliveira, um mecânico de bondes), facultou-lhe uma sólida formação marxista, adquirida por sua incansável dedicação ao trabalho intelectual e o convívio com figuras (muitas delas tornadas amigos) de proa do marxismo brasileiro: Antonio Roberto Bertelli, Carlos Nelson Coutinho, Nelson Werneck Sodré, Moacyr Félix, Celso Frederico, Juca (Enoir Luz), Raul Matteos Castel, Ronaldo Coutinho, Sérgio Brasil. Diz ele, com algum exagero no juízo sobre si, que foram "[...] camaradas que muito contribuíram para que o caipira de Juiz de Fora[13] se tornasse menos ignorante".

A obra

Há marxistas e marxistas. Na universidade, conheci pouca gente que realmente havia lido Marx. Eu próprio não conheço Marx tanto quanto

---

13. O "caipira de Juiz de Fora" tornou-se um cidadão ilustre de sua cidade natal. Em 1999, foi agraciado com a importante *Comenda Henrique Halfeld*, pela Prefeitura Municipal de Juiz de Fora, da qual fora, nos anos 1970, secretário de cultura na segunda gestão de Itamar Franco (1973-1974). Quando o futuro Presidente da República candidatou-se ao Senado, elegendo-se na memorável vitória oposicionista de 1974, Netto teve papel saliente em sua campanha; afastaram-se depois (1989), quando Itamar Franco vinculou-se à campanha de Collor de Melo — mas os laços de amizade não foram rompidos.

desejaria. Paul Singer, por exemplo, é uma pessoa que conhece Marx e o marxismo e, no entanto, tem posições moderadas. Há pessoas que conhecem Marx como Octavio Ianni, José Paulo Netto, Jacob Gorender. (Florestan Fernandes, 1991)[14].

Ao homenagearmos um intelectual marxista como José Paulo Netto é preciso ter em mente que o autor está em plena atividade intelectual, produzindo e publicando suas ideias com o vigor e a qualidade que seu público leitor já conhece. Isto significa que esta coletânea traz uma seleta de uma produção teórica que, felizmente, *ainda está em curso*.

Trata-se de uma obra inacabada (porque em movimento), mas uma obra cuja *inteireza* guarda, em sua diferencialidade, *coerência e unidade*. O leitor verá que os textos selecionados são peças bastante representativas da obra que Netto já nos legou. Mas eles não a esgotam, nem retrospectivamente, nem prospectivamente. O sentido de uma obra em sua inteireza se dá, para além de seu aspecto quantitativo, por sua autenticidade intelectual que, em José Paulo Netto, resulta numa síntese original.

Há peças da obra de Netto que trazem uma transcendência histórica determinada por aquilo que permite, a poucos autores, legarem ideias que não se limitam a seu tempo: trata-se do rigor com que o autor esquadrinha a realidade em seus níveis mais diversos, identificando (e separando) aqueles mais adjetivos daqueles mais substanciais, o que requer do autor um mergulho profundo nos problemas que examina. Netto sempre afirma que a teoria social de Marx procurou revelar as condições *do surgimento, do desenvolvimento, das formas de consolidação e da crise da ordem social burguesa*, como pré-requisitos para se projetar as possibilidades de sua superação. O leitor verá que os textos que se encontram nas partes *I, II* e *IV* são, em boa medida, expressões dessa forma

---

14. Lembrado pelo Professor Florestan numa entrevista na qual o jornalista indaga sobre o conhecimento de Marx no meio universitário, José Paulo Netto estava, então, com 42 anos. Nesta entrevista, Florestan questiona o academicismo que absorveu a maioria dos marxistas, com raras exceções, entre as quais os citados ("Entrevista Florestan Fernandes", por Paulo de Tarso Venceslau. Revista *Teoria e debate*, edição 13, 20 jan. 1991, p. 11).

nettiana de apreender a teoria social marxiana, momentos de fidelidade metodológica ao projeto de Marx.

Outro aspecto do pensamento de Netto diz respeito à completude de sua formação marxista. Trata-se de um marxista cujo perfil, materializado em sua obra, cobre os três níveis constitutivos do marxismo ou as três críticas que compuseram a própria trajetória de Marx: a crítica da filosofia especulativa, a crítica da política utópica e a crítica da economia política burguesa. O leitor verá na sequência dessa *apresentação*, especialmente quando se deparar com alguns dos livros, ensaios e artigos de Netto arrolados aqui, que nosso autor encarna em sua obra aquilo que Lenin chamou de "as três fontes constitutivas do marxismo", seja articulando-as num só texto, seja exercendo cada uma delas de modo mais exaustivo em alguns deles.

Esses traços que articulam o pensamento de Netto estão presentes nos seus livros de maior fôlego, como os que exigiram pesquisa histórica (especialmente os livros sobre o Serviço Social, frutos de seu doutorado, e seu volume sobre a história da ditadura), nos diversos opúsculos, em seus textos de divulgação e de combate, nas antologias que organizou e apresentou etc. Na sequência, o leitor poderá localizar cada um deles e, se for conhecedor da obra de Netto, identificará o que estou dizendo.

No âmbito do Serviço Social, Netto é, indubitavelmente, um dos intelectuais mais renomados da área no Brasil e na América Latina. Sua influência é também significativa entre os assistentes sociais portugueses, fruto de seu convívio durante o exílio e, principalmente, dos intercâmbios firmados pela Pontifícia Universidade Católica de São Paulo/PUC-SP, onde lecionou a partir dos anos 1980. Inúmeras vezes citada em artigos, livros, dissertações e teses, sua produção inclui não apenas os seus livros *Ditadura e Serviço Social* (18 edições), *Capitalismo monopolista e Serviço Social* (10 edições) e *Economia política. Uma introdução crítica* (em coautoria, 8 edições), mas também os diversos ensaios publicados nos periódicos que circulam no Serviço Social como, entre tantos, a *Revista Serviço Social & Sociedade* (São Paulo, Cortez). Juntamente com outros intelectuais intervenientes no debate do Serviço Social — em especial, a Profª Marilda Iamamoto —, Netto forneceu os elementos necessários à superação de uma análise endógena da profissão, dominante na área até a entrada dos anos 1980, buscando sempre articulá-la com a totalidade social.

A tradução recente de parte dos seus textos e livros para o castelhano, através — mas não só[15] — da *Biblioteca Latinoamericana de Trabajo Social*, ampliou ainda mais a influência do seu pensamento sobre os assistentes sociais de países de língua espanhola, que o conheceram antes mesmo dos brasileiros; com efeito, integrando o *Movimento de Reconceituação*, Netto publicou, nos anos 1970, ensaios nas revistas profissionais *Hoy en el Trabajo Social* (Buenos Aires, Editorial ECRO) e *Selecciones de Servicio Social* (Buenos Aires, Editorial Humanitas) e, nos anos 1980, em *Acción Crítica* (Lima, Ediciones CELATS).

Ademais, Netto ergueu, em quase cinco décadas de trabalho intelectual, uma obra que o coloca entre os mais respeitados e relevantes marxistas brasileiros do último terço do século XX aos nossos dias. Nosso autor é um marxista que se caracteriza por quatro traços muito significativos, alguns deles incomuns: trata-se de *um intelectual ao mesmo tempo precoce, não acadêmico, produtivo e multifacetado e militante*. Senão vejamos.

O **intelectual precoce**. Seu trabalho teórico ininterrupto cobre uma ampla e diversificada produção construída desde os anos 1960 à década 2010, tendo iniciado essa já quase cinquentenária trajetória quando mal ingressava nos seus vinte anos de idade. Celso Frederico, quando está a analisar o ingresso do pensamento de Lukács entre nós[16], inclui Netto entre os jovens que, diante da repressão política trazida com o golpe de 64, fizeram da "[...] resistência cultural um polo de aglutinação dos opositores ao regime". Diz ele que, nesses anos, formou-se "[...] um vasto contingente de produtores e consumidores de cultura, uma numerosa

---

15. Por exemplo, ensaios seus estão recolhidos em J. P. Netto, *Trabajo Social: crítica de la vida cotidiana y método en Marx*. La Plata: Productora del Boulevard, 2012; e em P. V. Molina (Coord.). *Las caras del Trabajo Social en el mundo. Per(e)sistencias bajo el capitalismo tardío*. Santiago de Chile: RIL, 2017.

16. "A divulgação da obra de Lukács, assim, esteve inicialmente nas mãos de jovens intelectuais, quase todos gravitando ao redor do PCB, que atuavam no Rio de Janeiro (Leandro Konder, Carlos Nelson Coutinho), em São Paulo (José Chasin, José Carlos Bruni), e, posteriormente, em Juiz de Fora (José Paulo Netto, Gilvan Procópio Ribeiro e Luiz Sergio Henriques)".Frederico, C. In: MORAES, J. Q. (Org.). *História do Marxismo no Brasil*. V. II — Os influxos teóricos. Campinas: Editora da Unicamp, 1995. p. 189.

pequena burguesia intelectualizada, [...] campo principal para as ideias de esquerda e o núcleo de resistência ao regime militar". Para Frederico, a precocidade intelectual parece ter sido uma característica desta fase histórica: "foram os jovens que impulsionaram a bossa nova, o cinema novo, o teatro [...] e, finalmente, empunharam armas na guerrilha urbana"[17].

Exemplos da precocidade de Netto são os incontáveis artigos de crítica e polêmica literária que publicou, entre 1966 e 1968, nos suplementos literários de jornais mineiros como *Gazeta Comercial* e *Diário Mercantil*; os ensaios A correspondência Romain Rolland & Hermann Hesse. *Hora*. Juiz de Fora, Universidade Federal de Juiz de Fora, n. 1, dezembro de 1971, p. 59-76; Lukács e a teoria do romance. *Revista de Cultura Vozes*. Petrópolis: Vozes, n. 6, ago. 1974, p. 15-22; Servicio Social y cuestionamiento. *Hoy en el Trabajo Social*. Buenos Aires: Ecro, n. 29, out. 1974, p. 3-7; Depois do modernismo. In: VV.AA. *Realismo e anti-realismo na literatura brasileira*. Rio do Janeiro: Paz e Terra, 1974 — e cito apenas alguns.

Todos esses textos foram escritos e publicados quando nosso autor tinha entre 19 e 27 anos. Quando mal completara 30 anos, publicou seu primeiro livro como *autor solo*[18], ainda no exílio português: *Lukács e a crítica da filosofia burguesa* (Lisboa, Seara Nova, 1978).

O intelectual não acadêmico. Netto fez-se intelectual fora da academia. E quando nela esteve cumpriu suas obrigações acadêmicas como um docente zeloso e comprometido, mas não limitou seu trabalho nem aos muros da universidade nem às exigências produtivistas que, como sempre fez questão dizer, criaram uma espécie de "fordismo acadêmico" extremamente danoso à universidade. Em um texto de 2012, por ocasião de um livro que organizei em homenagem a Carlos Nelson Coutinho, Netto escreveu:

> Carlos Nelson *não* é um "produto" da academia ou um "resultado" da academia; com efeito, fez-se intelectual *fora dela*. [...] *Carlos Nelson só serviu*

---

17. Frederico, *op. cit.*, p. 188-189.

18. O primeiro livro foi uma obra coletiva, já referenciada aqui: COUTINHO, C. N.; RIBEIRO, G. P.; NETTO, J. P.; KONDER, L.; HENRIQUES, L. S. *Realismo e antirrealismo na literatura brasileira*. Rio de Janeiro: Paz e Terra, 1974.

à academia, não se serviu da instituição para nada — não se valeu do prestígio dela para tornar-se "consultor" ou "assessor" de órgãos estatais ou empresas privadas; nunca viajou ao exterior com recursos públicos; e jamais socorreu-se dela como elegante refúgio para, em nome do estatuto "científico" da vida universitária, afastar-se dos seus grandes compromissos societários, assumidos na juventude e aos quais permanece, na teoria e na prática, irredutivelmente fiel. [...] A academia não constituiu, para Carlos Nelson, a ilhota para escusar-se ao preço de uma claríssima opção teórico-política centralizada pela luta socialista; ao contrário, o seu ingresso, aliás tardio, na academia foi a extensão [...] da trajetória que há muito ele já vinha percorrendo. Na verdade, Carlos Nelson *esteve* na academia, não foi *da* academia[19].

O juízo de Netto sobre Carlos Nelson é quase uma autoavaliação. Os dois grandes intelectuais marxistas chegaram, tardiamente, à universidade formados fora dela, frutos de uma *geração de ouro* de marxistas oriundos do PCB a partir da virada dos anos 1950 para a década de 1960.

Essa característica, a de um intelectual não acadêmico, não reduz seu trabalho na academia, nem tampouco o seu reconhecimento nos meios universitários[20]. Netto teve a sua atividade docente interrompida no Brasil com a intensificação da repressão que o levou ao exílio entre 1976 e 1979, período em que desempenhou atividades docentes no Instituto Superior de Serviço Social de Lisboa (ISSSL) e no Instituto Superior de Economia (ISE/Universidade Técnica de Lisboa, atualmente Instituto Superior de Economia e Gestão/ISEG da Universidade de Lisboa). No Brasil, iniciara-se na Faculdade de Serviço Social da Universidade Federal de Juiz de Fora (1972) e, mais tarde, trabalharia na Faculdade de Serviço Social da PUC/SP (1981-1983, 1986-1993) e, finalmente, na unidade acadêmica onde se aposentou, a Escola de Serviço Social da UFRJ (1987 a 2010, desde 1993 como professor em regime de dedicação exclusiva). Ademais, o Professor Netto — que, por anos,

---

19. NETTO, J. P., Breve nota sobre um marxista convicto e confesso. In: BRAZ, M. (Org.). *Carlos Nelson Coutinho e a renovação do marxismo no Brasil*. São Paulo: Expressão Popular, 2012. p. 52.

20. Provas disso foram as várias honrarias acadêmicas que recebeu — por exemplo, em 2011 recebeu o título de Professor Emérito da UFRJ e, antes, em 1999, o de *Doctor Honoris Causa* oferecido pela Universidade Nacional del Centro de la Província de Buenos Aires (Tandil, Argentina).

foi pesquisador apoiado pelo Conselho Nacional de Desenvolvimento Científico e Tecnológico/CNPq — ofereceu incontáveis cursos de curta duração[21] e seminários, a partir de 1980, em praticamente todas as unidades da Federação.

Importante também lembrar que sua atividade docente alcançou países da América Latina (Argentina, Uruguai e Honduras), onde Netto deu efetiva contribuição à implementação do ensino de pós-graduação, através de convênios estabelecidos entre os Programas de Estudos Pós--Graduados em Serviço Social da PUC-SP e da UFRJ e diferentes universidades do continente. Tanto em instituições latino-americanas quanto no Brasil (principalmente na PUC-SP e na ESS/UFRJ), o nosso professor manteve regularmente um trabalho incansável de orientação de dezenas de mestrandos e doutorandos de diferentes países (Argentina, Chile, Uruguai, Paraguai, Bolívia, Colômbia, Peru, Panamá e Costa Rica — e também de Moçambique).

O **intelectual produtivo e multifacetado**. Sua ponderável produção teórica tem características muito diversas: dos textos ensaísticos àqueles de divulgação, dos textos de combate às obras de maior fôlego. Seu trabalho teórico ininterrupto cobre uma ampla e diversificada produção construída, como já lembramos, ao longo de cerca de 50 anos, envolvendo contribuições às ciências sociais e humanas no Brasil, em Portugal e na América Latina. Embora o aspecto quantitativo não seja o mais importante, deve-se destacar que estamos diante de um volume expressivo e variado de trabalhos que merecem ser salientados no conjunto da obra do docente, que envolve livros, ensaios e artigos científicos, traduções, prefácios, introduções e apresentações de livros, material jornalístico etc.

Seus 18 livros compreendem temas — todos tratados a partir do bom uso das fontes marxianas e da tradição marxista, inclusive brasileira

---

21. Um deles (em 2002, junto ao Programa de Pós-Graduação em Serviço Social da Universidade Federal de Pernambuco/UFPE, no Recife), sobre o método em Marx, foi filmado e editado, tornando-se uma referência para estudiosos de todo o Brasil. Há anos o vídeo é muito acessado na *internet* e, com muita frequência, pode ser encontrado para compra (*sem qualquer participação de Netto na sua edição e no seu comércio*) em DVD's oferecidos em barraquinhas nos eventos marxistas por todo o país.

e latino-americana — de teoria social e teoria política, incluindo aqueles que tomaram como objeto o Serviço Social no Brasil. Entre eles destacaria, com o risco de deixar de fora outras importantes obras[22], por ordem cronológica: *Lukács e a crítica da filosofia burguesa* (Lisboa, Seara Nova, 1978); *Capitalismo e reificação*[23] (São Paulo, Ciências Humanas, 1981[24]); *O que é marxismo* (São Paulo, Brasiliense, 1985, que chegou a nove edições); *Cotidiano: conhecimento e crítica* [em coautoria com M. C. Brant Carvalho] (São Paulo, Cortez, 1987, atualmente na 10ª edição); *Ditadura e Serviço Social. Uma análise do Serviço Social no Brasil pós-64.* (São Paulo, Cortez, 1991, já na 18ª edição); *Capitalismo monopolista e Serviço Social.* (São Paulo, Cortez, 1992, atualmente na 10ª edição); *Crise do socialismo e ofensiva neoliberal* (São Paulo, Cortez, 1993, hoje na 5ª edição); *Economia Política: uma introdução crítica* [em coautoria com Marcelo Braz] (São Paulo, Cortez, 2006, em 8ª edição), *Pequena História da Ditadura Brasileira (1964-1985)* (São Paulo, Cortez, 2014).

Ademais desses trabalhos, que formam uma obra já reconhecida como das mais influentes do marxismo brasileiro, refira-se que Netto organizou a edição (seleção de textos, introdução crítica, bibliografia ativa e passiva, notas críticas, partes da tradução, revisão técnica da tradução) de três antologias na prestigiada coleção *Grandes cientistas sociais,* coordenada por Florestan Fernandes: *Engels* (São Paulo, Ática, 1981); *Lukács* (São Paulo, Ática, 1981); *Stalin* (São Paulo, Ática, 1982). Coube-lhe, ainda, a supervisão (com apresentação, revisão técnica e notas críticas) da tradução de *A situação da classe trabalhadora na Inglaterra,* de F. Engels (São Paulo, Boitempo, 2008); a organização e introdução de *O leitor de Marx* (Rio de Janeiro, Civilização Brasileira, 2012); e a tradução (em coautoria com Maria Antonia Pacheco) e apresentação de *Cadernos de Paris e Manuscritos econômico-filosóficos de 1844,* de Karl Marx (São Paulo, Expressão Popular, 2015).

---

22. Na sequência, arrolo informações das fontes contidas no Projeto de Emerência de Netto, preparado por Carlos Nelson Coutinho (ESS/UFRJ, 2011).

23. Além da apreciação positiva que recebeu de importantes marxistas, como Nelson Werneck Sodré e Carlos Nelson Coutinho, registre-se que o livro foi referenciado em obras de I. Mészáros (*O poder da ideologia, Para além do capital*).

24. Que, mais de 30 anos depois, ganhou uma 2ª edição com a chancela do Instituto Caio Prado Jr. (ICP, São Paulo, 2015).

José Paulo Netto. Ensaios de um *marxista sem repouso*

O nosso intelectual, produtivo e multifacetado professor, publicou incontáveis ensaios e artigos científicos nas áreas das ciências sociais e humanas, dando conta de problemas que vão da literatura brasileira às questões contemporâneas em torno da pós-modernidade, compreendendo ainda polêmicas próprias ao desenvolvimento histórico do Serviço Social brasileiro e latino-americano, ademais de suas várias incursões nos debates da tradição marxista. É impossível citar sequer os mais significativos, porque não foram poucos. Excluindo os que foram selecionados para esta coletânea[25], destacaria os seguintes (por representatividade de temáticas e áreas do conhecimento e, sobretudo, pela repercussão que alcançaram): "Sobre la incapacidad operacional de las disciplinas sociales". *Selecciones de Servicio Social*. Buenos Aires: Humanitas, n. 27, 3º quadrimestre de 1975; "Um conceito marxista: decadência". *Seara Nova*. Lisboa, Seara Nova, n. 1.580, jun. 1977; "Sobre uma dialética do desespero". *Temas de Ciências Humanas*. São Paulo, Ciências Humanas, n. 10, 1981 (republicado em *Encontros com a Civilização Brasileira*. Rio de Janeiro, Civilização Brasileira, 29, 1982); "A propósito da Crítica de 1843"[26]. *Nova Escrita Ensaio*. São Paulo, Escrita, 1983. p. 11-12 (nº especial dedicado ao centenário do falecimento de Marx, 1983); "Vigência de Sade". *Revista Novos Rumos*. São Paulo, Novos Rumos, n. 2, abril-junho 1986; "Transformações societárias e Serviço Social — notas para uma análise prospectiva da profissão no Brasil". *Serviço Social & Sociedade*. São Paulo, Cortez, n. 50, dez. 1996; "O Marx de Sousa Santos — uma nota polêmica"[27]. *Revista Praia Vermelha*. Rio de Janeiro, UFRJ-DP&A, n. 1, 1997; "Mercosur e impacto social en Latinoamérica". In: VVAA, *Mercosur e impacto social en Latinoamérica*.

---

25. A identificação dos importantes textos que arrolo a seguir me dá a certeza de que serão muitos os leitores que questionarão as ausências, talvez indesculpáveis, de muitos deles nesta coletânea. Posso assegurar aos leitores, se isso me serve de justificativa, que o processo de escolha dos textos para ela foi feita em acordo com Netto, que, aliás, fez as primeiras sugestões de seus textos. Talvez possa o leitor convencê-lo de que *uma outra* antologia será necessária. Vale lembrar que Netto já organizou duas antologias de textos seus: *Democracia e transição socialista. Escritos de teoria e política* (Belo Horizonte: Oficina de Livros, 1990) e *Marxismo impenitente. Contribuição à história das ideias marxistas* (São Paulo, Cortez, 2004).

26. Republicado na antologia organizado por Netto (e já citada) *Marxismo impenitente. Contribuição à história das ideias marxistas*.

27. Também republicado na antologia citada na nota anterior.

Buenos Aires, Espacio, 1997; "Prólogo: elementos para uma leitura crítica do *Manifesto Comunista*"[28]. In: MARX, K.; ENGELS, F. *Manifesto do Partido Comunista*. São Paulo, Cortez, 1998; "A construção do projeto ético-político do Serviço Social frente à crise contemporânea". In: *Capacitação em Serviço Social*. Curso à distância. Brasília, CFESS/ABEPSS/CEAD/UnB, 1999 (republicado em HENRIQUEZ, A. (Org.), *Serviço Social. Ética, deontologia e proyectos profissionais*. Lisboa-Madrid/São Paulo, CPIHTS/ICSA/Veras, 2001; "Em busca da contemporaneidade perdida: a esquerda brasileira pós-64". In: MOTA, C. G. (Org.), *Viagem incompleta. A experiência brasileira. 1500-2000. A grande transação*. São Paulo, Editora Senac, 2000; "Cinco notas a propósito da 'questão social'". *Temporalis*. Brasília, ABEPSS, n. 3, 2001 (republicado em BORGIANNI, E. *et al*. (Org.), *Servicio Social Critico. Hacia a la construcción del nuevo proyecto ético-politico profesional*. São Paulo, Cortez, 2003; "Georg Lukács: um exílio na pós-modernidade". In: PINASSI, M. O.; LESSA, S. (Org.). *Lukács e a atualidade do marxismo*. São Paulo, Boitempo, 2002; "Crisis capitalista y ciências sociales". In: FERNÁNDEZ SOTO, S. (Org.). *El Trabajo Social y la cuestión social*. Buenos Aires, Espacio, 2005; "Desigualdade, pobreza e Serviço Social"; In: *Em Pauta. Revista da UERJ*. Rio de Janeiro, Revan, n. 19, 2007; "Introdução ao método na teoria social". In: VV.AA. *Serviço Social. Direitos sociais e competências profissionais*. Brasília, CFESS/ABEPSS, 2009. p. 667-700; "O Moses Hess... de Lukács". In: DEL ROIO, M. (Org.). *György Lukács e a emancipação humana*. São Paulo/Marília, Boitempo/Oficina Universitária, 2013; "Os três encontros decisivos de Marx em Paris (1844)". In: *II Congresso Internacional. Marx em Maio. 2014*. Lisboa, GEM, 2015; "Para uma história nova do Serviço Social no Brasil". In: OLIVEIRA E SILVA, M. L. (Org.). *Serviço Social no Brasil. História de resistências e de ruptura com o conservadorismo*. São Paulo, Cortez, 2016.

Vale ainda destacar que nosso intelectual produtivo e multifacetado tem uma faceta de tradutor que cobre um volume significativo de trabalhos, muitos dos quais importantes para o pensamento social crítico brasileiro. Netto verteu ao português cerca de duas dezenas de obras de diferentes línguas. Destaco aqui apenas alguns dos mais importantes:

---

28. *Idem*.

A grande virada do socialismo, de Roger Garaudy [em coautoria com Gilvan Ribeiro] (Rio de Janeiro, Civilização Brasileira, 1970); *Miséria da filosofia*, de Karl Marx (São Paulo, Ciências Humanas, 1982; edições mais recentes: São Paulo, Expressão Popular, 2010; Boitempo, 2017); *O desenvolvimento do capitalismo na Rússia*, de V. I. Lenin (São Paulo, Abril Cultural, 1982); *História do Serviço Social na América Latina*, de Manuel M. Castro [em coautoria] (São Paulo, Cortez, 1984; atualmente em 5ª edição); *A crise do movimento comunista*, de Fernando Claudín (São Paulo, Global, 2 vols., 1986. Nova edição pela Expressão Popular, 2013); *A revolução informacional*, de Jean Lojkine (São Paulo, Cortez, 1995); *O jovem Marx e outros escritos de filosofia*, de G. Lukács (Rio de Janeiro, Editora UFRJ, 2007) [organização, apresentação e tradução em coautoria com Carlos Nelson Coutinho]; *Marxismo e Filosofia*, de Karl Korsch (Rio de Janeiro, Editora UFRJ, 2010, tradução e apresentação); *Socialismo e Democratização. Escritos políticos 1956-1971*, de G. Lukács (Rio de Janeiro, Editora UFRJ, 2008) [organização, apresentação e tradução em coautoria com Carlos Nelson Coutinho]; *Arte e Sociedade. Escritos estéticos 1932-1967*, de G. Lukács (Rio de Janeiro, Editora UFRJ, 2009) [organização, apresentação e tradução em coautoria com Carlos Nelson Coutinho]; *História e dialética. Estudos sobre a metodologia da dialética marxista*, de Leo Kofler (Rio de Janeiro, Editora UFRJ, 2010); *Cultura, arte e literatura: textos escolhidos*, de K. Marx e F. Engels. (São Paulo, Expressão Popular, 2010) [em coautoria com Miguel Yoshida]; *A produção teórica de Marx. Um comentário aos Gründrisse*, de Enrique Dussel (São Paulo, Expressão Popular, 2012); *Destruição em massa. Geopolítica da Fome*, de Jean Ziegler (São Paulo, Cortez, 2013, tradução e prefácio).

Como se vê, trata-se de um *marxista sem repouso*, um verdadeiro "trabalhador dos livros" como se reconhece. Somam-se às obras relatadas acima um volume enorme de *apresentações, introduções e prefácios* a livros de diferentes autores da área de ciências sociais e humanas, desde os clássicos (trabalhos que se voltaram para as edições de textos da tradição marxista, de Marx, Engels, Lenin, Lukács, entre outros) até jovens autores, muitos dos quais agraciados com sua generosidade, nunca confundida com favores, pois seu critério sempre foi o da qualidade teórica.

Ademais, merecem registro ainda suas atividades jornalísticas entre as décadas de 1960 e 1970, quando publicou artigos nos seguintes jornais:

Diário Mercantil (Juiz de Fora), *Gazeta Comercial* (Juiz de Fora), suplemento literário do *Minas Gerais* (Belo Horizonte), *A Tribuna* (Vitória), *Opinião* (Rio de Janeiro) e *Movimento* (São Paulo). Entre 1981 e 1986, foi editorialista do semanário *Voz da Unidade* (São Paulo), órgão do PCB, tendo sido seu editor-chefe entre 1983 e 1985; aí publicou diversas matérias assinadas. Entre 1985 e 1987, foi correspondente no Brasil do jornal português *O Diário*, de Lisboa, vinculado ao PCP.

O **intelectual militante**. Por fim, e não menos importante, sabem os leitores que Netto é um intelectual profundamente conectado com as lutas coletivas. Sua produção teórica sempre caminhou ao lado de sua extensa atividade política. Evidentemente que esse condicionamento político, desejável a um marxista, mas incomum entre inúmeros marxistas acadêmicos, não reduz suas ideias a contingências políticas conjunturais. Como disse seu grande amigo, falecido em 2012, Carlos Nelson Coutinho, na alocução que fez em 2011 por ocasião da sessão acadêmica que conferiu a Netto o título de Professor Emérito da ESS/UFRJ:

> Porém, seria um equívoco imaginar que convivam em José Paulo Netto duas personalidades distintas, a do intelectual acadêmico e a do militante político. Estes dois momentos convergem na personalidade unitária e íntegra do nosso novo Professor Emérito, alimentando-se reciprocamente. Não é que ele não saiba distinguir entre atividade acadêmica e militância política. José Paulo Netto jamais concebeu a militância política como um ativismo cego, mas a iluminou com sua enorme cultura; ao mesmo tempo, sempre respeitou a individualidade dos seus alunos e evitou fazer da cátedra uma tribuna para agitação e propaganda.
>
> Da articulação entre estes dois aspectos, o rigor acadêmico e o empenho político, surgiu a figura íntegra de José Paulo Netto, na qual teoria e práxis formam uma unidade orgânica.

As singelas palavras de homenagem do amigo sintetizam a figura de Netto. Sua produção intelectual, recusando sempre o academicismo, impregnada por uma viva convicção na necessidade e na possibilidade da transformação social, nunca esteve separada da militância política, como procuramos mostrar já no início desta *apresentação*.

O que certamente interessaria a Netto é que esta coletânea sirva para debater suas ideias, pelas quais viveu toda uma vida entre sombras e luzes. O juízo que Netto faz sobre a relevância de um pensamento se aplica a ele e serve-nos para encerrar essas reflexões iniciais sobre a vida e a obra deste marxista brasileiro. Diz ele que o "valor de um pensador radica, assim, na medida em que elabora um conhecimento do seu tempo histórico-social de modo a desvelar, no emaranhado de fenômenos ocorrentes, o que é nuclear e essencial para o ser social"[29].

Marcelo Braz

Vila Isabel, agosto de 2017.

(Há algo mais a dizer sobre nosso *marxista sem repouso*. Esse incansável trabalhador dos livros, uma fortaleza de convicções, um entusiasta inquebrantável do projeto de emancipação da humanidade é, sobretudo, um generoso amigo, desses que ralha quando sente a ausência, que briga pela causa do outro, que chora a dor do companheiro e que divide o que tem — inclusive, e de forma apaixonada, seus conhecimentos e sua cultura — seja lá com quem for, independentemente de condições de idade, origem de classe, etnia ou gênero.)

---

29. NETTO, J. P. "Lukács: tempo e modo". In: NETTO, J. P. (Org.). Florestan Fernandes (Coord.). *Lukács. Sociologia.* 2. ed. São Paulo: Ática, 1992. p. 25-26. (Coleção Grandes Cientistas Sociais).

Parte I
Para a crítica do capitalismo contemporâneo

Esta coletânea de ensaios se inicia, nesta *Parte I*, com duas peças de crítica do capitalismo contemporâneo, em dois momentos distintos de seu desenvolvimento histórico: um ensaio o problematiza nos primeiros anos da década de 1990; outro o retoma na abertura da atual década. O primeiro, de março de 1993, "A crise global e a significação da ofensiva neoliberal", resume a intervenção do autor no *Seminário Internacional: Liberalismo e socialismo — velhos e novos paradigmas*, promovido naquele ano pela Universidade Estadual Paulista/UNESP (*campus* de Marília) e publicado originalmente sob outro título no opúsculo *Crise do socialismo e ofensiva neoliberal* (São Paulo, Cortez, 1993). O segundo, "Uma face contemporânea da barbárie", reproduz a intervenção do autor no III *Encontro Internacional* "Civilização ou Barbárie", realizado em Serpa (Portugal), em 30/outubro-1°/novembro de 2010; no Brasil, foi publicado em *O social em perspectiva. Políticas, trabalho, Serviço Social*, livro organizado por G. M. Costa e R. Souza (Maceió, EDUFAL, 2013). Ambos os materiais são representativos da reflexão que o autor desenvolveu nos últimos vinte anos.

A crise global e a significação da ofensiva neoliberal

A *crise global da sociedade contemporânea*, que marca peculiarmente as três últimas décadas do século XX, revela-se — plena, mas não exclusivamente[1] — na *crise do Estado de bem-estar social* e na *crise do chamado socialismo real*, as duas conformações societárias que, cada uma a seu modo, procuraram soluções para os antagonismos (e suas consequências) próprios à ordem do capital.

Nestas duas crises, elas mesmas muito distintas, a *crise global* mostra a sua dramaticidade, que se expressa como possibilidade de *regressão social* — de que o denominado *neoliberalismo* é paradigmático.

As expressões diferenciadas da crise global

O colapso espetacular do *socialismo real* (o "socialismo realmente existente"/*sorex*), operado na transição dos anos 1980/1990, tem constituído o objeto privilegiado dos estudiosos da conjuntura contemporânea. Compreende-se esta enfática saliência: afinal, como disse o Prof. Hobsbawm, o ano de 1989, essa espécie de "adeus a tudo aquilo", "significou o fim de uma era" (Hobsbawm. In: Blackburn, org., 1992, p. 93).

Mas esta saliência, verificável na larga bibliografia que já se acumula desde a queda do Muro de Berlim (reunindo, diga-se de passagem, o melhor e o pior da teoria social), nem sempre vem contribuindo para clarificar a crise contemporânea. E isto na medida exata em que a crise do *socialismo real* — por razões frequentemente ideológicas — tem sido analisada com um intencional ocultamento da crise da ordem do capital, donde o clichê, falso pela sua unilateralidade, de que esta quadra histórica é singularizada pelo colapso do projeto socialista.

É absolutamente inegável que a falência do *socialismo real* — que constitui, sem dúvidas, uma *crise terminal*, enquanto processo irreversível — sinaliza um traço particular deste final de século, com uma inequívoca significação histórico-universal. A derrocada de um padrão societário que identificou sumariamente socialização com estatização, que colonizou a sociedade civil mediante a hipertrofia de Estado e partido fusionados, que intentou articular direitos sociais sobre a quase inexistência de direitos civis e políticos — esta derrocada reclama um balanço de todo um projeto político que terminou por ser decepcionante em face das promessas do socialismo revolucionário. Implica mais, porém: mesmo que um tal balanço apresente conquistas que não podem ser menosprezadas[2], dele decorre a urgência de repensar, com radicalidade crítica, o essencial da *cultura política* que, há mais de um século, tornou-se a expressão mobilizadora dos valores humanistas mais vigorosos e concretos — numa palavra: está em questão o conjunto de proposições e de práticas que permitiu, até aos anos 1970/1980, indicar com credibilidade que havia alternativas positivas à ordem do capital. A ausência desta indicação, por mínima que seja, constitui hoje um dado ponderabilíssimo no conjunto das lutas sociais em todos os quadrantes do mundo.

Entretanto, não é somente a crise do *socialismo real* que peculiariza a quadra histórica contemporânea. Conjuntamente com ela (na verdade, com alguma anterioridade), vem ocorrendo, desde a passagem da década de 1960 à de 1970, a crise do "capitalismo democrático" (como quer Przeworski, 1991), na sua acabada configuração que é o Estado de bem-estar social. Aliás, já em fins dos anos 1980, podia-se relacionar uma abundante literatura acerca da crise do *Welfare State*, ela também representativa da força e dos limites da teoria social — dentre as muitas fontes, cf. o acessível estudo de Draibe e Wilnês (1988).

Menos desenvolvida tem sido, contudo, a concreta relevância histórico-universal do exaurimento do Estado de bem-estar social; salvo em poucos estudos de cariz marxista, este processo foi apreendido enquanto problemática de natureza administrativa, como ilustração da necessidade de redirecionar políticas sociais, como fenômeno de caráter financeiro ou tributário ou, mais geralmente, no quadro abstrato do esgotamento de padrões ideais de sociabilidade[3]. Não é frequente colocar-se de manifesto que a crise do *Welfare State* explicita o fracasso do *único* ordenamento sociopolítico que, na ordem do capital, visou expressamente a compatibilizar a dinâmica da acumulação e da valorização capitalistas com a garantia de direitos políticos e sociais mínimos.

Não há dúvidas de que uma perspectiva analítica instigante é aquela que se contém na abordagem dessas duas crises, a do *socialismo real* e a do *Welfare State*, enquanto faces distintas de uma *crise do comando do capital*, considerando a diferença entre *domínio do capital* e *domínio do capitalismo* (Mészáros, 1985, p. 43 e ss.) — crise que pode ser explorada diversamente, seja sob a fecunda ótica de uma ontologia de sujeição do trabalho, seja à luz da saturação das formas fetichizadas da produção de mercadorias[4]. No estágio atual das pesquisas, todavia, creio que é necessário aprofundar a *especificidade* dessas crises, apontando privilegiadamente para a processualidade endógena de cada uma delas, sem pagar, porém, o preço da perda do seu entrelaçamento — neste sentido, um esforço produtivo é aquele que Mandel (1989, 1990) veio desenvolvendo. E isto por uma razão elementar: se ambas (juntamente com o fracasso das tentativas "terceiro-mundistas" para escapar à heteronomia econômico-política e ao desastre social) plasmam um quadro de crise global para a sociedade contemporânea, suas dinâmicas — independentemente da natureza da sua interação — remetem a lógicas medularmente diversas e com significações muito distintas. Se a resultante de ambas pode prefigurar um panorama catastrófico, com a iminência da emersão da barbárie em larga escala, seu caráter é *diferente*. Em síntese, as duas crises *não podem ser equalizadas*.

A crise do Estado de bem-estar social não se reduz ao esgotamento daquele complexo processo que, na concepção simplificadora de Przeworski (1991, p. 243), aparece como um *compromisso de classes*[5]. Ela é expressão de algo muito mais fundamental (que Przeworski recupera, mas sem aprofundar com a consequência necessária): a *curva decrescente* da eficácia econômico-social da ordem do capital.

Considerada ao longo do século XX, a ordem do capital mostrou-se inepta para promover o crescimento econômico-social em escala ampla, como o comprovam dados indesmentíveis[6]; esta inépcia, no entanto, é parte de uma dinâmica em que as crises inerentes ao movimento do capital se operavam no marco de ondas longas de crescimento: tais *ondas longas expansivas* — segundo a análise mandeliana —, de que é exemplo o padrão de crescimento das economias capitalistas centrais entre o imediato segundo pós-guerra e a década de 1960, experimentam uma reversão a partir deste último decênio: impõem-se ondas longas *recessivas*, com o que os picos de crescimento tornam-se conjunturais, episódicos (Mandel, 1982). As fundadas projeções mandelianas, frise-se, apontam para um largo lapso histórico de vigência deste novo padrão de desenvolvimento. Ora, o fundamento mesmo do arranjo sociopolítico objetivado no *Welfare State* consistia nos ganhos possíveis no marco da *onda larga expansiva*; revertida esta, o arranjo se problematiza visceralmente — não é por acidente histórico que os anos dourados do *Welfare State* são aqueles que vão do segundo pós-guerra, quando o keynesianismo e as "recomendações" de Beveridge tornam-se inteiramente viáveis, a finais da década de 1960.

A crise do Estado de bem-estar social, nesta angulação, não expressa somente a crise de um arranjo sociopolítico possível no âmbito da ordem do capital: evidencia que a dinâmica crítica desta ordem alçou-se a um nível no interior do qual a sua reprodução *tende* a requisitar, progressivamente, a eliminação das garantias sociais e dos controles mínimos a que o capital foi obrigado naquele arranjo. Significa que o patamar de desenvolvimento atingido pela ordem do capital *incompatibiliza* cada vez mais o seu movimento com as instituições sociopolíticas que, por um decurso temporal limitado, tornaram-no aceitável para grandes contingentes humanos. Sinaliza que o arranjo sociopolítico do *Welfare State* constituiu uma *possibilidade* da ordem do capital que, pela lógica intrínseca desta última, converte-se agora num *limite* que ela deve franquear para reproduzir-se enquanto tal[7].

Em poucas palavras: esta é "a crise do capitalismo democrático" (Przeworski, 1991, p. 248), na escala em que *é a crise estrutural das condições que viabilizaram o desenvolvimento do capitalismo num marco de democracia política*. Eis por que a significação da crise do *Welfare State* possui um alcance que está longe de ser exagerado: em si mesma, revela que a manutenção e o evolver da ordem do capital *estão implicando, cada vez com mais intensidade, ônus sócio-humanos de monta*.

A crise do *socialismo real* — cuja análise ainda dista muito da suficiência — derivou num panorama espantoso. O que se mostra, sob os escombros do *sorex*, não é somente o colapso material de regiões inteiras que regridem rapidamente a níveis típicos do "Terceiro Mundo"; este colapso acompanha-se de uma sequela imediata de desagregação social (parece incontesta a emersão de uma criminalidade que se julgava própria da ordem burguesa) e degradação ideal (os valores do *american way of life* se atualizam na vida cotidiana, ao lado da revivescência de particularismos horrendos) e do que podemos chamar de *exemplarização negativa* — as implicações da desmoralização do projeto socialista, identificado ao "socialismo de caserna", estão custando (e ainda custarão por longo tempo) caro aos legatários da revolução.

Toda essa coorte de implicações não deve ocultar a gênese da crise, tomada em sua universalidade: a dissincronia entre as instituições constitutivas do sistema sociopolítico e o ordenamento econômico — a reduzidíssima *socialização do poder político* (cristalizada pela autocracia stalinista) e a estrangulada *socialização da economia* (reduzida à estatização). Enquanto perdurou um padrão de crescimento econômico *extensivo*, compatível com estruturas sociopolíticas rígidas e excludentes, a dissincronia não teve efeitos que não pudessem ser ladeados. Quando, em meados da década de 1980, tornou-se imperativo (pela exaustão do crescimento extensivo, que já consolidara uma sociedade urbano-industrial) um padrão de crescimento *intensivo*, a dissincronia comprometeu-o à partida — porque um tal padrão é incompatível seja com um ordenamento econômico estatizado burocraticamente, seja com o seu imbricado e correspondente ordenamento político, de baixíssima participação autônoma.

Paradoxalmente, a crise do *socialismo real* resultou do seu êxito em promover, num lapso temporal extremamente apertado, o que seriam as *pré-condições* para a transição socialista — aquelas inerentes a uma sociedade urbano-industrial. Quando logrou criar tais condições, o arcabouço sociopolítico em que assentava colidiu com as exigências da lógica de uma economia de que apenas fora suprimida a elementar mediação societal do mercado.

Assim vista, a crise do *socialismo real* tem uma inequívoca *centralidade política*, que remete aos bloqueios do crescimento econômico: deriva da ausência de uma plena *socialização do poder político* — só a implementação da *democracia socialista,* capaz de socializar efetivamente o poder político e rebater imediatamente no ordenamento econômico, com reais *processos autogestionários* aptos para otimizar (com a liquidação de traços e excrescências burocráticos) a alocação central de recursos, poderia garantir o desenvolvimento exitoso das experiências pós-revolucionárias.

A crise do *socialismo real,* nesta ótica, apenas comprova que a superação positiva da ordem do capital reclama a radical socialização do poder político e socialização da economia, sem as quais a alternativa comunista é impensável. É a crise de uma forma histórica precisa de transição, aquela que se processou localizadamente nas áreas em que as instituições próprias do mundo burguês mostravam-se de forma atrofiada. *Não é, pois, a infirmação do projeto socialista revolucionário nem a negação da possibilidade da transição socialista.* Seu significado histórico-universal é, de fato, radicalmente diverso do que a crise do *Welfare State* sinaliza: se esta última aponta para as exigências *antidemocráticas* imperativamente postas pelo desenvolvimento atual da ordem do capital, a crise do *socialismo real* demonstra que a possibilidade da superação desta ordem é função de uma *radical democratização da vida econômica, social e política* — tão incompatível com os limites do capital quanto com as restrições de uma ditadura exercida, ainda que em seu nome, sobre os trabalhadores.

Independentemente, porém, das suas diversidades e mesmo da sua interação, o que importa é que estas duas crises configuram, com o aludido fracasso do "terceiro-mundismo", a *crise global* da sociedade contemporânea: os impasses a serem enfrentados imediatamente, tanto no ex-"campo socialista" quanto nos países capitalistas desenvolvidos (sem esquecer, naturalmente, da sua periferia infernal), para serem equacionados positivamente — isto é, sem ônus para as grandes maiorias trabalhadoras — demandam exatamente condições sociopolíticas que não estão dadas na visibilidade da vida social; mais precisamente, requisitam condições que, à primeira vista, não parecem disponíveis.

Um esquemático resumo dos impasses atuais indica, como assinalou Hobsbawm, três nós problemáticos fundamentais e impostergáveis: "o crescente alargamento da distância entre o mundo rico e o mundo pobre (e provavelmente dentro do mundo rico, entre os seus ricos e os seus pobres); a ascensão do racismo e da xenofobia; e a crise ecológica do globo, que nos afetará a todos" (Hobsbawm. In: Blackburn, org., 1992, p. 104). A *crise global* só será solucionada com respostas positivas a estes nós problemáticos — ou se desenvolverá no sentido da *regressão* que aponta para a barbarização em larga escala da vida social. Ora, este é o rumo inelutável para que se dirige a *proposta neoliberal*.

A ofensiva neoliberal

O liberalismo clássico, enquanto sistema — ele mesmo tensionado internamente[8] — de concepções econômico-políticas, teve suas bases sócio-históricas inteiramente derruídas quando a ordem do capital, no último terço do século XIX, ingressou na era do monopólio.

A dinâmica do capital, na idade monopólica[9], anacroniza completamente as traves-mestras do pensamento liberal. Os eixos teórico-culturais que suportaram a vontade política da burguesia revolucionária perdem qualquer vigência na efetividade social: o "livre-comércio" (que, de fato, jamais fora plenamente livre) passou ao estatuto de retórica, posto que o movimento do capital na era monopólica demande um complexo de regulações excludente de toda referência à velha *mão invisível* — donde um Estado *necessariamente* intervencionista que, remetendo a figura do "guarda-noturno" ao reino da fábula, redefiniu largamente a relação público-privado, redimensionando a conexão política-economia. Igualmente, o *bem público* como implicação automática da perseguição individual de fins particulares esvaneceu-se completamente. Em resumidas contas, o *velho liberalismo*[10] entrava para o museu das antiguidades: tanto no plano econômico (onde a doutrina é melhor designada, como querem os italianos, desde a polêmica, dos anos 1920, entre Einaudi e Croce, como *liberismo*), entronizando o mercado como a instância societal mediadora por excelência, quanto no plano político, sacralizando o *Estado mínimo*, as concepções mais lidimamente liberais experimentavam um total descompasso com a dinâmica própria à ordem do capital.

A tradição liberal, porém, continha uma componente que haveria de responder por sua força duradoura e que favoreceria uma confusão, sobretudo quando manipulada ideologicamente, destinada a uma notável perdurabilidade histórica. Trata-se do núcleo temático relativo àquele elenco de garantias e prerrogativas que Marshall (1967) chamou de *direitos civis*, e que determinaria uma clarificação do âmbito das *liberdades individuais*. Ora, ainda que esta determinação viesse no marco do que se convencionou caracterizar como *individualismo possessivo* (Macpherson, 1979), embutindo uma processualística *instrumental* na qual podia germinar a liquidação pura e simples do *indivíduo* — como o demonstraram, persuasivamente, Horkheimer e Adorno (1971)[11] —, parece não haver dúvidas de que ela recolhia um *valor* que transcendia o horizonte burguês, com pertinência ao desenvolvimento *humano-genérico*[12]. A crítica aos *limites* da concepção liberal de liberdade, bem como aos seus *fundamentos* — aliás esboçada pelo jovem Marx —, não pode obscurecer o que há de permanente no valor que, efetiva embora restritamente, ela explicitou. Na medida em que esta crítica não foi conduzida consequentemente no plano teórico e em que, na prática social, os experimentos sociais alternativos à ordem burguesa não equacionaram minimamente a problemática das liberdades individuais (recebendo, por isto, críticas dos herdeiros do liberalismo, quase sempre não ou mal respondidas) — nesta medida, aquela componente do pensamento liberal ganhou uma tal relevância que o legado do liberalismo passou a confundir-se com a garantia da liberdade *tout court*. A confusão e a prestidigitação ideológicas acabaram por reduzir *liberdade(s)* a liberalismo e a identificá-lo com *democracia*, numa clara falsificação histórica[13] que, apesar do seu caráter mistificador, não careceu de eficácia social. Aí reside muito da resistência ídeo-cultural da tradição liberal.

Não há dúvidas de que é capitalizando esta resistência que se ergueu, no último meio século, a vertente que atualmente configura a *ofensiva neoliberal*. Penso que se podem tomar como marcos iniciais (ainda que diversas nas suas estruturas e finalidades) as obras de Hayek e de Popper, respectivamente *O caminho da servidão*, de 1944, e *A sociedade aberta e seus inimigos*, de 1945; a partir dos anos 1960, essa vertente se adensa, quer com a continuidade da produção de seus "pais fundadores" (em 1957, Popper retorna ao debate com *A miséria do historicismo* e, em 1960, Hayek volta à carga com *Os fundamentos da liberdade*, numa reflexão que haveria de culminar, entre 1973 e 1979, com a trilogia *Direito, legislação e liberdade*), quer com a divulgação de trabalhos que avançam numa linha de elaboração similar (é de 1962 *Capitalismo e liberdade*, de M. e R. Friedman[14]).

É evidente que os vários leitos da tradição liberal, neste meio século, não se esgotam no eixo desenhado nos autores que acabo de citar (para dar dois exemplos muito distanciados, pense-se em Bobbio, na Itália, e em Rawls, nos Estados Unidos), chegando mesmo a percorrer caminhos que derivam em construções de inusitada radicalidade[15]; mas é especialmente no arco ídeo-teórico polarizado por Hayek e Friedman que a ofensiva neoliberal se apoia.

Porque é precisamente neste arco que está concentrada a essência do arsenal do neoliberalismo: *uma argumentação que restaura o* mercado *como instância mediadora societal elementar e insuperável e uma proposição política que repõe o* Estado mínimo *como única alternativa e forma para a democracia*.

A programática que aí se contém, compreende-se, não teria atratividade político-ideológica quando o *Welfare State* e os experimentos alternativos ao capitalismo registravam êxitos, reais e/ou aparentes — é apenas quando ambos, os alvos óbvios da ofensiva neoliberal, entram em ciclo crítico que aquilo que era mentação de intelectuais converte-se numa espécie de "espírito do tempo". Eis por que o fenômeno que T. Berti chamou de *revanche do mercado* só ganha ampla ressonância, pública e social, nos anos 1980.

Para esta ressonância, pouco contou a folha corrida da ordem burguesa na primeira metade desse século, da qual se fez *tabula rasa*, e inicialmente também contaria pouco o saldo da prova política da aplicação (mesmo que necessariamente parcial) da programática neoliberal — na gestão Tatcher e na administração Reagan[16]; só na entrada dos anos 1990 é que a prova dá sinais de recepção (mas este é um ponto que não posso tematizar aqui). Contou, ao contrário e muito favoravelmente, primeiro a crise do *Welfare State* e, em seguida, a do *socialismo real*. Esta pareceu oferecer a comprovação definitiva do fundo último da programática neoliberal, vale dizer, a tese da insustentabilidade de uma economia planejada; aquela lhe forneceu o combustível para colocar em xeque as funções estatais como indutoras de crescimento econômico e promotoras de bem-estar.

Com efeito, se o alvo derradeiro da ofensiva neoliberal é qualquer proposta de superação socialista da ordem do capital, o centro do seu ataque constituiu-o o Estado de bem-estar. No plano teórico, o keynesianismo é a besta-fera do neoliberalismo — aqui, a sua cruzada anti-Keynes pode ser adequadamente descrita como *a contrarrevolução monetarista*[17]. No plano social e político-institucional, o que se coloca em questão é o conjunto daquilo que o já citado Marshall arrolou como *direitos sociais* e as funções reguladoras macroscópicas do Estado. Já no plano ídeo-cultural mais amplo, a ofensiva neoliberal contrapõe-se abertamente "à cultura democrática e igualitária da época contemporânea, caracterizada não só pela afirmação da *igualdade* civil e política para todos, mas também pela busca da *redução das desigualdades* entre os indivíduos no plano econômico e social, no âmbito de um objetivo mais amplo de libertar a sociedade e seus membros da *necessidade* e do risco" (Nunes, 1991, p. 502). Na verdade, estes são os desdobramentos compulsórios do núcleo essencial — que sumariei linhas atrás — do neoliberalismo; retomemos, brevemente, o travejamento deste núcleo.

O mercado como instância mediadora societal elementar e insuperável embasa o que veio a ser conhecido como a "tese da indivisibilidade da liberdade" (Friedman, avançando sobre a reflexão de Hayek): é a liberdade econômica, só possível sobre o *mercado livre* (isto é, sem mecanismos extraeconômicos de regulação), que funda a liberdade civil e política. Sem mercado "livre", pois, *nenhuma* forma de liberdade.

A defesa do mercado "livre", portanto, não se reduz à defesa de uma proposição estritamente econômica, mesmo que apareça inicialmente como tal — veja-se a concepção de Hayek, conforme um de seus mais credibilizados comentaristas: "o mercado [é] um sistema sem rival de informação: preços, salários, lucros altos e baixos são mecanismos que distribuem informação entre agentes econômicos de outra forma incapazes de saber, já que a massa colossal de fatos economicamente significantes está fadada a escapar-lhes. A intervenção do Estado é má porque faz com que a rede de informações do sistema de preços emita sinais enganadores, além de reduzir o escopo da experimentação econômica" (Merquior, 1991, p. 190). Em princípio, pois, a defesa do mercado "livre" remete para a sua eficiência em termos de inovação e crescimento econômicos[18]. Mas sua funcionalidade abre-se à fundação de um projeto societário global, investindo sobre a estrutura social e a ordem político-institucional na justa medida em que está sempre presente a "indivisibilidade da liberdade" — e é em Friedman que esta fundação é diretamente explícita. Nunes (1991, p. 485-486) recorda que Friedman subscreve a proclamação (1947) da *Société du Mont Pélérin*: "sem o poder difuso e a iniciativa associada a estas instituições [a propriedade privada e o mercado de concorrência], é difícil imaginar uma sociedade em que a liberdade possa ser efetivamente salvaguardada".

É o mercado que determina o espaço legítimo do Estado, que, nas últimas formulações de Hayek, esgota-se em duas únicas funções: "prover uma estrutura para o mercado e prover serviços que o mercado não pode fornecer" (*apud* Merquior, 1991, p. 191). A segunda parte desta formulação revela que, em alguma medida, o *Estado mínimo* que os neoliberais advogam não é um retorno puro e simples ao "Estado guarda-noturno" que é o seu ideal formal[19] — são forçados a reconhecer-lhe um pouco mais que a mera guarda da propriedade: por um lado, combatem os sistemas de segurança e previdência social públicos e estatais; por outro, toleram alguma ação estatal em face do pauperismo. Segundo Friedman ([s.d.], p. 178, 172), aqueles sistemas são deletérios em função do "efeito maligno que exercem sobre a estrutura da nossa sociedade. Eles enfraquecem os alicerces da família [*sic*]; reduzem o incentivo para o trabalho, a poupança e a inovação; diminuem a acumulação do capital; e limitam a nossa liberdade [*sic*]"; quanto ao atual sistema de assistência social, ele "não só mina e destrói a família como envenena o florescimento das atividades de caridade privadas"[20]. Contudo, diante da miséria, os neoliberais admitem um papel qualquer do Estado: uma *renda mínima* deveria caber aos pauperizados ("os menos afortunados"), através de um mecanismo — gerido estatalmente — do tipo *imposto negativo de rendimento*, a ser implantado gradualmente (uma análise sucinta da proposta de Friedman aparece em Nunes, 1991, p. 497 e ss.). No mais, o Estado deve permanecer, unicamente, para retomar as palavras de Cerroni, "apenas *garantidor*, isto é, Estado abstencionista". Em resumidas contas, a proposta neoliberal centra-se na inteira *despolitização* das relações sociais: qualquer regulação *política* do mercado (via Estado, via outras instituições[21]) é rechaçada por princípio.

Ora, é precisamente o *conteúdo político* desta *despolitização* que permitiu ao neoliberalismo converter-se em concepção ideal do pensamento antidemocrático contemporâneo — ou, nas palavras de fino analista, travejar "um projeto histórico próprio" da Direita: "libertar a acumulação de todas as cadeias impostas pela democracia" (Przeworski, 1991, p. 258). A grande burguesia monopolista e a oligarquia financeira, em todas as latitudes, apreenderam minimamente as experiências do desenvolvimento capitalista no século XX: nenhum grande burguês (e os seus *executivos* mais responsáveis) tem a menor ilusão acerca do abstencionismo estatal ou do mercado "livre"; nenhum deles imagina que a crise é uma invenção marxista; nenhum deles pretende erradicar mecanismos reguladores da economia. *O que desejam e pretendem, em face da crise contemporânea da ordem do capital, é erradicar mecanismos reguladores que contenham* qualquer componente democrática *de controle do capital*. O que desejam e pretendem não é "reduzir a intervenção do Estado", mas *encontrar as condições (hoje só possíveis com o estreitamento das instituições democráticas) para direcioná-la segundo seus particulares interesses de classe*[22].

A grande burguesia monopolista tem absoluta clareza da funcionalidade do pensamento neoliberal e, por isto mesmo, patrocina a sua ofensiva: ela e seus associados compreendem que a proposta do "Estado mínimo" pode viabilizar o que foi bloqueado pelo desenvolvimento da democracia política — o *Estado máximo para o capital*.

Revertendo o rumo à barbárie

Não há nenhuma indicação capaz de sugerir que este *Estado mínimo* (ou *máximo para o capital*) tenha condições (e, menos ainda, vontade política) para enfrentar e solucionar qualquer um daqueles três complexos problemáticos que, seguindo o Prof. Hobsbawm, arrolamos como os elementares da crise da sociedade contemporânea — bem ao contrário. Trata-se, naturalmente, de condições *políticas*: um enfrentamento positivo daqueles desafios implica um sistema de regulação social (ou, para seguirmos a análise de Mészáros, um sistema racional de *controles sociais*) que não é absolutamente conciliável com a lógica do movimento do capital: "O capitalismo e a racionalidade do planejamento social abrangente são radicalmente incompatíveis" (Mészáros, 1987, p. 31).

Aqueles nós problemáticos reclamam exatamente um *planejamento social abrangente*. Já não bastam sequer os mecanismos reguladores que de algum modo parametraram o desenvolvimento do "capitalismo democrático" — é necessária uma racionalidade global que ultrapasse a dinâmica objetivamente *produtivista* (de mais-valia) do capitalismo; portanto, uma racionalidade que fere o nervo mesmo da acumulação e da valorização num quadro de apropriação burguesa-privada do excedente. E tanto mais que o próprio desenvolvimento tecnológico recente (a chamada "revolução científica e técnica") potencia, exponencialmente, as tradicionais contradições da ordem do capital[23]. Não é suficiente, pois, imaginar uma simples reativação das possibilidades do *Welfare State*: seria preciso uma "engenharia social" muito mais ampla e complexa para assegurar o mínimo equacionamento daquela problemática.

As forças políticas que, entre o segundo pós-guerra e a década de 1960, sustentaram a vigência do arranjo próprio do *Welfare State* não dão mostras visíveis de manter sequer as regulações até então operantes; mais: seu comportamento atesta que precisamente elas (geralmente conotadas com o espectro social-democrata), que erigiram seus exercícios de poder e de governo implementando políticas de cariz keynesiano, são agora as que, sob os pretextos os mais diversos, efetivam orientações caras à ofensiva neoliberal[24]. É óbvio que este fenômeno não pode ser debitado simplesmente à conta de qualquer "traição" — ele sinaliza o exaurimento do conjunto de pressupostos do *Welfare State*. A questão, portanto, está em avaliar das possibilidades de encontrar, no marco mesmo do arranjo sociopolítico que caracterizou o Estado de bem-estar, reservas que possam readequá-lo e/ou revigorá-lo frente aos novos desafios.

Neste ponto, abre-se um espaço de polêmicas acesas. Parece-me legítimo inferir da argumentação de analistas como Mészáros (cf., por exemplo, os seus textos que já citamos) uma projeção de *inviabilidade* nesta direção. O teórico húngaro, mesmo sem partilhar de uma visão francamente catastrofista do evolver da ordem contemporânea do capital, ao constatar que a crise atual "é uma crise estrutural geral das instituições capitalistas e controle social na sua totalidade" (Mészáros, 1987, p. 42), é levado a concluir que estamos nos aproximando "de certos *limites estruturais* do capital, ainda que seja excessivamente otimista sugerir que o modo de produção capitalista já atingiu seu ponto de não retorno a caminho do colapso" (Mészáros, 1989, p. 171). Sobre bases muito diferentes, a reflexão de Kurz (1992) avança mais radical e catastroficamente esse diagnóstico[25]. Mas nem todos os críticos da ordem do capital (e, naturalmente, das propostas neoliberais) jogam com estas projeções; numa posição diversa, Nunes — que também admite como possibilidade real a barbárie, recuperando as ideias de Gross (1980) acerca do *friendly fascism* — considera que a ofensiva neoliberal será derrotada pela via da expressão democrática das massas, implicando a renovação das políticas neokeynesianas, uma vez que "o capitalismo não pode admitir a *morte de Keynes* [...] porque não pode dispensar a permanência da *revolução keynesiana* como *revolução permanente*" (Nunes, 1991, p. 520).

A mim me parece que estas duas posições não são excludentes à partida. De um lado, a crise contemporânea seguramente derivará na barbárie se o movimento do capital liberar-se, como pretende a programática neoliberal, de regulações submetidas ao jogo da democracia política; se não me parece procedente visualizar um colapso catastrófico, como se num *dia D* o sistema viesse a ruir, é plausível um cenário tal de *cronificação da crise* que torne a barbarização da vida social um dado banal da cotidianidade, com implicações muito pouco imagináveis para o desenvolvimento humano-genérico da sociabilidade. De outro lado, a persistência das instituições próprias da democracia política opera efetivamente contra essa possível linha evolutiva — e, neste sentido, a segunda das posições, a de Nunes, tem algum fundamento: um forte ascenso democrático de massas pode conduzir a uma reciclagem do arranjo que foi peculiar ao *Welfare State*; mas esta posição, contudo, é debilitada pelas tendências já assinaladas das ondas longas *recessivas* — o que significa, em suma, que os representantes do capital haveriam de ser compelidos (pela força organizada de massas trabalhadoras) a perdas substanciais, num arranjo já bem distinto do que se deu no Estado de bem-estar original.

Mas, em qualquer caso, a alternativa à barbárie, passando pela derrota da ofensiva neoliberal através dos condutos da democracia política, *não se esgota nestas* (nem na ultrapassagem das propostas neoliberais, nem na democracia política) — porque supõe aquilo que Anderson (1985, p. 32) constatou que não foi acessível à esquerda ocidental até hoje: "um pensamento *estratégico* real [...] de uma perspectiva concreta ou plausível para uma transição da democracia capitalista para uma democracia socialista".

E isto porque um enquadramento progressista da crise global contemporânea, mesmo no marco da ordem do capital, é função de amplos movimentos de massa que apontem para a *superação desta ordem*. Numa palavra: mesmo que não estejam "maduras" as condições para a transição socialista, é o conjunto de lutas que a tenham como escopo que pode bloquear e reverter a dinâmica que hoje compele o movimento do capital a rumar para a barbárie.

Referências

ANDERSON, P. *A crise da crise do marxismo*. São Paulo: Brasiliense, 1985.

BLACKBURN, R. (Org.). *Depois da queda. O fracasso do comunismo e o futuro do socialismo*. Rio de Janeiro. Paz e Terra, 1992.

BOBBIO, N. *A teoria das formas de governo*. Brasília: UnB, 1985.

_____. *O futuro da democracia*. Rio de Janeiro: Paz e Terra, 1986.

CALLINICOS, A. *A vingança da história. O marxismo e as revoluções do Leste europeu*. Rio de Janeiro: Jorge Zahar, 1992.

CERRONI, U. "Liberalismo e socialismo". *Revista Novos Rumos*. São Paulo: Novos Rumos, ano 5, n. 18-19, 1990.

CHASIN, J. A sucessão na crise e a crise na esquerda. *Ensaio*. São Paulo: Ensaio, n. 17-18, 1989.

DRAIBE, S.; WILNÊS, H. *Welfare State*, crise e gestão da crise: um balanço da literatura internacional. *Revista Brasileira de Ciências Sociais*. São Paulo: Vértice, v. 3, n. 6, fev. 1988.

FRIEDMAN, R. e M. *Capitalism and Freedom*. Chicago: The University of Chicago Press, 1969.

_____. *Liberdade para escolher*. Lisboa: Europa-América, s.d.

GROSS, B. *Friendly Fascism. The New Face of Power in America*. New York: M. Evans & Co., 1980.

HAYEK, F. A. *O caminho da servidão*. Porto Alegre: Globo, 1977.

_____. *Studies in Philosophy, Politics and Economics*. London: Routledge & Kegan Paul, 1978.

_____. *Os fundamentos da liberdade*. São Paulo: Visão, 1983.

HELLER, A. *O quotidiano e a história*. Rio de Janeiro: Paz e Terra, 1972.

_____. *Sociologia della vita cotidiana*. Roma: Riuniti, 1975.

HORKHEIMER, M.; ADORNO, T. W. *Dialéctica del Iluminismo*. Buenos Aires: Sur, 1971.

KURZ, R. *O colapso da modernização*. Rio de Janeiro: Paz e Terra, 1992.

MACPHERSON, C. B. *A democracia liberal. Origens e evolução*. Rio de Janeiro: Zahar, 1978.

_____. *A teoria política do individualismo possessivo*. Rio de Janeiro: Paz e Terra, 1979.

MANDEL, E. *O capitalismo tardio*. São Paulo: Abril Cultural, 1982.

_____. In Defense of Socialism Planning. *New Left Review*. London: New Left, n. 159, 1986.

_____. *Além da perestroika*. São Paulo: Busca Vida, 1989.

_____. *A crise do capital*. São Paulo/Campinas: Ensaio/UNICAMP, 1990.

MARSHALL, T. H. *Cidadania, classe social e* status. Rio de Janeiro: Zahar, 1967.

MERQUIOR, J. G. *O liberalismo. Antigo e moderno*. Rio de Janeiro: Nova Fronteira, 1991.

MÉSZÁROS, I. Poder político e dissidência nas sociedades pós-revolucionárias. *Ensaio*. São Paulo: Ensaio, n. 14, 1985.

_____. *A necessidade do controle social*. São Paulo: Ensaio, 1987.

MÉSZÁROS, I. A crise atual. *Ensaio*. São Paulo: Ensaio, n. 17-18, 1989.

NETTO, J. P. *Capitalismo monopolista e Serviço Social*. São Paulo: Cortez, 1992.

NOVE, A. *The Economics of Feasible Socialism*. London: G. Allen & Unwin, 1983.

NUNES, A. J. A. *O keynesianismo e a contrarrevolução monetarista*. Coimbra: Separata do Boletim de Ciências Económicas da Universidade de Coimbra, 1991.

OLIVEIRA, F. de. O surgimento do anti-valor. *Novos estudos*. São Paulo: CEBRAP, n. 28, outubro de 1988.

PARIJS, P. Van. *Qu'est-ce qu'une société juste?* Paris: Seuil, 1991.

PERLO, V. As consequências econômicas da reagonomia. *Problemas*. São Paulo: Novos Rumos, n. 4, 1983.

POPPER, K. *A sociedade aberta e seus inimigos*. Belo Horizonte/São Paulo: Itatiaia/EDUSP, 1-2, 1974.

_____. *A miséria do historicismo*. São Paulo: Cultrix, 1980.

PRZEWORSKI, A. *Capitalismo e social-democracia*. São Paulo: Companhia das Letras, 1991.

ROSANVALLON, P. *A crise do Estado-providência*. Lisboa: Inquérito, 1984.

SOARES, R. M. (Org.). *Gestão da empresa, automação e competitividade*. Brasília: IPEA/IPLAN, 1990.

VILLARREAL, R. *A contrarrevolução monetarista. Teoria, política econômica e ideologia do neoliberalismo*. Rio de Janeiro: Record, [s.d.].

WOLFF, R. P. *A miséria do liberalismo*. Rio de Janeiro: Paz e Terra, 1990.

Uma face contemporânea da barbárie

Esta concisa comunicação, retomando e resumindo reflexões que venho desenvolvendo há alguns anos, tem como hipótese central a ideia de que o tardo-capitalismo (o capitalismo contemporâneo, resultado das transformações societárias ocorrentes desde os anos 1970 e posto no quadro da sua crise estrutural) esgotou as possibilidades civilizatórias que Marx identificou no capitalismo do século XIX e, ainda, que este exaurimento deve-se a que o estágio atual da produção capitalista é necessariamente destrutivo (conforme o caracteriza István Mészáros). O esgotamento em tela, que incide sobre a totalidade da vida social, manifesta-se visivelmente na barbarização que se generaliza nas formações econômico-sociais tardo-capitalistas.

Entendo que uma face contemporânea da barbárie se expressa exatamente no trato que, nas políticas sociais, vem sendo conferido à "questão social" — por isto, inicio a exposição referenciando-a explicitamente. Em seguida, sumario as transformações societárias que estão na base da constituição do tardo-capitalismo e, na sequência, procuro indicar, no marco da restauração capitalista que se verificou nos últimos trinta anos, os traços do que considero os constitutivos dessa face contemporânea do barbarismo. Depois, faço brevíssimos comentários acerca dos dois mandatos presidenciais de Lula da Silva — num andamento tão sintético quanto polêmico e de minha inteira responsabilidade pessoal. Enfim, sinalizo que a antiga escolha entre *socialismo ou barbárie* é hoje dramaticamente atual.

Dada a natureza própria de uma comunicação deste gênero, em muitos passos fui obrigado a simplificações — que espero não comprometam substantivamente a argumentação. E me desculpo, de antemão, pela longa listagem bibliográfica, explicável apenas por dois motivos: 1°) continuo acreditando que uma das poucas observações acertadas que Galbraith fez ao longo da vida diz respeito às notas apostas a um texto; ele nunca as julgou excessivas, na medida em que são "um índice expressivo do cuidado posto no estudo de um determinado assunto" (J. K. Galbraith. *A crise económica de 1929*. Lisboa: Dom Quixote, [s.d.]. p. 29); 2°) minhas reflexões são muito pouco originais; constituem, certamente, o produto de uma elaboração coletiva e é sempre uma questão de princípio deixar claro de onde se parte.

1

Nos últimos vinte anos, ideólogos social-democratas pretenderam ter descoberto um "fenômeno novo" nas sociedades dos países capitalistas centrais: a *nova pobreza* — perceptível em especial a partir da crise do *Welfare State*. Principalmente na Europa Ocidental, produziu-se uma larga documentação sobre esta "novidade" (de que é paradigmática a elaboração de Pierre Rosanvallon) e foram postas no centro de significativos debates acadêmicos as polêmicas sobre uma pretensa *nova* "questão social"[26]. Discretamente, essa documentação sugeria que a *velha* "questão social" fora solucionada. Comecemos, pois, com esta última para, em seguida, voltar à pretensamente *nova*.

Todas as indicações disponíveis sugerem que a expressão "questão social" tem história recente: seu emprego data de menos de duzentos anos. Parece que começou a ser utilizada na terceira década do século XIX e foi divulgada até a metade daquela centúria por críticos da sociedade e filantropos situados nos mais variados espaços do espectro ídeo-político[27].

A expressão surge para dar conta do fenômeno mais evidente da história de uma Europa Ocidental que experimentava os impactos da primeira onda industrializante, iniciada na Inglaterra no último quartel do século

XVIII: trata-se do fenômeno do *pauperismo*. Com efeito, a pauperização massiva da população trabalhadora constituiu o aspecto mais imediato da instauração do capitalismo em seu estágio industrial-concorrencial e não por acaso engendrou uma copiosa documentação[28].

Para os mais lúcidos observadores da época, independentemente da sua posição ídeo-política, tornou-se claro que se tratava de um *fenômeno novo*, sem precedentes na história anterior conhecida[29]. Com efeito, se não era inédita a desigualdade entre as várias camadas sociais, se vinha de muito longe a polarização entre ricos e pobres, se era antiquíssima a diferente apropriação e fruição dos bens sociais, era radicalmente nova a dinâmica da pobreza que então se generalizava[30].

Pela primeira vez na história registrada, *a pobreza crescia na razão direta em que aumentava a capacidade social de produzir riquezas*. Tanto mais a sociedade se revelava capaz de progressivamente produzir mais bens e serviços, tanto mais aumentava o contingente dos seus membros que, além de não terem acesso efetivo a tais bens e serviços, viam-se despossuídos até das condições materiais de vida de que dispunham anteriormente. Se, nas formas de sociedade precedentes à sociedade capitalista, a pobreza estava ligada a um quadro geral de escassez (quadro em larguíssima medida determinado pelo nível de desenvolvimento das forças produtivas materiais e sociais), agora ela se mostrava conectada a um quadro geral tendente a reduzir com força a situação de escassez. Numa palavra: a pobreza acentuada e generalizada no primeiro terço do século XIX — o pauperismo — aparecia como *nova* precisamente porque ela se produzia pelas mesmas condições que propiciavam os supostos, no plano imediato, da sua redução e, no limite, da sua supressão. Este pauperismo marca a emergência imediatamente visível da dimensão mais evidente da *moderna barbárie*, a barbárie capitalista[31].

A designação deste pauperismo pela expressão "questão social" relaciona-se diretamente aos seus desdobramentos sociopolíticos. Mantivessem-se os pauperizados na condição cordata de vítimas do destino, assumissem eles a *resignação* que Comte considerava "a grande virtude cívica" e a história subsequente haveria sido outra. Lamentavelmente para a ordem burguesa que se consolidava, os pauperizados não se conformaram com a sua situação: da primeira década até a metade do século XIX, seu protesto tomou as mais diversas formas, da violência *luddista* à constituição das *trade-unions*, configurando uma ameaça real às instituições sociais existentes[32].

A partir da segunda metade do século XIX, a expressão "questão social" deixa de ser usada indistintamente por críticos sociais de diferenciados lugares do espectro ídeo-político — ela desliza, lenta, mas nitidamente, para o vocabulário próprio do pensamento conservador.

O divisor de águas, também aqui, é a revolução de 1848. De um lado, os eventos de 1848, fechando o ciclo progressista da ação de classe da burguesia, impedem, desde então, aos intelectuais a ela vinculados (enquanto seus representantes ideológicos) a compreensão dos nexos entre economia e sociedade[33] — donde a interdição da compreensão da relação entre desenvolvimento capitalista e pauperização. Posta em primeiro lugar, com caráter de urgência, a manutenção e a defesa da ordem burguesa, a "questão social" perde paulatinamente sua estrutura histórica determinada e é crescentemente *naturalizada*, tanto no âmbito do pensamento conservador laico quanto no do confessional (que, aliás, tardou até mesmo a reconhecê-la como pertinente).

Entre os ideólogos conservadores laicos, as manifestações da "questão social" (acentuada desigualdade econômico-social, desemprego, fome, doenças, penúria, desproteção na velhice, desamparo frente a conjunturas econômicas adversas etc.) passam a ser vistas como o desdobramento, na sociedade moderna (leia-se: burguesa), *de características inelimináveis de toda e qualquer ordem social*, que podem, no máximo, ser objeto de uma intervenção política limitada (preferentemente com suporte "científico"), capaz de amenizá-las e reduzi-las através de um ideário *reformista* (aqui, o exemplo mais típico é oferecido por Durkheim e sua "escola" sociológica). No caso do pensamento conservador confessional, reconhece-se a gravitação da "questão social" e se apela para medidas sociopolíticas para diminuir os seus gravames, insistindo-se em que somente a sua exacerbação contraria a "vontade divina" (é emblemática, aqui, a lição de Leão XIII, de 1891).

Em qualquer dos dois casos — o que, aliás, explica a perfeita complementaridade político-prática dessas duas vertentes do conservadorismo —, mesmo as limitadas reformas sociais possíveis estão hipotecadas a uma *prévia reforma moral do homem e da sociedade*. De fato, no âmbito do pensamento conservador, a "questão social", numa operação simultânea à sua naturalização, é convertida em objeto de *ação moralizadora*. E, em ambos os casos, o enfrentamento das suas manifestações deve ser função de um programa de reformas que preserve, antes de tudo o mais, *a propriedade privada dos meios fundamentais de produção*. Mais precisamente: o trato das manifestações da "questão social" é expressamente desvinculado de qualquer medida tendente a problematizar a ordem econômico-social estabelecida; trata-se de combater as manifestações da "questão social" sem tocar nos fundamentos da sociedade burguesa. Tem-se aqui, obviamente, um reformismo para conservar[34].

Mas a explosão de 1848 não afetou somente as expressões ideais (teóricas, culturais, ideológicas) do campo burguês. Ela feriu substantivamente as bases da cultura política que calçava até então o movimento dos trabalhadores: 1848, trazendo à luz o caráter antagônico dos interesses das classes sociais fundamentais, acarretou a dissolução do ideário formulado pelo utopismo (o socialismo de um Owen, por exemplo)[35]. Desta dissolução resultou a clareza de que a resolução efetiva do conjunto problemático designado pela expressão "questão social" seria função da subversão completa da ordem burguesa, num processo do qual estaria excluída qualquer colaboração de classes — uma das resultantes de 1848 foi a passagem, em nível histórico-universal, do proletariado de *classe em si* a *classe para si*. As vanguardas operárias acederam, no seu processo de luta, à consciência política de que a "questão social" está *necessariamente* colada à sociedade burguesa: somente a supressão desta conduz à supressão daquela. A partir daí, o pensamento revolucionário passou a identificar, na própria expressão "questão social", uma tergiversação conservadora e a só empregá-la indicando este traço mistificador[36].

Consciência política, porém, não é o mesmo que consciência teórica — e o movimento dos trabalhadores tardaria ainda alguns anos a encontrar os instrumentos teóricos e metodológicos para apreender a gênese, a constituição e os processos de reprodução da "questão social".

Se, já nas vésperas da eclosão de 1848, K. Marx avançava no rumo daquela apreensão — como se pode verificar nitidamente nas suas duas obras mais importantes então publicadas (na *Miséria da filosofia* e, em colaboração com F. Engels, no *Manifesto do partido comunista*) —, é apenas com a publicação, em 1867, do livro I d'*O capital* que a razão teórica acedeu à compreensão do complexo de causalidades da "questão social". Somente com o conhecimento rigoroso do "processo de produção capitalista" Marx pôde esclarecer com precisão a dinâmica da "questão social", consistente em um complexo problemático muito amplo, irredutível à sua manifestação imediata como pauperismo[37].

A descoberta e a análise marxianas da *lei geral da acumulação capitalista*, sintetizada no vigésimo terceiro capítulo do livro I d'*O capital*, revela a anatomia da "questão social", sua complexidade, seu caráter de *corolário necessário* do desenvolvimento capitalista em todos os seus estágios. O desenvolvimento capitalista produz, compulsoriamente, a "questão social" — diferentes estágios deste desenvolvimento produzem diferentes manifestações da "questão social"; esta não é uma sequela adjetiva ou transitória do regime do capital: sua existência e suas manifestações são indissociáveis da dinâmica específica do capital tornado potência social dominante. *A "questão social" é constitutiva do capitalismo*: não se suprime aquela se este se conservar.

A análise de conjunto que Marx oferece n'*O capital* revela, luminosamente, que a "questão social" está elementarmente determinada pelo traço próprio e peculiar da relação capital/trabalho — a *exploração*. A exploração, todavia, apenas remete à determinação básica e fundamental da "questão social"; na sua integralidade, longe de qualquer unicausalidade, ela implica a intercorrência mediada de componentes históricos, políticos e culturais. Contudo, sem ferir de morte os dispositivos exploradores do regime do capital, toda luta contra as suas implicações político-econômicas, sociais e humanas (inclusive a que se designa por "questão social") está condenada a enfrentar sintomas, consequências e efeitos.

A análise marxiana fundada no caráter explorador do regime do capital permite, muito especialmente, situar com radicalidade histórica a "questão social", isto é, distingui-la das expressões sociais derivadas da escassez nas sociedades que precederam a ordem burguesa. A exploração não é um traço distintivo do regime do capital (sabe-se, de fato, que formas sociais assentadas na exploração precederam largamente a ordem burguesa); o que é distintivo deste regime é que a exploração se efetiva no marco de contradições e antagonismos que a tornam suprimível sem a supressão das possibilidades mediante as quais se cria exponencialmente a riqueza social. Ou seja: *a supressão da exploração do trabalho pelo capital, constituída a ordem burguesa e altamente desenvolvidas as forças produtivas, não implica — bem ao contrário — redução da produção de riquezas* (ou seja, a produção de bens e serviços necessários à vida social, a produção de valores de uso).

Nas sociedades anteriores à ordem burguesa, as desigualdades, as privações etc. decorriam de uma escassez que o baixo nível de desenvolvimento das forças produtivas não podia suprimir (e a que era correlato um componente ideal que legitimava as desigualdades, as privações etc.); na ordem burguesa constituída, decorrem de uma escassez *produzida socialmente*, de uma escassez que resulta necessariamente da contradição entre as forças produtivas (crescentemente socializadas) e as relações sociais de produção (que garantem a apropriação privada do excedente e a decisão privada da sua destinação) e do caráter mercantil que reveste obrigatoriamente os valores de uso. A "questão social", nesta perspectiva teórico-analítica, não tem nada a ver com os desdobramentos de problemas sociais que a ordem burguesa herdou ou com traços invariáveis da sociedade (uma "natureza humana" conclusa, dada para todo o sempre); tem a ver, exclusivamente, com a sociabilidade erguida sob o comando do capital. Por isso mesmo, a análise teórica marxiana interdita qualquer ilusão acerca do alcance das reformas no interior do capitalismo.

Provaram-no sobejamente, já no marco do estágio clássico do imperialismo[38], as transformações político-institucionais que o Estado burguês promoveu, incorporando demandas postas pelas lutas do movimento dos trabalhadores à dinâmica própria da organização monopólica (com a instauração das primeiras formas de políticas sociais), no processo antologicamente descrito (1949) pelo liberal progressista Marshall como constitutivo da moderna *cidadania*[39]. Na sequência da Segunda Guerra Mundial e no processo de reconstrução econômica e social que então teve curso, especialmente na Europa Ocidental, o capitalismo experimentou o que alguns economistas franceses denominaram de "as três décadas gloriosas" — da reconstrução do pós-guerra à transição dos anos 1960 aos 1970, mesmo sem erradicar as suas crises periódicas (cíclicas), o regime do capital viveu uma larga conjuntura de crescimento econômico. Não por acaso, a primeira metade dos anos 1960 assistiu à caracterização da sociedade capitalista — evidentemente desconsiderado o inferno da sua periferia, o então chamado Terceiro Mundo — como "sociedade afluente", "sociedade de consumo" etc.[40]

A construção do *Welfare State* na Europa Nórdica e nalguns países da Europa Ocidental, bem como o dinamismo da economia norte-americana (desde a Segunda Guerra, o carro-chefe do capitalismo mundial), parecia remeter para o passado a "questão social" e suas manifestações — elas seriam um quase privilégio da periferia capitalista, às voltas com seus problemas de "subdesenvolvimento". Praticamente só os marxistas insistiam em assinalar que as melhorias no conjunto das condições de vida das massas trabalhadoras, nos países capitalistas centrais, não alteravam a essência exploradora do capitalismo, continuando a revelar-se através de intensos processos de pauperização relativa — apenas os marxistas e uns poucos críticos sociais, como Michael Harrington, que tinha a coragem de investigar "a pobreza, o outro lado da América"[41].

Na entrada dos anos 1970, porém, esgotou-se a "onda longa expansiva" da dinâmica capitalista[42], que garantiu mais de duas décadas de significativo crescimento econômico. À redução das taxas de lucro, condicionadas também pelo ascenso do movimento operário, que alcançara expressivas vitórias naqueles anos e nos imediatamente anteriores[43], o capital respondeu com uma ofensiva política (de início, basicamente repressiva — recorde-se o trato que ao movimento sindical brindaram a Senhora Tatcher e R. Reagan —, depois fundamentalmente de natureza ideológica) e econômica. O que se seguiu é conhecido (trata-se do que Ruy Braga denominou de "restauração do capital") e já foi objeto de larga documentação[44]: a conjunção "globalização"/"neoliberalismo" veio para demonstrar aos desavisados que o capital não tem nenhum "compromisso social" — o seu esforço para romper com qualquer regulação política democrática, extramercado, da economia tem sido coroado de êxito. Erodiu-se o fundamento do *Welfare State* em vários países e a resultante macroscópico-social saltou à vista: o capitalismo "globalizado", "transnacional", "pós-fordista", desvestiu a pele de cordeiro — e a intelectualidade acadêmica, a mesma que em boa parcela considera Marx o criador de um "paradigma em crise", descobriu a "nova pobreza", os "excluídos" etc. — em suma, descobriu a *nova* "questão social".

Esta caricatural "descoberta", nas condições contemporâneas, condições que tornam cada vez mais problemáticas as possibilidades de quaisquer reformas progressistas no interior do regime do capital[45], mostra-se, a despeito da sua eventual credibilidade acadêmica, com uma anemia teórico-analítica que somente é comparável à anemia das intervenções sociopolíticas que propõe como alternativas (a isto voltarei adiante). Do ponto de vista teórico, a noção de *"nova* questão social" não apresenta uma só determinação que resista ao exame rigoroso na esteira da crítica da economia política marxiana[46]; do ponto de vista sociopolítico, retrocede ao nível das utopias conservadoras do século XIX, proponentes de novos "contratos sociais" que restabeleçam vínculos de solidariedade no marco de comunidades ilusórias[47] — uma solidariedade naturalmente abstrata (*transclassista*) e comunidades pensadas com o inteiro apagamento dos (velhos e novos) dispositivos de *exploração*.

De fato, inexiste qualquer *nova* "questão social". O que se deve investigar, para além da permanência de manifestações "tradicionais" da "questão social", é a emergência de *novas expressões* da "questão social" que é insuprimível sem a supressão da ordem do capital. A dinâmica societária específica desta ordem não só põe e repõe os corolários da exploração que a constitui medularmente; como já sugeri, a cada novo estágio do seu desenvolvimento, ela instaura expressões sociopolíticas diferenciadas e mais complexas, correspondentes à intensificação da exploração que é a sua razão de ser. O verdadeiro problema teórico consiste em determinar concretamente a relação entre as expressões emergentes e as modalidades imperantes de exploração.

Uma tal determinação, se não pode desconsiderar a forma contemporânea que adquire a *lei geral da acumulação capitalista*, precisa levar em conta a complexa totalidade dos sistemas de mediações em que ela se realiza. Sistemas nos quais, mesmo dado o caráter universal e planetarizado daquela *lei geral*, objetivam-se particularidades culturais, geopolíticas e nacionais que, igualmente, requerem determinação concreta. Se a *lei geral* opera independentemente de fronteiras políticas e culturais, seus resultantes societários trazem a marca da história que a concretiza. Isso significa que o desafio teórico acima salientado envolve, ainda, a pesquisa das diferencialidades histórico-culturais (que entrelaçam elementos de relações de classe, geracionais, de gênero e de etnia constituídos em formações sociais específicas) que se cruzam e tensionam na efetividade social. Em poucas palavras: a caracterização da "questão social", em suas manifestações já conhecidas e em suas expressões novas, tem de considerar as particularidades histórico-culturais e nacionais.

2

Muito especialmente, a caracterização acima mencionada tem que levar em conta as profundas transformações societárias emergentes desde a década de 1970[48], que redesenharam amplamente o perfil do capitalismo contemporâneo — está claro que, planetarizado, esse capitalismo apresenta traços novos e processos inéditos. Essas transformações estão vinculadas às formidáveis mudanças que ocorreram no chamado "mundo do trabalho"[49] e que chegaram a produzir as equivocadas teses do "fim da sociedade do trabalho" e do "desaparecimento" do proletariado como classe[50], mudanças que certamente se conectam aos impactos causados nos circuitos produtivos pela revolução científica e técnica em curso desde a metade do século XX (potenciada em seus desdobramentos, por exemplo, pela "revolução informacional" e pelos avanços da microeletrônica, pelos novos passos da biologia, da física e da química[51]). Mas são transformações que desbordam amplamente os circuitos produtivos: elas envolvem a totalidade social, configurando a *sociedade tardo-burguesa* que emerge da *restauração do capital*.

No que toca às exigências imediatas do grande capital, o projeto restaurador viu-se resumido no tríplice mote da "flexibilização" (da produção, das relações de trabalho), "desregulamentação" (das relações comerciais e dos circuitos financeiros) e da "privatização" (do patrimônio estatal)[52]. Se esta última transferiu ao grande capital parcelas expressivas de riquezas públicas, especial mas não exclusivamente nos países periféricos[53], a "desregulamentação" liquidou as proteções comercial-alfandegárias dos Estados mais débeis e ofereceu ao capital financeiro a mais radical liberdade de movimento, propiciando, entre outras consequências, os ataques especulativos contra economias nacionais[54].

A "desregulamentação" e a "flexibilização" que o capital vem implementando hipertrofiam as atividades de natureza financeira (resultado seja da superacumulação, seja da especulação desenfreada), cada vez mais autonomizadas de controles estatais-nacionais e dotadas, graças às tecnologias da comunicação, de extraordinária mobilidade espaço-temporal. Simultaneamente, a produção segmentada, horizontalizada e descentralizada — a "fábrica difusa" —, que é fomentada em vários ramos, propicia uma "mobilidade" (ou "desterritorialização") dos polos produtivos, encadeados agora em lábeis redes supranacionais, passíveis de rápida reconversão. Ao mesmo tempo, os novos processos produtivos têm implicado uma extraordinária economia de trabalho vivo, elevando brutalmente a composição orgânica do capital; resultado direto na sociedade capitalista: *o crescimento exponencial da força de trabalho excedentária em face dos interesses do capital* — e os economistas burgueses (que se recusam a admitir que se trata do exército industrial de reserva próprio do tardo-capitalismo) descobrem... o "desemprego estrutural"! De fato, o chamado "mercado de trabalho" vem sendo radicalmente reestruturado[55] — e todas as "inovações" levam à precarização das condições de vida da massa dos vendedores de força de trabalho: a ordem do capital é hoje, reconhecidamente, a ordem do desemprego e da "informalidade"[56].

A tão celebrada "globalização econômica" vincula-se, não por acaso, a esta "financeirização" do capitalismo[57] e à articulação supranacional das grandes corporações, mesmo que não se reduza a ambas — e vem acentuando o padrão de competitividade intermonopolista e redesenhando o mapa político-econômico do mundo: as grandes corporações imperialistas têm conduzido processos supranacionais de integração (os megablocos) que, até agora, não se mostram como espaços livres de problemas para a concertação dos interesses do grande capital (como as recentes fricções na Europa dita comunitária o estão provando). Grande capital que, levando ao limite os históricos processos de concentração e centralização, dispõe de um potencial de poder superior ao de boa parte dos Estados nacionais[58] e opera o controle estratégico dos recursos necessários à produção de ponta[59].

Como assinalei, as transformações em curso envolvem a totalidade social. No que toca à estratificação social, verifica-se que a estrutura de classes da sociedade burguesa vem se modificando sensivelmente, inclusive com a desaparição de antigas classes sociais[60]. Ocorrem alterações profundas, quer no plano econômico-objetivo da produção/reprodução das classes e suas relações, quer no plano ídeo-subjetivo do reconhecimento da pertença de classe (e sabe-se da unidade de ambos os planos na prática social). No conjunto dos que vivem da venda da sua força de trabalho, está claro que a classe operária, que fixou a sua identidade classista (sindical e político-partidária) enfrentando o capitalismo monopolista, experimenta mudanças significativas, afetada por diferenciações, divisões, cortes e recomposições — refratando as novas clivagens postas por alterações na divisão social e técnica do trabalho. Também se modificam as hierarquias e as articulações de camadas médias, "tradicionais" (como a pequena burguesia urbana) ou não[61]. Aquele conjunto, hoje mais que nunca, é bastante heteróclito. E também há modificações nas suas camadas situadas no que se poderia chamar de *rés do chão* da ordem tardo-burguesa, cuja existência vem sendo degradada progressivamente pelo capitalismo contemporâneo: a miríade de *segmentos desprotegidos*, que não podem ser sumariamente identificados ao *lumpem* "clássico"[62]. Tais segmentos compreendem universos heterogêneos, desde aposentados com pensões miseráveis, crianças e adolescentes sem qualquer cobertura social, migrantes e refugiados, doentes estigmatizados (recordem-se os aidéticos pobres) até trabalhadores expulsos do mercado de trabalho (formal e informal).

Menos estudadas — por motivos facilmente conhecidos — são as classes e franjas de classes que estão no topo da pirâmide da estratificação: os grandes capitalistas e o grande patronato, seus estrategistas e executivos transnacionais, seus grandes intelectuais. De qualquer modo, é legítimo afirmar que, independentemente de modificações e diferenciações internas (com novos conflitos e novas vias de ingresso em seus círculos — de que o "caso Bill Gates" é exemplar), os portadores do grande capital veem estruturando uma *oligarquia financeira global*, concentradora de um *enorme poderio econômico e político*. De fato, trata-se de um microscópico universo pessoal [63], que controla o conjunto das riquezas sociais e exerce uma determinante ação planetária que inclusive ladeia as instâncias democrático-formais consagradas no Estado de direito[64] — controle e ação que, como o demonstra a experiência dos últimos anos, têm introduzido na cena pública um componente corruptor outrora impensável[65].

Tais mudanças no sistema de estratificação da sociedade burguesa contemporânea acompanham-se de alterações no *perfil demográfico* das populações, no processo de *urbanização*, no crescimento das atividades de *serviço*, na difusão da *educação formal* e nos circuitos da *comunicação social* (conduzindo ao ápice a *indústria cultural* analisada pela "Escola de Frankfurt"). Rebatendo na estrutura da *família*[66], tudo isto convulsiona os padrões da sociabilidade, para o que contribui, ainda, a emersão de dois "agentes sociais independentes" (Hobsbawm): as *mulheres* e os *jovens*. As peculiares problemáticas femininas (nem sempre inteiramente recuperadas pelos movimentos feministas), indo da opressão no espaço doméstico aos mais variados tipos de subalternidade/exploração no espaço público, irromperam pesadamente nos últimos cinco lustros. Graças especialmente aos empenhos das vanguardas feministas, as demandas femininas ganharam um apelo emancipatório que, independentemente do alcance efetivo das suas conquistas, atravessam as práticas sociais como questões que já não podem ser ladeadas. Quanto à juventude, que esteve na base da "revolução de costumes" dos anos 1960, ela passou — na escala em que as relações geracionais foram também grandemente redimensionadas — a constituir uma categoria social que adquiriu amplitude internacional, gerando inovações valorativas e rupturas com padrões de comportamento, frequentemente incorporadas (quando não induzidas) pela ordem do capital.

A dinâmica cultural do capitalismo contemporâneo, o *tardo-capitalismo*, é parametrada por dois vetores, de natureza econômico-política e técnica: *a translação da lógica do capital* para *todos* os processos do espaço cultural (criação/produção, divulgação, fruição/consumo) e o desenvolvimento de formas culturais socializáveis pelos *meios eletrônicos* (a televisão, o vídeo, a multimídia). Essa cultura incorpora as características próprias da *mercadoria* no tardo-capitalismo: sua obsolescência programada, sua fungibilidade, sua imediaticidade reificante. Embora à sociedade burguesa contemporânea não caiba legitimamente, como vimos, a identificação como uma "sociedade de consumo", a cultura que nela hoje se afirma é uma *cultura de consumo*[67]: ela cria a "sensibilidade consumidora" que se abre à devoração indiscriminada e equalizadora de bens materiais e ideais — e, nela, a própria distinção entre realidade e representações é esfumada: promove-se uma *semiologização do real*, em que os significantes se autonomizam em face dos referentes materiais e, no limite, se entificam.

A imediaticidade da vida social planetariamente mercantilizada é proposta como *a* realidade — e, não por acaso, a distinção epistemológica clássica entre *aparência* e *essência* é desqualificada[68]. A realidade, na complexidade ontológica dos seus vários níveis, é apreendida no efêmero, no molecular, no descontínuo, no fragmentário, que se tornam a pedra de toque da nova "sensibilidade": o *dado*, na sua singularidade empírica, desloca a totalidade e a universalidade, suspeitas de "totalitarismo".

Sabe-se a que me refiro: à tese segundo a qual, depois da metade do século XX, pelo menos, exauriu-se o programa de Modernidade, fundado no capítulo ilustrado do projeto iluminista, configurando-se uma *mutação sociocultural estrutural*, que implicaria a anacronização dos padrões de análise (e das suas categorias teóricas) dos objetos socioculturais e dos projetos sociais modernos. Vale dizer: de uma parte, teríamos uma "crise de paradigmas", com a urgência da superação das "metanarrativas" e das abordagens teóricas calçadas na categoria de totalidade[69]; de outra, estaria colocada a alternativa de só pensar a micropolítica ou de encontrar novos referenciais para a ação sociopolítica.

O que se pode designar como *movimento pós-moderno* constitui um campo ídeo-teórico muito heterogêneo e, especialmente no terreno das suas inclinações políticas, pode-se mesmo distinguir uma teorização pós-moderna de *capitulação* e outra de *oposição*[70]. Do ponto de vista dos seus fundamentos teórico-epistemológicos, porém, o movimento é funcional à lógica cultural do tardo-capitalismo[71]: é-o tanto ao caucionar acriticamente as expressões imediatas da ordem burguesa contemporânea quanto ao romper com os vetores críticos da Modernidade (cuja racionalidade os pós-modernos reduzem, abstrata e arbitrariamente, à dimensão instrumental, abrindo a via aos mais diversos irracionalismos). Mas, por esta mesma funcionalidade, a retórica pós-moderna não é uma intencional mistificação elaborada por moedeiros falsos da academia e publicitada pela mídia a serviço do capital. Antes, ela é um sintoma das transformações em curso na sociedade tardo-burguesa, tomadas na sua epidérmica imediaticidade — como Eagleton observou em belo ensaio[72], o que os pós-modernos assumem como tarefa "criadora" (ou, segundo outros, "desconstrutora") corresponde à própria estruturação fetichista da mercadoria e do tardo-capitalismo.

Essa funcionalidade está em maré-montante nos anos correntes porque a dissolução de antigas identidades sociais (classistas), a atomização e a pulverização imediatas da vida social, as novas "sensibilidades" produzidas pelas tecnologias da comunicação — tudo isso, mais as transformações já sinalizadas, erodiu os sistemas constituídos de vinculação e inserção sociais. Não é um acidente, pois, que grupos, categorias e segmentos sociais se empenhem na construção de "novas identidades" culturais, nem que busquem, dramaticamente, estruturar suas "comunidades". A "cultura global" se movimenta entre a produção/divulgação/consumo mercantilizados de "artefatos globais" e a incorporação/consagração de expressões particularistas — movimenta-se entre o cosmopolitismo e o localismo/singularismo, entre a indiferenciação abstrata de "valores globais" e particularismos fundamentalistas. Quer no cosmopolitismo, quer no localismo/singularismo, há uma nítida desqualificação da esfera pública universalizadora: no primeiro, o privilégio é conferido a um individualismo de caráter possessivo; no segundo, o "direito à diferença" se impõe abstrata e arbitrariamente. Nessa cultura, parece vigorar a máxima segundo a qual "não há sociedade, só indivíduos"[73]. É por isso que não se afigura exagerado observar que "a revolução cultural de fins do século XX pode assim ser mais bem entendida como o triunfo do indivíduo sobre a sociedade, ou melhor, o rompimento dos fios que antes ligavam os seres humanos em texturas sociais"[74].

As transformações ocorrentes no plano político são igualmente notáveis e portadoras de novas problemáticas. Impactados pelas novas dinâmicas econômicas e socioculturais, sociedade civil e Estado da ordem tardo-burguesa modificam-se nas suas esferas próprias e nas suas relações.

Na sociedade civil, enquanto a oligarquia financeira global se movimenta de maneira crescentemente articulada, encontrando e forjando canais e instituições para dar forma a seus projetos, as tradicionais expressões e representações das classes e camadas subalternas experimentam crises visíveis (pense-se na *dessindicalização* e nos impasses dos partidos políticos democrático-populares e/ou operários), ao mesmo tempo em que emergem no seu espaço "novos sujeitos coletivos", de que os chamados *novos movimentos sociais* são o sinal mais significativo. Tais movimentos, demandando *novos direitos* e aspirando a ampliações do estatuto de *cidadania* — que Marshall não imaginava coexistindo sem tensões com a estrutura de classes —, vêm vitalizando a sociedade civil e renovando pulsões democráticas. Na medida, contudo, em que a esses movimentos, até agora, não se imbricaram instâncias políticas capazes de articular e universalizar a pluralidade de interesses e motivações que os enfibram, seu potencial emancipatório vê-se frequentemente comprometido (inclusive com a recidiva de corporativismos).

Também o Estado burguês, mantendo o seu caráter de classe, experimenta um considerável redimensionamento. A mudança mais imediata é a diminuição da sua ação reguladora, especialmente o encolhimento de suas "funções legitimadoras"[75]: quando o grande capital rompe o "pacto" que suportava o *Welfare State*, começa a ocorrer a retirada das coberturas sociais públicas e tem-se o corte nos direitos sociais — programa tatcherista que corporifica a estratégia do grande capital de "redução do Estado", num processo de "ajuste" que visa a diminuir o ônus do capital no esquema geral de reprodução da força de trabalho (e das condições gerais da reprodução capitalista). Entretanto, aquela redução, bem definida nas palavras de ordem que já assinalei e na sua prática — "flexibilização", "desregulamentação" e "privatização" — decorre do próprio movimento da "globalização". De uma parte, a magnitude das atividades planetárias das corporações monopolistas extrapola largamente os controles estatais, fundados na circunscrição nacional do Estado; de outra, dada a articulação privada daquelas atividades, torna-se limitada a intervenção estatal no nível macroeconômico[76]. É evidente que o tardo-capitalismo não liquidou com o Estado nacional, mas é também claro que vem operando no sentido de erodir a sua soberania — porém, cumpre assinalar a diferencialidade desta erosão, que atinge diversamente Estados centrais e Estados periféricos (ou mais débeis)[77].

A desqualificação do Estado tem sido, como é notório, a pedra de toque do privatismo da *ideologia neoliberal*: a defesa do "Estado mínimo" pretende, fundamentalmente, "o Estado máximo para o capital"[78]; nas palavras de Przeworski, constitui um "projeto histórico da Direita", dirigido para "liberar a acumulação [capitalista] de todas as cadeias impostas pela democracia"[79]. Independentemente da viabilidade política de longo prazo desse projeto[80], há que constatar que ele conquistou, enquanto satanização do Estado, uma ponderável hegemonia: desenvolveu-se, a partir dele, uma "cultura política" antiestatal — e ela não tem sido estranha às relações contemporâneas entre Estado e sociedade civil nem a certas formulações políticas que, renovando velhos equívocos anarquistas, pretendem-se "de esquerda"[81].

As corporações imperialistas, o grande capital, implementam a erosão das regulações estatais visando claramente à liquidação de direitos sociais, ao assalto ao patrimônio e ao fundo públicos, com a "desregulamentação" sendo apresentada como "modernização" que valoriza a "sociedade civil", liberando-a da tutela do "Estado protetor" — e há lugar, nessa construção ideológica, para a defesa da "liberdade", da "cidadania" e da "democracia". E, com frequência, forças imediatamente opositivas ao grande capital têm incorporado o antiestatismo como priorização da sociedade civil e, também, como demanda democrática, do que decorrem dois fenômenos: 1) a transferência, para a sociedade civil, a título de "iniciativa autônoma", de responsabilidades antes alocadas à ação estatal[82]; 2) a minimização das lutas democráticas dirigidas a afetar as instituições estatais. As implicações da incorporação desse antiestatismo pelas forças opositivas pode significar não uma politização de novos espaços sociais (ou a repolitização de espaços abandonados), mas a *despolitização* de demandas democráticas, numa quadra em que — precisamente pelas características das práticas neoliberais — as lutas pela democracia se revestem de maior importância.

Em pinceladas muito largas, este é o perfil com que a sociedade tardo-burguesa se apresenta na abertura do século XXI. As transformações societárias aqui assinaladas configuram uma série de inequívocas vitórias do grande capital.

3

Acabei de mencionar inequívocas vitórias do grande capital. Do ponto de vista político, medidas de "ajuste" e "flexibilização/desregulamentação/privatização", em muitos casos, foram chanceladas por mecanismos eleitorais dotados de legitimidade formal[83]. Do ponto de vista ídeo-cultural, contando com a maré-montante pós-moderna, os ganhos do capital não foram desprezíveis — contribuíram para conter e reverter os avanços dos anos 1960 e inícios da década de 1970, configurando o período aberto pelos anos 1980 como o de "um conservadorismo cada vez mais beligerante"[84]; a proposta socialista revolucionária foi acantonada, posta no bivaque das velharias da Modernidade. E, do ponto de vista econômico, a lucratividade das grandes corporações foi recuperada.

Tais vitórias, contudo, nada aportaram de favorável ou positivo — nem poderiam fazê-lo, ou não estaríamos mais no quadro do tardo-capitalismo — à massa dos vendedores da força de trabalho. Para além de não eliminarem o ciclo crítico da dinâmica capitalista (manifestado nas sucessivas crises abertas por aquela da Bolsa de Nova Iorque, em 1987, até a mais recente, de 2008) e de não reverterem a curva própria da "onda longa recessiva" (nos países da OCDE, as taxas de crescimento permanecem medíocres desde 1980), tais vitórias do capital penalizaram fortemente os trabalhadores. Custaram-lhes, em primeiro lugar, seus postos de trabalho — o desemprego, tomadas as cifras mundiais, vem crescendo desde os anos 1980. Custaram-lhes, em segundo lugar, mediante o aumento da exploração, compressões sobre os salários daqueles que conseguiram manter seus empregos, derivando em ponderável aviltamento do padrão de vida. Custaram-lhes, em terceiro lugar, um forte ataque aos sistemas públicos de seguridade social. E tais custos só podem ser devidamente contabilizados se se faz um balanço abrangente de mais de três décadas de "flexibilização" do tardo-capitalismo — e, aqui, o que se constata é que a pauperização absoluta e a relativa, conjugadas ou não, *cresceram*, mesmo que diferencialmente, *para a maioria esmagadora da população do planeta* (constatações verificáveis até nos documentos do Banco Mundial a partir de 1991 e nos vários relatórios do PNUD, especialmente a partir de 2005).

Os trabalhadores, como o demonstra uma experiência histórica bissecular, não caminham bovinamente para o matadouro. Acuados e postos na defensiva por uma complexa conjugação de processos de que não tiveram o controle (desde as transformações societárias referidas ao colapso do "socialismo real"), encontraram forças para uma *resistência* pontuada por ações de natureza dominantemente molecular, mas com episódios massivos — esta não é oportunidade para sequer registrar essa resistência; cabe, aqui, tão somente pontuar que as *lutas sociais*, ainda que defensivas, marcaram e marcam a presença dos trabalhadores na contracorrente política do período em tela[85]. E por uma razão claríssima: a "flexibilização" do tardo-capitalismo, levando a massa dos trabalhadores à defensiva e penalizando duramente a esmagadora maioria da população mundial, não resolveu *nenhum dos problemas fundamentais postos pela ordem do capital*. Mais ainda: diante da magnitude hoje alcançada por estes problemas — e expressa em três ordens de fenômenos: "o crescente alargamento da distância entre o mundo rico e o pobre [...]; a ascensão do racismo e da xenofobia; e a crise ecológica, que nos afetará a todos"[86] —, todas as indicações sugerem que o tardo-capitalismo oferecerá respostas dominantemente *regressivas*, operando na direção de um novo barbarismo, de que as formas contemporâneas de *apartheid* social são já suficientemente nítidas. Tais respostas, todavia, retroagem sobre a "ordem da reprodução sociometabólica do capital", afetando a viabilidade da reprodução do próprio tardo-capitalismo e trazem à superfície "a ativação dos limites absolutos do capital"[87].

Em síntese, *nos últimos quarenta anos, o modo de produção capitalista experimentou transformações de monta*, que se refratam distintamente nas diversas formações econômico-sociais em que se concretiza e que exigem instrumentos analíticos e heurísticos mais refinados. Ainda que se registrem polêmicas acerca da natureza e das complexas implicações dessas transformações, bem como do ritmo em que levam o modo de produção capitalista a aproximar-se dos seus limites estruturais, duas inferências parecem-me inquestionáveis:

1ª. *nenhuma* dessas transformações modificou a essência exploradora da relação capital/trabalho; pelo contrário, tal essência, conclusivamente planetarizada e universalizada, exponencia-se a cada dia;

2ª. a ordem do capital esgotou completamente as suas potencialidades progressistas, constituindo-se, contemporaneamente, em vetor de *travagem e reversão* de todas as conquistas civilizatórias.

A primeira inferência revela-se mediante vários indicadores: as *jornadas de trabalho prolongadas* para aqueles que conservam seus empregos (extensão que envolve todos os setores de atividades econômicas — para retomar a superficial e conhecida tipologia dos "setores econômicos" de Colin Clark: o "primário", o "secundário" e o "terciário"), a *intensificação do trabalho* (também nos três "setores"), a enorme defasagem entre o crescimento das rendas capitalistas e o crescimento da massa salarial etc., resultando na extração articulada de mais-valia absoluta e relativa e na recuperação de formas de trabalho típicas dos primeiros momentos da instauração do capitalismo (trabalho a domicílio) e, mesmo, em formas de trabalho forçado e, em casos extremos, mas não tão excepcionais, escravo[88]. A constatação mais óbvia desse incremento da exploração aparece, em todos os quadrantes do mundo, nos malchamados fenômenos de "exclusão social"[89]. Mas é a segunda inferência que me interessa aqui, posto que expressão da *barbárie* tardo-capitalista.

As concretas possibilidades civilizatórias da ordem do capital sempre estiveram presentes nas análises de Marx (e de Engels) — e a explícita determinação de tais possibilidades aparece com nitidez ao longo de toda a sua obra, dos *Manuscritos econômico-filosóficos de 1884*, passando pela *Miséria da filosofia* e pelo *Discurso sobre o problema do livre-câmbio*, aos últimos textos autógrafos. A gigantesca transformação do mundo operada pela burguesia revolucionária é objeto de um trato em tom quase elegíaco no *Manifesto do partido comunista*; a instauração do capitalismo abre um extraordinário horizonte de desenvolvimento das forças produtivas, que permite a otimização da relação sociedade/natureza; a criação do mercado mundial instaura a alternativa do gênero humano tomar consciência da sua unidade; viabiliza-se uma literatura universal; realiza-se a emancipação *política* dos homens e a ordem burguesa engendra a sua negação, isto é, a possibilidade concreta da sua superação, da superação da *pré-história* da humanidade, mediante o protagonismo de uma de suas criações — o proletariado — na revolução que abre o passo à sociedade fundada "na livre associação de livres produtores", "onde o livre desenvolvimento de cada um é a condição para o livre desenvolvimento de todos".

Mas as possibilidades civilizatórias da ordem do capital — como é próprio destas possibilidades em *toda organização societária embasada na existência de classes sociais* — foram apreendidas por Marx na sua contraditoriedade dialética: *a "missão civilizatória" da burguesia realizou-se, ela mesma, por meios bárbaros*. A análise da *acumulação primitiva* está longe de ser a mais exemplar das elaborações de Marx sobre a inextrincável dialética civilização/barbárie que se processa no marco da ordem do capital — basta evocar outras passagens d'*O capital* ou dos célebres manuscritos de 1857/1858, os *Gründrisse*..., para documentar que, na visão marxiana, desenvolvimento capitalista é avanço civilizatório fundado na barbárie[90], verificável *inclusive no tocante à destruição da natureza*[91]. E se o otimismo revolucionário de Marx — nada utópico, antes embasado na sua apaixonada convicção teórico-política do êxito do protagonismo revolucionário do proletariado — levou-o sempre a apostar na solução positiva que a humanidade encontraria na ultrapassagem da sociedade burguesa, nem por isso está descartada a possibilidade da vitória da barbárie[92].

Ora, o que a mim me parece é que *o último terço do século XX assinala o exaurimento das possibilidades civilizatórias da ordem do capital*. Em *todos* os níveis da vida social, a ordem tardia do capital não tem mais condições de propiciar quaisquer alternativas progressistas para a massa dos trabalhadores (num sentido mais geral, para a massa dos que só dispõem da sua força de trabalho) e para a humanidade. O fundamento último desta verdadeira mutação na dinâmica do capital reside no que o Prof. Mészáros vem caracterizando como a especificidade do tardo-capitalismo: a *produção destrutiva*, que presentifica a *crise estrutural do capital*[93]. Todos os fenômenos e processos em curso na ordem do capital nos últimos vinte e cinco anos, através de complexas redes e sistemas de mediação — que exigem investigações determinadas e concretas para a sua identificação e a compreensão da sua complicada articulação —, estão vinculados a esta transformação substantiva. Eles afetam a totalidade das instâncias constitutivas da vida social em escala planetária.

Consequentemente, é largo o leque de fenômenos contemporâneos que indicam o exaurimento das possibilidades civilizatórias da ordem tardia do capital — ou, para dizê-lo de outro modo, para atestar que esta ordem só tem a oferecer, contemporaneamente, soluções barbarizantes para a vida social[94]. Poder-se-iam arrolar vários desses fenômenos, da *financeirização especulativa e parasitária* do tardo-capitalismo e sua economia do *desperdício* e da *obsolescência programada*, passando pelas tentativas de centralização monopolista da *biodiversidade* e pelos *crimes ambientais*[95] e alcançando a esfera da *cultura* — aqui, jamais a *decadência ideológica* atingiu tal grau de profundidade[96] e a manipulação das consciências pela mídia alcançou tal magnitude (com todas as suas consequências no plano político imediato). Limitar-me-ei a duas alusões, que nos remetem à forma do enfrentamento contemporâneo da (velha e de suas novas expressões) "questão social".

Sabe-se que a guerra foi, ao longo de todo o século XX, uma resposta autorreprodutiva do capitalismo. Além de a guerra operar como uma saída provisória para as suas crises, mediante a destruição massiva de forças produtivas, as atividades econômicas ligadas à guerra — a *indústria bélica* — sempre constituíram um elemento dinamizador da economia capitalista (como o demonstraram, a seu tempo, inúmeros estudiosos marxistas[97]), sem o qual as taxas de ociosidade industrial seriam insuportáveis e o desemprego alcançaria cifras altíssimas. No tardo-capitalismo (ou, para usar da excelente metáfora de Samir Amin, no "capitalismo senil"), esta funcionalidade não só se mantém, mas se acentua, inclusive porque, na verificação de Chossudovski, "a guerra e a globalização caminham juntas"[98]. Entretanto, se a guerra, como tal, apresentou-se no século XX como um fenômeno que excedeu completamente o teatro e o âmbito dos *combates*, envolvendo muito mais para além deles[99], o que agora se verifica é que o belicismo passa a incluir as políticas de *segurança pública* em períodos de paz formal e se estende como *negócio capitalista privado* à vida na paz e na guerra[100], configurando a emergência da *militarização da vida social*.

É que, no marco do que L. Wacquant observou como sendo a substituição do "Estado de bem-estar social" pelo "Estado penal"[101], a repressão estatal se generaliza sobre as "classes perigosas", ao mesmo tempo em que avulta a utilização das "empresas de segurança" e de "vigilância" privadas — assim como a produção industrial, de alta tecnologia, vinculada a estes "novos negócios" (e não se esqueça do processo de privatização dos estabelecimentos penais). Tais empresas crescem 300% ao ano, desde 2001 — a maioria delas nos Estados Unidos[102]. A repressão deixou de ser uma excepcionalidade — vem se tornando um estado de guerra *permanente*, dirigido aos pobres, aos "desempregados estruturais", aos "trabalhadores informais", estado de guerra que se instala progressivamente nos países centrais e nos países periféricos: na lista dos países que atualmente possuem, em termos relativos, a maior quantidade de encarcerados no mundo, os quatro primeiros são os Estados Unidos, a China, a Rússia e o Brasil. Trata-se, porém, de um *estado de guerra* permanente, cuja natureza se exprime menos no encarceramento massivo que no *extermínio* executado ou não em nome da lei — no Brasil, por exemplo, entre 1979 e 2008, morreram violentamente *quase 1 milhão de pessoas*, número que pode ser comparado ao de países expressamente em guerra, como Angola, que demorou 27 anos para chegar a cifra semelhante[103]. Em poucas palavras: crescentemente, *parece* que só a hipertrofia da dimensão/ação repressiva do Estado burguês pode dar conta da *população excedentária* em face das necessidades do capital (Marx). Mas esta é apenas uma aparência.

De fato, à hipertrofia da dimensão/ação repressiva do Estado burguês conjuga-se outra dimensão, coesiva e legitimadora: o *novo assistencialismo*, a *nova filantropia* que satura as várias iniciativas — estatais e privadas, mediante as chamadas "parcerias público-privado" — que configuram as políticas sociais implementadas desde os anos 1980/1990 para enfrentar o quadro da pauperização contemporânea, isto é, da "questão social", "nova" e/ou "velha"[104]. Já não se está diante da tradicional filantropia (de base confessional e/ou laica) que marcou os modelos de assistência social que emergiram no século XIX nem, muito menos, diante dos programas protetores ou de promoção social que vieram a institucionalizar-se a partir do Estado de bem-estar social. A política social dirigida aos agora qualificados como *excluídos* se perfila, reivindicando-se como inscrita no domínio dos *direitos*, enquanto específica do tardo-capitalismo: não tem nem mesmo a formal pretensão de erradicar a pobreza, mas de enfrentar apenas a penúria mais extrema, a indigência — conforme seu próprio discurso, pretende confrontar-se com a *pobreza absoluta* (vale dizer, a miséria). O *minimalismo* desta proposição — gritante se comparado aos objetivos, aliás nunca alcançados, dos programas de proteção/promoção social elaborados e implementados no período das "três décadas gloriosas" atrás referidas — pode ser apreciado na "Declaração do Milênio" (2000), consensuada na *Organização das Nações Unidas*: através dos "objetivos de desenvolvimento do milênio", há a proposta/promessa de "libertar os nossos semelhantes, homens, mulheres e crianças, das condições abjetas e desumanas da *extrema pobreza*" (itálicos meus); mais precisamente, a proposta é, em 15 anos (ou seja, até 2015), *reduzir a extrema pobreza pela metade* — este é o primeiro objetivo do desenvolvimento do milênio: *reduzir pela metade a percentagem de pessoas que vivem com menos de um dólar por dia*[105]. Apesar desse espantoso minimalismo frente a uma "questão social" maximizada, os vários relatórios sobre o "desenvolvimento humano", regularmente preparados pelo PNUD, ainda que enfatizem "ganhos" deste programa, deixam claro que seus objetivos — reitere-se: minimalistas — dificilmente serão alcançados.

Pois é precisamente esse minimalismo que tem factualmente caracterizado os vários programas que, por via de transferências de renda — "programas de renda mínima" —, têm sido implementados em alguns países capitalistas centrais e em muitos países periféricos. A experiência de mais de uma década, especialmente na América Latina[106], é muito pouco promissora: na medida em que não se conjugam efetivamente com transformações estruturais (e esta é uma das condições *políticas* para que o tardo-capitalismo os suporte), eles acabam por cronificar-se como programas emergenciais e basicamente assistencialistas.

A articulação orgânica de repressão às "classes perigosas" e assistencialização minimalista das políticas sociais dirigidas ao enfrentamento da "questão social" constitui uma face contemporânea da barbárie.

4

Vale, a esta altura, quase como um parêntese, uma breve remissão ao Brasil — pois meu país é um verdadeiro laboratório para uma análise da imbricação entre *militarização da vida social* e *novo assistencialismo*. Esta, naturalmente, não é a oportunidade para tal análise, mas oferecerei uns poucos elementos, ilustrativos e polêmicos, dessa imbricação.

No momento em que redijo esta comunicação, o Presidente Lula da Silva tem, segundo os institutos de pesquisa, 78% de aprovação popular. Não é somente seu par norte-americano, Barak Obama, que o considera *o cara* — também a chamada "opinião pública" brasileira considera-o assim. Não há exagero em afirmar que, comparado a *todos* os Presidentes da República brasileiros anteriores (desde 1889), Lula da Silva é aquele que, no exercício do cargo, mais foi aclamado pela população e, ainda, mais foi reconhecido no exterior — e, no exterior, também visto como um homem de esquerda.

O verdadeiro *charme* que envolve a figura de Lula da Silva entre os círculos de esquerda no exterior do Brasil não é gratuito: de uma parte, resulta de uma trajetória iniciada nos estertores da ditadura (1964-1985), no curso da qual o jovem líder sindical fundou um partido (o *Partido dos Trabalhadores*, o PT) com raízes operárias, tornou-o um partido de massas (numa conjuntura em que, em todo o mundo, organizações semelhantes entravam em crise) e, com um discurso vaga e aparentemente anticapitalista, chegou à Presidência da República. De outra parte, resulta da firme oposição que manteve às propostas neoliberais conduzidas pelos dois governos de Fernando Henrique Cardoso (1995-2002) e da política externa independente que veio sustentando desde 2003[107].

De fato, porém, o partido criado por Lula da Silva na abertura dos anos 1980 tem pouco a ver com o PT da primeira década do século XXI — como o demonstram as mudanças na sua base social de apoio e as divisões internas que sofreu. Da sua fundação à sua chegada ao governo central, o PT experimentou um verdadeiro processo de *transformismo*[108], de que decorreram, inclusive, defecções de grupos e personalidades de considerável influência, especialmente intelectuais[109]. A caracterização de Lula da Silva e da direção do seu partido como sendo "de esquerda" só tem sentido, atualmente, para a direita e as elites burguesas brasileiras (que cultivam para com ambos, Lula da Silva e seu partido, um autêntico ódio de classe) e para aqueles analistas que ainda situam no espectro da esquerda contemporânea as expressões da social-democracia tardia e *possibilista* (que, em contextos diferentes, tiveram representatividade em figuras como Mário Soares, Felipe González, Tony Blair et al.).

Com efeito, durante seu primeiro mandato (2003-2007), Lula da Silva deu plena continuidade à orientação macroeconômica implantada por Fernando Henrique Cardoso e seu *Partido da Social-Democracia Brasileira*/PSDB — entregando, por exemplo, a direção do Banco Central a um ex-servidor do Bank of Boston (homem, portanto, inteiramente confiável ao "mercado" e aos "investidores") e implementando a *Lei de Responsabilidade Fiscal*, exigida por instituições como o FMI e o Banco Mundial[110]. Se não avançou nas privatizações — processo escandaloso sob a presidência de Cardoso —, conduziu a nível mais profundo a reforma previdenciária, que Cardoso não pôde levar a cabo precisamente pela oposição parlamentar antes comandada pelo PT. Governando com uma base parlamentar extremamente ampla (uma coalizão que agrupa interesses políticos francamente fisiológicos e oportunistas), o primeiro mandato de Lula da Silva praticamente imobilizou a oposição (liderada pelo PSDB) na medida mesma em que lhe roubou o programa econômico-social, que, naturalmente, envolvia o rigoroso pagamento da dívida pública (externa e interna). Há que notar, porém, uma diferença política importante, e que não pode ser menosprezada, entre Lula da Silva e seu predecessor — a sua relação com os movimentos sociais: aqueles que Lula da Silva não conseguiu cooptar para seu governo (e Lula da Silva demonstrou-se um mestre na integração de opositores ao aparato governamental) não foram criminalizados, ainda que setores da coalizão governamental pressionassem para tanto.

Reeleito em 2006, Lula da Silva, sem ferir a macro-orientação econômica que vinha desde 1995 e que prolongou e aprofundou em seu primeiro mandato[111], introduziu-lhe um diferencial, que inaugura uma espécie de neoliberalismo *soft*, que o Professor Marcelo Braz, da Universidade Federal do Rio de Janeiro, chama de "novo desenvolvimentismo", visível a partir de 2007/2008: através do Banco Nacional de Desenvolvimento Econômico e Social (BNDES), o governo federal passou a bancar um forte processo de centralização/concentração de capital, oferecendo vultuosos recursos financeiros a grandes grupos capitalistas para investimentos no país e no exterior (garantindo, inclusive, notável expansão de corporações brasileiras que já operavam no estrangeiro[112]). E, no plano interno, através de iniciativas como o *Plano de Aceleração do Crescimento* (PAC), reverteu-se a curva descendente (que vinha do primeiro governo

Cardoso) do crescimento econômico até então verificável, malgrado os impactos da crise internacional de 2008, que se manifestaram no país no ano seguinte.

Mantidos tais parâmetros, não pode surpreender que, nos oito anos da presidência de Lula da Silva, o sistema bancário brasileiro tenha registrado seus mais altos ganhos, que o agronegócio (o *agro-business*) tenha se convertido no modelo do desenvolvimento agrícola brasileiro[113], que a Bolsa de Valores tenha experimentado o que a grande mídia designou como uma "era de ouro" (a Bolsa de Valores de São Paulo/BOVESPA subiu 523% em oito anos, com o maior ganho entre os 12 principais mercados do mundo), que os possuidores (os rentistas, nacionais e estrangeiros) de títulos da dívida pública tenham recebido pontualmente os maiores juros em vigor no mundo e que as agências internacionais que avaliam países "seguros para investimentos" lhe tenham conferido "boas notas" e que economistas a serviço do grande capital (nacional e transnacional) considerem que o tripé da economia brasileira — precisamente a fórmula defendida pelo FMI e o Banco Mundial: *o superávit primário para o pagamento de juros, as metas da inflação e o câmbio flutuante* — está "consolidado". Igualmente, não pode surpreender o apoio massivo das camadas populares: houve uma discreta recuperação do salário mínimo e, nos últimos três anos, uma ampliação do crédito que estimulou fortemente o mercado interno, ademais de uma política assistencialista que nenhum dos seus opositores admite mudar (seja por seu baixo custo, seja pelo grau de legitimação que tem conferido ao governo). Em suma: não pode surpreender a existência, hoje, no Brasil, de algo como o *lulismo*.

A mencionada política assistencialista, exemplo do minimalismo a que já me referi, está configurada (ainda que não se esgote nele[114]) no *Programa Bolsa Família*, que constitui a marca registrada dos governos Lula da Silva e é amplamente publicitada também no exterior. O programa, criado em outubro de 2003 e regulamentado em setembro de 2004, unifica os procedimentos de gestão e execução de transferência de renda com condicionalidades e dirige-se a famílias "em situação de pobreza" (renda mensal *per capita* de U$ 30,77 a U$ 61,53) e de "extrema pobreza" (renda mensal *per capita* até U$ 30,76). Trata-se de um programa cujo custo, comparado ao conjunto orçamentário da União, é muito baixo: *em 2009, não passou da casa dos 12,4 bilhões de reais — enquanto, por exemplo, as despesas com o serviço da dívida (juros mais amortizações, exclusive o refinanciamento) consumiram 380 bilhões de reais*[115]. Envolve quase 13 milhões de famílias (urbanas e rurais) e seu impacto sobre os assistidos é real: mitiga-lhes a indigência e lhes garante ao menos a reprodução biológica. Mas o seu impacto e o do conjunto das políticas econômica e social dos governos Lula da Silva sobre a desigualdade social é mínimo: a desigualdade decresce muito lentamente no país — de 2001 a 2008, o índice de Gini evoluiu de 0,594 para 0,544. De fato, a concentração da renda no Brasil — impressionante sob todos os pontos de vista — decorre da concentração da propriedade e da concentração do poder político; qualquer estratégia séria para desconcentrar a renda tem que enfrentar a concentração da propriedade e do poder e esse enfrentamento está completamente fora dos projetos e das práticas de Lula da Silva.

Mas é incontestável a satisfação dos setores majoritários da sociedade brasileira com os dois governos Lula da Silva. Nenhum observador atento da realidade do Brasil pode negar que o apoio a Lula da Silva envolve a oligarquia financeira nacional e transnacional, boa parte das camadas médias urbanas, os trabalhadores organizados na *Central Única dos Trabalhadores* (a CUT, controlada pelo PT) e os famélicos desorganizados que se beneficiam do assistencialismo governamental. No caso das oligarquias financeiras e os ricos, compreende-se o contentamento: nunca ganharam tanto (exceto nos tempos da ditadura, especialmente entre 1969 e 1975) como nos anos Lula da Silva. Para a massa trabalhadora (e mesmo para o contingente de "informais" e desempregados), além das pequenas, mas efetivas, melhoras nas suas condições de vida, conta — e num país de tradições fortemente elitistas e oligárquicas como o Brasil — o significado simbólico de um ex-trabalhador na Presidência da República (significado que Lula da Silva manipula com invulgar competência). Tudo indica que o segundo turno das eleições presidenciais, a realizar-se dentro de pouco, consagrará a candidata que Lula da Silva impôs a seu partido, a ex-ministra Dilma Rousseff.

Aliás, foi uma surpresa o resultado eleitoral do primeiro turno — a coligação conservadora-direitista que sustenta a candidatura de José Serra só vai à segunda volta pela espantosa pressão e unanimidade da grande mídia, que conduziu contra Lula da Silva e sua candidata uma campanha de desinformação e até de mentiras como poucas vezes se tem visto no país. Esta campanha revela a ambiguidade dos segmentos capitalistas em face de Lula da Silva: do ponto de vista estritamente econômico, seus interesses foram muito bem preservados nos oito anos de mandato do Presidente; mas seu desprezo pelas massas que se identificam com ele — expressão de um ódio de classe dificilmente ocultável — leva-os aos braços de uma proposta política (a encarnada em José Serra, homem do PSDB) bastante diferente, ainda que, no plano econômico, pouco diversa da que terá continuidade com Dilma Rousseff, se eleita. Aliás, o processo eleitoral — das mais despolitizados dos últimos anos — mostrou o quanto as concepções macroeconômicas dos dois candidatos se aproximam.

Mas a campanha refletiu o clima triunfalista e baluartista que Lula da Silva conseguiu instaurar no país: *nenhum dos grandes problemas nacionais foi objeto de debate*. Nem mesmo as efetivas debilidades e inépcias dos governos Lula da Silva foram trazidas à luz pelos seus oponentes burgueses — somente os partidos realmente de esquerda (Partido Comunista Brasileiro/PCB, Partido Socialismo e Liberdade/P-SOL e Partido Socialista dos Trabalhadores Unificado/PSTU) afloraram a problemática brasileira, mas com mínima repercussão entre o eleitorado[116]. Não se enfrentou, por exemplo, o fato de 20,3% da população brasileira permanecer vítima do analfabetismo funcional e de apenas 37,9% dos brasileiros entre 18 e 24 anos terem 11 anos de escolaridade; de a infraestrutura do país (portos, aeroportos e estradas — estas, 58,8% em estado regular, ruim ou péssimo) estar próxima do colapso; de somente 62,6% dos domicílios urbanos[117] terem, ao mesmo tempo, abastecimento de água, rede coletora de esgoto e coleta de lixo direta; da atenção primária à saúde só cobrir 40% da população e do orçamento público para a saúde equivaler anualmente a 3,7% do PIB (percentual inferior ao de países como Argentina, Uruguai, Chile, Costa Rica e Panamá); de o sistema tributário permanecer um dos mais regressivos do mundo, com mais de 40% da carga tributária total sendo extraída da população com renda menor que dois salários mínimos...[118]. Evidentemente, esta problemática, enquanto tal, não pode ser sumariamente debitada aos dois governos de Lula da Silva, porquanto sinaliza processos hipotecados à herança da ditadura — entretanto, a inépcia e a direção política dos seus governos têm responsabilidade no seu estado atual[119].

Também a questão da *segurança pública* não foi objeto de debate sério, dada a despolitização de que enfermou a campanha eleitoral. Se, nela, o minimalismo assistencial foi um dos carros-chefe do triunfalismo e do baluartismo oficiais, a discussão da militarização da vida social foi apenas perfunctoriamente mencionada[120], ainda que *lulistas* e oposição tenham insistido na necessidade de instrumentos fortes para garantir a "paz". Mas o estado de *guerra permanente* e o *extermínio* anteriormente mencionados já se instalaram nas principais metrópoles do país[121] (nas regiões mais afastadas e interioranas, ainda é a tradicional *jagunçada* e os "sindicatos do crime" que executam pobres e marginais), assim como cresce o *encarceramento* — dados do *Departamento Penitenciário Nacional* indicam 140.000 encarcerados em 1995, 361.500 em 2005 e, no primeiro semestre de 2009, 469.807 (encarcerados em condições geralmente infra-humanas, que provocam frequentes motins de inaudita violência).

O Rio de Janeiro — onde atualmente o índice de mortes por violência é muito alto: 50 por 100.000 habitantes (dados dos Estados Unidos apontam para 6 mortes por 100.000 habitantes) — é exemplar no que toca à guerra permanente e ao extermínio. Quanto à primeira, tornou-se emblemática a atuação do *Batalhão de Operações Especiais*/BOPE da Polícia Militar do Estado do Rio de Janeiro, tropa de elite que opera nas favelas com extrema brutalidade[122]; quanto ao segundo, basta assinalar que, conforme estudos de Inácio Cano, professor da Universidade do Estado do Rio de Janeiro, as polícias civil e militar do Rio de Janeiro mataram, entre janeiro de 1998 e setembro de 2009, 10.216 pessoas (o que dá uma *média de 2,4 mortos/dia*). O crescimento da ação exterminadora pode ser verificado se se compara, como o fez a pesquisadora Ana Paula Miranda, a relação de presos em flagrante pela polícia com os mortos "em caso de resistência": 2000: 75,4 x 1; 2001: 58,2 x 1; 2002: 27,5 x 1; 2003: 20,4 x 1; 2004: 21,8 x 1; 2005: 16,7 x 1; 2006: 17,3 x 1; 2007: 12,2 x 1; 2008: 15,2 x 1[123].

Desde 2008, uma nova política de segurança vem sendo implementada: a que desloca a militarização do domínio do *confronto direto* para a *ocupação territorial*; áreas onde vivem populações trabalhadoras de baixa e baixíssima renda (favelas, "comunidades"), exploradas e oprimidas por quadrilhas ou milícias (frequentemente organizadas e comandadas por policiais), são ocupadas por *unidades de polícia pacificadora*/UPPs, que levam a "lei" e a "ordem" àqueles locais. Ainda em experimentação, esta estratégia está ligada diretamente a interesses econômicos de valorização/especulação imobiliária[124] e tem sido saudada ardentemente por camadas médias e, inclusive, pelos próprios moradores desses locais — que, todavia, já começam a sentir as primeiras consequências dos verdadeiros guetos em que se estão convertendo as áreas ocupadas.

Não se pode generalizar para o Brasil o quadro próprio do Rio de Janeiro (ainda que a candidata de Lula da Silva, como observei, tenha explicitado em sua campanha que pretende promover a expansão desta política). Mas é bastante provável que as tendências próprias a esta política de segurança sirvam como padrão nos próximos anos. E mesmo que não se afirmem completamente, é fato que, também no Brasil, o minimalismo assistencialista dá o braço à repressão extraeconômica às camadas pauperizadas.

5

Voltemos ao nosso tema central.

A dimensão bárbara inscreve-se no fundamento do modo de produção capitalista desde a sua gênese, mas combinou-se em escala diferencial, ao longo da explicitação das suas possibilidades, com a dimensão civilizatória de que era originalmente portador. Quando tais possibilidades se explicitam plenamente — vale dizer, quando o sistema subsumido totalmente ao capital chega à sua curva descendente e objetiva a sua crise estrutural, expressando-se na efetividade do tardo-capitalismo —, a dimensão civilizatória se esgota e o *sistema* se revela como barbárie, *torna-se* bárbaro. Este é o estágio atual da ordem do capital.

A barbárie capitalista é omnilateral e polifacética — e é ubíqua: contém-se no arsenal termo-nuclear que pode aniquilar repentinamente todas as formas de vida sobre o planeta tanto quanto na lenta e cotidiana contaminação/destruição dos recursos hídricos, que pode igualmente inviabilizar a vida sobre a terra. Uma das suas múltiplas faces contemporâneas é o *trato político-institucional* que confere às massas excedentárias aos interesses imediatos do capital — trato consistente na articulação entre violência extraeconômica permanente e assistencialismo minimalista.

Neste trato, estamos confrontados com processos e fenômenos qualitativamente diversos quer da combinação de borduna policial e confinamento dos pobres (recorde-se o capitalismo inglês vitoriano e as suas *work houses*), quer dos programas de promoção/integração social do Estado de bem-estar social. O que se tem é a *administração tardo-capitalista da miséria* — com seus meios próprios, instrumentos *high-tech* e o exército de especialistas e operadores (com destaque para cientistas e tecnólogos). Uma amostra do que será o futuro — *se houver futuro* — imediato do tardo-capitalismo.

A humanidade, porém, não está irremissivelmente condenada a sucumbir à barbárie. Ela *pode* superar a barbárie — e dispõe de uma única via neste sentido: a superação das formas de sociabilidade fundadas no modo de produção capitalista, a ultrapassagem das organizações societárias assentadas na propriedade privada dos meios fundamentais de produção e na decisão privada da alocação do excedente econômico. Para não nos alongarmos, repõe-se agora como atual, *e de modo dramaticamente atual*, a opção expressa na antiga fórmula — socialismo ou barbárie.

Se a barbárie é a perspectiva *real e imediata*, o socialismo é uma *alternativa possível* — e o possível é também constitutivo do real, tem raízes na realidade. O estoque de conhecimentos e a massa crítica acumulados não são puros instrumentos da dominação do capital — podem ser mobilizados para a sua ultrapassagem. A barbárie constrange, retém e reverte as forças sociais que, no *mundo do trabalho* e no *mundo da cultura*, constituem objetivamente a negação da ordem tardo-capitalista — mas não suprime tais forças. Nestes dois níveis — conhecimento e força social — radicam a possibilidade do socialismo.

Como articulá-los enquanto negação da ordem e vetor criativo de uma outra ordem é o *problema central (teórico-político e, pois, igualmente prático)* do tempo presente e aqui não cabe mais que assinalá-lo. Seu equacionamento depende de uma tríplice e sincronizada operação: a) *a renovação e o enriquecimento do nosso arsenal heurístico* — de fato, como queria o velho Lukács, um "renascimento do marxismo", expurgado da herança stalinista e livre do doutrinarismo; b) *a construção de uma nova forma-partido*, capaz de articular as forças sociais (do trabalho e da cultura) com o núcleo duro do proletariado contemporâneo — qualquer que seja o processo de superação da ordem da barbárie, ele não dispensará o protagonismo organizado deste proletariado; c) *a expressa renúncia a propor o socialismo como uma ordem transicional que, sem burguesia, reitere traços do mundo burguês* (produtivismo, intimismo etc.) — a transição socialista significa a instauração de um novo estilo de vida social.

Sem a realização desta tríplice operação, caberia, como já fez alguém, alterar a antiga formulação: já não diríamos *socialismo ou barbárie* — diríamos *socialismo ou barbárie, se tivermos sorte.*

Parte II

Dois processos políticos

Reúnem-se aqui textos em que o autor faz uma leitura crítica de dois processos políticos muito diferentes, nos quais se envolveu, como defensor entusiasta e como antagonista: a *Revolução dos Cravos*, em Portugal, e o golpe civil-militar que, em 1964, impôs ao Brasil o regime autocrático burguês. O primeiro texto, escrito em 1985, foi extraído do opúsculo *Portugal: do fascismo à revolução* (Porto Alegre, Mercado Aberto, 1986); o segundo, redigido em 2014, é parte do livro *Pequena história da ditadura brasileira. 1964-1985* (São Paulo, Cortez, 2014).

Portugal: a Revolução dos Cravos

A 25 de abril de 1974 foi derrubado o governo de Marcelo Caetano e se abriu na sociedade portuguesa um processo revolucionário — a *Revolução dos Cravos* —, protagonizado essencialmente pela massa do povo e pelo segmento militar constituído pelo *Movimento das Forças Armadas*/MFA.

Entre percalços e sinuosidades, este processo (cujo rebatimento internacional se verifica na emergência de novos Estados africanos) liquidou com o fascismo, resgatou a dignidade nacional do povo português e inaugurou um ciclo de profundas transformações na história de Portugal.

Desembocando na institucionalização de um ordenamento sociopolítico amplamente democrático, a *Revolução dos Cravos* desenhou um país novo, construindo um marco aberto para o livre fluir das expressões da vontade política das classes subalternas.

Os protagonistas do processo

A derrocada do fascismo português se operou na confluência das lutas setoriais de massas com a ação política da resistência democrática, ambas potenciadas pela e na componente militar que se descolou do regime salazarista. Antes de passar a um breve exame da dinâmica do processo revolucionário deflagrado pelo levantamento militar, vejamos rapidamente os seus principais protagonistas.

Comecemos pelo movimento popular. Revigorado desde 1968, ele adquire uma impetuosidade inédita com o 25 de Abril. O seu eixo nuclear permanece o movimento operário e sindical, que alcança patamares inimaginados de organização, mobilização e combatividade — quer na cidade, quer no campo, com a *Intersindical* (central de operários e trabalhadores) investindo-se como fundamental elemento de articulação das demandas socioeconômicas com as exigências políticas.

Todos os analistas sérios concordam em que o movimento operário e sindical foi o mais importante vetor do processo revolucionário. Mobilizado, ele conferiu o suporte de massa para o avanço político-social do 25 de Abril; organizado, garantiu o funcionamento das estruturas produtivas que o patronato tentou sabotar; combativo, forneceu a base de contenção das intentonas restauradoras que se verificaram no decurso da liquidação do fascismo. Não há qualquer dúvida acerca deste ponto: *os desdobramentos revolucionários do levantamento militar deveram-se à intervenção autônoma do movimento operário e sindical,* no centro do qual sempre estiveram o proletariado de Lisboa e do Porto e os trabalhadores rurais do Alentejo.

O movimento popular, porém, na vaga revolucionária, ultrapassou largamente as fronteiras do movimento operário e sindical. Surgiram formas envolvendo categorias sociais específicas (mulheres, jovens, moradores pobres, aposentados etc.) e estratos socioprofissionais (pequenos comerciantes, arrendatários, intelectuais, artistas, ex-militares) que, somados às instâncias organizativas das novas camadas médias, vincularam-se de uma ou outra maneira ao movimento operário e sindical e com ele fizeram avançar o processo revolucionário.

As liberdades políticas conquistadas nos desdobramentos do 25 de Abril constituíram o pano de fundo sobre o qual se explicitaram as tendências associativas da massa da população. Na festa democrática que caracteriza qualquer transição revolucionária, os mecanismos sociais que se movem no sentido de superar a atomização da vida social capitalista são sempre dinamizados. As motivações sociocêntricas vêm à tona com impetuosidade e energia. Foi o que se viu no Portugal de

Abril: as impulsões comunitárias experimentaram um inusitado vigor. E a criatividade do povo demonstrou-se mais surpreendente que nunca, gestando inúmeros instrumentos para a sua intervenção. É evidente que, neste contexto, as forças antipopulares e antidemocráticas também começaram a forjar as armas com que preparariam a sua reação — através da *Associação Livre de Agricultores*/ALA, da *Confederação Agrária Portuguesa/* CAP e da *Confederação Industrial Portuguesa*/CIP.

Também é evidente que a componente popular e democrática do processo não constituía um bloco homogêneo. Conectada por um largo denominador comum, posto pelo seu interesse em liquidar com o fascismo, ela continuava a configurar uma ampla frente de massas, no interior da qual passavam veios de diferenciação. Virtualmente dispersivos, tais veios — políticos e ideológicos — não comprometeriam a unidade da componente popular até o momento em que a aliança antifascista de classes que ela condensava se manteve; quando, todavia, os projetos específicos de classe começaram a se afirmar, no curso do processo, o traço unitário da componente popular perdeu força.

A questão desses projetos específicos de classe nos remete, diretamente, ao problema da representação política. A única força política organizada que, enervando o cinquentenário período da resistência democrática, emergiu no 25 de Abril foi o *Partido Comunista Português*/PCP, fundado em 1921. Colhendo os frutos da sua correta orientação política, o PCP logo se situou como um referencial no processo revolucionário, colocando-se como o porta-voz mais credenciado, e reconhecido como tal, do proletariado e das classes subalternas que, aliadas a este, estavam interessadas no prosseguimento do processo. No entanto, o que fazia a força do PCP determinava também os seus limites: nas concretas condições da estrutura social portuguesa, acrescidas ainda por um anticomunismo institucionalmente destilado por meio século de fascismo e clericalismo e por uma considerável pressão externa (mencionaremos, adiante, alguns constrangimentos que o imperialismo quis impor ao processo revolucionário), ao PCP era impossível, na prática, a viabilização de uma vontade política hegemônica. Partido da classe operária, a extensão da sua influência não excedeu de muito as fronteiras do proletariado. Nem mesmo a sua sábia política de alianças poderia garantir-lhe — como não lhe garantiu — êxito nesta empresa inviável. Por outra parte, o anterior instrumento legal de luta da maioria dos antifascistas, o *Movimento Democrático Português*/MDP, foi logo esvaziado pela livre definição das novas opções político-partidárias.

Surgem, pois, no processo revolucionário, outras organizações e grupos partidários. Houve um momento inicial em que se multiplicaram como cogumelos; a seguir, estabilizaram-se aquelas que expressavam vontades sociopolíticas mais consistentes.

A mais importante delas seria o *Partido Socialista Português*/PS. Criado no exterior em 1973, pouco antes da queda de Marcelo Caetano, aglutinava herdeiros do republicanismo histórico, adeptos da antiga *Ação Socialista Portuguesa*/ASP, jovens social-democratas e trânsfugas da esquerda proletária. Polarizando especialmente os setores mais estáveis dos estratos médios (pequena burguesia, funcionários públicos, intelectuais e segmentos das novas camadas médias), o PS vai descrever uma trajetória cada vez mais inclinada à direita — o que, naturalmente, custou-lhe a sangria de importantes quadros, que se afastaram para articular novos agrupamentos. Inicialmente o grande catalisador das esperanças das massas nãocomunistas, o PS desenvolveu um projeto hegemonista (capitaneado por Mário Soares) que o divorciou dos setores mais consequentes da esquerda e o conduziu a sucessivos arranjos com as forças conservadoras e mesmo direitistas. As expectativas que o seu hegemonismo defraudou, contudo, não se traduziram em uma redução do seu papel *institucional* — e, por isto, desde a institucionalização democrática, o PS figura (e, adiante, veremos as causas disto), no plano eleitoral, como o maior partido português, ainda que venha acumulando perdas não desprezíveis. É preciso assinalar, porém, que, de modo a manter algumas expectativas populares, no interior do PS sempre sobreviveram bolsões comprometidos com as promessas socialistas.

As forças conservadoras e reacionárias também se rearticularam para enfrentar a nova conjuntura. Tímidas no começo, gradualmente passaram a jogar mais duro, comprometendo-se abertamente com o golpismo e o terrorismo. Suas duas maiores expressões cristalizaram-se no *Partido Popular Democrático*/PPD (que depois se converteu no *Partido Social Democrata*/PSD), chefiado por Sá Carneiro, e no *Centro Democrático e Social*/CDS, de Freitas do Amaral, o primeiro se irradiando sobretudo nas áreas conservadoras, o segundo reunindo os restos do fascismo — e ambos coincidindo no combate às conquistas populares de Abril.

Entre o PS e o PCP, recusando o manobrismo daquele e a perspectiva estratégico-tática deste, inseriram-se várias organizações socialistas que não sobreviveram — como a *Frente Socialista Popular*/FSP e o *Movimento da Esquerda Socialista*/MES.

No sectarismo ultraesquerdista, notabilizaram-se a *União Democrática Popular*/UDP (controlada pelo *Partido Comunista Português Reconstruído*/PCP-R, de tendência albanesa) e o *Partido Revolucionário do Proletariado*/PRP. Na extrema direita, situaram-se o *Partido Democrata Cristão*/PDC e o *Partido Popular Monárquico*/PPM. Com um discurso esquerdista, mas operando sincronizadamente com a direita, emergiram a *Aliança Operária e Camponesa*/AOC, o *Partido Comunista de Portugal-Marxista-Leninista*/PCP-ML (afeto a Pequim) e o *Movimento de Reorganização do Proletariado Português*/MRPP (depois *Partido Comunista dos Trabalhadores Portugueses*/PCTP, primeiro de tendência maoísta e posteriormente órfão de qualquer inspiração específica). E, como não poderia deixar de ser, no bojo dessa geleia de seitas, transitavam dissidências trotskistas e divertidas sociedades anarquistas.

Esse leque partidário que emerge com a conquista das liberdades políticas vai, em curto prazo, estabilizar-se em torno do PS, PPD, PCP e CDS. Por estas agências é que tomaram forma e, em larga medida, se consolidaram os projetos de classe atrás referidos. O PCP, pela sua tradição, ideologia e composição (80% de operários, camponeses e empregados), expressará invariavelmente a proposta proletária da transição socialista. Na base do PS convergirão as tendências anticapitalistas e progressistas de trabalhadores, intelectuais, assalariados, camadas médias e setores da pequena burguesia que não se identificam com o projeto do PCP; entretanto, a pouco e pouco, na estratégia da direção do PS começam a predominar os interesses dos setores capitalistas que, conscientes da impossibilidade da restauração fascista, jogam na travagem do processo revolucionário. É este o fato que, embasando o hegemonismo do PS, explica o seu giro à direita, os seus acordos com o PPD e o CDS (sempre os porta-vozes da grande burguesia e do latifúndio) e, ainda, a sua superioridade parlamentar: entre um PCP que eleitoralmente não é uma alternativa de poder e uma direita reacionária (PPD-CDS), o PS carrega o "voto útil" progressista.

Entretanto, além do movimento popular, o outro protagonista principal do processo revolucionário foi o *Movimento das Forças Armadas*/MFA, emergente desde 1973 como *movimento dos capitães* na intercorrência das experiências da guerra colonial com a resistência democrática. O MFA nunca controlou o conjunto das Forças Armadas, nem jamais as submeteu a um enquadramento estável. Segmento de vanguarda, foi capaz de ganhar a hegemonia no seu interior por um período curto e determinado, no qual desfechou a ação do dia 25 de abril e desempenhou papel fundamental nos seus desdobramentos; quando se divide, roído por conflitos políticos e ideológicos, acaba por ser imobilizado e é afastado do centro dos acontecimentos.

O MFA combinava, num só bloco, tendências muito heterogêneas. No seu núcleo estava um pequeno grupo de militares com elevada consciência política e ideológica, que pretendia levar às últimas consequências a liquidação do fascismo, abrindo o caminho para as transformações econômico-sociais mais avançadas; constituíam o que se convencionou chamar de *esquerda militar* (Vasco Gonçalves, Rosa Coutinho, Costa Martins, Almada Contreiras). Contando com grande influência, destacava-se ainda no MFA uma constelação de jovens oficiais cujo projeto político aproximava-se de um desenho social-democrata à moda nórdica — os *moderados*, cuja figura de proa era Melo Antunes e envolvia nomes como Vítor Alves, Vítor Crespo e Vasco Lourenço. Enfim, outro segmento dos capitães era polarizado por Otelo Saraiva de Carvalho, estrategista da operação militar do dia 25 e que, no evolver do processo, seria o representante das propostas do aventureirismo esquerdista.

Enquanto articulação no bojo das Forças Armadas, o MFA foi desenvolvendo, nos desdobramentos de Abril, estruturas organizativas próprias (Comissão Coordenadora do Programa, Conselho Superior — ou Conselho dos 20 —, Assembleia dos Delegados, Assembleia do MFA). No interior destas estruturas, verificou-se uma frequente instabilidade, fruto da própria heterogeneidade do movimento; nele, jamais se afirmou solidamente uma hegemonia determinada — quer da *esquerda militar*, quer dos *moderados*, quer dos esquerdistas. Este fato responde, no limite, pelo relativamente rápido afastamento do MFA do cenário político-social.

Na intervenção do MFA, dois dados devem ser realçados. Ainda que nunca tenha enquadrado sequer a maioria dos jovens oficiais e escalões intermediários das Forças Armadas, ele fez com que se registrassem nelas importantes deslocamentos, chegando a conquistar para as propostas democráticas personalidades que, até então, tinham compromissos com o regime fascista (é o caso emblemático do general Costa Gomes, investido depois na Presidência da República). Em segundo lugar, a sua inexperiência política: se é verdade que, nos eventos que levaram ao dia 25, ele se aproveitou das fissuras existentes no alto-comando fascista — atraindo para a sua operação os dissidentes aglutinados em torno da figura de Spínola, conseguindo imobilizar o vasto contingente vacilante que se inclinaria para o lado vitorioso, qualquer que fosse —, esta habilidade recobria um equívoco: mantendo-se na sombra num momento tão crucial como o da derrubada de Marcelo Caetano, os capitães perderam terreno para os adesistas da undécima hora.

A dinâmica revolucionária

A derrubada de Marcelo Caetano foi obra do levantamento militar promovido pelo MFA. Para melhor viabilizá-lo, os capitães descolaram do regime altas patentes da corporação armada; e estas, muito especialmente generais fascistas na dissidência, conseguiram introduzir na plataforma programática do MFA uma série de limitações — foi o preço da sua adesão ao levante.

O precário equilíbrio de forças no MFA facilitou esse procedimento e, não fora o protagonismo popular que imediatamente seguiu-se à operação militar, é bem provável que fossem outras as incidências da ação do dia 25. O fato capital é que, desde o primeiro momento, o movimento popular impulsionou as transformações — atuando, inclusive, à revelia das instâncias de poder, mesmo as emergentes.

Apeada a equipe gestora fascista, constituiu-se a *Junta de Salvação Nacional*, com o general Spínola na Presidência da República. O MFA conservava-se na sombra — e aí ficaria por mais algum tempo, perdendo a chance de logo identificar-se às massas como uma das vanguardas do processo revolucionário.

Spínola jamais fora vitimado por qualquer vírus democrático. Dissentira do governo de Marcelo Caetano por razões adjetivas e passara a expressar os interesses dos grupos monopolistas que buscavam uma saída para os impasses do regime fascista sem afetar as bases da sua dominação. Logo se veriam as cartas do general que, desde a sua investidura, começou a conspirar.

Contra a vontade expressa do novo Presidente, as massas populares libertaram os presos políticos, conquistaram as liberdades políticas mais amplas e se mobilizaram para desbaratar o aparelho de repressão. Com as demandas econômicas explodindo em todas as esferas, pôs-se em marcha um dinamismo sociopolítico que escapava ao controle de quaisquer dos sujeitos políticos em presença. Enquanto, nos mecanismos de poder, instalava-se a perplexidade, o povo arregaçava as mangas: expulsava fascistas, "saneava" as instituições dos elementos mais comprometidos com o regime derrotado etc. As forças da direita mobilizaram-se, mas foram postas na defensiva.

No plano institucional, os confrontos aparecem já no I Governo Provisório (15/05/1974 a 10/07/1974). Contando com a presença de comunistas e socialistas — responsáveis pela abolição da censura, pela fixação do salário-mínimo nacional etc. —, era chefiado por Palma Carlos, homem de confiança de Spínola. Em julho, articula-se uma intentona restauradora, uma aliança Spínola-Palma Carlos, para deter o processo democratizante. Mas ela foi rapidamente desarmada.

A desmontagem do golpe palaciano faz com que o MFA ponha à frente do governo um de seus homens, o coronel Vasco Gonçalves. Spínola ainda se mantém na Presidência, mas os capitães de Abril são levados a uma intervenção mais visível. E com Vasco Gonçalves na chefia do ministério abrir-se-ia o ciclo mais importante da liquidação do fascismo: à cabeça de quatro governos provisórios (o II, de 17/07/1974 a 30/09/1974; o III, de 30/09/1974 a 26/03/1975; o IV, de 26/03/1975 a 08/08/1975 e o V, de 08/08/1975 a 12/09/1975), Vasco Gonçalves enfrentará com êxito — apoiado na unidade entre as componentes popular e militar — duas tentativas de golpe, a pressão imperialista e várias campanhas desestabilizadoras da direita e da "esquerda". Sem dúvida o mais consequente dos militares de Abril, é com ele à frente do governo que o povo português conquistará as melhores condições de vida na sua história recente, realizará a reforma agrária e chegará às grandes nacionalizações. Seu afastamento da cena política, quando da divisão do MFA e da derrota da *esquerda militar*, significará um golpe profundo no processo revolucionário.

É contra o "gonçalvismo" — como os direitistas e conservadores se referem a este ciclo — que, em setembro de 1974, organizam-se as forças restauradoras. Spínola, apoiado pelos grandes capitalistas e latifundiários, e estimulado pelo imperialismo, clama por uma "maioria silenciosa" para enfrentar a "anarquia" e o "caos"; os empresários programam um *lock-out*; nas Forças Armadas, o general-Presidente joga o seu prestígio contra os capitães e convoca todos os "portugueses democratas" a uma "marcha sobre Lisboa". A 28 de setembro, o Presidente aciona umas poucas unidades militares para o golpe — mas a mobilização das massas e o MFA abortam o ato de força. Na sequência, Spínola é substituído por Costa Gomes e reformula-se o ministério.

As pressões para deter o avanço das transformações não se limitavam, naturalmente, às forças internas. O imperialismo, que as estimulava descaradamente, não media esforços para congelar o processo. Já em julho, num encontro com Spínola, na Ilha do Sal, Nixon dera o recado de que "não se tolerariam comunistas no governo", reafirmado, em setembro, por Kissinger a Mário Soares. Créditos de agências internacionais foram suspensos, sanções econômicas foram impostas ao país. E a OTAN desempenhou o seu papel: funcionou como força de "dissuasão" — no decurso de 1975, realizou manobras de grande porte nas costas portuguesas, uma das quais (*Locked Gate*) previa um ataque simulado ao território lusitano.

Tais pressões chegam ao clímax nos dois primeiros meses de 1975. As forças reacionárias saem da penumbra e desfecham uma generalizada campanha antidemocrática, pretextando a "comunização" do país; grupos terroristas de direita se organizam; cresce a sabotagem econômica efetivada por empresários, banqueiros e latifundiários; notáveis do fascismo movimentam-se abertamente. Antônio de Spínola está no centro da conspiração, propondo-se um *putsch* reacionário antes das eleições para a Assembleia Constituinte, marcadas para abril.

A intentona vem à luz a 11 de março, mas é vencida em poucas horas, novamente pela ação conjunta das organizações populares e do MFA. Entretanto, as suas resultantes imediatas são diferentes das que derivaram das intentonas anteriores. Nitidamente visível a fronteira entre o campo do movimento democrático e popular e o conjunto dos elementos comprometidos com um projeto regressivo (grandes capitalistas, banqueiros, latifundiários), agudizam-se as lutas de classes e importantes segmentos da população começam a pôr na ordem do dia propostas socialistas. Reformulado o governo, nele se reforçam os representantes da esquerda, com o MFA assumindo um grande leque de responsabilidades. As eleições para a Constituinte se realizam e dão lugar a uma maioria de esquerda (PS: 37,9%; PPD: 26,4%; PCP: 12,5%; CDS: 7%). E o ritmo das transformações se acelera: reprime-se a sabotagem econômica praticada pelos capitalistas, nacionalizam-se os bancos e numerosas grandes empresas, progride-se na extinção do latifúndio. E são atingidos duramente os interesses monopolistas nacionais e estrangeiros em África, com o coroamento do processo de descolonização iniciado pelo 25 de Abril.

Nas decorrências do 11 de março assiste-se a uma inflexão na curva do processo português: a esquerda avança e configura-se melhor um projeto de transição socialista com a aliança povo/MFA atingindo o seu ponto mais alto. As grandes conquistas de Abril têm, neste período, a sua culminação: a *reforma agrária*, o *controle operário*, as *nacionalizações*, a *descolonização* — conquistas que, de fato, golpeando o monopólio, o latifúndio e o imperialismo, realizam a supressão das bases econômico-sociais do fascismo. Algumas destas conquistas iniciaram-se antes do 11 de março e outras se prolongaram um pouco além da queda de Vasco Gonçalves; no entanto, é entre março e novembro de 1975 que se cumpre o essencial delas.

A reforma agrária, operada basicamente no Alentejo e no Ribatejo (já que as outras regiões portuguesas desconheciam o fenômeno latifundista próprio do sul), foi uma iniciativa direta das massas rurais, respaldadas, como constatam todos os analistas, pelas organizações do PCP. Ocupando terras em Beja, em outubro de 1974, os alentejanos deram o passo inicial

— e, pouco mais de um ano depois, estavam constituídas cerca de 500 unidades coletivas de produção e cooperativas, laborando sobre 1.140.000 hectares expropriados ao latifúndio. Gerida pelos trabalhadores, a zona de intervenção da reforma agrária registrou aumento da área cultivada, da oferta de emprego e da produção agrícola.

O controle operário foi a resposta emergencial encontrada pelos trabalhadores urbanos para fazer face à sabotagem econômica desencadeada pelo patronato. Ele se estabeleceu pouco a pouco, em função das situações mais diversas — fuga do patrão fascista, tentativa de *lock-out*, desvio de capital e matérias-primas etc. Realizado por comissões eleitas pelo conjunto das trabalhadores de cada empresa, teve originalmente um caráter defensivo (da produção, do emprego) fundado na vigilância; gradualmente, evoluiu para funções de gestão e direção. Os dados disponíveis asseguram que, graças ao controle operário, os trabalhadores conseguiram impedir que, contra o processo revolucionário, o patronato lançasse toda a sua capacidade de fogo (sabotagem, fraudes, evasão de recursos). Por outro lado, a intervenção dos trabalhadores na gestão econômica contribuiu para amadurecer rapidamente as condições para a série de nacionalizações que então se operou.

As nacionalizações, bem como as intervenções estatais, constituíram o mecanismo de desmontagem da estrutura econômica monopolizada que foi o fundamento do fascismo. Atingindo os setores básicos da economia portuguesa — bancos, seguros, eletricidade, petróleo e petroquímica, siderurgia, construção naval, cimentos, vidros planos, tabacos, cerveja e transportes terrestres, aéreos e marítimos —, elas foram uma consequência lógica do agravamento das lutas de classes no período, solucionando os conflitos em detrimento dos grupos econômicos que exploravam a massa do povo português.

Igualmente importante para a liquidação das bases do fascismo foi o coroamento do processo de descolonização, cujo mérito maior cabe aos movimentos de libertação articulados pelos povos submetidos ao jugo colonial — mas, sem o 25 de Abril, seguramente ainda se prolongaria por mais tempo a política de terra arrasada dos colonialistas. Quando Marcelo Caetano é derrubado, revelam-se três orientações em face da guerra colonial. A primeira defendia a continuidade da guerra até a conclusão de um acordo conducente a uma Federação Portuguesa, sediada em Lisboa — era a proposta de Spínola e dos conservadores que se descolaram do regime fascista. A segunda admitia formalmente a independência política das colônias, mas pretendia manter para Portugal um conjunto de privilégios econômicos — era a posição da cúpula do PS e de setores do MFA. A terceira — de segmentos do MFA, da *esquerda militar* e assumida pelo PCP, que já a sustentava há muito tempo — advogava o fim imediato da guerra e negociações com o *Movimento Popular pela Libertação de Angola*/MPLA, o *Partido Africano para a Independência da Guiné e de Cabo Verde*/PAIGC e a *Frente de Libertação de Moçambique*/FRELIMO, com o pleno reconhecimento da independência. Apesar da pressão conservadora e reacionária, no geral afirmou-se esta última orientação. Contudo, especialmente em Angola, a descolonização foi traumática, registrando-se um êxodo massivo dos portugueses residentes em África; boa parte desses *retornados*, cerca de 800.000, foram depois manipulados pela direita portuguesa, que acusou o 25 de Abril de tê-los "abandonado à própria sorte".

Estas profundas transformações econômico-sociais, bem como seus rebatimentos políticos, realizaram-se num contexto de efetiva melhoria do nível de vida das grandes massas. No processo revolucionário, a democratização não significou apenas a vigência das liberdades políticas: implicou sensíveis modificações positivas no cotidiano popular. A política salarial do período reflete bem o quadro: além da instauração do salário-mínimo nacional, corrigiram-se as brutais injustiças herdadas do fascismo — o leque salarial, que em 1973 variava entre 1/7,3, reduziu-se à escala de 1/4,3; a parte dos salários no rendimento nacional evoluiu significativamente — 1973: 34,2%; 1974: 38,2%; 1975: 41,7%. Os trabalhadores obtiveram reduções na jornada de trabalho, conquistaram a criação do seguro-desemprego, a generalização do direito a férias, a proibição do despedimento sem justa causa e consideráveis aumentos nas pensões por aposentadoria ou invalidez. Um índice da elevação geral das condições de vida do povo é, ainda, o rápido decréscimo do número de emigrantes: 120.000 em 1973, 70.000 em 1974 e 45.000 em 1975. E tudo isso, recorde-se, num país que os últimos anos do fascismo haviam conduzido ao limiar da recessão — na verdade, é assombroso como o povo português, em meio a tantas dificuldades, não só avançou no rumo da democracia

José Paulo Netto. Ensaios de um *marxista sem repouso*

mais radical como ainda o fez superando os riscos de colapso econômico contidos na crise do fascismo.

A dinâmica de todo este processo revolucionário teve um eixo: a aliança entre o movimento popular e a componente militar que efetuou a derrubada do governo de Marcelo Caetano — mais exatamente, a *aliança povo/MFA*. Nesta aliança, que de fato promoveu o conjunto de transformações que mudou radicalmente a face de Portugal, ressaltam duas características autoimplicadas que, se não singularizam a *Revolução dos Cravos*, pelo menos conferem-lhe um perfil muito particular.

A primeira foi a ausência, no curso do processo, de uma força política hegemônica. Nenhum partido, facção ou grupo político direcionou o conjunto de transformações ou controlou o seu alcance, assim como nenhum exerceu função ou papel diretivo sobre o movimento popular ou a componente militar. Mesmo que, ao longo do processo, o PCP tenha sido o grande referencial político-partidário das alterações mais ponderáveis, não se lhe pode atribuir a direção do processo. O precário e dinâmico equilíbrio de forças que teve vigência no período obstaculizou qualquer hegemonia político-partidária.

A segunda diz respeito àquilo que é o ponto nevrálgico de toda revolução: o poder de Estado. Ao longo do processo português, *não se articulou um poder revolucionário centralizado — não se estruturou um Estado revolucionário*. À liquidação dos aparelhos fascistas não se seguiu a instauração de um poder centralizado que expressasse, no plano institucional, a efetiva correlação das forças político-sociais; mesmo no período em que Vasco Gonçalves foi primeiro-ministro, os órgãos de poder não refletiam a aliança povo/MFA. Este fato é um elemento constitutivo da ulterior contenção do processo revolucionário, e tem muito a ver com a tardia intervenção aberta do MFA na cena política e com a ausência de um expurgo profundo em todas as instâncias institucionais, incluídas aí as Forças Armadas (com efeito, os "saneamentos" nunca atingiram substancialmente a rede burocrática do regime fascista).

Em tais circunstâncias, é de indagar-se como se promoveram tantas e tão ponderáveis modificações na vida portuguesa — ou, em outros termos, como se concretizou a dinâmica revolucionária. A análise mais concisa e justa neste aspecto é a de Álvaro Cunhal: "O avanço da Revolução dá-se em virtude de três fatores essenciais: 1º) as forças revolucionárias (populares e militares) estiveram em condições, pela sua superioridade, de empreender diretamente, antes das decisões do poder, profundas transformações democráticas revolucionárias; 2º) houve uma conjunção entre a iniciativa a partir de poderosos movimentos e o apoio dado pelas forças revolucionárias (populares e militares) que participavam no poder; 3º) para vencer resistências e obstáculos, a Revolução teve como força motora a aliança das massas com as Forças Armadas, a aliança do movimento operário e popular com os militares revolucionários".

Precisamente esta aliança, responsável pelo processo revolucionário subsequente ao 25 de Abril e que alcança seu ponto alto no seguimento do 11 de março, será vulnerabilizada a partir de julho-agosto de 1975. Com efeito, ela se verá no centro de um fogo cruzado, pressionada por todos os lados.

De uma parte, a direita, derrotada em março, implementa uma estratégia alternativa: joga nos projetos hegemonistas do PS para isolar a esquerda. Do exterior e no interior, o grande capital aposta suas fichas não mais em cartas marcadas como Spínola: investe na direitização do PS, que se presta ao papel de dique anticomunista para fundar a sua própria hegemonia. Se, até o 11 de março, o PS não se contrapôs ao MFA, no aprofundamento do processo revolucionário — quando a transição socialista se punha de fato na ordem do dia — aliou-se aos conservadores e até aos reacionários para reclamar o "retorno dos militares aos quartéis", ao mesmo tempo em que procurava instrumentalizar os segmentos militares infensos às propostas sociopolíticas mais radicais. Gesta-se então uma frente PS-PPD-CDS contra os setores que, dentro e fora do MFA, querem levar adiante as transformações e acatam a liderança de Vasco Gonçalves.

Por outra parte, as correntes esquerdistas, absolutizando os conteúdos que, no processo revolucionário, apontavam efetivamente para a transição socialista, desencadeiam irresponsavelmente campanhas contra os setores moderados do MFA, buscam influir diretamente sobre unidades militares e incentivar ações que "acelerem o processo".

Tudo isso afeta a unidade do movimento popular e sua relação com o MFA. Neste, simultaneamente, rebatem as polarizações que ocorrem na sociedade, potenciadas no seu interior pela sua heterogeneidade e, sobretudo, pela existência, no seio das Forças Armadas, de amplos segmentos conservadores e restauradores, até então neutralizados.

O segundo semestre de 1975 — mais tarde conhecido como o "verão quente" — assistirá à precipitação dessas contradições. As fissuras vão logo se manifestar no MFA, num andamento que levará à crise político-militar: a pouco e pouco, os *moderados* condicionam seu apoio a Vasco Gonçalves que, por seu turno, é obrigado a aceitar pressões de Otelo Saraiva de Carvalho, porta-voz do esquerdismo. Em setembro, numa tensa assembleia em Tancos, o MFA se racha: os *moderados* (que, antes, haviam se manifestado através do "Documento dos 9") retiram seu apoio a Vasco Gonçalves e o grosso da oficialidade conservadora se articula. Na sequência, o primeiro-ministro é obrigado a renunciar e investe-se o VI Governo Provisório (19/09/1975 a 22/07/1976), chefiado pela patética figura do almirante Pinheiro de Azevedo. À frente PS-PPD-CDS pressiona ainda mais e se agudiza a crise militar: reestrutura-se toda a linha de comando, favorecendo a oficialidade conservadora. Os aventureiros esquerdistas, instalados em umas poucas unidades militares, dão o pretexto reclamado: suas ameaças verbais e inconsequentes fornecem a cobertura para uma rapidíssima ação dos conservadores, levada a cabo a 25 de novembro. Ela se salda, no conjunto das Forças Armadas, pela consolidação dos comandos conservadores e a neutralização da *esquerda militar*.

No fundo, estava em curso uma ofensiva contrarrevolucionária, detida pela firmeza e pela serenidade do movimento popular, que se recusa às provocações. A contenção das intenções golpistas é assegurada por um novo pronunciamento dos *moderados* que, pela voz autorizada de Melo Antunes, se dissociam energicamente de qualquer projeto antidemocrático. Mas o resultado do episódio afetou profundamente a dinâmica revolucionária: o MFA, enquanto componente do processo, tendia ao desaparecimento e, pois, a aliança entre ele e o povo se esvaziava. A partir daí, a ação do movimento popular e democrático vê-se reduzida aos canais institucionais, com as limitações que a estes punha a inexistência de um poder centralizado que servisse aos interesses históricos das classes subalternas.

A institucionalização democrática

O 25 de novembro representou uma vitória das forças conservadoras. Desativou, na prática, a componente militar avançada que poderia, aliada aos segmentos mais consequentes do movimento popular e democrático, viabilizar transformações numa concreta perspectiva socialista. E, com efeito, a neutralização da *esquerda militar* foi o prólogo da extinção do MFA enquanto ator político decisivo (embora a sua influência, progressivamente mais difusa e menos significativa, continuasse a se exercer institucionalmente pela via do Conselho da Revolução).

Entretanto, a profundidade das transformações, de um lado, e a força e a organização do movimento popular e democrático, de outro, impediram que as consequências do 25 de novembro configurassem um processo restaurador. Na verdade, no curto lapso de vinte meses — especialmente sob a liderança de Vasco Gonçalves —, o complexo de medidas políticas, sociais e econômicas acionadas liquidara com o fascismo, seus suportes e as possibilidades da sua revivescência imediata. A face do país mudara radicalmente e foram suprimidas as condições para a ditadura terrorista do grande capital. Tais mudanças, tomadas em seu conjunto, não caracterizam rigorosamente uma revolução como fenômeno pleno — mas, rigorosamente, caracterizam um processo macroscópico no qual se implementaram transformações de natureza revolucionária.

Os traços mais pertinentes desse processo respondem pela ulterior evolução do quadro português. A iniciativa popular na base das transformações deu-lhes uma essência de conquista que as solidifica. A massa do povo como agente de instauração das liberdades políticas conferiu-lhes um cariz de criação coletiva que as torna muito estáveis. O povo — não como entidade abstrata, mas como *totalidade em ação das classes subalternas, organizadas em partidos políticos, sindicatos, associações, entidades de natureza diversa, grupos e movimentos* — irrompeu na cena política e arrogou-se os institutos cívicos. Com isso, a marca de Abril passou a impregnar a (re)construída identidade nacional portuguesa. Ergueu-se um perfil cultural (e uma nova cultura) em que os cravos vermelhos não são um ritual, mas o símbolo de uma renovação sociopolítica através da qual a população se reconhece nas várias agências sociais. Com Abril, o povo instaurou-se como sujeito do processo social.

Simetricamente, àqueles traços deve-se creditar a possibilidade de reversão de muitos dos avanços do processo revolucionário. A inexistência de um poder revolucionário centralizado abriu flancos significativos na obra resultante do 25 de Abril. Muito especialmente, não se dispôs de efetivos mecanismos para impedir o assalto conservador aos aparelhos institucionais, nem, menos ainda, de aparatos democráticos eficientes para reprimir as ofensivas terroristas da direita reacionária (que se fizeram notáveis no primeiro trimestre de 1976).

O coroamento do processo iniciado com a derrubada do governo de Marcelo Caetano veio na institucionalização democrática configurada pela Constituição, aprovada pela Assembleia Constituinte em 25 de abril de 1976. Elaborada, em suas partes centrais, quando ainda vigia a aliança povo/MFA, a Constituição portuguesa — a que se opuseram tenazmente o PPD e o CDS — cauciona o essencial das conquistas populares. Os dois primeiros artigos desta Carta dão a medida da sua fidelidade ao espírito de Abril — artigo 1º: "Portugal é uma República soberana, baseada na dignidade da pessoa humana e na vontade popular e empenhada na sua transformação numa sociedade sem classes"; artigo 2º: "A República Portuguesa é um Estado democrático, baseado na soberania popular, no respeito e na garantia dos direitos e liberdades fundamentais e no pluralismo de expressão e organização política democráticas, que tem por objetivo assegurar a transição para o socialismo mediante a criação de condições para o exercício democrático do poder pelas classes trabalhadoras".

Democrática e progressista, a Constituição portuguesa tanto consagra os avanços do 25 de Abril quanto — e isto é muito importante — aponta para o futuro. Ela não é só um registro do que o povo conquistou nos planos econômico, político e social; possui também um caráter programático, condensando um projeto da transição socialista.

No estrito marco constitucional, portanto, estão votadas ao fracasso as intenções regressivas, consignada a superação do fascismo, seus fundamentos e sua herança. Por isto, bateu-se o povo português numa luta que teve lances épicos. E, por isto, na defesa da legalidade constitucional e democrática, reside muito do espírito de Abril — o espírito da combatividade operária, da festa popular e dos capitães, os "homens sem sono". O espírito expresso nas palavras que, nos momentos mais críticos do processo, as mãos anônimas do povo escreviam por todos os muros de Portugal: "Fascismo nunca mais".

Brasil: o golpe de 1º de abril de 1964

À esquerda e à direita, em 1963-1964, a margem de manobra do governo de João Goulart (o popular *Jango*) no sentido de implementar o seu reformismo progressista se reduzia e tornava praticamente inviável a condução eficaz de qualquer orientação macroeconômica.

As forças de esquerda (o movimento sindical, as Ligas Camponesas, a esquerda do Partido Trabalhista Brasileiro/PTB, a União Nacional dos Estudantes/UNE e os comunistas/PCB) exigiam soluções que, dada a composição do Congresso Nacional, implicariam reformas constitucionais ou seriam necessariamente extralegais. A direita identificava o governo com tais soluções extralegais e começou a pregar abertamente a deposição de Jango — a ponto de, em outubro de 1963, Carlos Lacerda, o mais incendiário dos líderes da UDN, conceder uma entrevista a um jornal norte-americano (*Los Angeles Times*) anunciando um golpe militar. A reação dos ministros militares do governo diante do fato foi imediata: exigiram uma intervenção no estado da Guanabara, governado por Lacerda — mas Jango negou-se a patrocinar tal intervenção e optou por recorrer ao dispositivo constitucional, enviando ao Congresso mensagem solicitando aval para decretar o estado de sítio; entretanto, com votos do PTB, do Partido Social Democrático/PSD e da União Democrática Nacional/UDN, a solicitação de Jango foi rejeitada, rejeição que, fora do parlamento, foi bancada pela direita (na defesa de Lacerda) e pela esquerda (com o temor de que a medida fosse utilizada também contra ela).

Não era apenas o *baluartismo* que levava a esquerda a pressionar Jango para avançar nas *reformas de base* "na lei ou na marra" — era também a suposição de que as Forças Armadas manteriam, naquela conjuntura tensa, uma postura "profissional", "legalista". A memória recente era a da ação dos legalistas que, liderados por Lott, evitaram a ruptura da ordem democrática em 1955. Boa parte da esquerda, inclusive os comunistas, acreditava que a cúpula militar do governo (o que então se chamava "o dispositivo militar de Jango") não se renderia a conspiratas. Esta avaliação se revelou, nos últimos meses de 1963 e nos inícios de 1964, rotundamente equivocada: os altos mandos militares, se não estavam comprometidos ainda com o golpismo, estavam cada vez mais se contrapondo à movimentação do movimento sindical (em especial, às greves de caráter político) e aos indícios de possíveis quebras da hierarquia.

Tudo indica que informações sobre a movimentação golpista que chegavam ao conhecimento do "dispositivo militar de Jango" não eram repassadas ao Presidente — seja por incompetência, seja por omissão deliberada. Mas não resta dúvida de que Jango estava atento à realidade — e ele percebeu o estreitamento da sua base institucional de sustentação e a atuação cada vez mais desenvolta e unida da direita, atraindo para seu campo expressivos representantes do conservadorismo reformista. Essa atuação ganhou uma ressonância ainda maior quando, em outubro de 1963, foi criada a "Rede da Democracia": articulada por João Calmon, Roberto Marinho e Nascimento Brito (respectivamente operadores de *O Jornal* e da *Rádio Tupi, O Globo* e *Rádio Globo* e *Jornal do Brasil* e *Rádio Jornal do Brasil*), organizou-se uma cadeia de radiodifusão de audiência nacional que, integrada aos maiores jornais do país, mostrou-se capaz de uma ampla cruzada política e ideológica contra o governo.

Em dezembro de 1963, ficou claro para Jango que estava esgotado o seu projeto de proceder às *reformas de base* contando com suportes constitucionais e institucionais. E, em termos imediatos, o principal problema não residia na pressão norte-americana, apesar de todo o seu peso — consistia na impossibilidade de vincular com alguma consistência forças políticas nacionais capazes de uma espécie de pacto social que superasse os entraves ao crescimento econômico sem exigir a penalização excessiva dos trabalhadores nem restrições democráticas.

As demandas populares dos anos mais recentes não se confrontavam somente com os estreitos interesses econômicos dos proprietários fundiários e de um setor empresarial já profundamente associado às empresas estrangeiras — confrontavam-se também com o arraigado sentimento antipopular e antidemocrático das classes dominantes. O segundo semestre de 1963, além de sinalizar o limite já alcançado pela degradação do quadro econômico — que acentuava, no incremento dos conflitos sociais, o aguçamento das lutas de classes —, demonstrou, para Jango, que as pontes que tentara lançar entre seu governo e segmentos empresariais careciam de suportes; dois claros episódios foram registrados pelo presidente: a renúncia de Roberto Campos à representação brasileira em Washington (agosto de 1963) e a demissão de Carvalho Pinto do ministério da Fazenda (dezembro de 1963).

Para não trair seus compromissos com os trabalhadores, Jango entrou em 1964 girando à esquerda. Mas a sorte do seu projeto reformista já estava decidida.

A conspiração avança e sai à luz

O giro à esquerda de Jango consistiu, entre janeiro e março de 1964, em identificar-se claramente com as demandas das *reformas de base* tais como os movimentos organizados de trabalhadores e estudantes (o Comando Geral dos Trabalhadores/CGT, as Ligas Camponesas, a UNE), a esquerda parlamentar (parte do PTB, com a estrela ascendente de Brizola, e representantes de outros partidos) e extraparlamentar (o PCB) as propunham, bem como os meios que apontavam para implementá-las. Tudo indica que Jango, que guardava distâncias do *baluartismo* então generalizado, estava consciente de que este giro significava o fracasso do seu projeto reformista — mas não lhe restava outra alternativa, senão ao preço de dobrar-se inteiramente às forças que ele sempre combatera.

Este giro não fez mais que agudizar a polarização ideológica entre esquerda e direita. E permitiu a esta, com o aparato de comunicação de que dispunha, identificar o governo com o que chamava de "processo de comunização do Brasil". A retórica moralista da direita (que caracterizava o governo como "corrupto") acompanhou-se de uma pretensa defesa da "democracia" frente ao "perigo vermelho" que estaria ameaçando "subverter" a sociedade brasileira e seus "valores cristãos e ocidentais" (que, naturalmente, incluíam, além da religião e da família, a santíssima propriedade privada).

Nas sombras, a conspiração civil e militar avançava. A partir de janeiro de 1964, os conspiradores, civis e militares, prepararam-se para a derrubada de Jango, que supunham teria como resposta uma significativa reação política e popular, implicando mesmo a eclosão de uma guerra civil; por isso, articulados com militares e empresários, pelo menos dois governadores — Magalhães Pinto, de Minas Gerais, e Ademar de Barros, de São Paulo — já acumulavam clandestinamente arsenais e organizavam para a ação golpista as suas polícias militares estaduais. E os conspiradores militares já contavam, se a hipótese de uma guerra civil se confirmasse, com o apoio diplomático de Washington para reconhecer o governo golpista e, igualmente, para uma eventual intervenção militar norte-americana; o apoio diplomático fora garantido pelo embaixador Lincoln Gordon e a eventual intervenção assegurada por Vernon Walters (e, de fato, quando se deu o golpe, estavam prontos os planos da operação *Brother Sam*: chefiada pelo general George S. Brown, expediria para o Brasil uma força-tarefa, composta por um porta-aviões, navios carregados de armas, mantimentos e combustíveis e uma frota aérea).

Dois fatos mostram a sincronização da conspiração nos âmbitos civil e militar — sincronização que teve no *Instituto de Pesquisas e Estudos Sociais*/IPES, criado em 1961 por empresários do Rio de Janeiro e São Paulo, o seu principal núcleo articulador. Em janeiro, a pedido do general Castelo Branco (chefe do Estado-Maior do Exército), o ministro das Relações Exteriores de Jango (J. A. de Araújo Castro, posteriormente nomeado embaixador nos Estados Unidos pelo general Garrastazu Médici) promoveu um "ajuste pormenorizado" para revigorar o *Acordo Militar* firmado em 1952 entre o Brasil e os Estados Unidos; esse "ajuste", *feito sem o conhecimento de Jango*, daria cobertura formal a uma possível intervenção militar em nosso país. No mesmo mês de janeiro, o deputado

José Paulo Netto. Ensaios de um *marxista sem repouso*

Bilac Pinto (UDN) denunciava que estava em curso no Brasil uma "guerra revolucionária" e que era preciso derrotá-la.

A conspiração avançava na clandestinidade (como o prova o "ajuste" mencionado), mas saltava para a luz do dia: se havia em andamento uma "guerra revolucionária", era preciso responder a ela mobilizando a "opinião pública" e as "forças vivas da Nação". Sem o respaldo da "opinião pública", a conspiração militar não vicejaria com êxito — sem um clima civil que desacreditasse o governo, os conspiradores militares não conseguiriam levantar os quartéis facilmente. E foi à luz do dia que os conspiradores civis se lançaram a uma frenética campanha de desestabilização do governo de Jango: o golpismo saiu das sombras para manipular a "opinião pública". Sob a liderança de Carlos Lacerda e com o maciço apoio dos meios de comunicação social (lembre-se a citada "Rede da Democracia"), criou-se uma atmosfera psicossocial de confronto e de caos: a "corrupção" e a "subversão" estariam tomando conta do Brasil e as "forças vivas na Nação" já não podiam "suportar um presidente desacreditado"[125].

Indiscutivelmente, os conflitos sociais — expressando um novo grau de intensidade nas lutas de classes — desatavam-se em cascata. De outubro de 1963 (quando 700.000 trabalhadores paulistas cruzaram os braços) aos dois primeiros meses de 1964, os trabalhadores urbanos se mobilizaram em movimentos grevistas sem precedentes, principal instrumento para travar a deterioração dos seus salários em face da inflação em alta — nos centros urbanos mais importantes do país, praticamente todas as categorias de trabalhadores, muito para além do proletariado *strictu senso*, recorreram ao direito constitucional da greve. E também no campo a greve foi utilizada pelos trabalhadores na defesa dos seus interesses — onde o conflito agrário era mais profundo, em Pernambuco, em novembro de 1963, 200.000 homens e mulheres paralisaram os engenhos de açúcar, num movimento que, retomado em fevereiro de 1964, alastrou-se por todo o estado. Se o governo de Jango recusava-se a reprimir a mobilização dos trabalhadores, em alguns estados a força policial de governadores o fez (como ocorreu, em Minas Gerais, em outubro de 1963, quando a greve na Usiminas teve por desfecho o "massacre de Ipatinga") e/ou a repressão coube a milícias dos latifundiários (no Nordeste).

Esta ativa inserção dos trabalhadores na cena política, que o governo federal se negava a reprimir, foi apresentada à "opinião pública" como a prova cabal da "comunização" do país pelo governo Jango, que estaria "infiltrado" e "dominado" pelos comunistas — e apresentados como "comunistas" eram todos aqueles que defendiam as *reformas de base* e o governo: o PCB, mas de cambulhada com este todo o arco de líderes sindicais vinculados ao CGT, às Ligas Camponesas, à UNE, políticos como Brizola, Arraes e Julião, padres ligados aos movimentos populares, intelectuais progressistas, militares nacionalistas, em suma: o "comunismo" "manobrava" todo o campo democrático e nacionalista.

Componentes da alta oficialidade da cúpula militar, especialmente aqueles que conheciam a conspiração golpista (e alguns que até mesmo dela participavam), mas se mantinham formalmente alinhados com a defesa da legalidade democrática, pressionaram Jango a descolar-se dos segmentos mais aguerridos do campo democrático e nacionalista (fundamentalmente do movimento sindical — o CGT — e da UNE). O presidente negou-se a fazê-lo e, em resposta corajosa, providenciou a regulamentação da Lei de Remessa de Lucros (janeiro de 1964) e determinou à Superintendência da Reforma Agrária/SUPRA (criada em outubro de 1962) que preparasse um decreto relativo à reforma agrária.

Em março, o presidente saiu às ruas: aceitou o convite, formulado pelo movimento sindical, para participar de um ato de massa em defesa das *reformas de base* — um grande comício que, realizado no Rio de Janeiro na noite de sexta-feira, 13 de março de 1964, reuniu cerca de 200.000 pessoas em frente à estação ferroviária da Central do Brasil. Em seu longo discurso (mais de uma hora), Jango passou à ofensiva: fez a crítica do caráter restrito da democracia política vigente, afirmou a necessidade de uma revisão constitucional que a ampliasse e permitisse as reformas necessárias para um desenvolvimento econômico sem privilégios para as minorias e para os monopólios nacionais e internacionais. Informou que assinara pouco antes dois decretos: um que, embora sem levar a uma reforma agrária efetiva, uma vez que respeitava os limites da Constituição vigente, desapropriava as terras situadas às margens das rodovias federais e dos açudes para entregá--las aos trabalhadores rurais; e outro que, fortalecendo a Petrobrás, encampava as refinarias de petróleo particulares. Responsabilizou as forças antidemocráticas e antinacionais pelas implicações que poderiam advir da sua resistência à emancipação do povo brasileiro. No dia seguinte, assinou outro decreto, tabelando os aluguéis e preços de imóveis e desapropriando aqueles que estavam desocupados em nome da utilidade social.

O vigoroso pronunciamento de Jango — com ampla repercussão positiva entre as camadas populares e apavorante para a direita e os conservadores — teve duas consequências imediatas: de uma parte, acentuou o *baluartismo* das esquerdas (inclusive os comunistas); de outra, pôs a direita num ativismo desesperado: Lacerda, em nome da UDN, caracterizou o discurso como "subversivo e provocativo", "um atentado à honra do povo e à Constituição"; e amplos setores do PSD (e de outros partidos menores) deslocaram-se abertamente para o campo do golpismo, exigindo o *impeachment* de Jango.

Também na sequência imediata, os conspiradores civis e militares ultimaram os preparativos para o golpe. No âmbito civil, ativando em larga escala o anticomunismo e buscando respaldo de massa entre a pequena burguesia urbana, com o mais amplo apoio dos veículos de comunicação social; as organizações financiadas pelo empresariado e pela *Central Intelligence Agence*/CIA (a *Campanha da Mulher pela Democracia*/CAMDE, a *Frente da Juventude Democrática*/FJD, a *Sociedade Brasileira de Defesa da Tradição, Família e Propriedade*/TFP e similares) desencadearam as "Marchas da Família com Deus pela Liberdade", avalizadas pela hierarquia da Igreja católica[126] — a *marcha* de São Paulo, posta na rua em 19 de março, teria contado com quase 200.000 participantes. Criava-se o clima psicossocial para a guerra civil[127]. E os grupos de ação paramilitar da direita provocavam confrontos em São Paulo e Belo Horizonte.

No âmbito da conspiração militar, o chefe do Estado-Maior do Exército, general Castelo Branco, através de "Circular Reservada" de 20 de março, abria à alta oficialidade do Exército a alternativa da deposição do presidente, articulava-se com os seus pares na Aeronáutica e na Marinha e se entendia com os governadores de Minas Gerais e São Paulo (Magalhães Pinto e Ademar de Barros), contando já com o apoio de outros (na Guanabara, Carlos Lacerda; no Rio Grande do Sul, Ildo Meneghetti; no Paraná, Ney·Braga). Castelo Branco, contudo, sabia do peso que a noção de defesa da legalidade ainda desfrutava entre setores da oficialidade e considerava que era necessário algum fato novo que precipitasse a adesão do grosso dela ao golpe.

E o fato novo eclodiu. Também na Marinha fermentavam antigas demandas dos marinheiros, submetidos a um regime profissional humilhante. No dia 25 de março, para comemorar o aniversário da sua associação (considerada ilegal), em cerimônia proibida pelo ministro da Marinha, cerca de 2 mil marinheiros reuniram-se na sede do Sindicato dos Metalúrgicos do Rio de Janeiro — insuflados por José Anselmo dos Santos, mais conhecido como "Cabo Anselmo" (esta figura sinistra, já então suspeita de ser agente da CIA, anos depois participará de um grupo de esquerda que resistia à ditadura e trairá de maneira vil os seus companheiros). O ministro ordena a prisão dos organizadores do ato, mas os fuzileiros navais encarregados de fazê-lo se solidarizam com os marinheiros. Abre-se uma crise no Almirantado, que leva o ministro a demitir-se. E o novo ministro determina a revogação da ordem de prisão. Uns poucos líderes da base política do presidente (entre eles Tancredo Neves e alguns dirigentes comunistas), que se estreitava com a polarização acelerada desde o comício do dia 13, advertiram-no do caráter de provocação embutido no evento, mas Jango não escondeu o seu apoio aos marinheiros.

O episódio removeu os últimos cuidados dos conspiradores militares: com a "revolta dos marinheiros" — e não veio à sua consideração apenas a recente "revolta dos sargentos" em Brasília, mas ainda o conhecido evento da Revolução Russa de 1905, imortalizado por Eisenstein no filme *O encouraçado Potemkin* (1925) — poderiam ganhar a adesão da média oficialidade com o forte argumento da "quebra da hierarquia" e da "indisciplina", prelúdio da "comunização do Brasil". A cúpula golpista (na qual se destacavam Castelo Branco, Golbery do Couto e Silva, Cordeiro de Farias, Grün Moss, Odílio Denis, Sílvio Heck, Orlando Geisel, Ademar de Queiroz) concertou, então e com o conhecimento da embaixada norte-americana, desfechar o golpe na primeira semana de abril.

O golpe do 1º de abril

Os golpistas — conspiradores civis e militares — ultimavam os seus planos quando, a 30 de março, Jango comparece a uma reunião, no Automóvel Clube do Rio de Janeiro, convocada pela *Associação dos Sargentos e Sub-Oficiais da Polícia Militar*. Já com informações sobre o andamento da conspirata, Jango reitera o conteúdo do seu discurso de 13 de março, todavia em tom mais veemente:

> A crise que se manifesta no país foi provocada pela minoria de privilegiados que vive de olhos voltados para o passado e teme enfrentar o luminoso futuro que se abrirá à democracia pela integração de milhões de patrícios nossos na vida econômica, social e política da Nação, libertando-os da penúria e da ignorância.

O presidente denuncia o financiamento da campanha antidemocrática por agências nacionais e estrangeiras e conclama os sargentos e suboficiais a defender a legalidade.

Alguns conspiradores consideraram que a reiterada solidariedade de Jango aos militares de baixo escalão — manifestada novamente nesta reunião — era intolerável e, em Minas Gerais, com o aval do governador Magalhães Pinto, precipitaram o movimento golpista: no dia 31, sem o conhecimento de boa parte da cúpula militar que dirigia a conspiração, os generais Carlos Luiz Guedes, em Belo Horizonte e, em Juiz de Fora, Olímpio Mourão Filho — conhecida figura do integralismo, que em 1937 forjou o "Plano Cohen", suposto documento da Internacional Comunista para a "tomada do poder no Brasil" — puseram as suas tropas na rua.

O "dispositivo militar" de Jango — chefiado pelo general Assis Brasil, titular da Casa Militar da Presidência da República — revelou-se inepto e inerme. À noite, no dia 31, o comandante do II Exército, Amaury Kruel, sediado em São Paulo, fez a Jango uma proposta para garanti-lo no governo: que o presidente rompesse com a esquerda, demitisse ministros "radicais" e colocasse o CGT na ilegalidade. Jango bateu o telefone após replicar:

General, eu não abandono os meus amigos. Se essas são as suas condições [para apoiar o governo, mantendo-se na legalidade], eu não as examino. Prefiro ficar com as minhas origens. O senhor que fique com as suas convicções. Ponha as tropas na rua e traia abertamente.

Na manhã do dia 1º de abril, o ministro da Guerra, general Jair Dantas Ribeiro, hospitalizado, ao saber de tropas nas ruas, comunicou-se com Jango e condicionou seu apoio ao presidente à mesma proposta de Kruel — Jango, naturalmente, preferiu não contar com o apoio desse ministro. Acéfalo o principal ministério militar, a Casa Militar do presidente não só não mobilizou a oficialidade legalista como, ainda, não lhe deu ordens para qualquer resistência.

Pouco depois das 12 horas do 1º de abril, Jango deslocou-se para a capital — em Brasília, verificou que os altos mandos militares (à exceção do general Ladário Telles, que estava assumindo o comando do III Exército, sediado em Porto Alegre) só se disporiam a travar o golpe se ele aceitasse a condição que Kruel e Dantas Ribeiro lhe tentaram impor: romper com o movimento sindical, intervir nos sindicatos e na UNE e reprimir os comunistas. Ao fim da noite, voou para Porto Alegre, onde Brizola (juntamente com o general Ladário Telles) se dispunha a resistir.

O movimento sindical apelou à greve geral, confiando em que as instituições contariam com a defesa do grosso das Forças Armadas. Não são poucos os estudiosos que consideram que uma ação contundente, mesmo que limitada, de setores militares para assegurar a legalidade poderia impedir ou, pelo menos, travar momentaneamente o processo golpista. Mas, uma vez que esta não se efetivou, as forças democráticas e populares, inteiramente desarmadas, não tiveram condições de resistir e o próprio apelo à greve se esvaziou.

Do ponto de vista militar, ao fim do dia 1º de abril a situação estava definida: não havia suficientes Forças Armadas fiéis à legalidade democrática dispostas a sair na defesa das instituições — por isso, a ação dos golpistas, precipitada em Minas Gerais por Carlos Luiz Guedes e Mourão Filho, atabalhoada e reveladora de traições oportunistas e velhas disputas de caserna, foi exitosa.

Do ponto de vista político-institucional, o golpe se consumou na madrugada de 2 de abril: violando todas as normas constitucionais (uma vez que o presidente da República estava no território nacional e não renunciara), o presidente do Senado Federal, Auro de Moura Andrade, declarou a vacância da Presidência da República e o lugar de Jango foi usurpado por Ranieri Mazzili (a mesma figura que, em 1961, após a renúncia de Jânio Quadros, os golpistas militares quiseram fazer "presidente")[128]. O ato violador foi imediatamente aprovado pelo embaixador Lincoln Gordon e, oficialmente, por mensagem do presidente Lyndon B. Johnson, na qual o governo de Washington cumprimentava Mazzili por assumir a Presidência.

Em Porto Alegre, Jango constatou que não havia condições para resistir (posição diversa da de Brizola, que insistia na possibilidade da resistência). No entanto, o presidente não queria deixar o país — perseguido pelos novos e ilegítimos donos do poder, só se retirou do Brasil no dia 4, rumando para o Uruguai; ficaria no exílio até sua morte precoce (e, para muitos, suspeita), em dezembro de 1976, aos 57 anos[129]. Em maio, Brizola também seguiria para um longo exílio.

Nos dias imediatamente seguintes ao golpe, em meio ao seu júbilo por terem "salvo" o Brasil da "corrupção" e da "subversão comunista", o empresariado e os grandes latifundiários promoveram marchas de apoio à derrubada de Jango nas principais capitais e cidades (manifestações em que se registrou forte participação de setores pequeno-burgueses e reduzidíssima presença de trabalhadores). No Rio de Janeiro, uma tal "Marcha da Vitória" foi abençoada pelo cardeal D. Jaime de Barros Câmara, para quem a derrubada de Jango deveria ser atribuída ao "auxílio divino obtido por nossa Mãe Celestial, pelo venerável Anchieta, pelos 40 mártires do Brasil e outros protetores da nossa pátria" (o cardeal católico não foi o único clérigo a saudar o regime de abril: também lideranças de outras confissões fizeram o mesmo). A festa organizada pelas classes proprietárias se desdobrou, na sequência, em patriotadas do gênero "Doe ouro pelo bem do Brasil", de iniciativa dos *Diários Associados* (de Assis Chateaubriand) e de uma vaga entidade chamada "Legionários da democracia", campanha que levou alguns milhares de ingênuos a entregar alianças, colares, brincos e outras joias de valor "pelo bem do Brasil".

Na sequência imediata do 1º de abril, o golpe — autointitulado "Revolução", com qualificativos vários: "redentora", "salvadora" e outros que tais — mostrou a que veio: instaurou o arbítrio e a violência. Governadores legítima e democraticamente eleitos foram depostos *manu militari* (o de Pernambuco, Miguel Arraes, o de Sergipe, Seixas Dória e, meses depois, em novembro, Mauro Borges, de Goiás) e políticos de oposição jogados nas cadeias. Irrompeu o terrorismo: líderes sindicais, estudantis e dirigentes de organizações nacionalistas e populares foram presos arbitrariamente e submetidos a tratamento vexatório; o movimento sindical passou por uma "operação limpeza": de abril a dezembro, o novo regime interveio em 452 sindicatos, 43 federações e 3 confederações de trabalhadores urbanos; membros das Ligas Camponesas foram perseguidos e encarcerados; assassinatos foram cometidos (oficialmente, apenas 7 civis — nenhum militar — foram mortos no dia 1º de abril; ao longo do ano, morreram mais 13 pessoas); centenas de brasileiros escaparam do terror saindo pelas fronteiras do sul e levas de exilados refugiaram-se em embaixadas estrangeiras; milhares de domicílios, escritórios e consultórios viram-se invadidos e varejados; expurgo rigoroso iniciou-se nas Forças Armadas e em organismos estatais e autarquias; bibliotecas foram objeto de ataques e assaltos policiais; o ódio dos violadores da legalidade destruiu espaços de organizações e instituições culturais: no Rio de Janeiro, a sede nacional da UNE foi incendiada e a do *Instituto Superior de Estudos Brasileiros / ISEB*, vandalizada; jornais nacionalistas e democráticos (os poucos que existiam), editoras e livrarias foram empastelados e fechados.

Em nome da democracia, quartéis se enchiam de encarcerados, cadeias ficavam lotadas e navios eram convertidos em prisão — e o denuncismo, praticado pelos *dedos-duros*, entrou na vida cotidiana. E, naturalmente, como ocorreu ao longo do século XX em todos os quadrantes, socialistas e comunistas foram o alvo preferencial da sanha das classes dominantes — nada é mais emblemático da entrada em cena do novo poder do que a prisão do líder comunista Gregório Bezerra, deputado federal pernambucano eleito pelo PCB em 1946: transferido do interior do estado para Recife, a 2 de abril, foi, com reportagem logo exibida pela TV *Jornal do Comércio*, amarrado, torturado e arrastado como um animal pelas ruas do bairro da Casa Forte pelo tenente-coronel do

Exército Darcy Viana Vilock. Era com esses métodos que se "salvava" a democracia no Brasil.

Mazzili, posto na Presidência da República pelos golpistas, não passava de um fantoche e obviamente não tinha nenhuma autoridade — de fato, quem mandava e desmandava era um autoproclamado "Supremo Comando Revolucionário", composto pelos novos autonomeados ministros militares — o general Artur da Costa e Silva, da Guerra, o vice-almirante Augusto Rademaker Grünewald, da Marinha, e o tenente-brigadeiro Francisco de Assis Correia de Melo, da Aeronáutica. Depois de mais de uma semana de disputas internas entre as várias facções militares, que ameaçaram anarquizar as Forças Armadas, o tal "Supremo Comando Revolucionário" deu a conhecer, a 9 de abril, o *Ato Institucional*/AI (posteriormente designado como *Ato Institucional n° 1*/AI-1), que — segundo seus signatários — teria vigência até 31 de janeiro de 1966.

O grande capital e as classes proprietárias naturalmente quiseram se fazer ouvir pelos "revolucionários" — e algumas de suas "sugestões" merecem ser lembradas: o empresário Antônio Gallotti, figura de proa do IPES, presidente da Light, companhia imperialista que explorava a concessão de produção e distribuição de energia elétrica no Rio de Janeiro e em São Paulo e financiadora do mesmo IPES, enviou mensagem a Costa e Silva recomendando a suspensão de várias garantias constitucionais; Júlio de Mesquita Filho, dono d'*O Estado de S. Paulo*, propôs, com a assessoria de Vicente Ráo — catedrático de Direito Civil da Universidade de São Paulo/USP, que fora ministro da Justiça (!) do Estado Novo —, a dissolução do poder legislativo em todos os níveis, a anulação dos mandatos dos governadores e prefeitos e a suspensão do *habeas corpus*; também o já citado cardeal do Rio de Janeiro, D. Jaime de Barros Câmara, considerava que se devia "sanear" a vida política mediante exclusões, sob o santo argumento de que "punir os que erram é uma obra de misericórdia".

De alguma forma, todos esses personagens foram ouvidos. Encarregou-se de esboçar o Ato Institucional um conhecido jurista reacionário, Francisco Campos (o *Chico Ciência*, mentor da Carta de 1937, a sinistra "Polaca", instrumento de fascistização do país próprio do Estado Novo), assessorado por outro luminar do reacionarismo, Carlos Medeiros Silva. O texto apresentado a Costa e Silva e a um grupo de generais foi ligeiramente retocado e divulgado pelo "Supremo Comando Revolucionário" a 9 de abril. Nos seus onze artigos, limitava os poderes do Congresso Nacional e do Judiciário e ampliava os do Executivo — conferia ao presidente da República o poder de cassar mandatos e suspender por dez anos direitos políticos de parlamentares, políticos, intelectuais, servidores públicos, diplomatas e membros das Forças Armadas, além de atribuir-lhe o direito de declarar o estado de sítio sem prévia autorização do Congresso Nacional. No dia seguinte, 10 de abril, o "Supremo Comando Revolucionário" publicou a primeira lista de brasileiros que tinham mandatos cassados e/ou seus direitos políticos suspensos por dez anos[130].

Um dia depois (11 de abril), um Congresso Nacional mutilado e sob ameaça de novas cassações e baionetas, "elegeu" para a presidência da República o marechal Castelo Branco e, para a vice-presidência, José Maria Alkmin, velho político mineiro, um dos fundadores do PSD, ex-ministro da Fazenda de Kubitschek e que, na oposição a Jango, aliara-se à UDN. A 15 de abril, os dois foram empossados — ocasião em que Castelo Branco comprometeu-se solenemente a entregar o cargo no início de 1966, "ao meu sucessor legitimamente eleito pelo povo em eleições livres". Como registrou a história, a promessa não foi cumprida.

Ao longo deste livro, trataremos de sintetizar a dinâmica constitutiva do regime político que derivou do golpe do 1º de abril. Por agora, à guisa de conclusão deste capítulo, voltemos rapidamente à figura de Jango e cuidemos de assinalar o significado do golpe.

A avaliação histórica de Jango, com base no que expusemos, não pode ser conduzida conforme juízos de natureza psicológica ou moralista — como generalizadamente se faz, recorrendo-se às pretensas características ("vacilante", "indeciso" etc.) que se atribuem desqualificadoramente ao presidente. Jango, um reformista burguês e democrata sincero, encarnava um projeto de desenvolvimento capitalista que se enfrentava com os mesquinhos e rasteiros interesses da grande burguesia e dos latifundiários, além de colidir com o imperialismo. Procurou levar este projeto à prática a partir da hipótese de que seria possível, para implementar as *reformas de base*, estabelecer um arco de alianças entre segmentos da burguesia (a "burguesia nacional", como sustentavam à época os comunistas), camadas médias urbanas e os trabalhadores — e apostou nos compromissos constitucionais das Forças Armadas. Por isso, nem Jango nem a esquerda (*toda* a esquerda) prepararam-se de fato para quaisquer confrontos de força.

A hipótese revelou-se equivocada: a burguesia brasileira, de uma parte, não sinalizou nenhuma disposição para bater-se contra o latifúndio e, de outra, já estava tão associada ao imperialismo que não tinha condições (nem vontade política) para sustentar qualquer veleidade nacionalista. Quanto às Forças Armadas, elas romperam com a legalidade na medida em que seu espírito de corpo viu-se afetado pela ameaça da quebra da hierarquia e pelos efeitos, no interior da corporação, da histeria anticomunista que se desenvolveu no país, especialmente no curso de 1961-1964 — e que se guarde esta lição da história: *o anticomunismo sempre serviu à antidemocracia.*

Os golpistas não derrubaram o governo legalmente constituído porque Jango fosse um "covarde" ou um "vacilante" — aliás, e como indicamos, quando percebeu, na viragem de 1963 a 1964, que seu projeto reformista mostrava-se inviável, ele não hesitou em girar à esquerda, respondendo à radicalização direitista que levava consigo o reformismo conservador. Jango caiu porque encarnou a figura de um reformista burguês democrata e nacionalista no momento mesmo em que a burguesia brasileira recusava qualquer projeto reformista de caráter democrático e nacional.

O significado do golpe de 1º de abril

Foi vigoroso o apoio do imperialismo (particularmente o norte-americano) à conspiração — afinal, os Estados Unidos estavam fomentando movimentos como o que levou ao 1º de abril em todas as latitudes, no processo da *contrarrevolução preventiva em escala mundial*. No entanto, e contra interpretações simplistas, é também preciso salientar que *o golpe não começou em Washington*: foi na dinâmica interna das lutas de classes no Brasil que se armou o seu cenário e se gestaram as condições do seu êxito em 1964. Foram responsáveis pelo golpe as franjas burguesas vinculadas ao grande capital nativo e estrangeiro que, associadas aos latifundiários, arrastaram política e ideologicamente segmentos expressivos da pequena burguesia urbana para o seu campo.

O regime derivado do golpe do 1º de abril sempre haverá de contar, ao longo da sua vigência, com a tutela militar; mas constitui um grave erro caracterizá-lo tão somente como uma ditadura militar — se esta tutela é indiscutível, constituindo mesmo um dos seus traços peculiares, é igualmente indiscutível que a ditadura instaurada no 1º de abril foi o regime político que melhor atendia aos interesses do grande capital: por isso, deve ser entendido como uma forma de *autocracia burguesa* (na interpretação de Florestan Fernandes) ou, ainda, como a *ditadura do grande capital* (conforme a análise de Octavio Ianni). O golpe não foi puramente um golpe militar, à moda de tantas quarteladas latino-americanas (os *pronunciamientos* dos "gorilas") — foi um golpe civil-militar e o regime dele derivado, com a instrumentalização das Forças Armadas pelo grande capital e pelo latifúndio, configurou a solução que, para a crise do capitalismo no Brasil à época, interessava aos maiores empresários e banqueiros, aos latifundiários e às empresas estrangeiras (e seus gestores, "gringos" e brasileiros).

De qualquer forma, o golpe do 1º de abril não pode ser compreendido fora do contexto da *guerra fria* quando, sob o hegemonismo norte-americano e numa conjuntura em que se modificava profundamente a divisão internacional do trabalho (e, logo, as relações econômicas entre os *centros* capitalistas e as suas *periferias*), os núcleos imperialistas patrocinaram a *contrarrevolução preventiva em escala planetária*.

Três eram os objetivos dessa cruzada contrarrevolucionária, aliás todos interligados: 1º) adequar os padrões de desenvolvimento nacionais e de grupos de países a um novo momento da dinâmica capitalista, marcado por uma acentuada internacionalização do capital; 2º) golpear e imobilizar os protagonistas sociais e políticos interessados em resistir a este processo, que conduzia as periferias a uma relação mais subalterna e dependente em face dos centros imperialistas; 3º) enfim, combater em todo o mundo tendências políticas e ideológicas alternativas ao capitalismo e/ou conducentes a vias socialistas.

A contrarrevolução, porém, nos espaços em que triunfou, tomou formas ajustadas aos marcos nacionais em que se operava — por isso, seu movimento não foi o mesmo, por exemplo, no Brasil (1964) e na Indonésia (1965). Com efeito, é nas particularidades nacionais que se deve buscar o significado específico da onda de golpes própria do processo da contrarrevolução.

Ora, os estudiosos brasileiros mais qualificados (Caio Prado Jr., Florestan Fernandes, Nelson Werneck Sodré), mesmo com divergências interpretativas, há muito identificaram os principais traços da nossa formação — traços a partir dos quais se ergueu a particularidade histórica brasileira: a construção, desde o período colonial, de um arcabouço de atividades econômicas cuja destinação era o mercado externo; a continuidade, sem rupturas decisivas, desse estatuto colonial; e a industrialização tardia, operando-se já com o capitalismo no seu estágio monopolista. Assim, a burguesia brasileira nunca teve nada a ver com a burguesia empreendedora, animada por ideais emancipadores, a burguesia de meados do século XVIII a 1848; a burguesia brasileira não dispôs nunca de impulsos para realizar uma revolução *burguesa* à moda "clássica", liquidando o latifúndio (lembre-se que, originalmente, a reforma agrária é uma das tarefas da revolução burguesa) e defendendo a soberania nacional. Residem aí as raízes de duas características básicas da formação social brasileira:

1ª) o desenvolvimento capitalista no Brasil se processou sem erradicar as formas econômico-sociais que, por exemplo na Europa Ocidental, se lhe apresentaram como obstáculos ou impeditivas; entre nós, o desenvolvimento capitalista não se desvencilhou dessas formas arcaicas (como o monopólio oligárquico da terra, o latifúndio), não liquidou o "atraso" — pelo contrário, o desenvolvimento capitalista, aqui, se operou *refuncionalizando* tais formas: não destruiu o "atraso", incorporou-o; trocando em miúdos: no Brasil, o capitalismo se desenvolveu *sem realizar o que, em países centrais, foram as reformas burguesas;*

2ª) a sistemática exclusão da massa do povo, das forças populares, dos processos de decisão política; os segmentos mais ativos das classes dominantes sempre encontraram meios e modos de travar e/ou impedir a intervenção das forças populares nos núcleos centrais da direção da sociedade; para usar de uma formulação teórica: *no Brasil, a socialização da política não se realizou plenamente e, quando deu passos adiante, os setores de ponta das classes dominantes lograram travá-la*; a socialização da política, no Brasil, *sempre* teve nas classes dominantes um adversário constante — daí a tradição antidemocrática (não apenas política, mas também sociocultural) que atravessa a história brasileira e os processos diretivos da nossa sociedade, que têm sido conduzidos "pelo alto".

Pois bem: na entrada dos anos 1960, essas linhas de força da história brasileira ganham uma *dinâmica crítica* — conjugam-se, então, dimensões econômicas e políticas. A passagem da *industrialização substitutiva de importações* (industrialização restringida) à *industrialização pesada* (ou alargada), que vinha de meados da década anterior, colocava à mostra a sua exigência: ou a rearticulação das modalidades de acumulação penalizando fortemente as camadas trabalhadoras para permitir um novo arranjo entre o Estado, o capital privado nacional e o capital estrangeiro, aprofundando a dependência em face dos centros imperialistas ou realizando as *reformas de base* para reorientar a economia na direção de romper com aquela dependência — contrapunham-se, portanto, dois projetos econômico-políticos e sociais, um na perspectiva de manter aquelas linhas de força da nossa história e outro no sentido de superá--las. Precisamente o alargamento do protagonismo popular, mediante a ampliação de espaços democráticos, especialmente acentuado a partir de 1961, criava ponderáveis problemas para a primeira alternativa e punha, para a segunda, a *possibilidade* de reverter aquelas linhas de força. Como vimos, o declínio do ritmo do crescimento econômico — no interior de um quadro inflacionário — tinha tudo a ver com os impasses daquela conjuntura e a ausência de uma orientação macroeconômica coerente, por parte do governo Jango, expressava exatamente a correlação de forças então estabelecida.

Para alguns setores da esquerda, a possibilidade de reverter a condição de dependência e de ampliar a democracia — objetivamente constatável na entrada dos anos 1960 — significou que o país ingressava num *período revolucionário*. Não partilhamos desta hipótese; entendemos que as lutas sociais então registradas não colocavam em xeque, *imediatamente*, a ordem capitalista: colocavam em xeque a modalidade específica que, em termos econômico-sociais e políticos, o desenvolvimento do capitalismo tomara no país. É bastante provável que tais lutas, se originassem um reordenamento econômico-social e político efetivamente mais democrático, desembocassem num quadro revolucionário. Os estrategistas das classes dominantes tiveram consciência dessa provável evolução e, por isso, sintonizados com a *contrarrevolução preventiva em escala mundial*, trataram de abortá-la com o golpe de abril. Aqui reside o significado profundo do golpe: ele não representou simplesmente a deposição de um presidente no legítimo exercício de seu mandato — *significou a liquidação da possibilidade de reverter a dependência e a vinculação da economia brasileira aos interesses imperialistas e de democratizar substantivamente a sociedade brasileira.*

O golpe do 1º de abril, solução política imposta pela força, derrotando as forças democráticas, nacionais e populares, significou a derrota de uma alternativa de desenvolvimento econômico-social e político que era virtualmente a reversão das linhas de força que historicamente marcaram a formação brasileira. Os estrategistas (brasileiros ou não) do golpe impediram o desenvolvimento de uma transformação política e econômica que poderia — sem ferir de imediato os fundamentos da propriedade privada e do mercado capitalista — romper com os traços mais deletérios e negativos da nossa história e da nossa sociedade. Neste sentido, o movimento civil-militar vitorioso em abril de 1964 foi inequivocamente *reacionário*.

Entretanto, os desdobramentos econômicos e políticos do golpe do 1º de abril não tiveram por consequência a simples manutenção daqueles traços que qualificamos como os mais deletérios da história brasileira — a *dependência* das orientações macroeconômicas em face dos interesses imperialistas (que alguns autores designam como o caráter *heteronômico*, isto é, não autônomo, da nossa economia) e a *exclusão* da massa do povo do processo das decisões políticas. Na sequência do golpe, as forças vitoriosas (o grande capital, nativo e estrangeiro, e o latifúndio) refuncionalizaram a estrutura do poder estatal de forma a resolver a crise econômica do capitalismo no Brasil à época de modo a atender os seus interesses na conjuntura de profundas modificações na divisão internacional do trabalho. De fato, na entrada dos anos 1960, o sistema capitalista experimentava transformações importantes; uma das causas decisivas dessas transformações residia na superacumulação de capitais nos países centrais, que levava à internacionalização do processo produtivo pelas empresas imperialistas, a fim de operar a valorização do capital diretamente nos países dependentes (fora das suas fronteiras nacionais); assim, países como o Brasil, que já contavam com uma estrutura urbano-industrial mínima, grandes recursos naturais e força de trabalho abundante, constituíam espaços ideais para a recepção de unidades produtivas daquelas empresas, podendo inserir-se de um modo novo, desde que submetendo-se às exigências imperialistas, na dinâmica do capitalismo internacional.

As principais exigências para essa nova inserção consistiam em manter/ampliar garantias de ampla liberdade para os capitais estrangeiros e reduzir ao mínimo as condições para que os trabalhadores resistissem à exploração acentuada de que seriam alvo — precisamente o que o projeto reformista defendido pelas forças populares e democráticas inviabilizaria. Ora, o golpe do 1º de abril teve exatamente por objetivo atender a essas duas exigências: fazer do Estado o núcleo articulador do grande capital, estrangeiro e nativo (e do latifúndio), para conduzir um projeto de crescimento econômico associado ao capital estrangeiro e submisso às novas exigências das metrópoles imperialistas (em primeiro lugar, Washington). A funcionalidade do Estado próprio ao regime instaurado a 1º de abril era, portanto, dupla: econômica e política — o novo padrão de acumulação que ele promoveria, para superar a crise, supunha tanto o privilégio ao grande capital numa perspectiva que atualizava as condições de reprodução da dependência quanto as mais severas restrições à participação democrática da massa da população. Ergueu-se, pois, como um Estado *antinacional* e *antipopular*, que conduziu o capitalismo no Brasil a um estágio avançado do capitalismo monopolista com vigorosa intervenção estatal.

Assim, ao mesmo tempo em que dominava o que parecia escapar (e, de fato, estava escapando mesmo) ao controle das classes dominantes, o golpe deflagrou uma *dinâmica nova*, econômica e política, que, a médio prazo, forçaria a ultrapassagem dos seus próprios marcos.

Parte III

Marxismo – dos clássicos à América Latina

Estão coligidos aqui sete textos que constituem uma amostragem do ensaísmo do autor no campo da história — e dos problemas — das ideias marxistas. "Karl Marx: um roteiro biobibliográfico" é a introdução ao volume, por ele organizado, *O leitor de Marx* (Rio de Janeiro: Civilização Brasileira, 2010). "Da recepção dos *Manuscritos de 1844*" é parte da longa apresentação ("Marx em Paris") redigida para o livro de K. Marx, *Cadernos de Paris & Manuscritos econômico-filosóficos de 1844* (São Paulo: Expressão Popular, 2015). "Razão, ontologia e práxis" é o esquema da conferência doutoral pronunciada no concurso para Professor Titular da Escola de Serviço Social da Universidade Federal do Rio de Janeiro (1993) e publicada em *Serviço Social & Sociedade* (São Paulo: Cortez, ano XV, n. 44, abril de 1994). "Engels: o *Anti-Dühring*" é o texto de apresentação de F. Engels, *Anti-Dühring. A revolução da ciência segundo o Senhor Eugen Dühring* (São Paulo: Boitempo, 2015). "Lenin: da política cultural e dos artigos sobre Leon Tolstoi" registra a contribuição ao livro, organizado por Anderson Deo *et al.*, *Lenin: teoria e prática revolucionária* (Marília/São Paulo: Oficina Universitária/Cultura Acadêmica, 2015). "G. Lukács e a política" foi preparado para a edição de G. Lukács, *Socialismo e democratização. Escritos políticos. 1956-1971* (Rio de Janeiro: Ed. UFRJ, 2008). E a "Nota sobre o marxismo na América Latina" veio à luz em *Novos Temas* (Salvador/São Paulo: Quarteto/Instituto Caio Prado Jr., n. 5/6, 2011/2012).

Karl Marx:
um roteiro biobibliográfico

A obra de Karl Marx, pela sua significação teórica, é um marco na cultura ocidental e, pelo seu impacto sócio-histórico, tem relevância universal.

Marx instaurou as bases de uma teoria da sociedade burguesa que, fundada numa ontologia social nucleada no trabalho, permanece no centro das polêmicas relativas à natureza, à estrutura e à dinâmica da sociedade em que vivemos; e a investigação a que dedicou toda a sua vida foi norteada para subsidiar a ação revolucionária dos trabalhadores, cujo objetivo — a emancipação humana — supõe a ultrapassagem da ordem social comandada pelo capital.

Teórico e homem de ação, pesquisador e militante, Marx foi invocado, ao longo do século XX, por aqueles que se empenharam na crítica radical da sociedade burguesa e nos processos prático-políticos de libertação nacional, de luta anti-imperialista e de construção socialista. Intelectuais das mais diferentes extrações pautaram suas reflexões inspirados em Marx, e milhões de homens e mulheres, jovens e velhos, nas mais diversas latitudes, protagonizaram combates e experiências em nome de suas ideias — ou de ideias a ele atribuídas, uma vez que seu legado foi objeto de múltiplas interpretações, vulgarizações, deformações etc. Reativamente, intelectuais conservadores desqualificaram a obra de Marx e representantes da burguesia demonizaram o seu pensamento. Idolatrado ou odiado, Marx foi um contemporâneo de todos os que viveram o século XX.

A crise terminal do "socialismo real", nos anos 1980-1990, por um momento pareceu levar Marx para o museu das antiguidades. Mas foi apenas aparência, e momentânea: na entrada do século XXI, a barbarização da vida social nas nossas sociedades, a insustentabilidade (até ecológica) do padrão de crescimento capitalista, a reiteração das crises econômicas, o aprofundamento das desigualdades e a agudização exponenciada e planetária da "questão social" fazem Marx retornar ao palco da história no calor da hora. Nada indica que esse senhor sairá de cena tão cedo. É oportuno, portanto, examinar (ou reexaminar) o seu pensamento, recorrendo diretamente à fonte original — de que a *nota bibliográfica* apensa ao fim do presente texto oferece as principais traduções ao português.

Da vida universitária à política

Marx nasceu a 5 de maio de 1818, em Trier (Trier, na Renânia), segundo dos oito filhos de Heinrich Marx (1782-1838), um advogado que admirava Voltaire, e Henriette Pressburg (1787-1863) — ambos de ascendência judaica.

Concluídos os seus estudos fundamentais na cidade natal, em outubro de 1835 Marx desloca-se para Bonn, em cuja universidade frequenta o curso de Direito. No ano seguinte, depois de ficar noivo, em segredo, de uma amiga de infância, Jenny von Westphalen (1814-1881), transfere-se para a universidade de Berlim. Aí tem suas primícias literárias (poesia, teatro), participa de um cenáculo de intelectuais hegelianos (o *Doktorklub*) e trava relações, entre outros, com os irmãos Bauer (Bruno, 1809-1882 e Edgar, 1820-1886) e Karl Köppen (1808-1863). A pouco e pouco, seus interesses dirigem-se para a filosofia, estimulado por Bruno Bauer, que lhe sugere a carreira universitária.

À época, a Alemanha, sem experimentar as transformações próprias à revolução burguesa, não se erguera como um Estado nacional moderno: a Confederação Germânica, sob o comando da Prússia, era um conjunto de quase quatro dezenas de Estados, com sistemas de representação política diversificados e restritivos, ausência de laicização, burocracias de

José Paulo Netto. Ensaios de um *marxista sem repouso*

raiz feudal e submetida à dominação da nobreza fundiária. Este atraso — a "miséria alemã", notável quando se comparava a persistência do Antigo Regime na Confederação Germânica com a nova ordem social que se consolidava na França, Inglaterra, Bélgica e avançava na América do Norte (Estados Unidos) — contrastava com a grandeza da sua filosofia clássica, que culminara na obra de Hegel (1770-1831).

A sombra de Hegel se projetava para além de sua morte: na cultura alemã, nas duas décadas que se seguiram à morte do filósofo, disputava-se a sua herança — de um lado, alinhavam-se aqueles que extraíam do seu sistema conclusões conservadoras, a "direita hegeliana"; de outro, os que retinham de sua obra o método dialético, adequado à apreensão do movimento histórico, os "jovens" que constituíam a "esquerda hegeliana". O *Doktorklub* era um espaço privilegiado no âmbito dessa disputa, reunindo os "jovens" mais credenciados.

É no marco dessa polêmica que Marx se volta para a filosofia: a 15 de abril de 1841 obtém o grau de doutor na Universidade de Jena, com uma dissertação sobre as filosofias da natureza em Demócrito e Epicuro. O projeto de ingressar no magistério superior, porém, torna-se inviável: com a ascensão de Frederico Guilherme IV ao trono prussiano (1840), uma vaga reacionária se afirma e atinge também a universidade — e Bruno Bauer é dela excluído (outubro de 1841). Resta a Marx o ingresso na atividade jornalística: a partir de abril de 1842, começa a colaborar com a *Gazeta Renana*.

Este jornal, criado a 1º de janeiro de 1842 em Colônia, era uma iniciativa dos setores burgueses da Renânia que animavam o débil liberalismo alemão, opondo-se ao reacionarismo de Frederico Guilherme IV. Marx não nutria ilusões liberais, mas suas convicções democráticas viam na *Gazeta Renana* um instrumento de combate à "miséria alemã". Seus primeiros artigos defendem a liberdade de imprensa (o que leva a censura a visá-los), tematizam a legislação que impede aos camponeses a apropriação da lenha e denunciam a miséria dos vinhateiros do Mosela. Suas intervenções dão-lhe destaque no quadro de colaboradores do jornal e, em outubro de 1842, ele se instala em Colônia e assume a sua direção. Conduzido por Marx, o jornal acentua a sua orientação crítica e as autoridades respondem com uma pressão constante sobre os seus proprietários. Ao perceber que esses tendem a capitular, Marx demite-se (18 de março de 1843) e logo depois o jornal é fechado (31 de março).

A experiência jornalística foi breve, porém significativa para Marx. De uma parte, foi obrigado a enfrentar a realidade imediata da vida política e social e constatou que a sua formação acadêmica era insuficiente para dar conta dos conflitos que moviam a sociedade — constatação que o estimulou a estudos históricos e políticos. De outra parte, ele verificou o caráter vacilante do liberalismo alemão, incapaz de dar consequência à sua própria programática — verificação que o levou a aprofundar as suas convicções democráticas, tornando-as mais radicais. E uma das primeiras implicações dessa experiência foi o seu afastamento (que logo depois tornar-se-ia ruptura) em face dos seus amigos do *Doktorklub*, cada vez mais distanciados dos problemas da vida social e mergulhados num idealismo crescentemente abstrato. Anote-se que, para esse afastamento, contribuiu fortemente o impacto que causou a Marx a leitura da obra do hegeliano "de esquerda" Ludwig Feuerbach (1804-1872), publicada em 1841: *A essência do cristianismo*, livro em que a contraposição ao idealismo de Hegel se fazia pela afirmação de um materialismo sensualista.

O essencial da experiência da *Gazeta Renana* para Marx foi, todavia, a descoberta da *política*, não como atividade institucional, mas como dimensão necessária da vida social numa sociedade saturada de conflitos. Essa descoberta, para ele, não cancelou a relevância da reflexão filosófica, mas evidenciou os seus limites se divorciada de uma perspectiva de ação — e eis que ele se dedica, no segundo semestre de 1843, à leitura de pensadores políticos (Rousseau, Montesquieu) e de estudiosos da Revolução Francesa (Ludwig, Ranke, Wachsmuth).

A caminho do comunismo: emancipação humana e revolução

A segunda metade do ano de 1843, cuja maior parte ele passa em Kreuznach, onde estava vivendo Jenny, com quem se casa a 19 de junho, é importante no trajeto intelectual de Marx. Com efeito, ele se propõe dois projetos imediatos: uma revisão do pensamento político de Hegel e a criação de um periódico que vincule a filosofia à intervenção política.

A preocupação com o pensamento político de Hegel, fundamentalmente com a relação que o filósofo estabelecia entre Estado e sociedade civil, vinha de 1842. Mas é nesse segundo semestre de 1843 que Marx examina a fundo a *Filosofia do direito* hegeliana num manuscrito (conhecido como *Manuscrito de Kreuznach* ou, ainda, *Crítica da filosofia do direito público de Hegel*, inédito até 1927) em que, sob a direta influência de Feuerbach, desconstrói as formulações hegelianas. Paralelamente, redige uma crítica, a que adiante nos referiremos, a Bruno Bauer, seu companheiro no *Doktorklub*.

É também desses meses de 1843 o projeto de um novo periódico, elaborado em parceria com Arnold Ruge (1802-1880), hegeliano "de esquerda" cuja trajetória política não superaria o liberalismo. Em função desse projeto, Marx deixa a Alemanha em outubro e se estabelece em Paris, onde travará relações com o poeta Heinrich Heine (1797-1856) e com o influente socialista francês P.-J. Proudhon (1809-1865).

O periódico — *Anais Franco-Alemães* — conhece apenas um número, editado em Paris em fevereiro de 1844. Marx e Ruge pretendiam vincular a elaboração política dos franceses à reflexão filosófica alemã. Para tanto, Marx e Ruge solicitaram a colaboração de pensadores franceses e alemães e é nele que comparece o texto de um jovem então vivendo na Inglaterra, que Marx conhecera rapidamente na redação da *Gazeta Renana*, Friedrich Engels (1820-1895) — o artigo do moço, "Esboço de uma crítica da economia política", impressionará decisivamente a Marx, como veremos adiante.

Nos *Anais Franco-Alemães* saem dois textos de Marx, que assinalam um giro no seu desenvolvimento teórico-político — assinalam, de fato, *a sua incorporação do materialismo e o seu trânsito do radicalismo democrático à perspectiva revolucionária.*

No primeiro deles, *Para a questão judaica* — redigido ainda em Kreuznach —, Marx critica as formulações, recém-publicadas, de Bruno Bauer acerca da "questão judaica". Muito brevemente, a "questão judaica" consistia nas restrições (operantes desde 1816) aos direitos políticos dos judeus na Alemanha — que lhes proibiam, por exemplo, o exercício de funções nos organismos de Estado. Para Bauer, agora vinculado a um grupelho conhecido como *Os livres de Berlim*, a igualdade legal de direitos, própria da emancipação política, supunha um Estado ele mesmo emancipado da religião — no fundo, para Bauer, que defendia o Estado laico, o ateísmo era a condição para a emancipação política; assim, ele recomendava aos judeus, na sua luta pela igualdade de direitos, o combate prioritário à sua própria religião.

Marx afasta-se de seu ex-companheiro do *Doktorklub* porque considera a sua proposição insuficiente para a luta dos judeus; mas, sobretudo, critica Bauer pelo fato de conservar a questão no terreno religioso. Materialisticamente, Marx se nega a converter as questões mundanas (a emancipação política) em querelas religiosas (cristianismo/judaísmo): quer transformar essas últimas em questões mundanas (políticas).

Por isso, Marx centra a atenção no Estado: mesmo quando esse se laiciza (deixa de ser cristão e torna-se político *stricto sensu*), instaurando-se como comunidade política, na qual o homem se reconhece como um *ser público*, a vida prática decorre mesmo é na sociedade civil, na qual o homem age como *indivíduo*, pessoa privada. E assim age porque movido pelo egoísmo, componente inevitável da vida social fundada na propriedade privada e nas relações mediadas pelo dinheiro — relações que já eram objeto da crítica de outro "jovem hegeliano" convertido ao comunismo e com o qual mantinha relações, Moses Hess (1812-1875). Para Marx, essa cisão (emblemática do que chamará de *alienação*) entre ser público/indivíduo, devida ao egoísmo, à necessidade prática e ao poder do dinheiro, realiza-se sob as condições da emancipação política (isto é: sem relações de dependência pessoal e com a igualdade formal de direitos) e sob o Estado político (inteiramente laico) — logo, o Estado político pode assegurar a emancipação política, mas não pode garantir a *emancipação humana*, que implica o fim da alienação (o poder da propriedade privada e do dinheiro) e garante a liberdade real e concreta de todos os homens. Marx desvela então que aquilo que outros chamarão depois de *espírito do capitalismo* está bem tipificado no *judaísmo*: o culto do poder do dinheiro. Mas, atenção: o judaísmo não é uma "característica" do "judeu" (e, portanto, não há, na posição de Marx, nenhum "antissemitismo") — é, antes, a característica da sociedade em que a distinção Estado político/sociedade civil, com a propriedade privada e as relações mediadas pelo dinheiro, apenas expressa, abertamente, a fratura do homem em ser público (o *cidadão*) e indivíduo privado (o *burguês*). É nessa linha de análise que, ao invés de considerar a "questão judaica" como um problema religioso, Marx afirma que "a emancipação *social* do judeu é a *emancipação da sociedade relativamente ao judaísmo*".

Segundo Marx, "só quando o homem individual retoma em si o cidadão abstrato e, como homem individual — na sua vida empírica, no seu trabalho individual, nas suas relações individuais —, se tornou *ser genérico*; só quando o homem reconheceu e organizou as suas *forces propres* como *forças sociais* e, portanto, não separa mais de si a força social na figura da força *política* — [é] só então [que] está consumada a emancipação humana". Entretanto, em *Para a questão judaica*, ele não tematiza as condições que podem conduzir à emancipação humana, o que fará no outro texto publicado nos *Anais Franco-Alemães*, sob o título *Crítica da filosofia do direito de Hegel. Introdução* — redigido provavelmente em dezembro/janeiro de 1843/1844.

Para superar a "miséria alemã", Marx está convencido de que são necessárias intervenções teóricas e práticas; no caso das primeiras, o caminho está desobstruído pela crítica da religião — o materialismo já fornece, na Alemanha, as bases necessárias para a crítica teórica; mas não bastam as *armas da crítica*, é necessária a *crítica das armas*: o que significa, em Marx, a urgência de vincular teoria *e* prática. Se o Estado alemão, evidência daquela "miséria", é um anacronismo, a teoria alemã do Estado (a de Hegel) é contemporânea à realidade histórica — para Marx, aliás, os alemães só são contemporâneos do presente no domínio espiritual (filosófico). A crítica dessa teoria e de seu objeto, *operada na teoria e na prática*, atende, pois, não só a interesses dos alemães, mas a interesses universais — contudo, a viabilidade da emancipação humana, inscrita na filosofia que a exige, depende de um sujeito histórico para o qual essa emancipação é uma questão de vida ou de morte. Pela primeira vez nos escritos de Marx, esse sujeito é identificado — o *proletariado* — e sua tarefa histórica assinalada — a *revolução*. A emancipação humana, assim, é posta na dependência da revolução: a realização prática da exigência filosófica (a liberdade) é a missão da classe operária que, executando-a, se suprime como classe porquanto suprime a existência da sociedade de classes — eis a formulação marxiana: "A filosofia é a cabeça desta emancipação [humana] e o proletariado é o seu coração. A filosofia não pode realizar-se sem a suprassunção do proletariado e o proletariado não pode suprassumir-se sem a realização da filosofia".

A opção comunista e a maturação teórica de Marx

O estágio alcançado pela reflexão de Marx, tal como o documentam os dois textos que acabamos de mencionar, inscrevem-no num campo ídeo-político que impede a continuidade de sua colaboração com o liberal Arnold Ruge — e o rompimento entre eles sela o fim dos *Anais Franco-Alemães* —: Marx, no primeiro trimestre de 1844, ingressa claramente no campo da crítica radical à sociedade capitalista e passa a se identificar como revolucionário. De fato, ele faz uma escolha, uma opção: torna-se *comunista*.

Ao longo de todo esse ano, Marx frequenta os meios operários franceses, contacta pensadores socialistas — nomeadamente Proudhon — e liga-se aos trabalhadores emigrados alemães (escrevendo, inclusive, em sua imprensa, notadamente no *Avante!*). Começa aqui uma relação, a relação com os trabalhadores, que dará sentido à vida e à pesquisa de Marx — o comunismo marxiano, na medida em que sua opção toma corpo, é um comunismo *proletário*: Marx faz uma opção *de classe*. Ele tem plena consciência de que não é um proletário, nem quer fazer-se passar como tal — sem abrir mão de sua condição de intelectual, que lhe impõe requisições específicas (teóricas), vincula-se ao proletariado assumindo a sua *perspectiva de classe e os seus interesses emancipatórios universais*.

É já esse Marx comunista que se põe uma tarefa teórica específica: se percebera, desde os *Manuscritos de Kreuznach*, que a compreensão do Estado supunha a compreensão da sociedade civil, agora — em 1844 — dirige-se à análise do que chamará de "anatomia da sociedade civil". Para essa análise, não bastam considerações filosóficas; é preciso explorar outra via — e o rumo das suas investigações foi definido pela mencionada contribuição de Engels aos *Anais Franco-Alemães*: o artigo enviado da Inglaterra indicou a Marx que um conhecimento profundo e radical da sociedade civil só poderia ser elaborado com base na *crítica* da economia política. É por influência de Engels, que se tornara comunista antes dele, que Marx descobre a economia política e, a partir de inícios de 1844, dedica-se intensivamente ao estudo dos seus teóricos (A. Smith, D. Ricardo, J. Mill, Mac-Culloch, Boisguillebert, Say, Sismondi).

Um dos principais resultados desse primeiro encontro de Marx com a economia política são os *Manuscritos econômico-filosóficos de 1844* (também conhecidos como *Manuscritos econômico-filosóficos de Paris*, inéditos até 1932). Nesse conjunto de três manuscritos, redigidos entre abril e agosto de 1844 e a que está apenso um importante excurso sobre a *Fenomenologia do Espírito*, de Hegel, registra-se um momento seminal da reflexão marxiana: ainda sem se apropriar da riqueza teórica da economia política, Marx começa a elaborar a sua concepção ontológica do homem como *ser prático e social*. Ele desenvolve sua reflexão situando o *trabalho* como a objetivação primária através da qual o homem se autoconstituiu e concebe a *essência humana* como estrutura radicalmente *histórica*, cujo aviltamento se expressa na *alienação*, que tem suas raízes especialmente na *propriedade privada*. Marx mostra como o *trabalho assalariado* aliena o trabalhador de si mesmo, dos outros homens e da natureza tanto quanto aliena também o capitalista. Mas a ultrapassagem da alienação só pode ser uma *necessidade* para os trabalhadores: a supressão da propriedade privada, com o comunismo, é o "momento da emancipação e da recuperação humanas" — o comunismo, pois, não é o fim da história, mas a forma da sociedade humana. Os *Manuscritos* de 1844 começam a dar concreticidade ao *humanismo* de Marx: a crítica das categorias da economia política, neles iniciada, está direcionada para o projeto da emancipação humana que pode constituir uma livre sociabilidade que confira aos indivíduos a consciência do seu pertencimento ao *gênero humano*.

Já estavam redigidos tais manuscritos quando, em finais de agosto, retornando da Inglaterra, Engels visitou Marx em Paris. Esse foi, de fato, um encontro histórico: dando início a uma amizade que os uniria por toda a vida, inaugurou uma exemplar colaboração intelectual e política.

Se ambos tinham chegado ao comunismo por vias diversas, a essa altura havia entre eles uma autêntica comunhão de ideias e de projetos.

O mais imediato era uma crítica às teses sustentadas pelos *livres de Berlim* — o grupelho liderado por Bruno e Edgar Bauer, que, a partir de finais de 1842, deixando para trás suas anteriores posturas oposicionistas, derivou para um aberto antipoliticismo, postulando para a filosofia o papel de uma "crítica crítica" elitista e anarquizante. Redigido principalmente por Marx entre setembro/novembro de 1844 e publicado em fevereiro de 1845, o irônico e contundente *A sagrada família ou Crítica da crítica crítica. Contra Bruno Bauer e consortes* centra-se na crítica dos "jovens hegelianos", especialmente nas suas concepções idealistas — o livro, realmente, dá início ao balanço da filosofia pós-hegeliana que Marx e Engels desenvolveriam logo mais. Em contraposição àquelas concepções, Marx não só consolida a sua postura materialista, mas prossegue na crítica da economia política e na sinalização do protagonismo histórico da classe operária.

Os dias de Marx em Paris, contudo, estavam contados. Com efeito, a Prússia, ao longo de 1844, pressionou o governo francês para impedir a circulação do *Avante!*; atendendo a tais pressões, Guizot, Ministro do Interior, ordenou a expulsão dos principais colaboradores do jornal e assim, em princípios do ano seguinte, Marx é obrigado a se exilar na Bélgica — residirá em Bruxelas de fevereiro de 1845 a março de 1848. Aí, a sua reflexão avançará e chegará a um novo estágio, fomentada pelo estreitamento de seus vínculos com organizações de trabalhadores e pelas polêmicas que mantém com socialistas contemporâneos — num andamento que logo o tornará conhecido e respeitado nos círculos revolucionários.

Em Bruxelas, Marx continua estudando num ritmo assombroso (ocupa-se da economia política, dos "socialistas utópicos", de demografia e da história da maquinaria, da tecnologia e do desenvolvimento bancário). Todo esse acúmulo vai subsidiar a base para dois documentos fundamentais da arquitetura da obra marxiana. O primeiro deles, de poucas páginas, as *Teses sobre Feuerbach*, foi redigido por Marx na primavera de 1845, permanecendo inédito até 1888, quando Engels o divulgou; as onze teses marxianas não apenas reavaliam criticamente o materialismo de Feuerbach, antes valorizado por Marx — nelas se funda a concepção materialista dialética que seria desenvolvida intensivamente no outro documento, escrito por Marx e Engels entre novembro de 1845 e abril de 1846, *A ideologia alemã*. Inédita até 1932, *A ideologia alemã* é muito mais que um balanço crítico da filosofia alemã pós-hegeliana: nela comparecem, pela primeira vez explicitamente, as originais concepções teórico-metodológicas que fundarão a teoria social de Marx. Não há risco de exagero se se afirma que, com as *Teses...* e com *A ideologia...*, Marx ascende a um novo patamar do seu itinerário intelectual — já domina o arcabouço do método de investigação que refinará ao longo dos dez anos seguintes. Cabe notar que a esse nítido progresso teórico de Marx não é alheia a viagem de estudos que, com Engels, fez à Inglaterra no verão (julho-agosto) de 1845.

Esse novo patamar teórico se revela no livro que redige em francês, no primeiro semestre de 1847, e que sai à luz no mês de julho: *Miséria da filosofia*. Trata-se de obra polêmica, em que Marx reduz a pó a argumentação que Proudhon expendera no recém-publicado *Filosofia da miséria* (1846); entretanto, a ácida crítica marxiana (cujos lineamentos Marx resumira em carta de 28 de dezembro de 1846 a Annenkov) não se esgota na denúncia da inépcia teórica de Proudhon — na *Miséria da filosofia*, Marx avança a sua primeira análise sistemática do modo de produção capitalista: historicizando as categorias econômicas, ele oferece (assumindo-se, pela primeira vez, como "economista") uma visão de conjunto da gênese, do desenvolvimento e das contradições desse modo de produção.

O confronto com Proudhon, de natureza teórica, era simultaneamente político: com a *Miséria da filosofia*, Marx enfrentava — demonstrando suas debilidades — uma influente corrente socialista que incidia muito além das fronteiras francesas. Essa polêmica é parte da interlocução crítica que, nesses anos, Marx travará, juntamente com Engels, com socialistas contemporâneos — de fato, no período de seu exílio belga, ele criticará, entre outros, W. Weitling (1808-1871), autodidata que defendia um grosseiro "comunismo igualitário", e H. Kriege (1820-1850), publicista do "socialismo verdadeiro".

Essa interlocução crítica adquire seu pleno significado se se considera que, nesses anos de Bruxelas, Marx e Engels aprofundam seus laços com o movimento operário e socialista. Em 1846, os dois tomam a iniciativa de criar os "comitês de correspondência comunista", com o objetivo de trocar informações e estabelecer vínculos entre os revolucionários do continente. Em agosto de 1847, Marx e Engels fundam, em Bruxelas, a *Sociedade Operária Alemã*, cujos membros eram, principalmente, operários alemães emigrados; é para eles que, na segunda quinzena de dezembro de 1847, Marx fez uma série de palestras que foram publicadas depois (1849) sob o título *Trabalho assalariado e capital* — nas quais estão presentes e mais explicitadas as determinações sobre a exploração do trabalho e as precisões teóricas contidas na *Miséria da filosofia*.

De todas as relações estabelecidas por Marx e Engels até então, a mais decisiva foi com a *Liga dos Justos* (cisão de uma antecedente *Liga dos Proscritos*). Composta especialmente por artesãos alemães emigrados, eivada de ideias conspirativas e nutrida de utopismos, a *Liga dos Justos* entra em crise nos meados dos anos 1840. No marco dessa crise, alguns de seus dirigentes — que desde antes já procuravam o apoio de Marx e Engels — ganham o respaldo de ambos para a realização de um congresso para revisar suas concepções, condição imposta por Marx e Engels para ingressar na organização. Em junho de 1847, a *Liga* se reúne num congresso em Londres (com a presença de Engels), transforma-se em *Liga dos Comunistas* e decide-se por um segundo congresso, precedido por uma ampla discussão acerca da sua reestruturação e das suas propostas programáticas. A discussão prolonga-se até que, novamente em Londres, reúnem-se noutro congresso delegados de vários países europeus, entre 29 de novembro e 8 de dezembro, com a presença de Marx e Engels. Os dois, eleitos para a direção central da *Liga*, são incumbidos de redigir o seu manifesto programático — é assim que, entre dezembro de 1847 e janeiro de 1848, eles se dedicam à elaboração do *Manifesto do partido comunista*, cujos primeiros três mil exemplares, em alemão, são publicados em Londres, na última semana de fevereiro de 1848.

O documento é profundamente inovador na tradição de "manifestos" inaugurada pelo que o Professor Hobsbawm chamou de *era das revoluções*: é o primeiro, entre todos, que apresenta uma programática sociopolítica embasada teoricamente. As suas propostas não partem de uma prospecção utópica de um futuro a ser construído pela dedicação eticamente generosa de uma vanguarda ilustrada, mas da análise das possibilidades concretas postas na dinâmica histórica pelo desenvolvimento real da situação presente. Por isso, o comunismo não aparece somente como a aspiração a uma sociedade "em que o livre desenvolvimento de cada um é a condição para o livre desenvolvimento de todos"; antes, é uma possibilidade concreta que se inscreve na dinâmica da realidade: o evolver da sociedade burguesa põe objetivamente a alternativa comunista (pelo florescer das forças produtivas, pela exigência de uma força de trabalho crescentemente organizada, pela interdependência de todos os países através da criação do mercado mundial e, sobretudo, pela radicalização da contradição entre a produção progressivamente socializada e a apropriação privada do excedente econômico).

A análise realizada no *Manifesto...* parte dos fundamentos materiais que, na sociedade burguesa, põem a possibilidade do comunismo e opera com as categorias teóricas que a pesquisa marxiana veio elaborando a partir de 1844 — assim, a referencialidade central radica na determinação do desenvolvimento histórico como dinamizado pelas *lutas de classes*, do regime do capital como fundado na *exploração* e da sua natureza *contraditória* e *historicamente transitória*, do Estado como um *poder de classe* e da *revolução* como processo protagonizado por massas de homens e mulheres *conscientemente organizados*, sob a direção da *classe operária*. Ao longo dos anos seguintes, Marx afinará suas categorias heurísticas, retificará várias delas à base de novas pesquisas e descobertas e da experiência histórica, articulará novas categorias — ou seja: no *Manifesto...*, as bases da sua teoria social ainda não se apresentam plenamente fundamentadas. Mas a referencialidade central aqui indicada manter-se-á sem alterações substantivas: até o fim de seus dias, Marx — nunca animado por uma esperança profética ou mística, mas sempre movido por convicções teóricas e políticas — sustentará tal referencialidade.

Revolução e exílio

Em fevereiro de 1848, quase simultaneamente à publicação do *Manifesto...*, a revolução explode em Paris e logo se espraia pelo continente. Faísca que incendeia a pólvora acumulada desde a reação promovida pelo Congresso de Viena (1815) e pela Santa Aliança, o processo eversivo abala o edifício europeu de ponta a ponta, experimenta auges e refluxos por quase dezoito meses, envolve exigências socioeconômicas, demandas políticas e aspirações nacionais e se conclui pela derrota das forças mais progressistas.

1848 foi um divisor de águas e adquiriu significado histórico-universal: esgotada a sua vocação emancipatória, a burguesia retrai-se no espaço do conservadorismo (ou do reformismo conservador) e o proletariado emerge na história como *classe para si*; a herança ilustrada da Modernidade, à direita, é ferida pelo emergente irracionalismo, ao centro degrada-se no positivismo e, à esquerda, é criticamente recolhida pelos revolucionários. No epicentro francês, a subsequente vitória eleitoral de Luís Napoleão demonstrou que conquistas democráticas podem ser neutralizadas e, na periferia europeia, foi breve *a primavera dos povos* — mas o mundo mudou.

A *Liga dos Comunistas* imerge no turbilhão e Marx faz a experiência da revolução *a quente*. O governo provisório da República Francesa cancela a sua ordem de expulsão e, nos primeiros dias de março, está em Paris; no fim do mês, organiza o retorno à Alemanha dos membros da *Liga* e redige, com Engels, as *Reivindicações do Partido Comunista na Alemanha*, panfleto logo divulgado e que constitui o primeiro programa concreto do proletariado numa revolução democrática. Regressado à Alemanha, Marx, entre abril e maio, prepara em Colônia o lançamento da *Nova Gazeta Renana*, "órgão da democracia" de que será o redator-chefe e que circulará de junho de 1848 a maio de 1849 — o jornal será de fato o dirigente da ala proletária na revolução e núcleo orientador da *Liga* (no interior da qual, aliás, se expressam divergências). Ademais das tarefas de redator-chefe e de editorialista, Marx, assim como Engels, firmou expressiva quantidade de artigos no periódico.

Na sequência da brutal repressão à insurreição do proletariado parisiense, que, entre 23 e 26 de junho de 1848, pôs na ordem do dia a instauração da *república democrática e social*, a contrarrevolução se articula em escala europeia. Na Alemanha, a partir de setembro, sucedem-se escaramuças que sinalizam uma agudização das lutas de classes e Marx se joga em febril atividade organizativa, tornada ainda mais urgente dadas as vitórias da contrarrevolução na Áustria, em outubro. Em novembro, Frederico Guilherme IV ensaia a repressão; depois de relativa acalmia nos primeiros meses de 1849, em maio os conflitos se agravam e explodem insurreições em várias cidades alemãs — Marx se desloca para algumas delas, conclamando as forças democráticas e proletárias à unidade para a resistência. No fim de maio, com a generalização da ofensiva contrarrevolucionária que prenuncia a derrota total do movimento, Marx é obrigado a se retirar para a França, enquanto Engels ainda teima em combater de armas nas mãos.

A estada em Paris foi angustiante — com a capital sob estado de sítio, Marx, inteiramente sem recursos, esperou semanas por sua família (Jenny e três filhos). Pressionado pelas autoridades, foi compelido a se dirigir à Inglaterra: chegou a Londres, onde viveria exilado até o fim de seus dias, a 26 de agosto (sua família se juntaria a ele semanas depois). Quanto a Engels, só em novembro aportaria à capital inglesa.

Mal se estabelece no exílio, Marx se empenha na organização de um periódico que dê continuidade à *Nova Gazeta Renana* — será a *Nova Gazeta Renana. Revista Político-Econômica.* É nela que, em 1850, único ano de vida da revista, Marx dá à luz uma série de três artigos (*De 1848 a 1849*), com um cuidadoso balanço do movimento revolucionário francês; muito depois (1895), Engels acrescerá a eles um quarto artigo, redigido por ambos em outubro de 1850, e os publicará sob o título de *As lutas de classes na França (1848-1850).*

Durante todo o ano de 1850, Marx e Engels se esforçam, junto com outros revolucionários exilados, numa avaliação crítica do movimento derrotado, ao mesmo tempo em que procuram reconstituir a *Liga dos Comunistas*, para que ela pudesse operar sob as novas condições; também intentam dar vida, junto com cartistas ingleses e blanquistas, a uma *Sociedade Internacional dos Comunistas Revolucionários*, que não prosperará. Em março de 1850, na atividade de reconstrução da *Liga*, Marx e Engels redigem uma *Mensagem da Direção Central à Liga*; nesse documento, extraindo lições do processo que se iniciara em 1848, discutem a relação entre a necessidade das alianças do proletariado com outras frações de classes e a sua autonomia no curso da revolução democrática — é quando esboçam a teoria da *revolução permanente*.

Desses anos iniciais do exílio, o trabalho mais expressivo de Marx é aquele que se refere ao golpe de Luís Bonaparte, de 2 de dezembro de 1851, e que desaguaria, um ano mais tarde, na restauração imperial. Muito rapidamente, pois o enviou a Nova Iorque (onde seria publicado em maio) em fins de março de 1852, Marx escreveu *O dezoito de brumário de Luís Bonaparte* — trata-se de um autêntico paradigma de análise de conjuntura: partindo da análise da estrutura de classes da França, Marx estuda a correlação das forças políticas no processo de 1848 e o significado do golpe, ao mesmo tempo em que desenvolve riquíssimas considerações sobre a natureza do Estado burguês e o fenômeno do *bonapartismo*.

Ainda em 1851, ocupado com a solidariedade aos exilados, Marx tem de se haver com problemas também na Alemanha: no bojo da vaga contrarrevolucionária, instauram-se processos contra os revolucionários presos em Colônia, em especial os membros da *Liga dos Comunistas*. Os processos vão se arrastar até 1852 e Marx mostra-se incansável na defesa de seus camaradas — redigiu, em dezembro de 1852, um panfleto (*Revelações sobre o processo dos comunistas de Colônia*), publicado em janeiro de 1853, em que desmonta a farsa judiciária preparada pela reação.

Entre 1850 e 1852, como é frequente em face de derrotas políticas significativas, as divergências entre os exilados e no interior da própria *Liga* acentuam-se e convertem-se em antagonismos, levando a dissidências e a sectarismos, ademais de tagarelices, maledicências e cizânias (clima simultaneamente frívolo e doentio, que Marx e Engels ridicularizam num texto, *Os grandes homens do exílio*, escrito em maio-junho de 1852 e só publicado em 1930). Então, Marx e Engels — que, entrementes, mediante as suas análises de conjuntura, convenceram-se de que o momento revolucionário de 1848 estava esgotado — decidem dissolver a seção londrina da *Liga dos Comunistas* (17 de novembro de 1852), o que, de fato, significou o fim da organização.

Entendendo, a partir de suas análises, que a hora da reação chegara, Marx e Engels afastam-se de inócuas atividades partidárias. Engels já deixara Londres em novembro de 1850, para se estabelecer em Manchester; ali, trabalhará até 1869 numa indústria têxtil de que sua família era coproprietária — e com seus ganhos contribuirá para a sobrevivência de Marx e sua família, e isso de forma sistemática a partir de finais dos anos 1860. Até lá, Marx viverá dos parcos e irregulares rendimentos propiciados por sua atividade jornalística (para jornais ingleses, do continente e norte-americanos), experimentando situações de penúria e de miséria, literalmente vexatórias.

1857/1865: um *tour de force* intelectual

Sob péssimas condições de vida e trabalho, Marx retoma seus estudos sistemáticos de economia política, valendo-se especialmente do acervo documental do *British Museum*, de que se torna frequentador assíduo. Àquelas condições somam-se os primeiros sinais de deterioração da sua saúde (em março de 1853, manifestou-se-lhe uma hepatite), que se agravaria com o passar dos anos. As obrigações que tem como jornalista tomam-lhe tempo precioso e levam-no a interromper as suas pesquisas, mas lhe oferecem a oportunidade de analisar questões da Europa Meridional e Central e do Oriente, bem como de acompanhar o movimento bancário e bursátil e o comércio internacional — e tudo isso se reflete na sua larga e intensa produção jornalística. Por outro lado, a colaboração com Engels, mesmo com este em Manchester, não se reduz: a correspondência entre ambos, notavelmente regular e volumosa a partir de 1853, revela a fecundidade e a relevância dessa interação intelectual para a consecução da obra marxiana.

Marx sempre trabalhou obsessivamente: o "Mouro", seu apelido entre os mais próximos, lê tudo, devora livros, panfletos, jornais, documentos, publicações científicas. Poliglota, senhor de um estilo castigado, tem uma sede de saber fáustica, mas não é um erudito ou um pensador enciclopédico, cujos interesses vão da literatura clássica à matemática — antes, assemelha-se aos homens cultos do Renascimento, capazes de integrar totalizadoramente os conhecimentos numa visão de mundo radicalmente antropocêntrica. O período 1857-1865 — nos quais realiza o *tour de force* intelectual de que resultarão suas principais descobertas teóricas — é expressivo do que acabamos de afirmar.

Foi uma quadra de enorme desgaste pessoal — e não só pelas precárias condições de vida já assinaladas. No fim dos anos 1850, a difícil relação, aliás nunca rompida, que mantinha com F. Lassale (1825-1864), escritor e publicista de esquerda muito influente na Alemanha, experimenta forte tensionamento. À mesma época, Karl Vogt (1817-1895), que se descobriu depois ser um agente de Napoleão III, divulgou um panfleto denegrindo a honra dos revolucionários e a *Liga dos Comunistas*, com acusações particularmente dirigidas a Marx — que perdeu tempo, saúde e energia para desmistificar a provocação no livro *O senhor Vogt* (publicado em 1860).

Pois é nesses anos que Marx, em sua plena maturidade intelectual e política, apoiado no acúmulo de quase quinze anos de estudos, levará a cabo, em três momentos, um *tour de force* que consolidará a sua crítica da economia política e assentará as bases da sua teoria social. A irrupção da crise econômica de 1857, com seu impacto mundial, pressionou Marx a se dedicar à redação da obra que prometia desde a segunda metade dos anos 1840 a seus amigos (e a editores), uma *Crítica da economia política* — redação sempre postergada. De julho de 1857 a março de 1858, produzirá, num trabalho insano, um plano para a obra e os *manuscritos* só serão integralmente publicados em 1939-1941 sob o título *Grundrisse: manuscritos econômicos de 1857-1858. Esboços da crítica da economia política. Rascunhos*. A crítica da economia política, seu método e objeto, o exame histórico-sistemático das suas categorias, o tratamento do valor e a sua expressão monetária, o complexo capital/trabalho, a exploração do trabalho e a alienação — todos esses constituintes do modo de produção capitalista — são examinados no seu movimento dialético. Nesses *manuscritos* tem-se, sem dúvidas, o que Rosdolsky caracterizou como a gênese e a estrutura d'*O capital* — ainda que sob uma forma bruta e incompleta.

A partir de alguns dos resultados parciais até aí alcançados, Marx preparou, entre agosto e novembro de 1858, o livro que publicaria em junho do ano seguinte: *Para a crítica da economia política*. Afinada e polida, a exposição marxiana (precedida de um prefácio antológico) contém dois enxutos capítulos: no primeiro, é analisada a estrutura da mercadoria e no segundo, a do dinheiro e da circulação monetária.

Num segundo momento, entre 1861 e 1863 — quando foi obrigado a se ocupar também com a defesa de L. A. Blanqui (1805-1881), revolucionário francês perseguido por Luís Bonaparte, com as mudanças sociais na Rússia (abolição da servidão, 1861) e com a guerra civil norte-americana —, Marx empreendeu a redação de mais um conjunto de manuscritos, volumoso material só integralmente publicado em 1976-1982. Também aqui, Marx não escreve para publicar — também esses manuscritos são o diagrama da sua pesquisa, da sua investigação, a serem objeto de uma formalização especial quando da publicação; por isso, como no caso dos anteriores, registra-se a existência de passagens inconclusas e pouco polidas estilisticamente. Mas a genialidade teórica se mostra a cada página: se, nesses manuscritos, uma parte importante trata da análise histórico-crítica dos economistas, essencial é a abordagem de questões relacionadas ao problema geral da produção do capital: transformação do dinheiro em capital, mais-valia, subsunção formal e real do trabalho ao capital, tecnologia e capital, acumulação e acumulação originária. E Marx avança, ainda, para a problemática da reprodução, enfrentando as relações entre mais-valia e lucro. Os manuscritos de 1861-1863, na realidade, contêm elementos dos vários livros d'*O capital*.

Enfim, o *tour de force* em questão — que expressa o apogeu intelectual de Marx — responde pela elaboração, entre 1863 e 1865, de um terceiro conjunto de manuscritos, menos volumoso que os dois anteriores e só publicado em 1988. Aqui, a análise marxiana centra-se em dimensões menos exploradas nos manuscritos anteriores: a circulação do capital e as formas transformadas da mais-valia.

Nestes três conjuntos de manuscritos está *in flux* a investigação marxiana que descobriu, na sua riqueza e complexidade, a estrutura e a dinâmica — com suas tendências ("leis") fundamentais — e os limites imanentes do modo de produção capitalista. Está aí o que se poderia designar como as redações provisórias dos quatro livros da *opus magnum* inconclusa de Marx, *O capital. Crítica da economia política*. Mas a exposição nunca concluída da sua investigação só começaria no ano seguinte — cerca de seis meses depois que, em junho de 1865, polemizando com um certo John Weston no interior do Conselho Geral da *Internacional* (que abordaremos mais à frente), Marx antecipou uma síntese dos resultados de suas pesquisas, só publicada em 1898, sob o título *Salário, preço e lucro*.

O capital: uma obra inacabada

A conversão da investigação em exposição foi mínima. Ela começou em janeiro de 1866, razões de saúde e a militância na *Internacional* interromperam-na várias vezes, e em abril de 1867 o texto estava pronto — numa tiragem de mil exemplares, saiu em Hamburgo, pela editora de Otto Meissner, em meados de setembro de 1867: *O capital. Crítica da economia política*. Era somente o Livro I, centrado no *processo de produção do capital* — de todo o enorme conjunto de manuscritos, apenas esse Livro I foi preparado para publicação por Marx. Nem essa primeira versão, todavia, pode ser considerada definitiva: para a segunda edição (1873), Marx fez adições significativas ao texto — de fato, o Livro I só adquiriu sua feição última a partir da quarta edição alemã (1890), com a revisão de Engels a partir de outras anotações de Marx.

Marx prosseguiu seu trabalho até por volta de 1880, mas não chegou nunca a uma redação final. Dois anos após a morte de Marx, ou seja, em 1885, saiu o Livro II, cujo objeto é *o processo de circulação do capital*, editado por Engels. E só quase dez anos depois, em fins de 1894, veio à luz o Livro III, que trata do *processo global da produção capitalista* — a demora da publicação deveu-se ao estado dos materiais deixados por Marx, bastante desarticulados; por isso, no caso desse Livro III, cabe dizer que Engels foi muito mais que um simples editor, intervindo na sua estruturação. O Livro IV, uma história crítica do pensamento econômico (as *teorias da mais-valia*), veio à luz entre 1905 e 1910, sob a responsabilidade de Kautsky, numa edição bastante precária (somente nos anos 1950 foi possível contar com uma edição confiável). Em síntese: essa *opus magnum* permaneceu de fato inconclusa — afora o Livro I, o restante d'*O capital* é menos uma obra finalizada que *um projeto/processo em curso, inacabado*, por mais que o esforço sistematizante de Engels (cujo mérito, quanto a isso, nunca será exagerado) possa produzir impressão diferente.

Não cabe, aqui, esboçar qualquer "resumo" d'*O capital* — mas é preciso dizer algo mais sobre a sua estrutura. O Livro I, *O processo de produção do capital*, trata basicamente da relação de produção determinante do modo de produção capitalista (MPC): *a exploração do trabalho assalariado pelo capital*. A análise parte da "célula" do MPC, a mercadoria, expõe os efeitos da mercantilização universal das relações sociais (o fetichismo), desvela a natureza do valor, mostra a transformação do dinheiro em capital, determina a peculiaridade da mercadoria força-de-trabalho, distingue capital constante de capital variável, descobre a essência da exploração do trabalho e precisa a sua natureza no trato da mais-valia — e traz à luz a lei geral da acumulação capitalista. O Livro II, *O processo de circulação do capital*, apreende, na análise do *movimento do capital*, as metamorfoses do capital e os seus ciclos; a rotação do capital e a circulação da mais-valia, a reprodução e a acumulação são examinadas do ponto de vista da circulação. O Livro III, *O processo global da produção capitalista*, culmina com a análise do modo de produção capitalista: Marx estuda-o como *unidade indissolúvel de produção e circulação*; a vigência efetiva da lei do valor é verificada e as formas concretas do capital (inclusive a do "capital portador de juros") são estudadas em seu movimento. Marx também se ocupa da renda fundiária e, ainda, dos limites imanentes à produção capitalista, bem como da alternativa do "reino da liberdade". No Livro IV, o dedicado às *teorias da mais-valia*, para além da análise crítica do pensamento econômico (Steuart, os fisiocratas, Smith, Ricardo, Sismondi et al.), Marx tematiza a questão fundamental do *trabalho produtivo e improdutivo*.

A análise exaustiva do modo de produção capitalista é a condição *necessária* para a compreensão totalizadora da sociedade burguesa, que nele se funda — afinal, desde *A ideologia alemã*, para Marx o conhecimento da sociedade demanda o conhecimento de como os homens organizam a produção material das condições da sua vida social. A crítica da economia política propicia o conhecimento dessa produção e, a partir dela, pode se desenvolver adequadamente a investigação sobre as instituições sociais e políticas, o *ethos* e a cultura, que exigem tratos específicos. Marx, em 1857, determinou com precisão o método que permite o conhecimento do modo de produção capitalista — aquele que "consiste em elevar-se do abstrato ao concreto", no qual "as determinações abstratas conduzem à reprodução do concreto por meio do pensamento" — por isso, o leitor não encontrará n'*O capital* definições e sim determinações, cada vez mais ricas e mais inclusivas na reconstrução teórica do movimento real do capital. A crítica da economia política é, pois, a condição para a teoria social, capaz de reconstruir reflexivamente a dinâmica da sociedade; resumidamente, é sobre ela que se pode elaborar o conhecimento das classes sociais, suas relações e seu movimento, do poder político, da cultura etc. Essas instâncias ou níveis da vida social dispõem de legalidades e especificidades próprias, mas a sua inteligibilidade está hipotecada à compreensão do modo de produção. *O capital*, portanto, não nos oferece inteiramente a teoria social de Marx — que está contida tanto nessa obra quanto naquelas que a precedem e sucedem —, mas o seu fundamento.

Temos insistido em que *O capital* é uma obra inacabada. Devemos observar o duplo caráter deste inacabamento: de um lado, Marx não concluiu nem expôs o conjunto da pesquisa a que procedeu; de outro, o seu objeto (o modo de produção capitalista) não se esgotou ou desapareceu historicamente — prosseguiu e prossegue se desenvolvendo, instaurando novos processos e gestando novas categorias. Mais de um século depois da morte de Marx, é compreensível que *O capital* não baste para apreender o modo de produção capitalista em sua feição contemporânea. No entanto, os principais resultados a que Marx chegou têm sido largamente comprovados pela prática social e pela história. Sumariemos esses resultados tais como *O capital* os apresenta:

1. o modo de produção capitalista dispõe de extraordinário dinamismo para a produção de riquezas materiais e exerceu, historicamente, um papel civilizador;

2. à medida que se desenvolve, o modo de produção capitalista revela contradições inextirpáveis, que se manifestam nas suas crises periódicas (componente ineliminável da sua dinâmica, elas não o

suprimem, mas criam condições para que a intervenção consciente dos trabalhadores possa superá-lo);

3. nessa mesma medida, o papel civilizador do modo de produção capitalista se atrofia e se converte no seu antípoda, a barbarização da vida social, consequência da lei geral da acumulação;

4. o modo de produção capitalista, a partir da sua plena maturação, engendra fortes tendências ao bloqueio da sua própria dinâmica;

5. o modo de produção capitalista não é a expressão de uma pretensa ordem natural nem, menos ainda, o fim da história: é uma modalidade temporária, transitória e substituível de organização da produção e distribuição das riquezas sociais.

Tais resultados, sistematicamente negados pelos apologistas do capital e sistematicamente confirmados pelo curso real dos acontecimentos, comprovam a correção da análise marxiana — são, portanto, sólidos indicadores de que não se compreende a sociedade contemporânea sem tal análise; neste sentido, *O capital* é absolutamente necessário à compreensão do tempo presente. Mas, como observamos, o evolver do modo de produção capitalista, depois da morte de Marx, apresenta dados e processos novos que, sem infirmar a essencialidade da análise marxiana, exigem desenvolvimentos teóricos inéditos — e isso equivale a dizer que, *necessário* à compreensão do tempo presente, *O capital* não basta nem se apresenta como *suficiente*. O desafio atual posto àqueles que se inscrevem na tradição que vem de Marx consiste precisamente em dar prosseguimento à investigação de que *O capital* é um marco insuperado.

E é n'*O capital* que está a base da teoria social de Marx, teoria da sociedade burguesa: *um complexo articulado de hipóteses verificadas e verificáveis, extraídas da análise histórica concreta, sobre a gênese, a constituição, o desenvolvimento e as condições de crise da ordem social que se estrutura sobre o modo de produção capitalista.* Assim como não concluiu a sua *opus magnum*, Marx também não legou à posteridade uma teoria social acabada (e pelas mesmas razões antes assinaladas do inacabamento d'*O capital*: concebendo a sociedade burguesa como uma totalidade de máxima complexidade e em movimento, Marx também não a fixaria num esquema formal-explicativo). Mas no conjunto de sua obra posterior à sua definição como materialista e comunista encontram-se as formulações que, determinadas e concretizadas com as descobertas operadas na pesquisa que levou a'*O capital*, permitem o conhecimento verdadeiro (logo, para Marx, crítico e revolucionário) da sociedade burguesa — conhecimento sem o qual os esforços para a sua superação seguramente revelar-se-ão frustrados.

De fato, o conhecimento da estrutura da sociedade burguesa era, para Marx, essencial à iniciativa revolucionária. Se recusava essa sociedade por suas iniquidades, ele não considerava que uma fundamentação ética era suficiente para substituí-la por uma ordem social em que a *igualdade* garantisse a *liberdade* (o valor último por que sempre lutou) — seu *realismo político* conduziu-o a buscar na teoria as armas da crítica, sem a qual toda crítica das armas é ilusória.

A *Internacional*, o *assalto ao céu* e a social-democracia alemã

Desde a grande crise econômica de 1857, Marx previra que o movimento operário europeu disporia de condições para se recuperar das derrotas de 1848-1849 — para ele, a crise abria uma conjuntura favorável à retomada das lutas sociais. Sua projeção confirmou-se plenamente quando, refletindo a mobilização proletária na Europa Ocidental, em Londres, a 28 de setembro de 1864, representantes do operariado inglês, francês e emigrado decidiram criar a *Associação Internacional dos Trabalhadores*. Marx, presente a essa reunião fundacional, foi eleito para o Conselho Geral (instância decisória mais alta) e designado um dos redatores dos estatutos (com o programa) da organização. Em 1º de novembro, o Conselho Geral aprovou o texto oferecido por Marx para a documentação oficial e mais a sua *Mensagem inaugural da Associação Internacional dos Trabalhadores*.

Graças à *Internacional*, Marx, afastado da ação política desde a dissolução da *Liga dos Comunistas*, voltou ativamente a ela: foram notáveis o entusiasmo e o empenho com que assumiu a sua função de dirigente na organização. O entusiasmo não se devia apenas à reinserção da classe operária na cena política — devia-se sobretudo ao fato de estar em jogo uma *perspectiva internacionalista* para o movimento proletário e revolucionário, questão sempre central para Marx. Quanto ao seu empenho nas tarefas dirigentes (as reuniões do Conselho Geral, a orientação das lutas, a redação de documentos, o combate ao espírito de seita, a propaganda, a organização das várias seções nacionais etc.), era tanto mais redobrado quanto mais heterogênea se apresentava a composição da *Internacional* — e Marx jogava toda a sua energia para lhe garantir uma unidade fundada numa consciente posição de *classe*. Durante a vida breve da organização, toda a intervenção de Marx visou a um objetivo estratégico: assegurar a sua unidade classista e internacionalista.

Esse objetivo, de fato, não foi alcançado por completo: a crescente influência de Marx e suas ideias, simultânea à grande expansão da organização no final dos anos 1860, não impediu conflitos importantes, jamais inteiramente solucionados nos vários congressos da *Internacional*. Desses conflitos, o mais significativo opôs a Marx o anarquista russo Mikhail Bakunin (1814-1876), que, em 1869, criou a *Aliança Democrática Socialista*; contra ele e seus seguidores, aliás, Marx e Engels redigiram o documento *As pretensas cisões na Internacional* (1872) e Marx colaborou no texto, também dirigido contra o anarquismo, de 1873, escrito por Engels e Paul Lafargue (1842-1911, genro de Marx), *A Aliança Democrática Socialista e a Associação Internacional dos Trabalhadores*. Em 1872, o congresso da *Internacional* reunido em Haia decidiu pela expulsão de Bakunin e seus seguidores e transferiu o Conselho Geral de Londres para Nova Iorque (1872) e a Conferência da Filadélfia (1876) acabou por dissolver a organização. Então, Marx concluíra que ela já não correspondia às necessidades do movimento revolucionário — e, para essa conclusão, contribuiu a *Comuna de Paris*, primeira experiência de poder operário, para Marx um verdadeiro *assalto ao céu*.

Estourando a guerra franco-prussiana a 15 de julho de 1870, após a derrota de Sedan (2 de setembro) instaurou-se a república na França e o governo provisório tentou negociar, inutilmente, com Bismarck, que sitiou Paris. Um novo governo, chefiado por Adolphe Thiers (1797-1877), político reacionário que fora primeiro-ministro do deposto Napoleão III, assinou uma paz ominosa — rechaçada pelos trabalhadores de Paris, que não depuseram as armas e, em março de 1871, proclamaram a *Comuna*, que resistiu heroicamente às forças de Thiers (apoiadas pelos prussianos) até maio, quando elas entraram em Paris e, numa repressão inaudita, massacraram covardemente dezenas de milhares de *communards*.

Marx, que em nome da *Internacional*, ainda em setembro de 1870, advertira os trabalhadores parisienses contra qualquer insurreição prematura, pôs-se a organizar a solidariedade a eles, denunciou as barbaridades cometidas por Thiers e mobilizou a *Internacional* na defesa da *Comuna*, notadamente contra as calúnias que a imprensa da época fez ecoar contra ela. Marx, porém, não se ateve apenas aos aspectos mais salientes dessa primeira e meteórica experiência de poder operário e democracia direta: analisou-a profunda e detalhadamente, extraindo dela inferências (em especial, as relativas à questão do Estado) que avaliou como decisivas para o projeto revolucionário — e o fez na última das três *Mensagens* que preparou para serem emitidas pelo Conselho Geral da *Internacional*, entre julho de 1870 e maio de 1871 (mensagens reunidas em *A guerra civil na França*).

Marx mantinha-se atento às mudanças no capitalismo (transitando da "primeira" para a "segunda" Revolução Industrial), às modificações na correlação internacional de forças (com a entrada em cena de uma Alemanha unificada e se industrializando sob o tacão de Bismarck), às transformações fora do eixo euro-ocidental (especialmente nos Estados Unidos e na Rússia) e, sobretudo, ao amadurecimento político da classe operária e de outros segmentos trabalhadores. Compreendendo que emergia uma nova quadra histórica, passou a se preocupar sobretudo com a constituição de *partidos operários de massa* — e, por isso, dedicou particular importância aos seus embriões, tais como se apresentavam na Alemanha, desde meados dos anos 1860, com o surgimento da *Associação Geral dos Operários Alemães*, animada e dominada por Lassalle e seus adeptos, e na França pós-Comuna, com o nascente *Partido Operário Francês*, capitaneado por Jules Guesde (1845-1922).

Principalmente o processo alemão interessava a Marx: as transformações em curso no país sugeriam a ele e a Engels (que sempre pensaram a revolução mundial a partir dos países capitalistas mais avançados, até então simbolizados pela Inglaterra) que o centro de gravidade da revolução se deslocava para lá. Assim, Marx acompanhou com cuidado a aproximação entre os *lassalleanos* e os seus próprios seguidores — liderados por A. Bebel (1840-1913) e K. Liebknecht (1826-1900) —, conhecidos como *eisenachianos*, uma vez que, em 1869, num congresso em Eisenach, haviam criado um *Partido Operário Social-Democrata* (a fórmula "social-democracia", diga-se de passagem, sempre desagradou a Marx). As duas correntes se fundiram, em 1875, num congresso realizado em Gotha, do qual resultou o *Partido Social-Democrata Alemão*. Marx defendia a unidade das correntes socialistas e revolucionárias, desde que assentada em princípios claros e numa programática definida — mas não verificou nada disso no congresso de Gotha, vendo nele, antes, uma tática apressada e uma solução conciliadora. Diante do programa proposto no congresso, Marx redigiu umas *Glosas marginais* a ele, enviadas aos dirigentes partidários, mas só publicadas por Engels, em 1891, sob o título *Crítica ao Programa de Gotha*. Seguramente o último texto teórico-político relevante de Marx, a *Crítica...* formula ideias sumamente importantes acerca da transição revolucionária para além do capitalismo, inclusive a distinção entre as "duas fases" da sociedade comunista.

A coerência de uma vida

Apontar a *Crítica ao Programa de Gotha* como o último texto relevante de Marx não significa dizer que com ele se encerra a sua atividade intelectual. De fato, Marx continuou trabalhando até por volta de 1881, quando perdeu Jenny, a companheira da sua vida. Até lá, prossegue em suas investigações econômicas, intervém na tradução francesa do livro I d'*O capital*, faz inúmeras leituras sobre a Rússia, elabora um capítulo para o livro de Engels *Anti-Dühring. A revolução da ciência segundo o Sr. Eugen Dühring* (1878), estuda física e matemática (Leibniz e Descartes), prepara um questionário para uma enquete junto a trabalhadores franceses, lê a obra econômica de A. Wagner (1835-1917), entusiasma-se com as pesquisas de L. H. Morgan (1818-1881), acompanha a evolução do movimento operário e colabora esporadicamente com jornais e revistas.

Desfrutando desde o final dos anos 1860 de uma vida decente (sem a miséria da primeira década e meia do exílio, quando se viu perseguido por dívidas a merceeiros, açougueiros e padeiros), é, porém, afetado pela deterioração da sua saúde. Compensa-o o reconhecimento de sua obra e de sua militância pelas vanguardas operárias e por alguns restritos círculos intelectuais. Está longe, porém, de ser um pensador célebre e de ver suas ideias ganharem um peso ponderável entre as massas trabalhadoras — o que só viria a ocorrer após a sua morte, inicialmente com a invenção, a divulgação e a vulgarização do *marxismo* através da publicística da *Segunda Internacional*.

Morreu sem grandes padecimentos (ao contrário de Engels), e sobretudo morreu em paz: a meio da tarde de 14 de março de 1883, depois de uma hemorragia que lhe sobreveio pela manhã, o amigo de quatro décadas subiu ao seu quarto: "Quando entramos", anotou Engels, "estava deitado, dormindo, mas para não mais acordar. [...] Em dois minutos adormecera tranquilamente e sem sofrimento". Foi sepultado no dia 17, no cemitério de Highgate, na tumba onde já repousava Jenny. Coube a um emocionado Engels a despedida final.

Adolescente ainda, estudante de liceu, o jovem Marx escrevera, numa redação de agosto de 1835 — seu mais antigo texto conservado: *Reflexão de um jovem em face da escolha de uma profissão —:*

> Se o [homem] trabalha apenas para si mesmo, poderá talvez tornar-se um célebre erudito, um grande sábio ou um excelente poeta, mas nunca será um homem completo, verdadeiramente grande [...]. Se escolhermos uma profissão em que possamos trabalhar ao máximo pela humanidade [...] não fruiremos uma alegria pobre, limitada, egoísta, mas a nossa felicidade pertencerá a milhões [de pessoas].

Vê-se a coerência de Marx: trabalhou pela emancipação da humanidade, foi um homem verdadeiramente completo e grande. Sua morte, ao fim de um triste inverno londrino, sinalizou apenas o cumprimento coerente de toda uma vida.

Nota bibliográfica

Sobre o complicado destino editorial da obra de Marx, vale recorrer à breve informação de Hobsbawm (cf. HOBSBAWM, Eric J. (Org.). *História do marxismo*. Rio de Janeiro: Paz e Terra, v. 1, 1980, p. 423-443).

No que toca à publicação sistemática do espólio de Marx-Engels, cabe assinalar a iniciativa pioneira de David Riazanov (1870-1938, assassinado pela polícia política stalinista), nos anos 1920, para a edição *Marx-Engels Gesamtausgabe* (MEGA): planejava ele coligir textos marxianos e engelsianos em 42 volumes — seu projeto foi implementado entre 1928 e 1935, mas não se completou. Nos anos 1950, projetou-se, na então União Soviética e então República Democrática Alemã, a edição *Marx-Engels Werke* (MEW) — que se efetivou entre 1956 e 1968, com a publicação de 39 volumes (mais dois volumes suplementares). Na década de 1970, surgiu o projeto de uma nova MEGA (conhecida como MEGA²), formulado também nas ex-União Soviética e República Democrática Alemã, com a previsão de 114 volumes; interrompido pelos eventos que culminaram com a crise do "socialismo real", o projeto foi retomado e reestruturado nos anos 1990 — e está em curso — pela *Internationale Marx-Engels Stiftung* (IMES), instituição criada especificamente para esse fim pelo *International Institute of Social History* (IISH), de Amsterdã. Informações sobre ambas as MEGA estão disponíveis nos trabalhos de H. E. da Gama Cerqueira e Leonardo de Deus, reunidos por João Antônio de Paula no volume coletivo por ele organizado — *O ensaio geral: Marx e a crítica da economia política. 1857-1858* (Belo Horizonte: Autêntica, 2010).

Para um levantamento (que cobre até os anos 1960) das edições brasileiras de escritos de Marx, Engels e seus seguidores, o texto de referência continua sendo o de Edgard Carone, *O marxismo no Brasil. Das origens a 1964* (Rio de Janeiro: Dois Pontos, 1986). Observe-se que, desde 1998, a editora Boitempo (São Paulo) vem se empenhando na publicação da obra marx-engelsiana na sua "Coleção Marx-Engels", que até meados de 2017 já compreendia 21 volumes de variadas dimensões.

Arrolam-se a seguir apenas os principais títulos marxianos (e eventualmente engelsianos) disponíveis em português, editados depois de 1960.

Obras escolhidas de Marx & Engels em três volumes. Rio de Janeiro: Vitória, 1-2-3, 1961-1963 [tradicional e expressiva coletânea de Marx e Engels, incluindo textos que seriam objeto de reedição posterior em volumes isolados. Dessas *obras escolhidas* houve reedição em 1977, pela Alfa-Ômega, de São Paulo, e uma nova tradução, lançada entre 1982-1985, pelas editoras Avante!/Progresso, de Lisboa/Moscou].

A revolução espanhola. Rio de Janeiro: Leitura, 1966 [contém os oito textos marxianos publicados no *New York Daily Tribune*, de julho a setembro de 1854, mais uma série de textos de Marx e Engels, também referidos à Espanha, preparados entre 1855 e 1873].

O capital. Crítica da economia política. Rio de Janeiro: Civilização Brasileira, 6 volumes, 1967-1974.

Há ainda mais duas edições integrais no Brasil, sob o mesmo título, mas em outras traduções: a da coleção "Os economistas", da Abril Cultural, de São Paulo, em 5 volumes, 1983-1985 e a da citada "Coleção Marx-Engels", da Boitempo, de São Paulo, em 3 volumes, 2013-2017. Considere-se também a edição integral portuguesa, da Avante!, de Lisboa, em 8 tomos, 1990-2017.

Observe-se que foram editados (ou reeditados) no Brasil vários "resumos" d'*O capital.* Dois deles referem-se somente ao Livro I da obra: o de G. Deville, *O capital* (São Paulo: Ed. e Pub. Brasil Editora, 1962) e o de C. Cafiero, *O capital. Uma leitura popular* (São Paulo: Polis, 1987); "resumos" dos três livros d'*O capital* encontram-se em J. Borchardt, *O capital de Karl Marx* (Rio de Janeiro: Zahar, 1967) e A. L. Brouwne, *Leitura básica de O capital. Resumo e crítica da obra de Marx* (Rio de Janeiro: Civilização Brasileira, 1968); uma "condensação" dos três livros é acessível em L. de C. Bicalho, *O capital. Resumo literal. Condensação dos livros 1, 2 e 3* (S. Paulo: Novos Rumos, s.d. [1988?]).

Diferença entre as filosofias da natureza em Demócrito e Epicuro. Lisboa: Presença, 1972 [precária tradução da dissertação marxiana de 1841].

Senhor Vogt. Lisboa: Iniciativas Editoriais, I-II, 1976.

Formações econômicas pré-capitalistas. Rio de Janeiro: Paz e Terra, 1977 [materiais constitutivos dos *manuscritos de 1857-1858,* editados pela primeira vez em 1939-1941 sob o título de *Grundrisse der Kritik der Politischen Ökonomie. Rohentwurf. 1857-1858.* A tradução integral dos *Grundrisse* foi lançada pela Boitempo, em coedição com a Ed. UFRJ, do Rio de Janeiro, em 2011].

O capital. Livro I, capítulo VI (inédito). São Paulo: Ciências Humanas, 1978.

Teorias da mais-valia. História crítica do pensamento econômico. São Paulo: DIFEL, 3 volumes, 1980-1985 [edição integral do livro IV d'*O capital*].

O questionário de 1880. In M. Thiolent, *Crítica metodológica, investigação social e enquête operária.* São Paulo: Pólis, 1982 [trata-se do questionário, elaborado em abril de 1880, a pedido dos socialistas franceses, para uma enquete a ser feita entre operários acerca da sua situação econômica, social e política].

Miséria da filosofia. São Paulo: Ciências Humanas, 1982 [uma primeira tradução deste texto foi editada em 1946, pela Editora Flama, de São Paulo. Reedições posteriores foram, entre outras, as da Global Ed., São Paulo, 1986 e da

Expressão Popular, São Paulo, 2009; a obra também comparece na citada "Coleção Marx-Engels", da Boitempo].

As lutas de classes na França (1848-1850). São Paulo: Global, 1986.

A guerra civil na França. São Paulo: Global, 1986.

Manifesto do partido comunista [com F. Engels]. São Paulo: Cortez, 1998 [essa é uma das inúmeras edições do documento publicadas depois de 1960].

A sagrada família ou crítica da crítica crítica [com F. Engels]. São Paulo: Boitempo, 2003.

Crítica da filosofia do direito de Hegel. São Paulo: Boitempo, 2005 [contendo o *manuscrito de Kreuznach*, de 1843, e o texto publicado nos *Anais Franco-Alemães*, em 1844].

Sobre o suicídio. São Paulo: Boitempo, 2006.

A ideologia alemã [com F. Engels]. São Paulo: Boitempo, 2007 [contendo as *Teses sobre Feuerbach*].

Contribuição à crítica da economia política. São Paulo: Expressão Popular, 2008.

Simon Bolívar. São Paulo: Martins Fontes, 2008.

Para a questão judaica. São Paulo: Expressão Popular, 2009 [com o título *Sobre a questão judaica*, a obra também faz parte da "Coleção Marx-Engels", da Boitempo].

Para a crítica da economia política. Manuscrito de 1861-1863. Cadernos I a V. Terceiro capítulo — o capital em geral. Belo Horizonte: Autêntica, 2010.

Nova Gazeta Renana. São Paulo: EDUC, 2010 [reunião dos textos marxianos originalmente publicados no periódico que Marx editou no curso da Revolução de 1848].

Cadernos de Paris & Manuscritos econômico-filosóficos de 1844. São Paulo: Expressão Popular, 2015 [outra edição integral dos *Manuscritos...* figura na "Coleção Marx-Engels", da Boitempo].

Inúmeros textos de Marx (e de Marx-Engels) foram reunidos em coletâneas publicadas a partir dos anos 1960. Entre tantas, duas merecem especial menção pelo seu rigor e relevância:

Manuscritos econômico-filosóficos e outros textos escolhidos [coletânea que reúne, entre outros materiais, além de um dos *manuscritos* de 1844, *Para a crítica da economia política* — título diverso para a já citada *Contribuição à crítica da economia política*]. São Paulo: Abril Cultural, col. "Os pensadores", 1974.

Marx-Engels. História. São Paulo: Ática, 1983 [volume da coleção "Grandes cientistas sociais", idealizada e coordenada por Florestan Fernandes, que também dedicou a Marx dois outros volumes: *Marx. Sociologia* (1979) e *Marx. Economia* (1982).

Deve-se ainda lembrar:

Sobre o colonialismo. Lisboa: Estampa, 1978 [reúne parte dos materiais — especialmente jornalísticos — produzidos por Marx e Engels referentes a processos extra-europeus].

Liberdade de imprensa. Porto Alegre: L&PM, 1999 [seleção de textos da *Gazeta Renana* e outros periódicos, escritos entre 1842 e 1861].

A dialética do trabalho. São Paulo: Expressão Popular, I-II, 2004-2013 [seleção de textos de Marx e Engels).

A revolução antes da revolução. São Paulo: Expressão Popular, II, 2008.

Cultura, arte e literatura. Textos escolhidos. São Paulo: Expressão Popular, 2010 [reunião de escritos de Marx e Engels sobre cultura/arte].

A copiosa correspondência de Marx continua praticamente inédita em português. Nas citadas *Obras escolhidas em três volumes* e na antologia *Marx-Engels. História* encontram-se algumas cartas de inequívoca relevância teórico-política — e há várias em K. Marx, *O 18 brumário e Cartas a Kugelmann*. Rio de Janeiro: Paz e Terra, 2002.

A bibliografia sobre Marx listada a seguir, contendo apenas títulos em português, é, obviamente, apenas uma mínima amostragem do imenso acervo relativo ao autor d'*O capital*. Ela recolhe materiais biográficos, de análise e contextualização histórica, de crítica imanente, de interpretação e reinterpretação etc. produzidos por marxistas e não marxistas — e envolve escritos de níveis de complexidade muito diversos, de obras de divulgação a textos de argumentação mais sofisticada.

ALTHUSSER, Louis *et al. Ler O capital*. Rio de Janeiro: Zahar, I-II, 1979-1980.

ARICÓ, José. *Marx e a América Latina*. Rio de Janeiro: Paz e Terra, 1982.

ARON, Raymond. *O marxismo de Marx*. São Paulo: ARX, 2004.

BARATA-MOURA, José. *Marx e a crítica da "Escola Histórica do Direito"*. Lisboa: Caminho, 1994.

_____. *Materialismo e subjectividade. Estudos em torno de Marx*. Lisboa: Avante!, 1997.

_____. *Filosofia em O capital. Uma aproximação*. Lisboa: Avante!, 2013.

_____. *Marx, Engels e a crítica do utopismo*. Lisboa: Avante!, 2015.

BEDESCHI, Giuseppe. *Marx*. Lisboa: Edições 70, 1989.

BENSAÏD, Daniel. *Marx, o intempestivo*. Rio de Janeiro: Civilização Brasileira, 1999.

José Paulo Netto. Ensaios de um *marxista sem repouso*

BOTTIGELLI, Émile. *A gênese do socialismo científico*. São Paulo: Mandacaru, 1989.

BOTTOMORE, Thomas B. (Org.). *Karl Marx*. Rio de Janeiro: Zahar, 1981.

BUEY, Francisco Fernández. *Marx (sem ismos)*. Rio de Janeiro: Editora UFRJ, 2004.

CALVEZ, Jean-Yves. *O pensamento de Karl Marx*. Porto: Tavares Martins, 1962.

COTRIM, Vera. *Trabalho produtivo em Karl Marx. Velhas e novas questões*. São Paulo: Alameda, 2012.

HONDT, Jacques d' et al. *A lógica em Marx*. Lisboa: Iniciativas Editoriais, 1978.

DIAS, Edmundo F. *Revolução e história: das* Teses *ao* Manifesto. São Paulo: Sundermann, 2011.

DUARTE, Rodrigo A. de Paiva. *Marx e a natureza em "O capital"*. São Paulo: Loyola, 1986.

ELSTER, Jon. *Marx hoje*. São Paulo: Paz e Terra, 1989.

FAGUNDES, João Vasco. *A dialéctica do abstracto e do concreto em Karl Marx*. Lisboa: Grupo de Estudos Marxistas, 2014.

FAUSTO, Ruy. *Marx. Lógica & política. Investigações para uma reconstituição do sentido da dialética*. São Paulo: Brasiliense, t. I-II, 1983-1987; São Paulo: 34, t. III, 2002.

FEDOSSEIEV, P. N. et al. *Karl Marx. Biografia*. Lisboa/Moscou: Avante!/Progresso, 1983.

FERNANDES, Florestan. *Marx, Engels, Lenin. A história em processo*. São Paulo: Expressão Popular, 2012.

FETSCHER, Iring. *Karl Marx e os marxismos*. Rio de Janeiro: Paz e Terra, 1970.

FISCHER, Ernest; MAREK, Franz. *O que Marx realmente disse*. Rio de Janeiro: Paz e Terra, 1970.

FLICKINGER, Hans-Georg. *Marx e Hegel. O porão de uma filosofia social*. Porto Alegre: L&PM, 1986.

FOSTER, John Bellamy. *A ecologia de Marx. Materialismo e natureza*. Rio de Janeiro: Civilização Brasileira, 2005.

FOUGEYROLLAS, Pierre. *Marx*. São Paulo: Ática, 1989.

FREDERICO, Celso. *O jovem Marx (1843-1844: as origens da ontologia do ser social)*. São Paulo: Expressão Popular, 2009.

FROMM, Erich. *Conceito marxista do homem*. Rio de Janeiro: Zahar, 1979 [com uma precária versão dos *Manuscritos econômico-filosóficos de 1844*].

GABRIEL, Mary. *Amor e capital. A saga familiar de Karl Marx e a história de uma revolução*. Rio de Janeiro: Jorge Zahar, 2013.

GARAUDY, Roger. *Karl Marx*. Rio de Janeiro: Zahar, 1967.

GIANNOTTI, José Arthur. *Origens da dialética do trabalho*. São Paulo: DIFEL, 1966.

_____. *Marx. Vida e obra*. Porto Alegre: L&PM, 2000.

GIANNOTTI, José Arthur. *Certa herança marxista*. São Paulo: Cia. das Letras, 2000.

GRESPAN, Jorge. *O negativo do capital: o conceito de crise na crítica de Marx à economia política*. São Paulo: Expressão Popular/Ideias Baratas, 2012.

GURVITCH, Georges. *A sociologia de Karl Marx*. São Paulo: Anhembi, 1960.

HOBSBAWM, Eric J. (Org.). *História do marxismo*. v. 1. Rio de Janeiro: Paz e Terra, 1980.

HOBSBAWM, Eric J. *Como mudar o mundo. Marx e o marxismo*. São Paulo: Cia. das Letras, 2011.

JACKSON, J. Hampden. *Marx, Proudhon e o socialismo europeu*. Rio de Janeiro: Zahar, 1963.

KONDER, Leandro. *Karl Marx. Vida e obra*. Rio de Janeiro: Paz e Terra, 1976.

KOFLER, Leo. *História e dialética. Estudos sobre a metodologia da dialética marxista*. Rio de Janeiro: Ed. UFRJ, 2010.

LABICA, Georges. *As "Teses sobre Feuerbach", de Karl Marx*. Rio de Janeiro: Jorge Zahar, 1990.

LÁPINE, Nicolai. *O jovem Marx*. Lisboa: Caminho, 1983.

LEFÈBVRE, Henri. *Para compreender o pensamento de Karl Marx*. Lisboa: Edições 70, 1975.

_____. *Sociologia de Marx*. Rio de Janeiro: Forense, 1979.

LENIN, Vladimir Ilitch. "Karl Marx (Breve nota biográfica com uma exposição do marxismo)". In: LÉNINE, V. I. *Obras escolhidas em três tomos*. v. 1. Lisboa/Moscou: Avante!/Progresso, 1977.

LÖWY, Michael. *A teoria da revolução no jovem Marx*. Petrópolis: Vozes, 2002.

LUKÁCS, György. "Introdução aos escritos estéticos de Marx e Engels". In: LUKÁCS, G. *Ensaios sobre literatura*. Rio de Janeiro: Civilização Brasileira, 1968.

_____. *Ontologia do ser social. Os princípios ontológicos fundamentais de Marx*. São Paulo: Ciências Humanas, 1979 [segmento da primeira parte de *Para uma ontologia do ser social*. São Paulo: Boitempo, I, 2012].

_____. *O jovem Marx e outros escritos de filosofia*. Rio de Janeiro: Editora UFRJ, 2007.

_____. "Marx e o problema da decadência ideológica". In: LUKÁCS, G. *Marxismo e teoria da literatura*. São Paulo: Expressão Popular, 2010.

_____. *Marx e Engels como historiadores da literatura*. São Paulo: Boitempo, 2016.

MANDEL, Ernest. *A formação do pensamento econômico de Karl Marx. De 1843 até a redação de "O capital"*. Rio de Janeiro: Zahar, 1968.

MARCUSE, Herbert. "Novas fontes para a fundamentação do materialismo histórico". In: MARCUSE, H. *Idéias sobre uma teoria crítica da sociedade*. Rio de Janeiro: Zahar, 1972.

MARKUS, György. *Teoria do conhecimento no jovem Marx*. Rio de Janeiro: Paz e Terra, 1974.

_____. *Marxismo e antropologia. O conceito de "essência humana" na filosofia de Marx*. São Paulo/Criciúma: Expressão Popular/EDIUNESC, 2015.

McLELLAN, David. *Karl Marx. Vida e pensamento*. Petrópolis: Vozes, 1990.

MEHRING, Franz. *Karl Marx. A história de sua vida*. São Paulo: Sundermann, 2013.

MELLO, Alex Fiuza de. *Marx e a globalização*. São Paulo: Boitempo, 1999.

MÉSZÁROS, István. *A teoria da alienação em Marx*. São Paulo: Boitempo, 2006.

MORAES NETO, Benedito Rodrigues de. *Marx, Taylor, Ford. As forças produtivas em discussão*. São Paulo: Brasiliense, 1989.

NAGELS, Jacques. *Trabalho colectivo e trabalho produtivo na evolução do pensamento marxista*. Lisboa: Prelo, I-II, 1975-1979.

NAPOLEONI, Claudio. *Lições sobre o capítulo VI (inédito) de Marx*. São Paulo: Ciências Humanas, 1981.

NETTO, José Paulo. "Marx, 1843: o crítico de Hegel", "Para ler o *Manifesto do partido comunista*" e "1847: Marx contra Proudhon". In: NETTO, J. P. *Marxismo impenitente. Contribuição à história das idéias marxistas*. São Paulo: Cortez, 2004.

PAULA, João Antônio de. *Crítica e emancipação humana. Ensaios marxistas*. Belo Horizonte: Autêntica, 2014.

POSTONE, Moishe. *Tempo, trabalho e dominação social. Uma reinterpretação da teoria social de Marx*. São Paulo: Boitempo, 2014.

RIAZANOV, David. *Marx, Engels e a história do movimento operário*. São Paulo: Global, 1984.

ROMERO, Daniel. *Marx e a técnica. Um estudo dos manuscritos de 1861-1863*. São Paulo: Expressão Popular, 2005.

ROSDOLSKY, Roman. *Gênese e estrutura de "O capital", de Karl Marx*. Rio de Janeiro: Contraponto/UERJ, 2001.

RUBEL, Maximilien. *Crônica de Marx*. São Paulo: Ensaio, 1991.

RUBIN, Isaak Illich. *A teoria marxista do valor*. São Paulo: Brasiliense, 1980.

SILVA, Ludovico. *O estilo literário de Marx*. São Paulo: Expressão Popular, 2012.

SPERBER, Jonathan. *Karl Marx. Uma vida do século XIX*. Barueri/SP: Amarilys, 2014.

TRINDADE, J. Damião de Lima. *Os direitos humanos na perspectiva de Marx e Engels. Emancipação política e emancipação humana*. São Paulo: Alfa-Ômega, 2011.

VÁZQUEZ, Adolfo Sánchez. *Filosofia da práxis*. Buenos Aires/São Paulo: CLACSO/Expressão Popular, 2007.

_____. *As idéias estéticas de Marx*. São Paulo: Expressão Popular, 2011.

WHEEN, Francis. *Karl Marx*. Rio de Janeiro: Record, 2001.

_____. *"O capital", de Marx. Uma biografia*. Rio de Janeiro: Jorge Zahar, 2007.

Da recepção dos *Manuscritos de 1844*

É conhecida a fortuna editorial dos *Cadernos de Paris* e dos *Manuscritos econômico-filosóficos de 1844*: permaneceram inéditos até 1932. Mas não só esses materiais vieram à luz meio século depois da morte de Marx: igual sorte teve *A ideologia alemã*, publicada também naquele ano, para não mencionar os *Grundrisse* (editados pela primeira vez em 1939-1941) — e o espólio literário marxiano ainda não se esgotou, como o mostrou, na última década do século XX, o projeto da MEGA², referido páginas atrás (cf. o texto "Karl Marx: breve roteiro biobibliográfico").

A tardia e póstuma publicação dos textos marxianos de 1844 (mas não só deles) não é um dado desprezível para uma análise cuidadosa da constituição do *marxismo* que se consolidou como *a* referência da *Internacional Socialista* (a Segunda Internacional) e do *marxismo-leninismo* que se tornou *a* referência da *Internacional Comunista* (a Terceira Internacional)[131] — lembra-se aqui o dado para sinalizar que figuras tão diversas e influentes como Plekhanov, Rosa Luxemburgo, Lenin e também Gramsci (que praticamente deixou de ter acesso à literatura marxista depois da sua prisão, em 1926) desconheceram materiais marxianos de suma importância.

Não é pertinente aqui bosquejar minimamente a fortuna crítica dos *Manuscritos...* — bastam apenas umas poucas e sumárias informações para dar alguma inteligibilidade aos contextos em que se fizeram as suas leituras.

Publicados em 1932, os *Manuscritos...* não tiveram ressonância imediata. Nas fronteiras do único país que realizara uma revolução vitoriosa e onde viram a luz, a União Soviética, a repercussão dos *Manuscritos...* foi limitadíssima, por razões óbvias: a década de 1930 foi a da consolidação da autocracia stalinista, que sacramentou o *marxismo-leninismo* tão positivista quanto o *marxismo* que o precedeu — não se esqueça que o capítulo "teórico" sobre o materialismo histórico e dialético da *História do Partido Comunista da URSS*, publicada em 1938, tinha como autor o próprio Stalin[132]. (Constrangimentos postos pela autocracia stalinista não atingiam tão somente o *jovem* Marx, mas incidiam também sobre os estudos sobre o *jovem* Hegel: é conhecido o fato de Lukács, exilado na URSS de 1933 a 1945, e que conheceu os *Manuscritos...* ainda inéditos — quando de seu estágio, em 1931, no *Instituto Marx-Engels*, dirigido por Riazanov, primeiro responsável pelo projeto e implementação da MEGA[133] —, ter concluído em 1938 a redação do seu notável *O jovem Hegel e os problemas da sociedade capitalista*, mas com o livro só publicado... na Suíça, em 1948, dez anos depois). De fato, na União Soviética, um interesse específico pelos *Manuscritos* só ocorreu após o XX Congresso do PCUS (fevereiro de 1956), quando Nikita Kruschov fez a denúncia do "culto à personalidade". Na maioria dos países que, depois de 1945, conformaram o então chamado "campo socialista", a história não foi muito diferente.

Fora das fronteiras da União Soviética, na Europa dos anos 1930 também a ressonância imediata dos *Manuscritos...* foi reduzida — certamente sob o peso do quadro político daquela década. Na Alemanha, o leitor mais destacado, que logo compreendeu a sua relevância, foi Marcuse — impactado pelos *Manuscritos...*, manifestou-se quase imediatamente sobre seu conteúdo e, já no exílio norte-americano, a sua produção expressou a influência exercida por eles[134]. Tudo indica que a França tenha sido o país em que dos *Manuscritos...* resultaram, à época, as elaborações mais marcantes: na sequência da sua publicação, foram cuidadosamente examinados por Auguste Cornu e influíram fortemente no pensamento e na obra de N. Gutermann e H. Lefebvre[135] (e tiveram uma primeira tradução em 1937, de J. Molitor, à base da edição de Landshut e Mayer[136]). Também na França, logo depois do fim da Segunda Guerra, Maximilien Rubel cuidou da produção do *jovem* Marx, dando início à sua leitura de viés eticista da obra marxiana[137]. Só nos anos 1950 o conhecimento dos *Manuscritos...* tornou-se acessível, em parte da Europa Ocidental, para aqueles que não dominavam o idioma alemão — ademais da existente versão francesa, em italiano sai a sua primeira tradução (de N. Bobbio, em 1949) e, no ano seguinte, a segunda (de G. Della Volpe), considerada melhor que a anterior; mas a primeira edição integral em inglês (de M. Milligan) só surge em 1959[138].

É a partir dos anos 1950 que, de fato, os *Manuscritos...* começam a ser objeto de valorização e análise. Na Europa Ocidental, segmentos desvinculados do movimento comunista se interessam por ele, com destaque para intelectuais ligados à teologia (Bigo, Calvez e Thier[139]), cuja leitura dos textos marxianos tinha, para além da sua natureza analítica específica, conotações ídeo-políticas — geralmente, o *jovem* Marx servia como contraponto ao marxismo oficial ("soviético") e sua difusão e rebatimentos nos partidos comunistas. Por outra parte, como indicamos, na União Soviética e no "campo socialista", a crítica anti-stalinista subsequente a 1956 criou as condições para que se desse, enfim, um trato minimamente adequado da produção juvenil de Marx (sintomaticamente, a tradução ao russo dos *Manuscritos...* foi editada em 1956). Mas foi nos anos 1960 que o debate em torno dos *Manuscritos...* ganhou evidência.

Naquela década, a magnitude das lutas sociais (com a questão da libertação nacional no seu bojo) nas periferias do capitalismo, no então chamado *Terceiro Mundo*, alentou novos movimentos revolucionários, sobre os quais eram fortes os influxos marxistas. Nos países capitalistas centrais, as conquistas do movimento operário e sindical eram visíveis; em alguns deles, os partidos comunistas experimentavam sensível crescimento (Itália, França, Japão), germinava a rebeldia estudantil — que viria à tona em 1968 — e o hegemonismo norte-americano, instaurado no segundo pós-guerra, vivia um momento de grande desgaste (tanto no plano político, como a agressão ao Vietnã comprovaria, quanto no plano cultural, como se demonstraria na crítica ao *american way of life*). A renovação teórica da esquerda era, então, um processo ascendente (de que a *New Left* era sinal visível) e no interior dos espaços comunistas registrava-se uma clara oxigenação. Verificou-se o florescimento de uma diversificada produção teórico-cultural, especialmente na Europa

Ocidental (e também Nórdica), mas também abrangendo o mundo anglo-saxão e parte do chamado campo socialista. Esse quadro favorável ao debate das ideias de Marx foi expresso pela conhecida afirmação de Sartre, em carta daqueles anos: "o marxismo, como quadro formal de todo pensamento filosófico de hoje, é insuperável"[140].

Foi nesse cenário que o debate em torno dos *Manuscritos...* — conduzido por filósofos, cientistas sociais e pensadores de várias áreas do conhecimento, em estudos e análises que desbordaram largamente as fronteiras do marxismo — adquiriu a amplitude a que fazia jus. A problemática da alienação — tanto no Leste quanto no Ocidente, por razões ídeo-políticas diferentes — entrou na agenda então contemporânea[141]. E ela permaneceu em tal agenda até o último terço dos anos 1970 — quando, de um lado, a experiência do *socialismo real* deu sinais flagrantes de que caminhava para a sua trágica residualidade e, de outro e sincronizadamente, no Ocidente o capital empreendia os passos para a sua dura e momentamente exitosa ofensiva para travar e reverter a erosão do seu domínio. As transformações econômicas e sociopolíticas que emergiram nos anos 1980, em todas as latitudes, delimitaram o fim de um ciclo histórico — e a afirmação de Sartre (bem como a expectativa de Lukács sobre um "renascimento do marxismo") deixou de ter suporte real, inclusive com uma ampla capitulação teórica e política de intelectuais, marxistas e não marxistas, em face dos "novos tempos"[142]. Esses "novos tempos", tão midiaticamente mistificados, todavia logo revelaram o seu caráter: extensa e profunda violência econômica, medular regressividade social e visceral aviltamento teórico-cultural. Não tardou o fim das ilusões e Marx, enxotado da cena pela ideologia tardo-burguesa, já na transição do século XX ao XXI reingressa no proscênio do drama[143] — na primeira década da presente centúria, sua obra (re)assume a relevância que lhe pretenderam recusar: em todas as searas que lavrou, a sua crítica é resgatada, como o demonstra, inclusive, o ressurgimento, nos últimos anos, do debate sobre a alienação.

É chamativa a diferença entre a década de 1960 e os primeiros anos do século XXI como contextos para a leitura dos *Manuscritos* no Ocidente. A conjuntura dos anos 1960, quando o Estado de Bem-estar Social (*Welfare State*) parecia construir o "capitalismo democrático" da "sociedade afluente", com pensadores e ideólogos de prestígio anunciando a feliz "integração" da classe operária na ordem burguesa (e parte da periferia capitalista sonhando com processos de industrialização como a forma de ultrapassar o "subdesenvolvimento" e garantir a soberania) — naquela conjuntura, algum leitor dos *Manuscritos...* poderia experimentar um travo de anacronismo. Afinal, Marx registra neles a exploração mais gritante de operários miserabilizados por um capital cruel e impiedoso, que opera sem qualquer consideração de ordem moral ou social; tem como pano-de-fundo um proletariado que, embora ativo e portador do futuro, constituía um universo de "animais de trabalho", uma "raça de escravos". Para muitos leitores daqueles anos, Marx parecia estar falando de um mundo já morto.

Na entrada do século XXI, a conjuntura se configura invertida: a mundialização do capital (a "globalização"), degradando planetariamente a condição de vida e de trabalho das massas, gerando um desemprego sistemático e monumental, destruindo instituições de proteção social duramente conquistadas, universalizando a insegurança e produzindo uma assombrosa concentração de riqueza, propriedade e poder — nessa entrada de século pode parecer a algum leitor que os *Manuscritos...* referem-se imediatamente à realidade empiricamente dada.

A diferente contextualidade confere algum calço às diferentes impressões provocadas pelas leituras dos *Manuscritos...* Mas cautelas são necessárias; sobretudo, é indispensável considerar que os *Manuscritos...* (e não só eles, mas obviamente toda a obra de Marx) são um conjunto de reflexões fortemente *datado*. Neles, o *operário* que Marx tem em mente é o trabalhador fabril da indústria típica da primeira Revolução Industrial (ou, se se quiser, da primeira fase da revolução industrial), que duas ou três décadas mais tarde se esgotaria, derivando numa reestruturação econômica e tecnológica de fundas implicações; o *movimento revolucionário* com o qual Marx se defronta é um movimento emergente, ainda sem expressivas experiências de autonomia e num processo formativo da *consciência de classe* proletária. Tudo isso se transformou na segunda metade do século XIX (e Marx acompanhou várias das transformações então ocorrentes, incorporando-as à sua análise da sociedade capitalista) — e se alterou ainda mais ao longo da primeira metade do século XX (recorde-se o chamado *fordismo*), de modo que, nos anos 1960, a leitura dos *Manuscritos...* já exigia considerações que especificassem os limites da sua datação[144]. Por seu turno, as transformações societárias processadas nas quase três décadas de ofensiva do capital (os "novos tempos" da "globalização") redundaram num tal acréscimo da exploração (mediante, mesmo, a reatualização extensiva de mecanismos típicos da extração de mais-valia absoluta) e numa tal regressão dos direitos sociais que, conectados às derrotas políticas dos trabalhadores naqueles anos, põem problemas para o movimento revolucionário que são *novos* — apesar, por exemplo, da revivescência de relações de trabalho próprias da primeira metade do século XIX (ou mesmo anteriores). São *novas* as articulações planetárias do capital, as composições entre as diversas frações burguesas, as modalidades em que exerce o seu controle sobre o desenvolvimento da pesquisa científica e a implementação tecnológica; igualmente novas são a composição da classe operária, as suas condições de trabalho, a sua cultura, as exigências para a sua organização política e as demandas e modos de ser da massa de trabalhadores não proletários, com a qual a classe deve estabelecer alianças — apenas para indicar os pontos nodais de um estágio em que o sistema capitalista apresenta uma dinâmica que sinaliza para uma *crise sistêmico-estrutural* que, no mínimo, revela a plena exaustão do que outrora foi a sua dimensão civilizadora (ainda que operada sempre por meios bárbaros). Também agora, portanto, é preciso tratar os *Manuscritos...* considerando, como antes, os *seus* limites — históricos e teóricos.

Isto significa dizer que os *Manuscritos*, perderam importância, substancialidade, atualidade? A resposta é um rotundo e categórico *não*. Os *Manuscritos...* permanecem um documento que — insistimos: tomado nos seus limites históricos e teóricos — mantém intacta e integralmente a sua *grandeza* (a mesma palavra que Marx empregou para caracterizar a hegeliana *Fenomenologia do Espírito*).

Sejamos breves: as limitações de natureza histórica dos *Manuscritos...* residem em que ele lida com as *expressões* da alienação num estágio do desenvolvimento da ordem burguesa que pertence definitivamente ao passado, a um passado irreversível; ora, tais expressões, ainda que muitas delas se conservem, se reproduzam ainda hoje, estão longe de incluir o rol de expressões engendradas pela dominação do capital (pelo *movimento do capital*) no seu evolver num curso temporal de mais de um século e meio. Emergiram inéditas *formas* da alienação, insuspeitadas para o Marx de 1844. O decisivo, porém, está em que o Marx de 1844 *descobriu* (e nunca será demasiado salientar o traço *decisivo* dessa descoberta) a *raiz fundamental e primária do complexo fenomênico da alienação*: a propriedade privada, a divisão social do trabalho e a produção mercantil — com a consequente descoberta da sua superação na supressão positiva da propriedade privada (e, logo, da divisão social do trabalho e da produção mercantil). Nessa descoberta, cujo âmbito de validez cobre *todo* o ciclo histórico da vigência do domínio do capital, está uma parte da grandeza dos *Manuscritos...* — a outra se contém no potencial de crítica social e cultural que ela realmente porta, fundando um *humanismo concreto* que se distingue estruturalmente de todas as formas precedentes de defesa da humanidade (da *humanitas*) do homem. Mas é também nela que está sua *limitação teórica*: a descoberta marxiana não dispõe, em 1844, do arsenal heurístico próprio a uma estrutura categorial apta a explicar e compreender, histórica e sistematicamente, o movimento histórico-concreto da propriedade privada — sob a forma do movimento do capital — chegado ao seu ápice. Nos *Manuscritos...* está o *passo inicial* do que constituirá a crítica da Economia Política que Marx empreende a partir de 1844 e que terá a sua perspectiva teórico-metodológica determinada ao fim de quase três lustros de pesquisa. Isto significa que a teoria marxiana da alienação, nos *Manuscritos...*, apresenta-se ainda insuficiente e inconclusa: somente o ulterior desenvolvimento das investigações de Marx, sem infirmar seus pontos centrais, haverá de lhe conferir estrutura e sentido radicalmente plenos.

A tese subjacente à argumentação aqui expendida é que, com os textos de 1844, Marx se movimenta na direção do objeto que imantará a pesquisa da sua vida — ao mesmo tempo em que, desde então e sem prejuízo das suas descobertas e desenvolvimentos posteriores, encontra na crítica da Economia Política a chave heurística que propiciará a *unidade* da sua obra. É com os *Manuscritos...* (que se ligam intimamente aos *Cadernos de Paris*) que Marx abre a grande inflexão que seu pensamento experimentará nos anos 1844-1846 — cobrindo, pois, a sua elaboração (com Engels a seu lado) até as *Teses sobre Feuerbach* e *A ideologia alemã*.

Este profundo giro no seu pensamento (já preparado pela sua evolução imanente desde 1841-1842) se expressa naqueles anos diretamente no seu deslizamento, no seu trânsito, da filosofia à crítica da Economia Política, já evidente e realizado na *Miséria da filosofia*, quando o objeto da obra marxiana comparece inteiramente determinado[145].

A base a partir da qual se constituiu essa inflexão foram os processos teóricos e ídeo-políticos deflagrados em Marx pelo seu encontro com o movimento operário, a Economia Política e a colaboração de/com Engels — todos iniciados em Paris, em 1844. Tal inflexão significou um salto qualitativo, uma mudança estrutural no e para o evolver teórico e ídeo-político de Marx — é a partir dela que fundará e desenvolverá uma *nova* modalidade de conhecimento (teórico) da vida social, que propiciará um *novo* relacionamento entre conhecimento e intervenção sociopolítica (uma *nova* relação teoria/prática), num processo que envolverá cerca de um decênio e meio de reflexão/ação para adquirir a sua feição completa, comportando revisões e retificações teóricas e políticas. Inflexão que resgatou e repôs, sobre novos pressupostos e fundamentos mais amplos, elementos e componentes que já estavam presentes no seu pensamento e expressos, pelo menos, desde meados de 1843. Vale dizer: a inflexão que apontamos vincula permanências *e* mudanças, nutre-se de continuidade *e* ruptura. É uma amostra inequívoca que comprova que, já na sua própria gênese, a tradição teórica inaugurada por Marx é a de uma *uma elaboração teórica em processo*, é a constituição de uma *teoria sempre em desenvolvimento*.

Realizada a inflexão ocorrente em 1844-1846, o *objeto* da teoria marxiana se configura com nitidez: a sociedade burguesa, erguida sobre a dominância do modo de produção capitalista. Ao longo dos anos seguintes, até 1857-1858 (quando os *Grundrisse* são redigidos), a pesquisa de Marx afinará e calibrará a *abordagem teórico-metodológica* para o enfrentamento do seu objeto — nos *Grundrisse* se encontram (como Rosdolsky o demonstrou) a gênese e a estrutura d'*O capital*. Neste trânsito de Marx da Filosofia à crítica da Economia Política, toda a sua vida, a sua energia e o seu talento serão direcionados para alcançar a reprodução *ideal do movimento real do objeto* que investiga, visando à sua transformação revolucionária.

Ainda antes de completar vinte anos, dando um balanço na sua produção acadêmica do ano de 1837, Marx escreveu (10/novembro/1837) a seu pai justificando o abandono do projeto de uma alentada Filosofia do Direito:

> Em meu estudo, tudo assumia a forma acientífica do dogmatismo matemático, no qual o espírito gira em torno da coisa, tangenciando-a aqui e ali, sem que a coisa possa se desdobrar ela mesma em algo rico e vivo, mas se apresentando de antemão como um obstáculo para compreender a verdade. [...] Mas, na expressão concreta de um mundo de pensamentos vivos como o são o Direito, o Estado, a Natureza, toda a Filosofia, é necessário se deter para escutar atentamente o próprio objeto em seu desenvolvimento, sem se empenhar em imputar-lhe classificações arbitrárias, e sim deixando que a própria razão da coisa siga seu curso contraditório e encontre em si mesma a sua própria unidade (cf. a "Carta ao pai", in: MARX, K.; ENGELS, F. *Cultura, arte e literatura. Textos escolhidos.* São Paulo: Expressão Popular, 2010, p. 297).

Eis o *muito jovem* Marx, ainda sem apreender claramente os limites do hegelianismo, mas já compreendendo que "é necessário se deter para escutar atentamente o próprio objeto em seu desenvolvimento", "deixando que a própria razão da coisa siga seu curso contraditório e encontre em si mesma a sua própria unidade".

Entre o primeiro semestre de 1844, em Paris, e 1857/1858, em Londres — vale dizer, entre os *Cadernos de Paris* e os *Manuscritos econômico-filosóficos de 1844* e a madurez dos *Grundrisse* —, Marx deteve-se "para escutar atentamente o próprio objeto em seu desenvolvimento", deixando que "a *própria razão da coisa*" seguisse "seu curso contraditório", desdobrando-se "*ela mesma* em algo rico e vivo". Realizou descobertas geniais e prosseguiu a sua investigação — e, na exposição dela, foi capaz de nos revelar (para usar da expressão d'*O capital*) *a lei econômica do movimento da sociedade moderna*, fundamento indispensável da teoria social revolucionária.

Razão, ontologia e práxis

É conhecida a polêmica que, na abertura dos anos 1960, envolveu Lévi-Strauss e Sartre: à reflexão que este desenvolvera na *Crítica da razão dialética* (ed. orig., 1960), procurando estabelecer "o limite, a validez e a extensão da razão dialética", aquele, em *O pensamento selvagem* (ed. orig., 1962), contra-argumenta, sustentando que Sartre considera como dialética o que nada mais era, de fato, que o próprio movimento da razão analítica que se examina e se corrige a si mesma. Lévi-Strauss, ademais, operava em nome de uma cientificidade que pretende o rigor de que supõe carecer a elaboração filosófica — e o fez com a mesma inspiração com que, em páginas incluídas na *Antropologia estrutural* (ed. orig., 1958), buscara demonstrar a compatibilidade entre suas concepções e a impostação marxiana.

A polêmica expressou mais uma outra inflexão nas várias desventuras de Clio, a musa da história, assinalando o avanço significativo da vaga anti-historicista, anti-humanista e antidialética que se instaurava na cultura francesa daqueles anos — e que haveria de culminar, na segunda metade daquele decênio, no âmbito da análise histórico-social, com o ofuscamento do *sujeito* em relação à *estrutura*. O prestígio de que desfrutariam, naquela particular conjuntura, as proposições do Althusser de *A favor de Marx* (ed. orig., 1965) e do Foucault de *As palavras e as coisas* (ed. orig., 1966) tão somente dava corpo à programática que Lévi-Strauss explicitava no confronto com Sartre: em *O pensamento selvagem*, com efeito, ele impugna o projeto de uma teoria antropológica assentada numa ontologia social e centrada no sujeito; entende que uma rigorosa teoria socioantropológica só pode ser uma *analítica da cultura*, com um alvo emblematicamente formulado: "O objetivo último das ciências humanas não é constituir o homem, é dissolvê-lo".

Inscrita num horizonte teórico-cultural mais largo, a polêmica investe sobre algo abrangente e decisivo: *a centralidade da razão dialética no marco da Modernidade e suas implicações substantivas*. Seus desdobramentos imanentes haveriam de conduzir — catalisados, nas décadas seguintes, pela aparente impermeabilidade da ordem burguesa aos vetores eversivos que classicamente nela se admitiam operantes — ao pós-estruturalismo, à retórica do pós-moderno e do neo-irracionalismo, que adquirem mais legibilidade sob o feixe prismático proposto, em 1962, pelo corifeu do estruturalismo.

Razão moderna: categorias e inclusividade

A constituição da razão moderna é um processo que arranca do Renascimento e culmina na Ilustração e no seu imediato desenvolvimento. Trata-se do arco histórico que, com mediações muito complexas, descreverá, de Bruno a Hegel, a longa trajetória no interior da qual a razão moderna se erguerá na intercorrência e na síntese de três das suas categorias nucleares: o *humanismo*, o *historicismo concreto* e a *dialética*. A sumária clarificação dessas categorias pode ser extraída de uma obra em que é nítida a inspiração lukacsiana (Coutinho, ed. orig. 1972): o humanismo remete à teoria de que o homem é um produto da sua própria e coletiva atividade (vale dizer, *autocriou-se*); o historicismo concreto envia à afirmação do caráter ontologicamente histórico da realidade, que embasa e suporta a viabilidade do desenvolvimento e do aperfeiçoamento do gênero humano; a razão dialética refere, simultaneamente, uma determinada racionalidade objetiva, uma legalidade imanente ao processo da realidade e um sistema categorial capaz de reconstruir (ideal e subjetivamente) essa processualidade.

É supérfluo notar que a síntese dessas categorias nucleares realizou-se mediante (1) uma complicada relação de continuidade *e* ruptura com as tradições culturais do Ocidente e (2) no marco de quadros sócio-histuma -históricos bastante precisos, aos quais também a emersão e a articulação daquelas categorias muito devem. Este não é o espaço para aprofundar quaisquer desses dois núcleos temáticos. Cabe apenas assinalar, por um lado, que a fundação da razão moderna implicou a recuperação de conquistas da filosofia clássica (*v.g.*, a inclinação ontológica de um Aristóteles), ao mesmo tempo em que rompeu com constantes próprias ao seu resgate na reflexão medieval (*v.g.*, a subordinação da filosofia à teologia). Por outro lado, cumpre sublinhar o fenômeno, já suficientemente estudado, de que tal síntese está conectada ao processo global da Revolução Burguesa, no qual a burguesia expressa, na sua luta contra o *Ancien Régime*, os valores mais avançados e altos do conjunto da sociedade.

O que a mim me importa enfatizar aqui, prioritariamente, é a estrutura inclusiva da razão moderna e a sua imanente contraditoriedade com a constelação sócio-histórica que propiciou a sua constituição mesma.

A estrutura inclusiva da razão moderna é suportada pela *objetividade* e *processualidade* que ela verifica e reconstrói na realidade. Conforme Horkheimer demonstrou, a razão moderna é *objetiva* na escala em que considera que a racionalidade "é um princípio inerente à realidade", contido "não apenas na consciência individual, mas também no mundo objetivo: nas relações entre os homens e entre classes sociais, nas instituições sociais, na natureza e suas manifestações" (Horkheimer, 1973, p. 16-17). A reconstrução ideal dessa objetividade pela consciência dos homens é um árduo e laborioso trabalho, segundo o qual eles podem conhecer, mediatamente, o mundo de que são parte constitutiva — logo, entre a consciência e o mundo objetivo não há fratura ontológica. A implicação é uma unidade entre racionalidade objetiva (princípio inerente à realidade) e racionalidade subjetiva (reconstrução, na consciência, desse princípio). Mas essa unidade é *processual*, e em dois sentidos: o mundo é pensado enquanto movimento dinamizado contraditoriamente, o ser tem sua efetividade no processo de colisões que é o seu modo específico de ser; e a consciência que reconstrói esse movimento (um automovimento) procede, ela mesma, por aproximações.

Hegel: razão, intelecto e ontologia

Fica claro que estamos a nos mover na problemática que é própria ao sistema paradigmático da razão moderna — o sistema de Hegel. É nesse sistema que a razão moderna encontra a sua codificação mais conclusa. E não por acaso é nele que estão contidos alguns dos dilemas cruciais que sinalizam a tensionalidade dessa codificação.

Hegel — crítico de *toda* a filosofia anterior e, muito especialmente, das antinomias kantianas e do intuicionismo de seu antigo companheiro Schelling — discerne com inteira clareza as formas pelas quais a consciência conhece o mundo: a *intuição* (de que deriva um "saber imediato"), a *intelecção* (ou entendimento, pertinente à razão analítica) e a *razão dialética*. Explorando os matizes semânticos distintivos de *Verstand* (intelecto ou entendimento) e *Vernunft* (razão), Hegel pontua:

> O intelecto *determina* e mantém firmes as determinações. A razão é *negativa* e *dialética*, porque resolve no nada as determinações do intelecto; é *positiva*, porque cria o universal e nele compreende o particular (Hegel, 1968, p. 29).

A pontuação hegeliana, no mesmo passo em que ressalta que a razão (dialética) supera — e, portanto, *supõe* — a intelecção, indica a validez e a limitação do entendimento, substância do que é a *razão analítica* (ou abstrata, segundo alguns tratadistas), cujos procedimentos conaturais consistem na distinção, classificação, decomposição de conjuntos em suas partes (e, eventualmente, na sua recomposição), com ênfase nas inferências por via dedutiva e mediante modelos de caráter lógico e matemático. O entendimento é posto como um *modo operativo da razão*, que não critica os conteúdos dos materiais sobre que incide — antes, confere saliência às suas dimensões *formais*, evidentemente significativas. À razão analítica escapa o fluxo, a processualidade contraditória de seus objetos: só a dissolução das determinações intelectivas no movimento da razão dialética pode assegurar a reconstrução ideal da efetividade processual que as formas sinalizam fenomenicamente. A razão analítica não é incompatível com passos sintéticos; mas as operações de síntese que realiza lavram sobre as mesmas bases positivas dos seus procedimentos de análise, redundando na mera recomposição sistêmica dos conjuntos objetos da desconstrução por meio da intelecção (donde, aliás, como sugerem alguns tratadistas — cf., por exemplo, Mora, 1988, 4: 2783, a sua congruência com a razão sistêmica).

O tratamento hegeliano dos procedimentos intelectivos pode ser amplamente desdobrado para a compreensão exaustiva dessa modalidade operativo-racional, que é essencialmente *limitada* na escala em que — não envolvendo o caráter negativo e, portanto, *crítico* da razão, específico da sua dimensão dialética — *esgota* e *reduz* a racionalidade aos comportamentos manipuladores do sujeito em face do mundo objetivo. Parcela significativa da crítica cultural da "escola de Frankfurt" laborou explorando essa limitação e, com algumas inflexões peculiares, conduziu mesmo à vulnerabilização da razão (Adorno e Horkheimer, 1985; Marcuse, 1969; Adorno, 2009), num movimento em que, no limite, a inspiração hegeliana acaba por derivar exatamente naquilo que o genial filósofo recusaria de plano — a desqualificação da razão. É como reação a tal resultado que, mais recentemente, pensadores de algum modo ligados à "escola de Frankfurt" têm proposto uma releitura desta tradição crítica (cf. esp. Habermas, 1988).

Independentemente, porém, da exploração ulterior do seu legado, o sistema hegeliano concluía monumentalmente a articulação da razão moderna. Na sua formulação (estruturada sobre uma riqueza categorial que só encontraria símile na obra marxiana), a centralidade da razão estava assentada em que a racionalidade do real e a realidade da razão operavam-se historicamente pelo trabalho do Espírito. Os limites da razão eram postos, precisamente, em termos históricos: o *devir* movia-os tanto quanto a razão dialética dissolvia as fronteiras colocadas pelas determinações intelectivas. A centralidade da razão (*Vernunft*) concretizava-se na sua atualização constante, que inclusive incluía os seus "ardis" — e ainda que a coruja de Minerva só alçasse seu voo ao cair da noite. No devir, a história se racionalizava com a historicização da razão (dialética). A inclusividade da razão (*Vernunft*) expressa-se nesse jogo entre história/objeto e pensamento/sujeito que, na laboriosidade do Espírito que se alienou no mundo e que volta a se reconciliar com ele (ambos, Espírito e mundo, já *outros*), acabam por se realizar absolutamente.

Como indiquei, porém, a codificação hegeliana continha dilemas imanentes e cruciais. Esses residiam tanto nas implicações do idealismo objetivo do filósofo (determinante do *finalismo* que violenta a direção inerente ao seu pensamento) quanto na já desvendada e forçada prestidigitação mediante a qual ele enquadra inconsequentemente seu método em seu sistema; mas radicavam, basicamente, na ambiguidade e na ambivalência da sua concepção ontológica. Como Lukács (1976) demonstrou magistralmente, há, em Hegel, *duas* ontologias que convivem em tensão — uma, corretamente encaminhada a apreender a objetividade processual do ser (a "verdadeira" ontologia) e outra, centrada na unidade *identitária* entre racionalidade objetiva e racionalidade subjetiva (a "falsa" ontologia, manifesta fundamentalmente na tese da *identidade sujeito/objeto*). Sem retomar aqui a rigorosa análise lukacsiana desenvolvida no terceiro capítulo do primeiro volume da *Ontologia do ser social*, interessa apenas afirmar que é da base da(s) ontologia(s) hegeliana(s) que se irradiam os vetores que problematizam o conjunto da sua arquitetura sistemática. Da ultrapassagem dessa ontologia compósita é que depende a alternativa de recuperar, noutra construção teórico-sistemática (não necessariamente noutro *sistema*), os avanços contemplados no edifício hegeliano — vale dizer: só liberando a codificação hegeliana da hipoteca da sua "falsa" ontologia é possível resgatar as suas conquistas. E isso porque — assente-se desde já — a *fundação consequente e radical da razão dialética é função de uma ontologia*, ela mesma radical e dialética.

Razão analítica e ordem burguesa

Voltemos, contudo, ao segundo elemento que observei em relação à razão moderna: sua imanente contraditoriedade com a constelação histórico-social que propiciou a sua emergência.

A constituição da razão moderna é um processo imbricado na profunda *socialização da sociedade* que é comportada pela ordem burguesa: é o desenvolvimento do capitalismo que, engendrando os fenômenos característicos da industrialização e da urbanização e reclamando saberes necessários a um crescente controle da natureza, instaura o patamar histórico-social no qual é possível apreender a *especificidade* do ser social. Com efeito, é apenas na ordem burguesa, com o acelerado "recuo das barreiras naturais" — como Marx e Engels referiram-se a esse processo —, que "é possível reconhecer na sociedade a realidade", com o homem podendo revelar-se como "ser social" (Lukács, 1965, p. 40). É somente no terreno das formações histórico-sociais embasadas no capitalismo que a produção e a reprodução da vida social podem aparecer aos homens como o resultado das suas relações, com a natureza e consigo mesmos — donde, também, ser possível, apenas em tais formações, a emergência de teorias especificamente sociais.

A massa crítica disponível na tradição cultural de que somos legatários demonstra sobejamente que a *socialização da sociedade* propiciou a emersão da razão moderna, também deflagrando um desenvolvimento inaudito da intelecção. A lógica do evolver do capitalismo demanda um conhecimento desantropomorfizador da natureza — não é acidente histórico que a esse evolver corresponda a emersão dos *padrões de conhecimento científico* da natureza. A mesma massa crítica indica que a esse "desencantamento do mundo" (Weber) é imperativo um *comportamento instrumental*: a lógica do desenvolvimento capitalista implica uma atitude *manipuladora* em face da natureza, que reclama precisamente o conjunto de procedimentos próprio à intelecção — a *ação* (social) exigida por aquela lógica demanda a quantificação, a calculabilidade, a formalização. A razão analítica é, pois, o *organon* privilegiado da relação entre sujeito e objeto: é o *cálculo racional* que parametra a intervenção do primeiro sobre o segundo. A *racionalização do mundo objetivo*, simétrica ao seu "desencantamento", todavia, não se restringe ao trato do metabolismo sociedade/natureza: o desenvolvimento do capitalismo, a constituição e a consolidação da ordem burguesa, é não só a estruturação de uma nova sociabilidade sobre a socialização da sociedade; é, na mesma e contraditória medida, a estruturação de uma específica forma fenomênica do social, aquela engendrada pela *reificação*. O generalizado processo de reificação das relações sociais, peculiar à ordem burguesa e que se irradia da universalização da *mercadoria* (Marx, 1983, I, 1, 4; Lukács, 1965), não responde somente pela *pseudo-objetividade* com que reveste a processualidade social (Kosik, 1969); responde, ainda, pela *extensão da racionalidade analítica ao domínio das relações sociais.* Correlatamente, a consolidação da ordem burguesa *tende* a reduzir a racionalidade à intelecção.

Essa tendência — *necessária*, do ponto de vista do desenvolvimento capitalista — não é algo residual ou epifenomênico na ordem burguesa. Antes, é um componente sócio-objetivo que condiciona, com ponderação diferenciada segundo o estágio de desenvolvimento do capitalismo e as conjunturas políticas, a elaboração teórico-filosófica. Não é por azar que o período ascensional da burguesia propiciou empreendimentos culturais que a superaram (não se pense apenas em Hegel, mas também em alguns passos da Economia Política clássica), assim como não é por casualidade que tais empreendimentos se tornam progressivamente mais raros depois da consolidação do poder político burguês e da grande crise cultural que se registra entre a terceira e a quarta décadas do século XIX (Lukács, 1968). É a essa tendência que, em termos histórico-culturais, deve-se creditar a hipertrofia prática do comportamento instrumental e a redução teórica da razão à racionalidade analítica.

De fato, se o desenvolvimento da razão moderna é congruente com a (e mesmo indispensável à) lógica da ordem burguesa enquanto promove a produção de um modo desantropomorfizador de pensar a natureza, é com ela *colidente* no que tange às implicações de, pelo menos, duas das suas categorias nucleares: o historicismo concreto e a dialética. Ambas, no limite, conduzem à apreensão do *caráter historicamente transitório* da ordem burguesa; dessa apreensão podem resultar comportamentos sociopolíticos que põem em risco essa ordem. Pensá-la enquanto forma histórica determinada, aberta a desenvolvimentos que neguem suas estruturas substantivas e passíveis de estabelecer uma nova sociabilidade, é proceder no sentido da sua deslegitimação. A ordem burguesa, propiciadora da emersão da razão moderna, a partir de um dado patamar de desenvolvimento termina por se incompatibilizar com a sua integridade: por sua lógica imanente, deve prosseguir estimulando o evolver da razão analítica (a intelecção), mas deve, igualmente, obstaculizar os desdobramentos da sua superação crítica (a dialética). Uma indicação: se os modelos lógico-matemáticos e a regulação da ação (social) por regras formais lhe são conaturais e indispensáveis (Weber, 1999; Lukács, 1965), é-lhe intolerável, como Lukács observou em 1923, situar o *problema do presente* como *problema histórico.*

Eis por que a ordem burguesa opera constritivamente sobre a reflexão racional, mediante dois condicionalismos vinculados, mas distintos em sua efetividade e em sua ponderação: por meio da estrutura fenomênica peculiar com que recobre seus processos sociais (a pseudo-objetividade) e da modalidade ideal de representação que reclama de seus sujeitos (a razão analítica, propiciadora privilegiada da ação instrumental). O primeiro tende a obscurecer a *socialização da sociedade*; o segundo tende a equalizar as relações sociais às relações manipuladoras similares às do intercâmbio sociedade/natureza. Eis por que, enfim, a fundação radical e consequente da razão dialética exige uma elaboração que, prosseguindo com a centralidade que lhe atribuíra o pensamento ilustrado em sua codificação crítica maior — a hegeliana —, estabeleça uma *nova ontologia*, capaz de explicitar a especificidade do ser social e apurar os procedimentos adequados para conhecê-lo, resguardando aqueles que se mostraram válidos noutros domínios (do ser e do conhecimento).

A ontologia marxiana

Somente a partir da quarta década do século XIX puseram-se as condições para a constituição dessa nova ontologia. Condições histórico-sociais: a consolidação da ordem burguesa e a explicitação das suas possibilidades mais substantivas. E condições teórico-culturais: as bases ideais desenvolvidas e articuladas para a apreensão da historicidade dessa ordem. Condições que, interagentes e maduras, estruturaram um genuíno quadro de *crise* — crise histórico-social, tipificada nas revoluções de 1848; crise teórico-cultural, tipificada na dissolução do hegelianismo e da Economia Política clássica. De uma, resultará a emersão de um novo sujeito histórico, a nova "classe para si", o proletariado; de outra, as duas principais matrizes teóricas da Modernidade: a *obra marxiana* e o par *racionalismo analítico-formal/irracionalismo moderno*, formando esses últimos aquela "polaridade antitética" (Lukács) que configura o campo em que se movem, há mais de 150 anos, as mais diversas tendências do pensamento refratário à razão dialética.

A nova ontologia teve elaborados os seus fundamentos por Marx e está na base da sua obra. É despiciendo sugerir que ela é impensável sem uma crítica radical da ordem burguesa, sustentada por uma perspectiva de classe; é supérfluo recordar que ela resulta de uma preliminar e árdua pesquisa teórica, que se estendeu — pelo menos — por três lustros (1843-1858); e é desnecessário sublinhar que ela se ergueu mediante um triplo movimento crítico: além da crítica da ordem burguesa, a análise das tendências estruturais dessa ordem e o reexame do que de mais significativo havia no patrimônio teórico-cultural existente.

A ontologia marxiana é, antes de mais nada, uma ontologia do ser social. É legítima a consideração de que ela pressupõe uma ontologia *geral* do ser — mas é evidente, na sua reconstituição e desenvolvimento pelo último Lukács, que essa pressuposição está longe de se conformar com o referencial do "marxismo-leninismo" (que alguns remontam ao "velho" Engels), que postulou a dialética do social como extensão da dialética da natureza. A determinação central da ontologia marxiana como especificamente referida ao ser social está na sua categoria *fundante*, a categoria de *práxis*, cuja pertinência é exclusiva aos indivíduos pertencentes ao gênero humano.

Realçar o caráter social da ontologia marxiana é tão importante como ressaltar que só com a resolução dos problemas centrais da ontologia do ser social é que Marx pôde efetuar com pleno êxito a tarefa de elaborar uma teoria da ordem burguesa (ou seja: a reprodução ideal do movimento do ser social na ordem burguesa). Entendamo-nos: não está aqui indicada uma sucessão linear de problemas/soluções na obra marxiana. O conhecedor dessa obra bem sabe que, no marco de uma reflexão inconclusa que se prolongou por quatro décadas, há nela complicados movimentos de exploração de núcleos temáticos, de seu abandono, de seu resgate em outro nível etc. A elaboração teórico-metodológica de Marx imbrica-se na sua elaboração ontológica — esta, de fato subordinando aquela. Mas os dois planos de investigação são simultâneos e intercorrentes. O que quero destacar é que somente quando resolveu os complexos problemas ontológico-sociais mais elementares é que Marx equacionou com riqueza e plasticidade a problemática histórico-social posta pela ordem burguesa — ou, se se quiser, somente quando elucidou a ontologia do ser social Marx pôde apreender o concreto movimento do capital na ordem societária que ele comanda.

Essa colocação enfática parece-me corroborada suficientemente pelo exame do dinamismo particular do pensamento marxiano. Não é por um acidente qualquer que a sua elaboração privilegiada da categoria de *práxis*, fundante da ontologia do ser social que embasa a sua teoria social, tenha como balizas dois momentos intensivos de esforços teóricos: inicia-se entre 1844-1846, nas reflexões exaradas nos *Manuscritos econômico-filosóficos de 1844* (Marx, 2015), no primeiro capítulo d'*A ideologia alemã* e nas *Teses sobre Feuerbach* (Marx; Engels, 1982) e culmina, entre 1857-1858, nos célebres *Grundrisse...* (Marx, 2013). De uma parte, o primeiro andamento, inscrito no confronto inicial com a Economia Política e na adesão ao projeto socialista revolucionário (comunista) do proletariado, assinala a descoberta do *trabalho* (objetivo, ineliminável intercâmbio material da sociedade com a natureza) como processo matrizador ontológico-primário da sociabilidade. É essa descoberta que permite a Marx uma crítica radical do materialismo de Feuerbach e uma recuperação, igualmente crítica, da hegeliana *Fenomenologia do Espírito*. Doutra parte, o derradeiro andamento concretiza o *processo de trabalho como modelo da práxis*, abrindo de vez a via para a compreensão do modo de ser e reproduzir-se do ser social enquanto gestador de *totalidades complexas, concretas e dinâmicas,* com legalidades próprias e estruturas particularizadas historicamente. É essa concretização que permite a Marx uma crítica radical da ordem burguesa na construção da teoria social de que *O capital* será a pedra angular. É no decurso desses três lustros (de ingentes estudos e pesquisas, dramáticas e enriquecedoras experiências de intervenção política) que Marx elabora a categoria fundante de uma razão dialética tornada consequente e radical pela sua constitutiva impostação ontológico-materialista — categoria, pois, que é "uma forma de ser", uma "determinação da existência".

Práxis, trabalho, objetivação

É impossível, nos limites que aqui me imponho, explorar a tematização marxiana da práxis sem reduzir, quase em termos de esquema pauperizador, a riqueza e a fecundidade da sua elaboração. Com a consciência desse risco, proponho-me a tão somente indicar alguns de seus traços pertinentes.

Para Marx, o gênero humano resulta de um *salto* na dinâmica da natureza (inorgânica e orgânica), que sofreu uma inflexão substantivo-estrutural quando se instaurou o ser social: esse foi colocado pelo *processo de trabalho* (*trabalho* entendido no sentido do inglês *work*, não *labour*). Com o trabalho, que é uma atividade desconhecida no nível da natureza, posto que especificado pela *teleologia* (quando o que a natureza conhece é a *causalidade*), um determinado gênero de ser vivo destacou-se da legalidade natural e desenvolveu-se segundo legalidades peculiares. É o *pôr teleológico* que instaura o ser social, cuja existência e desenvolvimento supõem a natureza e o incessante intercâmbio com ela — mas cuja estrutura é diversa da dela e dela tende a se afastar progressivamente, mercê de uma crescente e cada vez mais autônoma complexidade. Portador do ser social, mediante a apropriação da herança cultural pela via da sociabilização, cada indivíduo do gênero humano é tanto singularidade quanto universalidade e só existe como ser social enquanto é *ser objetivo* — isto é, ser que se objetiva. E sua objetivação ontológico-primária é precisamente o trabalho — atividade necessariamente coletiva — donde a determinação marxiana do homem como *ser prático e social*.

Vale aqui um rápido parêntese para rebater, de plano, uma crítica que importantes interlocutores de Marx lhe dirigem — aquela segundo a qual Marx foi capaz de apreender com argúcia as determinações fundamentais da relação sociedade/natureza, mas deixou na sombra as distintivas da relação intrassocial. Essa crítica, bem representada pela argumentação habermasiana, conforme a qual Marx não atentou devidamente para as pertinências da dinâmica entre "trabalho" e "interação", é improcedente: ao contrário do que sugere Habermas, a racionalidade da ontologia marxiana não está limitada a uma "razão teleológica" ou "estratégica" (Habermas, 1988, I); antes, expressa-se inclusiva e particularizadamente nas várias formas de objetivação social. Marx não *reduz* as objetivações ao trabalho e, menos ainda, não *deriva* dele as objetivações sociais. De fato, o processo de trabalho é tão somente a objetivação ontológico-social *primária*; ineliminável, tem gradualmente a sua ponderação alterada na constituição de uma estrutura antropológica sempre aberta que, cada vez mais rica, comporta outras objetivações e delas se realimenta. O mencionado processo de *socialização da sociedade* consiste, exatamente, em fazendo recuar as "barreiras naturais", na atualização de crescentes possibilidades de novas objetivações. É esse processo que, para Marx, configura a *essência humana* do ser social, explicitação dinâmica e movente de uma estrutura histórica de possibilidades: a objetivação, a sociabilidade, a universalidade, a consciência e a liberdade. Tais atributos, produzidos no desenvolvimento especificamente histórico, configuram o ser social como *um ser que escolhe* — o homem, dirá Lukács, é um *ser que responde*. O trabalho, *pondo o ato teleológico*, põe a possibilidade da *liberdade*: escolha entre alternativas concretas.

Entretanto, como anotei, além de não reduzir a objetivação ao trabalho, Marx também *não deriva* dele, à moda de consequência, as outras objetivações. Se todas as objetivações do ser social conectam-se às suas necessidades ontológicas de produção e reprodução, à medida que ganham articulação própria implicam *legalidades* irredutíveis e relativamente autônomas. Pensemos, por exemplo, na famosa consideração marxiana da arte grega, formulada em 1857 (Marx, 1971, 1: p. 31-33): Marx recusa-se a ver na obra homérica uma simples extensão das homologias estruturais que fariam as delícias de um pensador qualificado como L. Goldmann. A ontologia social marxiana, como foi cabalmente demonstrado por Lukács (1976-1981), em função exatamente de conferir ao trabalho o posto central na constituição da sociabilidade como modelo da práxis, é capaz de fundar a especificidade de objetivações altamente diferenciadas — como, nos próprios desenvolvimentos lukacsianos, o caráter desantropomorfizador da ciência, a particularidade antropomorfizadora da arte como autoconsciência da humanidade e a peculiaridade da religião (longe do mero "ópio do povo") como portadora de valores humano-genéricos no plano da vida cotidiana (Lukács, 1966, 1970, 1981; Heller, 1975).

A práxis é reconstruída teoricamente por Marx como a *atividade objetivo-criadora do ser social* — e o trabalho, repita-se, é a sua forma ontológico-primária. É a práxis que expressa a especificidade do ser social. Seu desenvolvimento e complexidade crescente é o indicador do desenvolvimento e da complexidade crescente do ser social. Tomada historicamente em suas formas já desenvolvidas, ela pode ser pensada em modalidades muito diversificadas, baseadas na distinção lefebvreana entre *mimesis* e *poiesis* (Lefebvre, 1965) até as caracterizações mais difundidas de práxis *produtiva, científica, estética* e *política* — desta, a forma mais alta seria a *revolucionária* (Vázquez, 1968). Por mais interessantes que sejam essas categorizações de práxis, o que importa é determiná-la como o *constitutivo* do ser social.

Enquanto tal, é a práxis que concretiza a antiga e basilar formulação de Vico, segundo a qual a diferença específica entre a história da natureza e a história da sociedade é que essa última é produzida pelos homens. E concretiza-a fornecendo a Marx a chave heurística para a compreensão do movimento histórico: este, nada mais é que a produção e a reprodução dos homens por si mesmos, o processo total das suas objetivações. Expurgada a apreciação dessa dinâmica de qualquer finalismo, Marx compreende que, se cada objetivação é um ato teleológico, nem por isso há uma teleologia na história: a história é um campo aberto de possibilidades entre a *liberdade concreta de cada indivíduo* e *a necessidade e a legalidade objetivas* que decorrem da interação das suas objetivações que, efetivadas, desencadeiam processos que transcendem os sujeitos. A historicidade que Marx apreende na sociedade é-lhe imanente: resulta de que a sociedade é o processo global das objetivações sociais, sua produção e reprodução, suas interações (donde, ademais, em Marx, a superação da velha antinomia indivíduo/sociedade: só pode haver indivíduo humano-social em sociedade).

Ser social e totalidade

A ontologia social marxiana, fundada na práxis e centrada no trabalho, apreende a constituição do ser social como a constituição de *complexos de complexos*: a realidade social é uma *totalidade concreta composta por totalidades concretas de menor complexidade.*

O *pôr teleológico* da forma modelar de práxis, o trabalho, inaugurou um novo modo de ser do ser, o social, cuja estrutura peculiar não obedece às regularidades naturais, inorgânicas e/ou orgânicas (donde, pois, a inépcia, para compreender o ser social, da extrapolação de regularidades ou "leis" operantes naqueles modos de ser do ser). O próprio da estrutura do ser social é o seu *caráter de totalidade*: não um "todo" ou um "organismo", que integra funcionalmente partes que se complementam, mas um sistema histórico-concreto de relações entre totalidades que se articulam segundo o seu grau de complexidade. A menor componente da totalidade concreta que é a sociedade, sendo uma totalidade de *menor* complexidade, jamais é um elemento simples: o ser que se especifica pela práxis é, quando já pode ser verificado faticamente, *altamente* complexo. Por isso mesmo, a *unidade* da totalidade concreta que é a realidade social (a sociedade) não pode ser integramente apreendida nos termos habituais de "função", recurso explicativo válido para o sistema de relações todo/parte; ela só pode ser adequadamente tomada quando a investigação histórica identifica, na totalidade concreta, aquele(s) complexo(s) que é (são) ontologicamente determinante(s) para a sua reprodução.

Em Marx, portanto, a historicidade já mencionada é sempre a *historicidade de um complexo*; a história, inscrita na irreversibilidade objetiva do tempo, nela não se esgota — seus componentes efetivos são a existência de uma estrutura que se produz e reproduz ampliadamente, a transformação estrutural, a direção e as tendências das transformações etc.

A totalidade concreta é dinamizada pela *negatividade* que atravessa os complexos de complexos que a constituem. O movimento de todas as instâncias do ser social resulta de serem elas constelações de forças cujo equilíbrio dinâmico (que lhes confere *formas*) se rompe, do interior, por aqueles vetores que operam no sentido da desestruturação da(s) forma(s) estabelecida(s). Assim, a totalidade concreta só é dinâmica enquanto portadora de uma negatividade imanente que a processualiza — *uma totalidade sem negatividade é uma totalidade morta*. Mas a historicidade não se conforma num movimento unilinear: em cada totalidade constitutiva da totalidade social, a negatividade que a dinamiza refrata-se de acordo com as suas particularidades — a negatividade realiza-se no marco de um *sistema de mediações* que responde, no movimento da totalidade social concreta, pelo *desenvolvimento desigual* das suas totalidades constitutivas. Assim, a totalidade concreta (como suas componentes) é dinamizada através de mediações — *uma totalidade sem mediações é uma totalidade amorfa, inestruturada*.

A essas determinações ontológicas chega Marx quando, estabelecendo a práxis como fundante da especificidade do ser social, ele se empenha em compreender a ordem burguesa. Então, trata-se de apreender o modo de ser e de se reproduzir do ser social no interior de uma forma histórica concreta: trata-se de examinar, na totalidade sócio-histórica que é a ordem burguesa, as totalidades ontologicamente mais complexas — e, depois da verificação fática da sua gravitação, as mais determinantes do movimento (produção e reprodução) do ser social. A legalidade desse movimento só pode ser apreendida com o exame da estrutura de cada complexo constitutivo da totalidade social e das mediações que entretece, na sua dinâmica, com os demais complexos. A apreensão teórica demanda uma vinculação do sujeito que pesquisa com o objeto pesquisado que é *comandada* pela concreção deste último; *o método de investigação* não é um conjunto de regras formais de análise, externas às peculiaridades do objeto, mas uma *relação* que permite ao sujeito apanhar a dinâmica própria do objeto.

É a essa relação que Marx ascende, em 1857-1858, e que lhe descortina a visibilidade do *processo* da ordem burguesa, em cujo marco o movimento do ser social apresenta uma legalidade particularizada historicamente. *O capital* não é mais que a explicitação ideal de um dos movimentos medulares daquela ordem e daquele ser.

O sono de Clio e a toupeira da história

Marx abriu a via para a fundação, consequente e radical, da razão dialética que Hegel, com os vieses que conhecemos, cristalizara na sua codificação. E o fez quando situou na sua base uma ontologia social ancorada na práxis: só essa pode sustentar a dialeticidade objetivo-materialista de uma racionalidade que transcende os procedimentos cognitivo-racionais dirigidos para a manipulação do mundo objetivo (que compreende, certamente, o mundo social).

A alternativa marxiana, contudo, não foi explorada e desenvolvida. Um largo elenco de motivos e causas pode esclarecer por que a impostação ontológica de Marx só foi explícita e decisivamente retomada quase um século depois da sua morte — e, dentre eles, o abastardamento da sua obra como fonte de apologia de práticas políticas seguramente desempenhou papel não desprezível. No entanto, o fato central é que a impostação marxiana encontrava-se — e encontra-se — em franco e frontal *antagonismo* em face dos suportes histórico-sociais do pensamento próprio à ordem burguesa consolidada e das direções imanentes desse mesmo pensamento.

De uma parte, a constituição da ontologia e da teoria sociais marxianas, sabe-se, tem como *ponto arquimédico* a *perspectiva da revolução* — e se essa perspectiva propiciou a Marx lançar as bases do (auto)conhecimento veraz do movimento da ordem burguesa, também determinou um sistemático esforço ideológico para desacreditá-las e desqualificá-las. De outra parte, e mais significativamente, a dinâmica da ordem burguesa opera para dificultar, progressivamente, a superação dos limites da racionalidade instrumental que lhe é conatural. Os fenômenos conexos à reificação das relações sociais, ao aprofundamento da divisão sociotécnica do trabalho, ao parasitismo social e à ambiência generalizada do que Lukács, na esteira de Marx, sinalizou como "decadência ideológica" constrangem vigorosamente os esforços para pensar ontologicamente a vida social. Nesse marco, compreende-se que as orientações e direções intelectuais predominantes sejam aquelas marcadas alternadamente pelo epistemologismo, pelo formalismo e pelo empirismo, condutos diversos pelos quais a razão analítico-formal é entronizada como *o* espaço da racionalidade.

A perspectiva aberta pela impostação marxiana redefine e redimensiona a herança da Ilustração — que, como quer Rouanet (1993), é apenas um capítulo da história mais ampla do Iluminismo: mantém a centralidade da razão (dialética) num projeto em que a racionalização do ordenamento das relações sociedade/natureza, colocada por um desenvolvimento exponenciado das forças produtivas, é condição necessária para o estabelecimento de um ordenamento social racional — mas somente condição necessária, *possibilidade objetiva*: sua realização demanda uma *vontade política*, também racional (porque fundada no conhecimento teórico do movimento da ordem burguesa), capaz de romper com o domínio do capital. As promessas da Ilustração não são falsas nem se exaurem *antes* da superação da ordem do capital: necessitam, tão somente (o que não é pouco, nem adjetivo...), de uma fundamentação histórico-concreta que as atualize e as promova no jogo das forças sociais vivas, organizadas e conscientes dos seus interesses. *Mas esta projeção só se sustenta consequentemente sobre a ontologia posta a partir da práxis.*

Sem essa necessária impostação ontológica e nas fronteiras da racionalidade analítico-formal, o projeto iluminista-ilustrado foi perdendo densidade em face da consolidação da ordem burguesa. Nessa, o crescente controle da natureza — implicando uma prática (social) basicamente manipuladora e instrumental — revela-se funcional ao movimento do capital e aquela racionalidade se identifica com a razão *tout court*. Mas a racionalização do intercâmbio sociedade/natureza não conduziu (nem conduz) à liberação e à autonomia dos indivíduos. Mais ainda: paradoxalmente, a *hipertrofia da razão analítica implica a redução do espaço da racionalidade*. Todos os níveis da realidade social que escapam à sua modalidade calculadora, ordenadora e controladora são remetidos à *irratio*. O que não pode ser coberto pelos procedimentos formal-analíticos torna-se território da irracionalidade. O aparente paradoxo (porque de aparência se trata) tem revelada a sua lógica: quanto mais a razão, à falta de fundamentação ontológica, se empobrece na analítica formal, mais avulta o que parece ser irracional. Desde a consolidação da ordem do capital, a progressiva esqualidez da razão analítico-formal vem sendo "complementada" com o apelo à *irratio*: o racionalismo positivista (e sua apologia da ordem burguesa) caminhou de braços dados com o irracionalismo (e com seu anticapitalismo romântico) de Kierkegaard e de Nietzsche; o neopositivismo lógico conviveu com o existencialismo de um Heidegger; o estruturalismo dos anos 1960 não foi perturbado pela explosão "contracultural"; o pós-estruturalismo coexiste com a imantação escandalosa operada hoje pelos mais diversos esoterismos. (Na transição do estruturalismo ao pós-estruturalismo, registre-se, o velho Marx volta a ser objeto de interesse: o *marxismo analítico* é a expressão mais contemporânea das tentativas de esvaziar o substrato ontológico da obra marxiana.) Não há, no horizonte perscrutável, nenhuma indicação de que essa polaridade antitética esteja por esgotar a sua reserva reiterativa; ao contrário, tudo sugere que o movimento da ordem burguesa continuará repondo a exigência de compensar/complementar a *miséria da razão* com a *destruição da razão*.

Neste final do século XX, assiste-se privilegiadamente ao mesmo e conhecido filme: o epistemologismo da razão analítica, a sua negação ontológica da totalidade concreta e o seu agnosticismo social, que remete aos extremos do relativismo e do empirismo, conjugam-se com o neo-irracionalismo, que constrói ontologias miticizantes, mistifica a totalidade concreta no holismo e/ou a amesquinha em proveito do simulacro e do fragmento. Porém, a película é apresentada em novas cores: se o instrumentalismo da razão analítico-formal torna-se mais modesto pela evidência da irracionalidade global das atuais formas do intercâmbio sociedade/natureza (é impossível ignorar, por exemplo, a iminência da crise ecológica), os novos irracionalismos já não têm nenhuma pretensão ou devaneio rebelde — são agora bem-comportados e realistas e proclamam (inclusive capitalizando o fracasso das experiências do "socialismo real" como o "fim do socialismo") o colapso da história e das utopias, entre as quais arrolam as bandeiras ilustradas.

No ocaso do século XX, pois, a "dissolução do homem" que o venerável Lévi-Strauss reclamava das ciências humanas parece estar cumprida: no terreno da razão analítico-formal, não há dúvidas de que o "Sujeito" desapareceu; no contraponto neo-irracionalista, é substituído pelos "sujeitos" atomizados, cuja identidade evanescente e meteoricamente constituinte esgota-se no protagonismo "situacionista". Parece consumada a vitória da estrutura sobre o sujeito — mais exatamente: da manipulação e da instrumentação sobre a atividade objetivo-criadora. Parece, enfim, que figuras como a *práxis*, a *dialética* e a *revolução* (figuras que, no fundo, remetem-se substantivamente) exilam-se no museu imaginário do passado, com Clio imersa num sono aparentemente irreversível.

Entrementes, aqui e ali, para além dos escombros do "socialismo real", para além da miserável realidade do capitalismo tardio, ouvidos sensíveis captam sons estranhos. É bem provável que sejam o ruído do trabalho daquela toupeira de que falaram Hegel e Marx — não seria a primeira vez, afinal, que a história, essa velha dama indigna, brinca de esconde-esconde com seus próprios criadores.

Referências

ADORNO, T. W. *Dialética negativa*. Rio de Janeiro: Jorge Zahar, 2009.

ADORNO, T. W.; HORKHEIMER, M. *Dialética do esclarecimento*. Rio de Janeiro: Zahar, 1985.

ALTHUSSER, L. *A favor de Marx*. Rio de Janeiro: Zahar, 1979.

COUTINHO, C. N. *O estruturalismo e a miséria da razão*. São Paulo: Expressão Popular, 2010.

FOUCAULT, M. *As palavras e as coisas*. São Paulo: Martins Fontes, 2000.

HABERMAS, J. *Teoría de la acción comunicativa*. Madrid: Taurus, I-II, 1988 [ed. bras.: *Teoria do agir comunicativo*. São Paulo: Martins Fontes, I-II, 2012].

HEGEL, G. W. F. *Ciencia de la lógica*. Buenos Aires: Solar/Hachette, 1968 [ed. bras.: *A ciência da lógica*. In: *Enciclopédia das ciências filosóficas em compêndio*. v. 1. São Paulo: Loyola, 1995].

HELLER, A. *Sociologia della vita quotidiana*. Roma: Riuniti, 1975.

HORKHEIMER, M. *Crítica de la razón instrumental*. Buenos Aires: Sur, 1973.

KOSIK, K. *Dialética do concreto*. Rio de Janeiro: Paz e Terra, 1969.

LEFEBVRE, H. *Métaphilosophie*. Paris: Minuit, 1965 [ed. bras.: *Metafilosofia*. Rio de Janeiro: Civilização Brasileira, 1967].

LÉVI-STRAUSS, C. *Antropologia estrutural*. Rio de Janeiro: Tempo Brasileiro, 1967.

_____. *La pensée sauvage*. Paris: Plon, 1962 [ed. bras.: *O pensamento selvagem*. São Paulo: Nacional, 1976].

LUKÁCS, G. *Histoire et conscience de classe*. Paris: Minuit, 1965 [ed. bras.: *História e consciência de classe*. São Paulo: Martins Fontes, 2003].

_____. *Estética I. La peculiaridad de lo estético*. Barcelona/México: Grijalbo, 1968.

_____. *El asalto a la razón*. Barcelona/México: Grijalbo, 1968.

_____. *Introdução a uma estética marxista*. Rio de Janeiro: Civilização Brasileira, 1970.

_____. *Ontologia dell'essere sociale*. Roma: Riuniti, I-II, 1976-1980 [ed. bras.: *Para uma ontologia do ser social*. São Paulo: Boitempo, I-II, 2012-2013].

MARCUSE, H. *Ideologia da sociedade industrial*. Rio de Janeiro: Zahar, 1969.

MARX, K. *Manuscrits de 1844*. Paris: Éd. Sociales, 1969 [ed. bras.: *Cadernos de Paris & Manuscritos econômico-filosóficos de 1844*. São Paulo: Expressão Popular, 2015].

_____. *Elementos fundamentales para la crítica de la economia política. (Borrador). 1857-1858*. Buenos Aires: Siglo XXI, 1-3, 1971 [ed. bras.: *Grundrisse. Manuscritos econômicos de 1857-1858. Esboços da crítica da economia política*. São Paulo/Rio de Janeiro: Boitempo/Ed. UFRJ, 2011].

_____. *O capital. Crítica da economia política*. São Paulo: Abril Cultural, I, 1983.

MARX, K.; ENGELS, F. *A ideologia alemã. Feuerbach*. São Paulo: Ciências Humanas, 1982 [ed. integral: *A ideologia alemã*. São Paulo: Boitempo, 2007].

MORA, J. F. *Diccionario de filosofia*. Madrid: Alianza, I-IV, 1988.

ROUANET, S. P. *Mal-estar na modernidade*. São Paulo: Cia. das Letras, 1993.

SARTRE, J.-P. *Crítica da razão dialética*. Rio de Janeiro: DP&A, 2002.

VÁZQUEZ, A. S. *Filosofia da práxis*. Buenos Aires/São Paulo: Clacso/Expressão Popular, 2007.

WEBER, M. *Economia e sociedade*. Brasília: Ed. UnB, 1-2, 1999.

Engels: o *Anti-Dühring*

Exatamente na passagem dos 120 anos do falecimento de Friedrich Engels (28/XI/1820-05/VIII/1895)[146] torna-se disponível para o leitor brasileiro, em tradução direta do original alemão, *A revolução da ciência segundo o senhor Eugen Dühring* (*Herr Eugen Dührings Umwälzung der Wissenschaft*)[147]. Conhecida como *Anti-Dühring*, a obra foi publicada em livro em 1878, em Leipzig, reunindo materiais já dados à luz, em 1877-1878, através do *Vorwärts*, que sucedeu ao *Volksstaat* como o jornal dos social-democratas alemães.

O texto engelsiano logo converteu-se num "clássico": êxito de vendas (em vida de Engels, tirou três edições), formou as primeiras gerações de marxistas — juntamente com *Do socialismo utópico ao socialismo científico*, dele extraído[148] — e se constituiu, "após o *Manifesto comunista*, [n]a mais popular introdução ao marxismo"[149]. De fato, não há nenhum exagero nas palavras de um dos mais autorizados biógrafos de Engels e estudioso do movimento operário alemão no século XIX, palavras segundo as quais o *Anti-Dühring* "revelou aos dirigentes da social-democracia alemã o conteúdo, o sentido e a essência da teoria de Marx, que era também a de Engels"; e mais: "Essa obra é realmente a que dá início a uma verdadeira escola e uma verdadeira tradição marxistas no continente [europeu]"[150]. Doutra parte, o primeiro grande editor de Marx e Engels já afirmara que razão assiste àqueles que consideram "que o *Anti-Dühring*, depois d'*O capital* e com ele, é a obra mais importante do marxismo"[151].

Ao longo do século XX, o livro de Engels foi objeto de intensas discussões e querelas, envolvendo marxistas e estudiosos de Marx, militantes políticos e acadêmicos, no curso das quais se registraram inclusive situações constrangedoras[152] — se, para muitos, no *Anti-Dühring* tem-se a "enciclopédia do marxismo", para outros, nele se evidencia um "antagonismo entre a filosofia marxista do proletariado e a de Engels"[153]. Antes de sinalizar algo de tais polêmicas[154], vejamos rapidamente em que contexto ídeo-político o *Anti-Dühring* foi redigido.

1

Em 1869, após quase 20 anos escravizado a atividades empresariais em Manchester (período que designava, ironicamente, como o seu "cativeiro egípcio" e durante o qual acumulou um significativo patrimônio[155]), Engels viu-se livre para se dedicar exclusivamente à vida política e ao trabalho intelectual. Para tanto, transferiu-se — com Lydia ("Lizzy", "Lizzie") Burns, sua segunda companheira — para Londres, em setembro de 1870, fixando residência na Regent's Park Road, 122, a um quarto de hora da casa de Marx.

No primeiro lustro dos anos 1870, Engels exerceu ativa intervenção política, inicialmente centrada no âmbito da *Associação Internacional dos Trabalhadores* (conhecida ulteriormente como *Primeira Internacional*). Pouco depois de sua chegada a Londres, passa a integrar (4 de outubro) o Conselho Geral da organização; responsável por suas relações com 5 países europeus (Bélgica, Itália, Espanha, Portugal e Dinamarca), participa das suas reuniões ordinárias e dos seus eventos maiores (Conferência de Londres/setembro de 1871, Congresso de Haia/setembro de 1872) e se envolve frontalmente na luta interna travada pela direção contra Bakunin[156]. Desenvolve intensa atividade publicística: por exemplo, acompanhando a guerra franco-prussiana, escreve (julho/1870-fevereiro/1871) mais de 50 artigos para a *Pall Mall Gazette*, de Londres. Na sequência imediata da proclamação da Comuna de Paris, oferece ao Conselho Geral (sessão de 21 de março de 1871) uma primeira informação da insurreição proletária[157]. Simultaneamente, avança nos seus estudos e pesquisas: prossegue sua investigação sobre a história da Irlanda[158]; em 1872-1873, publica os artigos que logo constituirão *Sobre a questão da moradia*[159] e começa, em maio de 1873, a reunir e elaborar materiais para a sua *Dialética da natureza* (que restou um projeto inconcluso[160]).

Em meio a tantas tarefas e tantos projetos, Engels também acompanha o que se passa na Alemanha: o evolver do movimento socialista, acelerado desde meados do decênio anterior[161]. O movimento avançava em sua organização, dividido entre os seguidores de Lassalle (articulados, a partir de 1863, na *Associação Geral dos Trabalhadores Alemães*) e o segmento proletário aglutinado em torno de W. Liebknecht e A. Bebel (que, em agosto de 1869, realizou um congresso em Eisenach, de que surgiu o *Partido Operário Social-Democrata*).

Marx e Engels, que apoiavam Liebknecht e Bebel — correspondendo-se com eles e colaborando com a sua imprensa —, seguiam com atenção e cuidado os esforços que então se faziam para aproximar os dois grupamentos. Como sempre jogando na unidade do movimento dos trabalhadores, Marx e Engels estimulavam tal aproximação, mas se preocupavam com a confusão ideológica que reinava entre os *eisenachianos*. O processo de unificação entre estes e os *lassalleanos* demonstrou que a preocupação de ambos era fundada: o projeto do programa que os *eisenachianos* decidiram apresentar para se juntar aos seguidores de Lassalle no congresso de Gotha (maio de 1875) acolhia uma mescla tão heteróclita de ideias que provocou uma irada intervenção de Marx[162] — mas foi nesse congresso que nasceu o *Partido Social-Democrata Alemão*, que seria o primeiro partido operário de massas e centro de gravitação da futura *Internacional Socialista* (a *Segunda Internacional*, criada em 1889).

Com efeito, a unificação operou-se em meio a uma onda de confusionismo e de ecletismo ideológicos no interior da qual sobressaíam, para além da influência de Lassalle, as concepções de Eugen Dühring, *privat-dozent* da Universidade de Berlim[163], com forte incidência sobre os social-democratas alemães[164]. Mesmo figuras como Liebknecht e Bebel, num primeiro momento, tiveram impressão favorável do saber enciclopédico de Dühring e aplaudiram a sua formal opção socialista (explicitada em 1872)[165] — ignorando as flagrantes contradições e os incontáveis equívocos de que enfermava o seu pensamento pretensioso e arrogante.

Logo se pôs na ordem do dia, para Marx e Engels, a necessidade de criticar as ideias de Dühring, dado o influxo que então exerciam entre os membros do novo partido — e mais essa tarefa coube a Engels, que, depois de várias relutâncias, assumiu-a, de comum acordo com Marx, em maio de 1876[166]; para cumpri-la, contou com o apoio do camarada a ponto de Marx, que conheceu o conjunto do texto preparado por ele, redigir algumas páginas da série de artigos que se centravam na economia política.

Em fins de maio de 1876, recolhido em Ramsgate, Engels iniciou o rigoroso (e enfadonho) trabalho de examinar os escritos de Dühring, que prosseguirá nos meses seguintes[167]. Os resultados da análise que empreendeu serão publicados pelo *Vorwärts* de janeiro de 1877 a julho de 1878, em três séries: a primeira, composta por 20 artigos (janeiro-maio de 1877), tematiza a filosofia; a segunda, com 9 artigos (junho-dezembro de 1877), trata da economia política, e a terceira, com 5 artigos (maio-julho de 1878), tem por objeto a questão do socialismo[168]. É esse o material, com as três séries convertidas em seções, reunido por Engels no *Anti-Dühring*, editado como livro ainda em agosto de 1878, pouco antes da entrada em vigência das leis antissocialistas impostas por Bismarck[169].

Vazado num estilo ácido e irônico, contido já no seu título original — em que parodia o de um texto anterior de Dühring (elogioso a Carey, economista criticado por Marx)[170] —, o *Anti-Dühring* expressa uma conjuntura muito determinada: é o marco de um capítulo da batalha das ideias no período da emergência da social-democracia alemã e nela encontra a sua razão de ser original. Trata-se, em termos imediatos, de um episódio da disputa travada por Marx e Engels pela hegemonia teórica e ídeo-política do movimento socialista revolucionário na Alemanha e, de fato, constituiu um momento decisivo dessa disputa: nos acesos debates dos anos seguintes, que precederam a crise da social-democracia alemã (1914), ficou claro que Dühring era assunto superado. Esses debates — inclusive o mais ruidoso deles, desatado por Bernstein a partir de 1896 e que derivou no chamado *revisionismo*[171] —, comprovaram que as ideias dühringuianas já não tinham qualquer peso no Partido Social-Democrata criado em Gotha: sobre elas, o efeito do *Anti-Dühring* foi realmente devastador.

Mas há de se ver que a fortuna do *Anti-Dühring* transcendeu largamente o seu impacto naquela particular conjuntura em que Marx e Engels se empenharam em triunfar sobre Lassalle e sobre Dühring — ainda que só no caso desse último o triunfo tenha sido completo e definitivo[172].

2

O *Anti-Dühring* apresenta-se — como o leitor comprovará percorrendo as suas páginas — com uma estrutura expositiva clara e linear: uma introdução e três seções, referidas à filosofia, à economia política e ao socialismo (além dos prefácios que Engels lhe apôs).

É sobretudo de salientar a *unidade* (medular, não somente formal) do *Anti-Dühring*: reunião de textos escritos e publicados ao longo de cerca de 18 meses, não aparece como uma coletânea de artigos avulsos que se interligam lassamente — configura realmente *um* livro, compreendido como uma *obra*, dispondo de uma rigorosa e lógica articulação interna. As tematizações da filosofia, da economia política e do socialismo não se justapõem, mas se elaboram e se estruturam numa arquitetura que pretende sintetizar os elementos constitutivos de uma teoria social — que, enquanto teoria, é necessariamente crítica — voltada para a dinâmica da sociedade burguesa e da sua superação, *mas também envolvente de uma particular concepção das determinações naturais que subjazem ao processo do desenvolvimento histórico-social*. Essa abordagem é a dimensão que peculiariza o *Anti-Dühring*: se, no pensamento de Marx, a consideração da natureza está presente[173], é fato que ele não se ocupou tanto como Engels com o estudo das ciências que têm por objeto a natureza em si; neste domínio, a "divisão de trabalho" entre os dois tornou-se marcante principalmente a partir de meados dos anos 1860. No *Anti-Dühring*, a elaboração do trato da natureza que comparece é a concepção desenvolvida por Engels, contemporânea aos materiais que esse já acumulava com vistas a um trabalho futuro (os esboços postumamente publicados sobre a dialética da natureza); entretanto, é de recordar que *Marx conheceu a íntegra do texto do livro de 1878, colaborou na sua redação e não manifestou reservas às reflexões de Engels no domínio do conhecimento da natureza e das ciências a ela referidas*.

Registrada a unidade interna das partes constitutivas do *Anti-Dühring*, cabe assinalar a expressa intenção de Engels, explicitada cristalinamente no prefácio à sua primeira edição em livro: não contrapor ao "sistema" de Dühring um outro "sistema". Engels, denunciando com ironia a inépcia da pretensão de construir "sistemas", à época em voga entre a intelectualidade alemã, não quer oferecer ao "sistema" de Dühring uma alternativa similar; aliás, em face da noção de *sistema* como constelação fechada, conclusa, de ideias e concepções, a posição de Engels é de frontal recusa — escreve ele: "Se em algum ponto do desenvolvimento da humanidade fosse efetivado tal sistema definitivamente consumado dos nexos cósmicos tanto físicos como espirituais e históricos, isso consumaria o reino do conhecimento humano, e a continuação do desenvolvimento histórico futuro seria interrompida no momento em que a sociedade estivesse estabelecida em consonância com o dito sistema — o que seria um absurdo, puro contrassenso" (cf. a p. 68). Por isso, ao "sistema" de Dühring, o que Engels contrapõe não é um outro "sistema": é uma *síntese* das concepções — filosóficas, econômicas e políticas — defendidas por Marx e ele mesmo, afirmadas por ambos como as mais fundadas cientificamente e que deveriam nortear o avanço do pensamento revolucionário e a sua prática política[174]. Ainda que o "sistema" dühringuiano estivesse longe de uma elaboração coerente e lógica, a crítica das suas ideias, tal como Engels a realiza, supõe a sua formulação de um modo sistemático — modo que não implica, necessária e diretamente, a construção artificiosa de um outro "sistema".

Recusando-se a seguir esse último caminho, o que Engels faz é, reitere-se, a súmula das concepções de Marx e dele mesmo e, no caso do estudo da natureza, das suas contribuições próprias, extraídas do seu estudo das ciências que com ela se ocupavam[175]. É a formulação sistemática de tal súmula — avançando a partir do debate filosófico, cobrindo a crítica da economia política e tematizando a questão do socialismo — que permite a Engels demonstrar que o "sistema" de Dühring erguia-se mesclando equívocos e regressões (assentados numa pletora eclética e pretensiosa de teses) filosóficos, econômicos e políticos. Nesse movimento intelectual[176], o mais adequado para oferecer uma *crítica radical* — não apenas tópica, pontual — das ideias de Dühring, Engels obedeceu às exigências (teóricas e metodológicas) que se respondem nas três seções de que se compõe o *Anti-Dühring*. A sequência em que se apresenta a argumentação engelsiana não é mero recurso expositivo-formal: expressa o indispensável embasamento teórico-discursivo determinado pela necessidade de dar conta, crítica e radicalmente, das concepções de Dühring e é esse embasamento que confere uma imanente unidade às três seções do *Anti-Dühring*.

É óbvio não ser pertinente, nos limites e objetivos do presente texto, sumariar cada uma de tais seções — deve-se deixar ao leitor do livro tanto o espetáculo (mais ou menos perverso) do polemista Engels fustigando com ironia o oponente quanto a fruição (extremamente enriquecedora) da magnitude dos conhecimentos de que Engels se socorre para infirmar as concepções dühringuianas. É cabível, todavia, um rápido comentário relativo à primeira daquelas seções, e por uma razão simples: as duas subsequentes não foram objeto, na constituição da tradição marxista, de debate expressivo.

Com efeito, não me parece haver polêmica significativa no que diz respeito às seções segunda e terceira. Na segunda seção, em que Marx colaborou textualmente, Engels, em confronto com as proposições de Dühring, formula com precisão o objeto da economia política, seu método e seus problemas e sintetiza algumas das categorias econômicas mais básicas de Marx[177] — nessa seção, ademais, um tema importante desenvolvido por Engels diz respeito à problemática da violência, oferecendo dela uma análise cuidadosa, assim como da sua interação com a dinâmica da vida econômica.

Igualmente, em torno da terceira seção não se registraram discrepâncias de relevo; nela, Engels retoma questões centrais da economia política (situando, por exemplo, a relação produção/distribuição) e desconstrói por inteiro a concepção de socialismo de Dühring (para quem o socialismo não resulta da evolução histórica, sendo antes "o sistema natural da sociedade"); essa desconstrução, Engels a opera mediante a determinação da nuclearidade contraditória do modo de produção capitalista, a recuperação da história real do movimento socialista[178] e a indicação, ainda que sumária, de problemas mais específicos na ótica socialista (*v.g.*, o Estado, a família[179]).

No que toca à primeira seção, é nela que Engels apresenta a fundamentação filosófica da crítica a Dühring e é ela que responde, a meu juízo e como já apontei, pela unidade imanente ao *Anti-Dühring*. É nessa seção que a erudição efetivamente enciclopédica de Engels se revela de maneira omnilateral — terá o leitor do *Anti-Dühring* a sua comprovação nos excursos engelsianos (sobre cuja provisoriedade o próprio autor faz claras advertências) que recorrem às chamadas ciências da natureza e entrelaçam seus avanços ao evolver da filosofia ocidental — e se encaminha no rumo da afirmação do *materialismo moderno* como *superação* tanto do materialismo antigo quanto do idealismo que a ele se contrapôs. A superação em tela, sustenta Engels, creditável aos resultados obtidos pelo específico trato científico da natureza tomada em si, deveu-se sobretudo à concepção dialética que era exigida por esse trato e que esteve subjacente (e, quase sempre, não trazida à consciência dos cientistas) aos passos cognitivos que levaram a tais resultados; e tanto como a dialética assegura a validez do materialismo moderno, aqueles resultados, por seu turno, mais fornecem fundamentos a ela. Daí a importância conferida por Engels ao que ulteriormente designar-se-á como as "leis da dialética": a unidade e luta dos contrários, a transformação das mudanças quantitativas em qualitativas, a negação da negação... — daí também, no *Anti-Dühring*, a evidente valorização crítica do contributo de Hegel, que viabilizou, ainda que de modo idealista, a ultrapassagem da metafísica[180].

Mas o que é peculiar ao movimento intelectual que Engels realiza nessa seção é a compreensão da processualidade dialética como operante e comum à natureza e à história (sociedade). depois de quase uma década de estudos das ciências da natureza e da matemática, ele chegou à plena convicção de que "na natureza se impõem [...] as mesmas leis dinâmicas dialéticas que regem, também na história, a aparente casualidade dos eventos" (cf. p. 38). Para dizê-lo de modo curto e grosso: na primeira seção do *Anti-Dühring*, Engels sustenta que natureza e história (sociedade) são objetivamente regidas pelas mesmas leis dialéticas; no entanto, não é correto inferir, dessa sustentação, que Engels opere uma *equalização* entre natureza e história (sociedade)[181].

Ora, justamente nessa seção primeira do *Anti-Dühring* reside o essencial do que, poucas décadas depois de publicado o livro, constituiu e ainda constitui o objeto de densas e infindáveis polêmicas: a concepção engelsiana da dialética e sua extensão à natureza. É obviamente impossível oferecer, nos limites deste texto, sequer uma sinopse de tais polêmicas; mas é preciso, além do mero registro da sua existência e importância, indicar sumariamente pelo menos o seu centro: a problemática da dialética e do seu âmbito de validez.

3

As ideias e concepções de Marx e Engels só começaram a ganhar a consciência e a adesão de vanguardas socialistas e a galvanizar amplos segmentos proletários e de trabalhadores a partir da sua difusão pelo Partido Social-Democrata Alemão e da ação da Segunda Internacional por ele hegemonizada. De fato, é a notável atividade ideológica que ambas as instituições realizam, através das suas instâncias partidárias e organizacionais (mediante um dispositivo que incluía escolas de formação política e sindical, editoras e jornais e eventos nacionais e internacionais), que propicia a constituição e a irradiação de uma cultura política em torno do que então se articula como *marxismo* — designação do corpo doutrinário erguido sobre o que então se conhecia da obra de Marx e de Engels[182] por teóricos e dirigentes que, especialmente entre meados dos anos 1880 e a eclosão da Primeira Guerra Mundial, estiveram à cabeça dessas duas instituições.

A gestação e o nascimento desse corpo doutrinário, caracterizado depois como o "marxismo da Segunda Internacional", não se articulou sem polêmicas nem configurou um bloco doutrinário homogêneo[183]. Todavia, mesmo sendo uma leitura parcial e seletiva daqueles que eram tomados como os "pais fundadores", incorporando influxos positivistas[184] e derivando em esquematismos contra os quais Engels, o único ainda vivo, advertiu e protestou[185], esse marxismo — mercê de uma divulgação massiva que implicava muitas simplificações — tornou-se dominante. A capitulação política da social-democracia em 1914 afetou-o diretamente e a sua desqualificação consumou-se com a Revolução de Outubro, conduzida em 1917 pelos bolcheviques ante a incompreensão (e, em seguida, a crítica) social-democrata.

Com a chegada de Lenin e seus camaradas ao poder na Rússia, abriu-se um novo capítulo na história do legado de Marx e Engels: suas ideias passaram a ser assumidas e difundidas não mais por um partido de oposição à ordem burguesa, mas por um partido que conquistou o poder e logo (1919) patrocinou, justamente para vitalizar tal oposição em escala mundial, o erguimento da *Internacional Comunista* (a Terceira Internacional). Assim como a social-democracia alemã hegemonizara a Segunda Internacional, o partido de Lenin passou a exercer protagonismo similar em face da Terceira Internacional; e quando, num andamento que se concluiu no final dos anos 1920, o partido de Lenin foi transformado em componente do regime stalinista que surgia e do seu Estado, a Terceira Internacional se converteu em instrumento de ambos.

A rápida alusão a esse processo extremamente complexo[186] é necessária para indicar que a crise *política* da social-democracia e da Segunda Internacional propiciou uma conjuntura de crítica radical ao marxismo por elas construído, mas que, em cerca de uma década, essa conjuntura se esfumaria e se haveria de promover uma restauração da concepção *teórica* daquele mesmo marxismo.

Nos breves anos que decorrem entre a fundação da Terceira Internacional e os passos iniciais da instauração do que seria a autocracia stalinista, verificou-se a emersão de uma crítica dos fundamentos do marxismo da Segunda Internacional, tipificada — especialmente, mas não só — no ensaísmo tão diverso de um Lukács e de um Korsch (e, depois, nas reflexões do Gramsci encarcerado), raiz do designado "marxismo ocidental"[187]. Mas, na década subsequente, o regime de Stalin se encarregou de liquidar tal crítica e, sem prejuízo de prosseguir na denúncia *política* da Segunda Internacional, incumbiu-se de recuperar e restaurar a sua herança *teórica* — o marxismo tal como ela o concebera. Dessa dupla operação resultará o *marxismo-leninismo* que, através da atividade ideológica da Terceira Internacional (com o suporte do partido e do Estado soviéticos), consolidará e universalizará como cânone uma determinada interpretação do legado de Marx e Engels: aquela segundo a qual o marxismo constitui uma concepção de mundo cerrada, conclusa, suportada por um sistema de saber composto por uma teoria geral do ser (o materialismo dialético) e a sua especificação na aplicação à história (o materialismo histórico)[188].

Nesse cânone, designado por Marcuse como "marxismo soviético", desde 1938 chancelado intelectual e politicamente pelo "guia genial do povos" (e não se esqueçam os meios repressivos e dissuasórios de que seu regime dispunha), o pensamento de Marx e Engels cristalizou-se numa dogmática e derivou numa paralisia que por décadas comprometeu a reflexão e a elaboração da maioria dos marxistas. Na elaboração dessa dogmática, a utilização seletiva das reflexões engelsianas — em especial do *velho* Engels: do *Anti-Dühring* e dos esboços sobre a dialética da natureza — foi um recurso a que se fez amplo, recorrente e reverencial apelo, geralmente atribuindo-se-lhe a sistematização do materialismo dialético (rótulo que, ao que tudo indica, não se deve a Engels, mas sim a G. Plekanov, que o mencionou primeiro num texto de 1891). Essa versão das ideias de Marx e Engels, divulgada em massa através de uma literatura manualesca, persistiu mesmo depois que se pôs fim, oficial e formalmente, em 1956, ao ciclo do mal chamado "culto à personalidade"[189] e, de fato, na segunda metade do século XX e na entrada do XXI, esse marxismo de pacotilha ainda resiste — quase sempre mediante a continuidade da produção e do consumo de novos manuais[190].

Já antes da constituição e consolidação do marxismo-leninismo, entretanto, o *Anti-Dühring* fora objeto de uma sintética — mas extremamente severa — crítica marxista, situada no marco daquele breve período (cerca de 1919-1929) em que, no interior do movimento comunista, se pôde colocar em causa os fundamentos do marxismo da Segunda Internacional. Trata-se da crítica formulada por Lukács em *História e consciência de classe*, o célebre "livro maldito do marxismo" (K. Axelos), publicado em 1923[191]. A referência a essa crítica ao *Anti-Dühring* é simultaneamente obrigatória e suficiente, nos limites de um texto breve como este, por duas razões: de uma parte, porque constituiu uma tomada de posição teórica produzida *no interior do movimento comunista* por um filósofo de peso, cujas credenciais combativas e revolucionárias já estavam comprovadas; segundo, e mais importante, porque ela constituiu *a matriz da parcela majoritária das reservas filosóficas que posteriormente seriam dirigidas ao Engels do Anti-Dühring*[192].

Em *História e consciência de classe*, afora as referências a materiais subscritos tanto por Marx quanto por Engels, Lukács se remete a esse último em alguns dos ensaios que compõem a obra, citando (sobretudo, mas não exclusivamente) textos do *velho* Engels, em geral aprobatoriamente, todavia sem qualquer tom reverencial — ao contrário, fazendo-lhe pontuais reparos. Contudo, a crítica substantiva que o filósofo dirige ao *Anti-Dühring* tem flagrante saliência no livro de 1923.

Ela comparece logo no ensaio de abertura da obra famosa e incide explicitamente sobre a concepção que o texto engelsiano formula da dialética: conforme Lukács, a distinção que Engels opera entre "metafísica" e "dialética", sem prejuízo de sua argúcia, apresenta uma *lacuna essencial* — não coloca no cerne das considerações metodológicas (aliás, sequer a menciona) a *questão da relação dialética do sujeito e do objeto no processo histórico*. Lukács argumenta que, desprovido dessa determinação, o método dialético *deixa de ser revolucionário*, porque sem ela a *transformação da realidade*, transformação *prática*, perde a centralidade que deve ter (e, para o crítico, de fato tem) na perspectiva de Marx. Lukács não hesita mesmo em afirmar que, assim posto, o materialismo próprio da concepção dialética da história corre o risco de uma *regressão* ao materialismo burguês, de caráter contemplativo[193]. Eis o núcleo da crítica lukacsiana: a concepção engelsiana da dialética, tal como aparece no *Anti-Dühring*, retira ao método que lhe é próprio a sua dimensão prático-revolucionária (o que, por outra parte, vincula-se à noção de prática que, em outra obra, Engels desenvolve[194]). E no que diz respeito à extensão do método dialético ao conhecimento da natureza, Lukács é taxativo: trata-se de uma extensão indevida, uma vez que *as determinações decisivas da dialética* (a seu juízo bem mais que as "leis da dialética": a interação sujeito/objeto, a unidade teoria/prática, a transformação histórica do substrato das categorias como fundamento da sua transformação no pensamento) *não se encontram na natureza* — numa palavra: Lukács sustenta expressamente que é necessário limitar o método dialético à realidade histórico-social[195].

Parece claro que a crítica do Lukács de 1923 ao *Anti-Dühring*, rebatendo no *Ludwig Feuerbach...* e especialmente na concepção de uma dialética da natureza, relaciona-se de modo estreito ao espírito e ao sentido anti-ontológicos que estão presentes, como o próprio autor reconheceu no texto autocrítico de 1967, em *História e consciência de classe* e que, expressando um determinado *Zeitgeist*, perduraram para muito além da conjuntura em que o livro foi escrito[196]. Compreende-se, pois, que outros marxistas marcados por este *Zeitgeist* (como a maioria dos inscritos no chamado marxismo ocidental) ou pensadores de alguma outra forma conectados com o pensamento de Marx e Engels — durante e depois do quase monopólio exercido pelo marxismo-leninismo stalinista sobre o legado marx-engelsiano — tenham renovado, em registro às vezes diverso, as formulações críticas do Lukács de 1923 ou simplesmente deixado de mão as formulações engelsianas do *Anti-Dühring* ou, ainda, tentado abrir uma via alternativa conservando a ideia da dialeticidade da natureza[197]. Com aquele monopólio inteiramente colapsado, verifica-se, ao fim do século XX e na entrada do século presente, uma retomada de várias das questões suscitadas pelo *Anti-Dühring* (e pelos esboços acerca da dialética da natureza[198]).

No entanto, a fortuna póstuma do *Anti-Dühring* não foi marcada apenas pelos desdobramentos da crítica matrizada em *História e consciência de classe*: especialmente na segunda metade do século XX, ideólogos de distintos quadrantes do espectro ideológico e de diverso nível intelectual — mas inscritos, a maioria, numa perspectiva contrária à tradição marxista — articularam uma crítica ao *Anti-Dühring* (e aos esboços da inconclusa *Dialética da natureza*) cuja razão de ser era o intento de separar a contribuição de Engels do conjunto da obra de Marx, buscando relegar as páginas engelsianas ao estatuto de um vulgar cientificismo positivista. De fato, procurou-se criar uma imagem negativa de Engels, o *segundo violino* do duo Marx-Engels, tratando-o de forma a minimizar e amesquinhar o seu contributo à obra que, em estreita colaboração, ambos ergueram[199]; no limite (e, para isto, o *Anti-Dühring* e textos engelsianos preparados após a morte de Marx foram largamente utilizados), a empreitada tinha em mira *dissociar/contrapor* o pensamento e as concepções de Engels dos/aos de Marx. Tal literatura crítica, própria da segunda metade do século XX, ainda que esboçada há muito[200], pauta-se por um registro cristalino: a localização de reais ou fictícios elementos de dissonância entre Engels e Marx faz-se com a precisa intencionalidade de *desqualificar* Engels (como destacou um pesquisador *não* marxista, Alvin Gouldner[201]). São exemplares dessa bibliografia os trabalhos de Lichtheim, para quem Engels é o compendiador de uma "nova concepção positivista do mundo" e Levine, para o qual Engels operou com um "determinismo cosmológico"[202].

A substantiva comunhão teórico-política entre Marx e Engels, inaugurada no outono de 1844, jamais significou que sobre temas e problemas determinados e específicos ambos pensassem de forma idêntica, como o comprova a análise textual da produção de cada um, bem como da sua rica e copiosa correspondência — nesta, verifica-se que as discrepâncias e divergências que constatavam eram esclarecidas numa relação dialógica em que os dois interlocutores comportavam-se como pares, respeitados os conhecimentos e pesquisas particulares de cada um e nem sempre solucionadas completamente. Essa comunhão teórico-política, todavia, nunca apagou as diferenças (geralmente obscurecidas pelo "marxismo soviético") entre ambos: algumas de ideias, outras de estilo literário e muitas quanto ao modo de vida — é que, como Florestan Fernandes observou certa feita, Engels tinha luz própria. E tais diferenças não têm peso suficiente para justificar que se questione a comunhão teórico-política que vinculou por quatro décadas os dois homens.

Obviamente, nem toda a literatura de crítica a Engels — particularmente (mas não só) a que incide sobre o *Anti-Dühring* — rege-se pelo mesmo módulo de Lichtheim e de Levine. Encontram-se muitos materiais de coerência e força outras que as análises direcionadas à demonização de Engels como bode expiatório das contrafações do materialismo dialético entronizado pelo marxismo-leninismo do período stalinista; são materiais que demonstram, inequivocamente, a relevância do *Anti-Dühring* no marco da tradição marxista, mesmo que problematizando, com o recurso a argumentos procedentes, questões que os limites do presente texto não permitem sequer sinalizar[203].

A relevância aqui referida vai muito além do trato da natureza conforme os dados científicos apresentados na massa crítica examinada por Engels[204]; é relevância que se deve ao empenho sistemático de acompanhar os processos do conhecimento (científico) da natureza sem impor à sua *pesquisa* empírica positiva e ao seu *objeto* um apriorismo qualquer: trata-se, enfim, como Engels ensaiou, de implementar uma *posição metodológica* que busque os nexos dialéticos "partindo do estudo das ciências naturais e procurando interpretar seus resultados mediante uma perspectiva teórica que tanto exclui as construções fantásticas da filosofia da natureza quanto o falso rigor e a prática estreita do empirismo"[205].

O *Anti-Dühring* — especificamente na sua polêmica seção primeira — foi o documento fundador, na tradição marxista, desse empenho sistemático e nele se contém o projeto e já, em alguma medida, o processo (ambos, projeto e processo, ainda hoje em aberto) de uma *crítica ontológica* às ciências da natureza, sem a qual o desenvolvimento do pensamento teórico-revolucionário inspirado em Marx e Engels perde muito do seu fôlego.

Referências

ALOISIO, F. de. *Engels senza Marx*. Napoli: Liguori, 1979.

ANDERSON, P. *Considerações sobre o marxismo ocidental; Nas trilhas do materialismo histórico*. São Paulo: Boitempo, 2004.

ARATO, A.; BREINES, P. *The young Lukács and the Origins of Western Marxism*. New York: Seabury Press, 1979.

ARTHUR, C. J. (Ed.). *Engels Today. A Centenary Appreciation*. Basingstoke/London: Macmillan, 1996.

BADALONI, N. Sulla dialettica della natura di Engels e sull'attualità di una dialettica materialistica. *Annali*. Istituto Giangiacomo Feltrinelli. Milano: Feltrinelli, 1976.

BELLONE, E. *et al. Attualità del materialismo dialettico*. Roma: Riuniti, 1974.

BITSAKIS, E. *La nature dans la pensée dialectique*. Paris: L'Harmattan, 2001.

BOER, R. Engels' Contradictions. A Reply to Tristan Hunt. *International Socialism*. London, 133, winter 2012.

BOTTIGELLI, E. Sur l'*Antidühring*. *La Pensée*. Paris: 158 (juillet-août-1971).

BRANCO, J. M. F. *Dialéctica, ciência e natureza*. Lisboa: Caminho, 1989.

BROUÉ, P. *História da Internacional Comunista. 1919-1943*. v. I. São Paulo: Sundermann, 2007.

José Paulo Netto. Ensaios de um *marxista sem repouso*

BUKHARIN, N. *Tratado de materialismo histórico*. Rio de Janeiro: Laemmert, 1970.

CARONE, E. *O marxismo no Brasil (das origens a 1964)*. Rio de Janeiro: Dois Pontos, 1986.

CARVER, T. *Marx and Engels. The Intellectual Relationship*. Brighton: Wheatshaf, 1983.

_____. *Friedrich Engels: His Life and Thought*. London: Macmillan, 1989.

CARVER, T.; STEGER, M. (Eds.). *Engels after Marx*. Manchester: Manchester University Press, 1999.

CLAUDÍN, F. La tarea de Engels en el *Anti-Dühring* y nuestra tarea hoy. *Cuadernos de Ruedo Ibérico*. Paris: Ruedo Ibérico, octubre-noviembre 1965.

_____. *A crise do movimento comunista*. São Paulo: Expressão Popular, 2013.

COGGIOLA, O. *Engels: o segundo violino*. São Paulo: Xamã, 1995.

COLLETTI, L. *Il marxismo e Hegel*. I-II. Bari: Laterza, 1976.

_____. *Ultrapassando o marxismo e as ideologias*. Rio de Janeiro: Forense Universitária, 1983.

CORNU, A. *Carlos Marx. Federico Engels*. I-IV. La Habana: Ciencias Sociales, 1975-1976.

DEFFARGES, A. *La social-démocratie sous Bismarck. Histoire d'un mouvement qui changea l'Allemagne*. Paris: L'Harmattan, 2013.

FETSCHER, I. *Karl Marx e os marxismos*. Rio de Janeiro: Paz e Terra, 1970.

FIORANI, E. F. *Engels e il materialismo dialettico*. Milano: Feltrinelli, 1971.

FOSTER, J. B. *A ecologia de Marx: materialismo e natureza*. Rio de Janeiro: Civilização Brasileira, 2005.

GASTAUD, G. Sur la dialectique de la nature. *Etincelles*. Liévin: Centre Lénine de Culture Populaire, 2005.

GEMKOW, H. *Friedrich Engels. Eine Biographie*. Dietz Verlag: Berlin, 1970.

GERRATANA, V. *Investigaciones sobre la historia del marxismo*. Barcelona: Grijalbo, 1975.

_____. Introduzione. In: ENGELS, F. *Anti-Dühring*. Roma: Riuniti, 1985.

GOULDNER, A. W. *The Two Marxisms. Contradictions and Anomalies in the Development of Theory*. New York: Seabury Press, 1980.

GRAMSCI, A. *Cadernos do cárcere*. 1. Rio de Janeiro: Civilização Brasileira, 1999.

GREEN, J. *Engels. A Revolutionary Life*. London: Artery, 2008.

GRISONI, D. (Dir.). *Histoire du marxisme contemporain*. 1, Paris: UGE-10/18, 1976.

GUSTAFFSON, B. *Marxismo y revisionismo (La crítica bernsteiniana del marxismo y sus premisas histórico-ideológicas)*. Barcelona: Grijalbo, 1975.

HAVEMANN, R. *Dialética sem dogma*. Rio de Janeiro: Zahar, 1967.

HENDERSON, W. O. *The Life of Friedrich Engels*. London: Frank Cass, 1976.

HOBSBAWM, E. J. (Org.). *História do marxismo*. 1-2. Rio de Janeiro: Paz e Terra, 1979-1982.

HODGES, D. C. Engels' Contribution to Marxism. *Socialist Register 1965* (2). London-New York: Merlin-Monthly Review Press, 1965.

HUNLEY, J. D. *The Life and Thought of Friedrich Engels. A Reinterpretation*. New Haven: Yale University Press, 1991.

HUNT, T. *Comunista de casaca. A vida revolucionária de Friedrich Engels*. Rio de Janeiro: Record, 2010.

JAY, M. *Marxism & Totality*. Berkeley/Los Angeles: University of California Press, 1984.

JONES, G. S. et al. *Western Marxism. A Critical Reader*. London: Verso, 1978.

KOLAKOWSKI, L. *Main Currents of Marxism*. New York: W. W. Norton, 2005.

KUUSINEN, O. V. *et al. Fundamentos do marxismo-leninismo*. Rio de Janeiro: Vitória, 1962.

LABICA, G.; DELBRACCIO, M. (Orgs.). *Friedrich Engels, savant et révolutionnaire*. Paris: PUF, 1997.

LABICA, G. *et al. Engels y el marxismo*. Madrid: Fundación de Investigaciones Marxistas, 1998.

LEFEBVRE, H. *De l'État. 2. Théorie marxiste de l'État de Hegel à Mao*. Paris: UGE-10/18, 1976.

LÉNINE, V. I. *Obras escolhidas em três tomos*. 1. Lisboa/Moscou: Avante!/Progresso, 1977.

LEVINE, N. *The Tragic Deception: Marx contra Engels*. Santa Bárbara: Clio, 1975.

LICHTHEIM, G. *Marxism: An Historical and Critical Study*. London: Routledge & Kegan Paul, 1961.

LÖWY, M. *A evolução política de Lukács: 1909-1929*. São Paulo: Cortez, 1998.

LUKÁCS, G. *Geschichte und Klassenbewusstsein*. Berlin: Malik Verlag, 1923 [ed. bras.: *História e consciência de classe*. São Paulo: Martins Fontes, 2003].

_____. *Revolución socialista y antiparlamentarismo*. Córdoba: Cuadernos de Pasado y Presente, 41, 1973.

_____. *A Defense of History and Class Consciousness. Tailism and the Dialectic*. London: Verso, 2000 [ed. bras.: *Reboquismo e dialética. Uma resposta aos críticos de* História e consciência de classe. São Paulo: Boitempo, 2015].

_____. *Prolegômenos para uma ontologia do ser social*. São Paulo: Boitempo, 2010.

_____. *Para uma ontologia do ser social*. I-II. São Paulo: Boitempo, 2012-2013.

MAYER, G. *Friedrich Engels. Eine Biographie*. I-II. Frankfurt: Ullstein, 1975 [ed. cast.: *Friedrich Engels. Biografía*. México: Fondo de Cultura Económica, 1979].

MCINNES, N. *The Western Marxists*. New York: Library Press, 1972.

MEHRING, F. *Histoire de la social-démocratie allemande de 1863 a 1891*. Pantin: Les Bons Caractères, 2013.

MUSSE, R. A dialética como método e filosofia no último Engels. *Crítica marxista*. 5. São Paulo: Xamã (1997).

MUSTO, M. *Ripensare Marx e i marxismi*. Roma: Carocci, 2011.

_____. (Org.). *Trabalhadores, uni-vos! Antologia política da I Internacional*. São Paulo: Boitempo/Fundação Perseu Abramo, 2014.

NEGT, O. O marxismo e a teoria da revolução no último Engels. In: HOBSBAWM, E. J. (Org.). *História do marxismo*. 2. Rio de Janeiro: Paz e Terra, 1982.

NETTO, J. P. (Org.). *Stalin*. Coleção Grandes cientistas sociais/Política. São Paulo: Ática, 1982.

PAULA, J. A. (Org.). *O ensaio geral: Marx e a crítica da economia política (1857-1858)*. Belo Horizonte: Autêntica, 2010.

PRESTIPINO, G. *Natura e società*. Roma: Riuniti, 1973.

PREVE, C. *Storia critica del marxismo*. Napoli: La Città del Sole, 2007.

REES, J. Engels'Marxism. *International Socialism*. London, 65 (1994).

RIAZANOV, D. "Cincuenta años del *Anti-Dühring*" (pub. orig.: 1928). *In:* Engels, F. *El Anti-Dühring*. Buenos Aires: Claridad, 1972.

RIGBY, S. H. *Engels and the Formation of Marxism*. Manchester: Manchester University Press, 1992.

ROVAN, J. *Histoire de la social-démocratie allemande*. Paris: Seuil, 1978.

ROYLE, C. Dialectics, nature and the dialectics of nature. *International Socialism*. London, 141, winter 2014.

RUBEL, M. *Marx critique du marxisme*. Paris: Payot, 2000.

SACRISTÁN, M. Sobre el *Anti-Dühring*. *In:* ENGELS, F. *La subversión de la ciencia por el señor Eugen Dühring*. México: Grijalbo, 1964.

SARTRE, J.-P. *Critique de la raison dialectique*. Paris: Gallimard, 1960.

_____. *Questão de método*. São Paulo: Difel, 1967.

SCHMIDT, A. *Der Begriff der Natur in der Lehre von Marx*. Frankfurt: Surkhamp, 1962.

STEINBERG, H. J. Einleitung. *In:* ENGELS, F. *Herr Eugen Dührings Umwälzung der Wissenschaft*. Hannover: Dietz, 1967.

TENFELDE, K. *Zur Rezeption Eugen Dührings in der deutschen Arbeiterbewegung in den 1870er Jahren. Schriften aus dem Karl-Marx-Haus*. 24. Trier: Karl-Marx-Haus, 1980.

TIMPANARO, S. *Sul materialismo*. Milano: Unicopli, 1997.

THOMAS, P. *Marxism and Scientific Socialism. From Engels to Althusser*. New York: Routledge, 2008.

ULLRICH, H. *Der junge Engels*. 1-2. Berlin: Deutscher Verlag der Wissenschaften, 1961-1966.

VRANICKI, P. *Storia del marxismo*. I-II. Roma: Riuniti, 1973.

VV. AA. *Friedrich Engels. Biografia*. Lisboa/Moscou: Avante!/Progresso, 1986.

_____. *Debatte um Engels*. Reinbeck: Rowohlt, 1976.

ZANNINO, F. (Ed.). *L'Antidühring: affermazione e deformazione del marxismo?* Milano: Franco Angeli, 1983.

Lenin: da política cultural e dos artigos sobre Leon Tolstoi

Na passagem dos noventa anos da morte de Lenin, com certeza um tema que merece a atenção e os cuidados daqueles que evocam a figura maior da Revolução de Outubro é a sua relação com a cultura — e, particularmente, com a literatura.

É conhecido o fato de, no processo de que resultaram os primeiros passos do que se vislumbrava (em outubro-novembro de 1917) como o momento inaugural da revolução em escala mundial, parte expressiva dos quadros da direção revolucionária ser constituída por intelectuais cultos e eruditos; entre eles, Lenin não constituía uma exceção, era somente uma das suas expressões mais notáveis[206] — e, lembre-se, o protagonismo dirigente desse tipo de intelectuais, à época, era saliente também em outros partidos de vinculação proletária[207].

O objetivo desta brevíssima intervenção é, tão só, apontar alguns parâmetros da concepção leniniana de política cultural e mostrar a relevância, no seu interior, dos artigos de Lenin sobre Leon Tolstoi (1828-1910).

1

A cultura (a ciência, a filosofia e a arte, com destaque para a literatura e também para a música) sempre ocupou um espaço significativo no universo intelectual de Lenin[208]. Conhecem-se as suas páginas de debate filosófico — notadamente a sua polêmica contra os discípulos de Mach e a sua efetiva descoberta de Hegel[209]. O seu interesse pelos escritores clássicos russos (e não só) está documentado e, no que toca à música, a sua paixão por Beethoven é bastante referida[210]. O seu gosto estético, basicamente constituído segundo os padrões cultivados do fim do século XIX[211], de algum modo condicionou o seu juízo pessoal diante do desenvolvimento das vanguardas artísticas que se processou na Rússia imediatamente antes e depois da Revolução de Outubro — de que é exemplo notório a sua limitada recepção da poesia de Maiakovski[212].

A mim me parece que a análise adequada das posições de Lenin em face da cultura deve partir da determinação do caráter da sua intervenção nesse âmbito. Menos que os seus juízos estéticos, especialmente os literários (por exemplo, a sua admiração pela obra de Tolstoi e a sua restrita sensibilidade em face de Dostoiévski[213]), o essencial da sua intervenção no terreno da cultura — que se estende de meados da primeira década do século XX até os primeiros meses de 1923 — vincula-se medularmente à problemática da *política cultural*[214].

Penso que a análise da intervenção leniniana no terreno da política cultural deve levar em conta que Lenin estava convencido — antes e depois da Revolução de Outubro — de que o partido político, tal como concebido por ele, tinha características peculiares que impediam a sua identificação ao novo e transitório Estado (*transitório* mesmo, somente necessário no marco da supressão do domínio de classe, como se registra no último grande texto teórico de Lenin, redigido em agosto/setembro de 1917 e publicado no ano seguinte[215]).

A mais importante dessas características é aquela que diz respeito à vinculação do indivíduo ao partido: na medida em que essa vinculação é um ato de vontade, de livre decisão pessoal, ela implica a adesão a uma pauta explícita e conhecida de normas/regras — nas quais se insere a disciplinada e consciente aceitação das deliberações formuladas majoritária e coletivamente; vale dizer, aquele que passa a integrar as fileiras do partido (no caso específico do POSDR, clandestino, operando com revolucionários profissionais e com uma estrutura fortemente hierárquica) deve atuar não segundo os ditames da sua vontade, *mas conforme a linha política definida pelo coletivo partidário e confiada ao centro dirigente* (o Comitê Central)[216]. Muito diversa é a relação indivíduo/Estado: essa não é, primária e originariamente, derivada de uma escolha ou uma opção livre daquele que dispõe de uma cidadania determinada. Por isso mesmo, se o partido pode e deve exigir do seu membro uma disciplina tornada compulsória pela adesão voluntária, ele não pode requisitar igual disciplina ao/do cidadão em face do Estado, mesmo de um Estado surgido de um processo revolucionário em que o partido tenha funções dirigentes e governativas — tal requisição seria uma exorbitância; ainda aí, num "Estado de transição", partido, sociedade e Estado são distintos. Somente quando partido e Estado são identificados sói ocorrer a exorbitância do primeiro reclamar da/impor à cidadania a aceitação da sua orientação — e parece claro que, no caso russo, uma tal identificação *não* se realizou prática e efetivamente sob a liderança de Lenin[217].

Essas rápidas considerações sobre processos tão complexos são feitas aqui para indicar que a menção, a propósito de Lenin, de *política cultural* deve levar em conta que esta se colocava para ele em dois níveis — *articulados, porém distintos e específicos*. De uma parte, punha-se a política cultural do *partido*, que, uma vez definida, envolvia a sua imperativa aceitação e implementação pelo coletivo partidário; de outra, a luta para ganhar, para a orientação partidária, a hegemonia no marco societário que então se constituía — ganho que não poderia ser alcançado por meios simplesmente impositivos. É evidente que os bolcheviques buscavam conquistar essa hegemonia e, pois, *o Estado que dirigiam não poderia ser indiferente, arbitral ou neutro em relação à cultura* — mas a hegemonia, se implicava também e necessariamente mecanismos de coerção, ultrapassava-os largamente[218]. Por isso mesmo, se Lenin mostrava-se *intransigente no que toca à política cultural do partido*, o seu trato da cultura, mediante a política cultural do novo Estado, *foi flexível e tolerante*[219] — como o reconhecem credibilizados analistas (de posições muito diferentes no espectro político-ideológico) ao abordar a postura do Estado soviético diante da efervescência cultural que, expressando-se já antes da Revolução de Outubro, prosseguiu até a entrada do último terço da década de 1920, quando, então, a inspiração leniniana da política cultural do Estado deixou de ter vigência[220].

Dos vários documentos e intervenções de Lenin referidos à política cultural *do partido*, um merece destaque especial, não apenas pela sua importância conjuntural, mas sobretudo pela utilização que dele foi feita posteriormente — seja por opositores e/ou inimigos da Revolução de Outubro, seja pelos intelectuais e ideólogos soviéticos que contribuíram, em qualquer escala, para a constituição da política cultural stalinista; esta, para tomarmos um marco mais ou menos consensual, adquire formulação clara (no que toca à arte, nomeadamente a literatura, para a qual se estabelece a doutrina do *realismo socialista*) no *I Congresso dos Escritores Soviéticos*, quando começa a brilhar a estrela de A. Zdhanov[221].

O texto de Lenin em questão aqui é um pequeno artigo — "A organização do partido e a literatura de partido"— publicado originalmente em 13 de novembro de 1905, no primeiro jornal legal dos bolcheviques, *Novaia jinz [Vida Nova]*, que circulou em São Petersburgo durante a Revolução de 1905[222].

Trata-se de artigo em que Lenin, dadas as novas condições — postas pela revolução em curso naquele momento — em que a *imprensa partidária* podia circular legalmente, formula as diretrizes básicas para a atividade jornalística dos membros do partido: Lenin afirma, cristalinamente, que está em causa a "literatura de partido e da sua subordinação ao controle do partido": ele quer adequar o jornalismo (a "literatura" a que se refere[223]) à nova conjuntura, na qual "o nosso partido está a se tornar de repente massivo" — "estamos agora a atravessar uma transição brusca para uma organização aberta". Argumenta:

> O partido é uma associação voluntária, que se dissolveria inevitavelmente, primeiro ideologicamente e depois também materialmente, se não se depurasse dos membros que defendem concepções antipartido. *E para definir as fronteiras entre o que é de partido e o que é antipartido existe o programa do partido, existem as resoluções táticas do partido e os seus estatutos, existe, finalmente, toda a experiência da social-democracia internacional, das associações voluntárias internacionais do proletariado* [itálicos nossos], que incluiu constantemente nos seus partidos determinados elementos ou correntes não de todo consequentes, não de todo puramente marxistas, não de todo corretas, mas que também empreendeu constantemente "depurações" periódicas do seu partido —

e conclui, na abertura de um quadro político em que a voz do partido podia se apresentar como tal: "Também assim será conosco". Nessa conjuntura até então inédita, novas tarefas se põem à imprensa partidária e, para realizá-las,

> toda a literatura social-democrata deve tornar-se partidária. *Todos os jornais, revistas, editoras etc.* [itálicos nossos], devem lançar-se imediatamente a um trabalho de reorganização, à preparação de uma situação em que eles sejam integrados, na base de uns ou outros princípios, numas ou noutras organizações do partido.

Está claro: *esta* literatura e seu aparato devem ser controlados pelo partido, devem estar submetidos ao "programa do partido", às suas "resoluções táticas" e aos seus "estatutos".

> Não diremos, evidentemente, que esta transformação da atividade literária, que foi estropiada pela censura asiática e pela burguesia europeia, possa dar-se de repente. *Estamos longe de pensar em defender qualquer sistema uniforme ou a resolução da tarefa com alguns decretos* [itálicos nossos]. Não, neste domínio menos do que em qualquer outro não se pode sequer falar de esquematismo. A questão consiste em que o nosso partido, em que todo o proletariado social-democrata consciente de toda a Rússia, tenham consciência dessa nova tarefa, a coloquem corretamente e se lancem em toda a parte à sua resolução. Ao sair do cativeiro da censura feudal, nós não queremos e não iremos para o cativeiro das relações literárias burguesas-mercantis. Queremos criar e criaremos uma imprensa livre não apenas no sentido policial, mas também no sentido da liberdade em relação ao capital, da liberdade em relação ao carreirismo, mais ainda: também no sentido da liberdade em relação ao individualismo burguês-anarquista.

O texto — vazado em algumas passagens numa linguagem verrinária, polêmico em face da concepção liberal, especialmente em sua versão pequeno-burguesa, acerca da "liberdade de pensamento" — só muito *ilegitimamente* poderia ser empregado para enquadrar a literatura (como *arte*). Por isso mesmo, a política cultural do poder soviético, ao tempo de Lenin, não se socorreu desse texto; aliás, o próprio partido, na sequência imediata da morte de seu autor, *prosseguiu por um tempo defendendo para a literatura a existência da pluralidade de correntes artísticas, recusando o monopólio da direção da arte a qualquer tendência[224].*

Na transição dos anos 1920 aos 1930, dadas as condições que abriram o passo à autocracia stalinista, o artigo de Lenin veio a ser amplamente instrumentalizado na formulação da política cultural de Stalin — e constituiu mesmo uma de suas referências mais expressivas. Convertido o pensamento de Lenin no marxismo-leninismo próprio da era stalinista, a translação — insista-se, ilegítima e infundada — das notações leninianas de 1905 para o domínio da arte (fundamental, mas não exclusivamente, da literatura) passou a enquadrar, mediante uma política estatal-partidária coativa e repressiva, a atividade de artistas e escritores. Essa translação ofereceu — ao preço do apagamento/mistificação da história russa recente — à política cultural stalinista a aparência de uma "fidelidade" a Lenin e de uma "continuidade" em relação à política cultural do período leniniano e serviu para levar, por longos anos, à residualidade o legado artístico que precedeu à década de 1920 e nela floresceu. A manipulação assim operada prestou-se tanto aos agentes e serventuários da autocracia stalinista quanto aos adversários da Revolução de Outubro, que buscaram no texto de 1905 as raízes do obscurantismo instaurado nos anos 1930.

Houve, como se sabe, no interior das fronteiras do depois designado "mundo do socialismo", aqueles que resistiram, com maior ou menor coerência. Parece-me que Lukács, sustentando a sua "guerrilha" contra a política cultural stalinista, contribuiu efetivamente com intervenções e obras que comprovam o seu combate corajoso à *razzia* de que Zdhanov se fez o mais orgulhoso executor — trabalhos como *O jovem Hegel e os problemas da sociedade capitalista* e inúmeros ensaios de crítica e história literárias produzidos entre 1938 e 1945 são, nessa ótica, documentos suficientes para mostrar a profundidade (mas também os limites) das batalhas de que ele então participou[225]. A posição de princípio que Lukács *sempre* defendeu, como ele pôde explicitar sem ambiguidades depois de 1956, é que o texto leniniano de 1905 não tem razão de ser referido senão à "literatura de partido" e que sua extensão à literatura como arte constituiu/constitui uma falsificação[226].

Nos círculos reacionários e/ou conservadores, o texto de 1905 foi largamente explorado como prova cabal da incompatibilidade entre comunismo e liberdade, como instrumento de domesticação da literatura pelos bolcheviques e como demonstração de que o despotismo stalinista estava já contido no pensamento e na prática de Lenin. Em críticos competentes — como Joseph Frank, acadêmico norte-americano que se notabilizou como cuidadoso analista de Dostoievski — a argumentação é refinada e mais sutil, mas conduz a conclusões similares[227].

Por isso, uma tentativa de sintetizar a concepção de política cultural de Lenin (tomada em sua inteireza, sem a escolha arbitrária da sua expressão em contextos singulares[228]) certamente contribui para desfazer os equívocos — intencionais ou não — que sobre ela vieram se acumulando, seja pela ação daqueles que se reclamaram seus continuadores, seja pela crítica dos seus adversários e antagonistas.

2

A concepção de Lenin sobre o legado de Marx e Engels é cristalina: em um pequeno texto publicístico, mas nem por isso de valia menor, de 1913, Lenin salientou duas notas peculiares ao legado marx-engelsiano: o seu *caráter aberto*, avesso a qualquer espírito de seita e, a despeito da sua originalidade, o fato de se constituir-se numa *relação de continuidade* com o acervo/patrimônio cultural precedente. Nas suas palavras:

> [...] No marxismo não há nada que se assemelhe ao "sectarismo", no sentido de uma doutrina fechada em si mesma, petrificada, surgida *à margem* da estrada real do desenvolvimento da civilização mundial. [... O marxismo] surgiu como a *continuação* direta e imediata das doutrinas dos representantes mais eminentes da filosofia, da economia política e do socialismo. [...] O marxismo é o sucessor legítimo do que de melhor criou a humanidade no século XIX [...][229].

Essas duas notas ou, se se quiser, esses dois traços que Lenin ressalta na concepção que tem do marxismo não resultam de um exame pontual ou conjuntural do legado de Marx — de fato, acompanham praticamente toda a sua evolução ídeo-teórica e seu padrão de análise já surge num texto redigido em 1897 e publicado no ano seguinte — *"A que herança renunciamos?"*[230]. De uma parte, o primeiro traço sublinhado por Lenin, que diz respeito ao caráter aberto e necessariamente aperfeiçoável/desenvolvível do legado de Marx e Engels, ainda que por vezes obnubilado por declarações de retórica discutível[231], é retomado por ele inúmeras vezes e, entre essas, há uma passagem que me parece essencial, constante de um artigo publicado em 1899, clarificando a questão da ortodoxia em matéria de marxismo:

> Não acreditemos que a ortodoxia permite a aceitação de qualquer coisa como artigo de fé, que a ortodoxia exclui a aplicação crítica e o contínuo desenvolvimento, que permite empanar as questões históricas com esquemas abstratos. [... Os ortodoxos] querem permanecer marxistas consequentes, *desenvolvendo as teses fundamentais do marxismo de acordo com as novas condições que constantemente se modificam e com as peculiaridades específicas de cada país e continuando a elaborar a teoria do materialismo dialético e a doutrina política e econômica de Marx*[232].

Reclamando-se ortodoxo, esclarecerá Lenin que a ortodoxia não pode ser reduzida a uma exegese da textualidade de Marx; mais:

> [...] Tomar algo por fé, excluir a apreciação crítica e ignorar o desenvolvimento ulterior constituem erros gravíssimos, pois para aplicar e desenvolver uma teoria a "simples exegese" é evidentemente insuficiente[233].

Retomando uma formulação engelsiana, o mesmo Lenin anotou, num texto de 1910, que "o marxismo não é um dogma morto, não é uma qualquer doutrina acabada, pronta, imutável, mas um guia vivo para a ação"; e mais tarde, num material publicado em 1920, reiterou a sua tese segundo a qual "a essência mesma, a alma viva do marxismo" reside na "análise concreta de uma situação concreta"[234]. Ao longo da sua vida, Lenin manteve a sua concepção de que o legado de Marx implicava "crítica" e "contínuo desenvolvimento", com ênfase na tarefa de os seus legatários levarem em conta as "condições que constantemente se modificam" e as "peculiaridades específicas" de seus contextos nacionais, bem como a centralidade da "análise concreta de uma situação concreta" — e parte

José Paulo Netto. Ensaios de um *marxista sem repouso*

substantiva de sua obra (destacadamente *O desenvolvimento do capitalismo na Rússia, Que fazer?* e *Imperialismo, estágio superior do capitalismo*) prova suficientemente a coerência do seu trabalho teórico em face daquela concepção.

Concepção cujo segundo traço apontado por ele — a relação da obra e do legado marxiano com o acervo cultural que os precedeu, mais exatamente, com a *herança cultural* — também acompanha toda a elaboração de Lenin: ele articulou com maestria o caráter teórico e praticamente inovador, *revolucionário*, do pensamento marxiano com as suas bases e raízes, que não se limitam àquelas "três fontes", situadas como o "que de melhor criou a humanidade no século XIX"[235]. Já como chefe de Estado, discorrendo em 1919 sobre os "êxitos e dificuldades do poder soviético", dizia ele da necessidade, para a construção do comunismo, de

> apoderar-se de toda a cultura deixada pelo capitalismo. [...] É preciso apossar-se de toda a ciência, de toda a técnica, de todos os conhecimentos, de toda a arte. Sem isso não podemos edificar a vida da sociedade comunista. [...] É preciso [...] apoderar-se de tudo o que o capitalismo tem de valioso, *é necessário tornar nossa toda a sua ciência e toda a sua cultura*[236].

Nessa mesma ocasião, porém, a sua referência vai *muito além* da "cultura deixada pelo capitalismo": ele se refere, expressamente, à necessidade de assimilar os *"frutos do desenvolvimento milenar da civilização"*[237]. E, um ano depois, insiste em que "o marxismo conquistou sua significação histórica universal" porque "assimilou e reelaborou tudo o que existiu de valioso *em mais de dois mil anos de desenvolvimento do pensamento e da cultura humanos*"[238]. Atente-se, todavia, que o *"tornar nossa toda a sua ciência e toda a sua cultura"* não se opera através de uma recepção ingênua e acrítica: implica em *assimilar* esse acervo mediante uma *reelaboração crítica* — cerca de vinte anos antes, replicando a Struve (que advertia que o marxismo não devia "fechar simplesmente os olhos à chamada *crítica burguesa*"), Lenin pontuava:

> É claro que é prejudicial "fechar simplesmente os olhos" não só à ciência burguesa, mas também às teorias mais absurdas, inclusive ao mais extremo obscurantismo. Isso é um banal lugar-comum. Mas uma coisa é não

fechar os olhos à ciência burguesa, observar a sua evolução, aproveitá-la, mas mantendo uma atitude *crítica* em relação a ela sem abrir mão da integridade e da clareza de sua concepção de mundo; outra é render-se à ciência burguesa [...][239].

Vê-se com nitidez essa posição de princípio de Lenin quando se recorda, por exemplo, que ele jamais subestimou as pesquisas dos economistas burgueses "no domínio das investigações factuais e especializadas"; considerava, mesmo, que não se avançaria "um passo no [...] estudo dos novos fenômenos econômicos sem utilizar" os seus trabalhos; mas era preciso "saber assimilar e reelaborar suas aquisições" (em especial, quando estava em jogo a "teoria geral da economia política"), era preciso "*saber* cortar-lhes a tendência reacionária, saber aplicar a *nossa própria* linha e combater *toda a linha* das forças e classes que nos são hostis"[240] — a notar, nessas últimas palavras, o destaque, *do original leniniano*, tanto do empenho cognitivo (*saber*) quanto do critério político-ideológico (a oposição, frequentemente o antagonismo, entre a *nossa própria linha* e a de outras forças e classes).

Tais sumárias indicações acerca da concepção leniniana do legado de Marx e Engels têm aqui, nesta breve nota, um duplo sentido: *primeiro*, reiterar que Lenin sempre considerou aquele legado como resultante histórico de um largo processo de acúmulo (de ideias, de teorias e de lutas sociais) e que ele, sem reduzir o lastro da sua dimensão revolucionária, não pode ser desconectado da *herança cultural* constituída em tal processo senão ao alto preço do seu empobrecimento e da sua mutilação[241]; *segundo*: afirmar que a política cultural implementada pelo poder soviético ao tempo de Lenin (e, nalguma medida, vigente até o início do último terço dos anos 1920) mostra-se, de modo íntegro, congruente, consistente e coerente com a valorização da *herança cultural* que atravessa o *conjunto* do pensamento de Lenin.

Cuidemos então, também de maneira sumária, da orientação leniniana da política cultural do poder soviético. Paradoxais foram as condições em que Lenin tornou-se chefe de Estado. De uma parte, o governo soviético defrontou-se imediatamente com um país semidestruído pela guerra que, pouco tempo depois da chegada dos bolcheviques ao poder, foi ainda mais arruinado pela ação contrarrevolucionária dos "brancos" e da intervenção estrangeira, que mergulharam o país na guerra civil. Vencidas as forças reacionárias no plano bélico, ao "comunismo de guerra" sobreveio, em 1921, a "nova política econômica", instrumento a que a direção bolchevique recorreu para a reanimação da economia e cujos primeiros frutos começam a surgir ainda em vida de Lenin. Evidentemente, a questão mais urgente com que Lenin e a direção bolchevique se depararam, entre 1918 e 1921, foi a fome e a penúria que, herdadas do czarismo, se ampliaram com a guerra civil e o cerco imperialista (o "cordão sanitário", assim designado por G. Clemenceau) — a prioridade era a produção de gêneros e o abastecimento, dependentes diretos da dinâmica econômica. A bibliografia sobre os primeiros anos do poder soviético é abundante e documenta as monumentais dificuldades que a direção soviética e a classe operária russa enfrentaram com destemor e altivez.

O paradoxo é que, de outra parte, esse país em escombros, onde imperava o que o próprio Lenin designava como "atraso asiático" — entre outros indicadores assinalado pelo analfabetismo massivo (cerca de 70% da população ao fim da guerra civil) e pela estrutura restritiva da educação formal (ao final da guerra civil, apenas 20% das crianças recebiam precária educação primária e só 1% da população ingressava no ensino superior[242]) —, não dispunha somente de uma rica tradição artística e literária: ainda que com a exclusão do grosso da população dos circuitos letrados, experimentava, de fato e apesar da censura czarista, desde o início do século, uma efervescência cultural para a qual a Revolução de Outubro criou condições de extraordinário florescimento — a que se somava uma cultura científica a que a Revolução também deu nova vida, a ponto de autores caracterizarem a década de 1920 como "os anos de ouro da ciência soviética"[243].

Em outubro de 1920, no *III Congresso da União das Juventudes Comunistas da Rússia*, dirigindo-se aos jovens, sobretudo estudantes, Lenin deixava claras as prioridades do novo regime e definia a educação como a pedra de toque da sua política cultural:

> Sabeis todos que agora, imediatamente depois dos problemas militares, dos problemas da defesa da República, surge diante de nós o problema

econômico. Sabemos que é impossível construir a sociedade comunista sem restaurar a indústria e a agricultura [...]. É preciso restaurá-las sobre uma base moderna, de acordo com a última palavra da ciência. [...] Ergue-se diante de vós a tarefa de fazer renascer a economia de todo o país [...] sobre a base da instrução moderna [...]. Se carecer dessa instrução, o comunismo não passará de um desejo [...]. Vossa tarefa é construir, e só podereis cumpri-la possuindo todos os conhecimentos modernos [...]. Esta é a vossa missão. Por ela deveis guiar-vos ao instruir, educar e elevar toda a jovem geração[244].

Vê-se: educação — em primeiro lugar, erradicação do analfabetismo massivo e abertura para a formação técnica —, sem o que a *restauração da indústria e da agricultura* seria impossível (e, igualmente, sem o que o *comunismo não passará de um desejo*), era a primeira palavra-de-ordem leniniana. Um ano depois, insistia em que "não basta liquidar o analfabetismo"[245] e acentuava a dimensão *educativa* para as tarefas que arrolava, porque sem instrução a *cultura* permaneceria inacessível aos trabalhadores; já antes da sua chegada ao poder, é expressiva a notação de Lenin que remete à literatura:

> É preciso que os operários não se confinem ao quadro artificialmente limitado de uma "literatura para operários" e sim que aprendam a compreender melhor a *literatura para todos*[246].

Priorizada a luta contra o analfabetismo, a política cultural orientada por Lenin será direcionada para tornar acessível — mais que a literatura — a arte para as massas[247]. Especificamente no caso da literatura, além da rica herança cultural que vinha do século XIX e do tradicionalismo patrocinado pelo recém-derrotado czarismo, estava em curso a efervescência já mencionada, bem resumida por Konder:

> O ambiente literário [...] se caracterizava pelo choque estrepitoso de várias tendências, que incluíam desde o formalismo dos *Irmãos Serapião* [...] e o tradicionalismo acadêmico, até o refinamento dos *imagistas* (Essenin), o sectarismo do *proletkult* [...], passando pela agressividade dos futuristas (entre os quais surgiu Maiakovski) e a posição moderada, aberta e confusa de Gorki[248].

À efervescência do ambiente literário corresponderam confrontos ideológicos intensos, com a ativa participação de Lenin. A direção política de Lenin, em face dessas tendências, nunca manteve uma postura de neutralidade ou um papel arbitral: o partido tinha posições franca e abertamente políticas diante delas (como o mostra, por exemplo, a dura crítica ao futurismo, do final de 1920[249]); entretanto, sob Lenin, as resoluções do partido em matéria de arte, bem como suas inclinações pessoais, não foram convertidas em *diktats* do Estado. É o que factualmente se verifica quando consideramos, nesses confrontos, a firme oposição de Lenin ao programa cultural de muitos dos seus camaradas (portanto, de segmentos do partido) aglutinados na proposta e na atividade do *proletkult*, que tinha em Bogdanov a figura mais saliente, proposta cuja essência era a constituição de uma "cultura proletária" radicalmente nova e sem vínculos com a herança cultural precedente — de acordo com Bogdanov, à revolução proletária caberia a criação de uma cultura especificamente sua, proletária[250].

No processo revolucionário, Bogdanov (que, na década anterior, Lenin, em *Materialismo e empiriocriticismo*, criticara asperamente) torna-se o responsável pela cultura do soviete de Petrogrado e atua desenvoltamente na implementação do programa do *proletkult*, que se constitui em movimento na *I Conferência do Proletkult* (outubro de 1917), movimento que logo cresce e galvaniza parte expressiva da intelectualidade revolucionária e/ou que adere à revolução. Ora, a ideia de uma "cultura proletária", tal como posta por Bogdanov e seus companheiros, era frontalmente rechaçada por Lenin, tanto pelo seu manifesto sectarismo[251] quanto, sobretudo, por fazer *tabula rasa* da cultura precedente[252] — já vimos o apreço leniniano pela herança cultural. Em outubro de 1920, depois de assinalar que

> só se pode criar esta cultura proletária conhecendo com precisão a cultura criada pela humanidade em todo o seu desenvolvimento e transformando-a,

ele afirma sem qualquer ambiguidade:

> A cultura proletária não surge de fonte desconhecida, não é uma invenção dos que se proclamam especialistas em cultura proletária. Isso é pura

necedade. A cultura proletária tem de ser o desenvolvimento lógico do acervo de conhecimentos conquistados pela humanidade sob o jugo da sociedade capitalista, da sociedade latifundiária, da sociedade burocrática[253].

Em função dessa defesa da relevância da herança cultural, no mesmo outubro de 1920, ele se mobilizou para influir no *I Congresso do Proletkult de toda a Rússia*, que se realizaria em Moscou, em dezembro. Preparou um projeto de resolução a ser submetido ao Comitê Central do partido[254], propondo que se rechaçasse, "com a maior energia, como inexata teoricamente e prejudicial na prática, toda tentativa de inventar uma cultura especial própria" e se determinasse que o *proletkult* se submetesse à direção do partido[255]. Pois bem: apesar dessa claríssima e inequívoca posição de Lenin, só posteriormente o movimento de Bogdanov foi submetido ao controle do partido, mas o próprio *Bogdanov não foi objeto de qualquer sanção — suas obras continuaram a ser publicadas e a circular livremente até 1928*[256].

A tolerância e a flexibilidade *práticas* são emblemáticas da política cultural do poder soviético durante o período em que Lenin esteve efetivamente à cabeça do Estado soviético. A vigorosa (e às vezes agressiva) defesa que ele fazia de seus pontos de vista não derivou em nenhum enquadramento administrativo e/ou coercitivo da vida cultural. Sua posição — pessoal e política — diante da relevância da herança cultural não implicou a asfixia de expressões diversas da arte e da literatura[257].

3

Os anos que se seguiram imediatamente à revolução que explodiu em 1905 e que se viu derrotada em 1907 foram anos de refluxo das forças que expressavam, na Rússia, os interesses das massas trabalhadoras do campo e da cidade. Stolypin, guindado em 1906 à chefia de fato do império russo, jogando simultaneamente com uma repressão massiva e um projeto de "modernização" para o regime czarista, parecia avançar com êxito no sufocamento das lutas de classes — o movimento dos trabalhadores reduziu-se e flagrantemente perdeu o ímpeto de que dera provas em 1905[258]. Sobrevieram anos duríssimos, especialmente para o POSDR — seus dirigentes que escaparam à repressão, bolcheviques e mencheviques, viram-se compelidos a retomar o caminho do exílio e, em janeiro de 1908, Lenin já estava de regresso à Genebra.

De 1908 a 1911, Lenin viveu na Suíça e na França, mas deambulando por outros países europeus. Foram anos de deserções e fragilização orgânica, de intensas polêmicas no POSDR, porém marcados por esforços de formação política em escolas localizadas nos países de exílio e por empenhos de reconstrução partidária no interior da Rússia; Lenin participou ativa e febrilmente desse processo, conjugando-o com uma atenção dirigida ao cenário das relações internacionais (e também à questão das nacionalidades) e com uma extensíssima produção intelectual[259]. Precisamente nesses anos, dedicou a Tolstoi os seus seis artigos: em 1908, "L. Tolstoi, espelho da revolução russa"; em 1910, "L. Tolstoi", "L. Tolstoi e o movimento operário contemporâneo", "Tolstoi e a luta proletária" e "Os heróis da 'pequena reserva'" e, em 1911, "L. Tolstoi e sua época"[260]. Pelo que me consta, nenhum outro escritor russo, criador literário, recebeu pública e explicitamente de Lenin cuidados tais e análise similar. Havia razões e motivos para tanto — como haveremos de ver mais adiante —, que transcendiam o interesse geral despertado pela passagem, em 1908, do octogésimo aniversário do escritor.

Tolstoi, no primeiro decênio do século XX, era o último gigante ainda vivo da grande literatura russa — dentre seus representantes mais notáveis, alguns haviam falecido na metade inicial do século XIX (Pushkin, em 1837; Lermonontov, em 1841) e outros nas décadas seguintes (Gogol, em 1852; Herzen, em 1870, Nekrasov, em 1878, Dostoiévski, em 1881, Turgueniev, em 1883; Saltykov-Schedrin, em 1889; Goncharov, em 1891; só Tchecov chegou a ver um pouco do novo século, morrendo em 1904). Censurado pelo czarismo e excomungado pela Igreja Ortodoxa, Tolstoi teve comemorado o seu octogésimo aniversário com expressa valorização internacional e celebrações, algumas inclusive de caráter popular, na própria Rússia — onde todos, do espectro liberal a até mesmo setores da Igreja e segmentos oficiais (que antes o perseguiram), procuraram capitalizar algo do seu prestígio; a passagem dos seus oitenta anos deu azo à disputa em torno da aura que legitimamente o cercava. O seu legado literário e ideológico tornava-se, então e abertamente, pasto para interesses e objetivos heterogêneos e conflitantes.

É nessa conjuntura que Lenin, que de há muito, como se assinalou, admirava o escritor, inicia a publicação da série de artigos sobre Tolstoi — autor que mereceu cuidados de outros intelectuais revolucionários e de teóricos e dirigentes do POSDR[261] —, artigos que já foram objeto de inúmeros estudos[262]. Não seria pertinente, aqui, oferecer uma apresentação resumida de cada um daqueles artigos, até porque é sustentável considerar o seu conjunto como um texto único[263]; meu interesse incidirá na *concepção geral* da função social da literatura que subjaz, com ênfase diferenciada, aos seis artigos e na *tese central* que estrutura em definitivo a apreciação de Lenin.

Cumpre, porém, desde já salientar que existem, em face da elaboração leniniana sobre Tolstoi, duas posições diferentes, ambas defendidas por marxistas, que resultam de procedimentos interpretativos (que não podemos deslindar nesse espaço) distintos; não se trata propriamente de posições antagônicas, mas sem dúvida os seus desdobramentos (políticos, teóricos e estéticos) são bem diversos. Em termos necessariamente esquemáticos, pode-se dizer que uma primeira posição considera que nesses trabalhos de Lenin (mesmo reconhecendo a sua natureza política) está contida uma fecunda *contribuição teórica à crítica literária marxista*; representante dessa vertente analítica, P. Macherey afirma que os artigos leninianos sobre Tolstoi "constituem, na história do marxismo científico, uma obra *excepcional*" e sustenta que "Lenin descobriu [...] uma nova função da crítica literária, atribuindo-lhe o seu lugar na atividade teórica geral"; Macherey avalia que Lenin, "à sua maneira", nos brinda com "a primeira imagem do que poderia ser uma crítica engajada"[264]. A segunda posição, que tem abrigo na argumentação de Sánchez Vázquez, assegura que Lenin, abordando a arte, simplesmente "se enfrenta, como político, a fenômenos diante dos quais não pode permanecer indiferente pela simples razão de que a arte e a literatura também não podem ser indiferentes à política" e que "Lenin não se propôs fundar teoricamente a estética marxista — nele não há nenhuma fundamentação filosófica explícita dela"[265]. Ambas as posições, a meu juízo, absolutizam traços que efetivamente se encontram, alguns matizados e potenciais, nos textos de Lenin sobre

Tolstoi — mas a absolutização as torna unilaterais, além do que acabam por enviar a supostos excludentes[266]. Mais mediatizada e fundamentada demonstra-se a perspectiva analítica aberta por Prévost: igualmente considerando o caráter político dos seis artigos de Lenin, argumenta que as suas reflexões "não produzem uma teoria nova do texto, mas deixam um lugar para ela", na medida exata em que, e segundo Prévost esta é uma determinação "capital", Lenin sinaliza, na arte literária, a existência de *"uma autonomia relativa do significante em relação ao significado"*[267] (mas não é cabível, nesta oportunidade, avançar nessa perspectiva). Feita essa rapidíssima menção à posição de uns poucos, contudo representativos, estudiosos marxistas, voltemos ao próprio Lenin.

No *conjunto* dos seus textos, Lenin parte, como de um dado de fato, da *grandeza artística de Tolstoi* — que é reiteradamente qualificado como "artista genial", "romancista genial", "grande escritor", autor de obras "as melhores da literatura mundial"[268]. Para Lenin, a genialidade literária de Tolstoi é algo estabelecido e fica fora do seu escopo crítico. O ponto de partida da sua análise, bem como o seu eixo, não é estético (teórico-filosófico): é *histórico* — suas questões primárias dizem respeito ao *lugar* de Tolstoi na história russa.

Lenin considera que o espaço histórico de Tolstoi está claramente demarcado entre 1861 e 1905. Mesmo levando em conta que a atividade literária tolstoiniana desborda esses marcos cronológicos, Lenin não tem dúvidas de que foi nesse período histórico (situado entre a abolição formal do sistema servil na Rússia e a emergência da primeira Revolução russa) que "Tolstoi se formou definitivamente como artista e como pensador"[269]. O artista e pensador se inscreve, conforme Lenin, num "período de transição" que expressa uma "inflexão" na história russa: ao desenvolvimento do capitalismo integram-se as sobrevivências do regime servil, penalizando fortemente os camponeses. A saturação do campo pelas relações capitalistas potencia as contradições da realidade social russa: as seculares relações sociais em que viviam os camponeses entram em colapso, o *status quo* em que assentava o sistema de poder czarista estremece — o "velho" cambaleia e o "novo" ainda não se afirma. Se a abolição do regime servil marca o avanço inicial do capitalismo, a revolução de 1905, desobstruindo ainda mais a via para o evolver desse último, é a primeira emersão do "novo" — e, por isso, tem o caráter de uma revolução burguesa-camponesa, cujas tarefas são acelerar o desenvolvimento capitalista, liquidando a propriedade monopólica da aristocracia fundiária, mas na qual, entretanto, o campesinato opera como mero coadjuvante. Em 1905, todas as contradições, abertas e latentes, da sociedade russa vêm à superfície.

Resultante das transformações em curso nas quatro décadas anteriores, o processo que saltou à luz em 1905 portava uma contraditoriedade que, na interpretação de Lenin, se espelha (vide o título do seu primeiro artigo: "L. Tolstoi, espelho da revolução russa") nas atividades literária e doutrinário-filosófica de Tolstoi. Lenin observa que Tolstoi *não* compreendeu aquele processo — impediu-o a sua concepção *ideológica*, corporificada na sua doutrina pacifista e filantrópica (no *tolstoísmo*, enfim).

É extremamente importante, na análise leniniana, a determinação da raiz ideológica do universo intelectual de Tolstoi, na medida em que Lenin escapa às tentações sociologistas (armadilha que aprisionou a leitura de Tolstoi por Plekhanov): ele não a vincula nem à origem nem à condição de classe do "conde Tolstoi", oriundo da aristocracia fundiária e membro dela — Lenin indica expressamente que Tolstoi, em termos ideológicos, é o "intérprete das ideias e da neutralidade dos milhões de camponeses russos no momento da eclosão da revolução burguesa na Rússia". O núcleo dessa ideologia, Lenin o esclarece inclusive ao não aceitar a sua caracterização como simples "anarquismo cristão": trata-se de um núcleo "certamente utópico e, no seu conteúdo, reacionário no sentido mais exato e profundo da palavra"; no entanto, Lenin adverte que, expressão das aspirações camponesas, tal ideologia porta, difusamente, "elementos críticos, passíveis de oferecer matéria preciosa para a instrução das classes avançadas"[270].

Lenin opera, nos passos em que trata da ideologia tolstoiniana, uma dupla recusa: primeiro, não a trata como algo harmônico, homogêneo e livre de incongruências — expressando o anticapitalismo voltado para o passado (o passado patriarcal camponês, idealizado), contém uma crítica ao presente que as "classes avançadas" devem resgatar e direcionar num novo sentido[271]; segundo: não reduz nem identifica o "artista" ao "pensador" — e a esse aspecto, crucial, logo voltaremos. Importa salientar que, no conjunto da sua análise — seja do "pensador", seja do "artista" —, Lenin detecta com argúcia as contradições que saturam a elaboração de Tolstoi[272] e não as debita a qualquer biografismo: elas não podem ser tratadas como uma questão da individualidade de Tolstoi, já que são a síntese da "ideologia das condições de existência em que se encontraram, de fato, milhões e milhões de homens durante determinado lapso de tempo". E de modo conclusivo:

> As contradições nas concepções de Tolstoi não são contradições do seu pensamento estritamente individual: são o reflexo das condições e das influências sociais, de tradições históricas complexas e contraditórias no mais alto grau.

Enquanto *esta* ideologia que expressa o horizonte camponês, a ideologia tolstoiniana espelha parcial e enviesadamente a realidade que a produz. Nesse sentido, as contradições que comparecem no pensamento de Tolstoi são, elas mesmas, um "espelho" — que deforma o que "espelha" — do movimento que levou a sociedade russa à disrupção de 1905 e assim exprimem *de algum modo* esse movimento[273]. Tais contradições, portanto, uma vez determinados e clarificados os seus condicionalismos sociais, são reveladoras da dinâmica do processo de que o ideólogo (o "pensador") Tolstoi não tinha, nem poderia ter, consciência.

A análise leniniana não divorcia o "pensador" do "artista" — as limitações ideológicas que travaram a compreensão, pelo pensador Tolstoi, do processo revolucionário também não permitiram ao artista Tolstoi compreender o mesmo processo e, com a apreensão da sua dinâmica, oferecer para ele uma solução qualquer. *Mas a concepçao geral que Lenin tem da literatura (e, no limite, da arte como tal) não contempla a ideia de que ela deve "espelhar" totalizadoramente o movimento da sociedade e oferecer soluções.* Lenin não reduz ou identifica — insistamos — o "artista" Tolstoi ao "pensador" Tolstoi (ou, se se quiser, não identifica e/ou hipoteca a arte de Tolstoi ao *tolstoísmo*): se o segundo pretendeu apontar no pacifismo e na filantropia a solução alternativa ao horror do avanço das relações capitalistas na Rússia, o primeiro dispõe de um "lúcido realismo" que lhe permite (como Lenin pontua no artigo "L. Tolstoi e o movimento operário contemporâneo", de 1910) *colocar problemas reais* e essenciais.

À literatura (à arte), Lenin não pede soluções: pede que "espelhe" com veracidade a realidade — e o Tolstoi "artista", "grande artista", o fez nas condições concretas da sociedade russa, combatendo a idealização/ mistificação (operada inclusive pelas correntes oposicionistas liberais) da vida russa. A importância desse *colocar problemas reais*, próprio do "lúcido realismo" de Tolstoi, revela o seu inteiro significado histórico e político--social na Rússia da época na medida em que (como Lenin sublinha no artigo "L. Tolstoi", de 1910)

> o simples enunciado, corajoso, franco, severamente implacável, dos problemas mais dolorosos, mais malditos do nosso tempo, desfere um golpe direto nas frases estereotipadas, nos malabarismos vulgares, nas mentiras da imprensa liberal.

Ao "grande artista", recusa-se Lenin a reclamar a expressão (o "espelhamento") da *totalidade* do movimento da realidade: desde o seu primeiro artigo ("L. Tolstoi, espelho da revolução russa", de 1908), fica muito claro o que ele requisita da literatura — "Se estamos diante de um artista realmente grande, ele deve ter refletido em suas obras pelo menos *alguns aspectos essenciais* da revolução" (itálicos meus). Se Lenin não pede ao escritor "soluções", tampouco lhe demanda que tome outro partido que não a figuração literária veraz de aspectos da realidade, o que supõe que o artista *conheça efetivamente* "alguns aspectos essenciais" dela. Os limites ideológicos do *tolstoísmo* bloqueavam o conhecimento da dinâmica do movimento social (e revolucionário) da Rússia do último terço do século XIX; mas o fato de o núcleo da sua ideologia *colidir* com o ideário da aristocracia fundiária, de expressar a visão de mundo do camponês por ela oprimido e explorado, permitiu a Tolstoi um conhecimento da vida rural, dos conflitos que nela grassavam e (como Lenin anota no citado "L. Tolstoi e o movimento operário contemporâneo") agudizaram "a sua atenção" aos "acontecimentos" que se desenrolavam nela. A obra literária de Tolstoi, nessa escala, é um "espelho da revolução russa", espelho ainda que parcial — independentemente da sua expressa intencionalidade.

O tratamento *concretamente histórico* da obra de Tolstoi por Lenin não pretendeu, a meu juízo, fundar a sua "grandeza artística" — que, como salientei, é tomada por Lenin como indiscutível. Todavia, nele transparece a *concepção geral que Lenin tem da grande arte*, especialmente da literatura: um "espelho" de relações e processos sociais, porém "espelho" que está longe de ser um "espelhamento" integral e total e sobretudo bem distanciado de se mostrar um "reflexo" direto daquelas relações e processos — está mediado pelos recursos especificamente literários (em cuja estrutura a argumentação leniniana não toca, uma vez que Lenin nunca se considerou qualificado para tanto[274]) e, com relativa autonomia, pelo quadro ideológico em que se move o escritor. Aqui, a atenção de quem trabalha com esses textos leninianos deve explorar o que me parece ser a *tese central* que percorre a argumentação de Lenin: a relativa, mas real, *autonomia* que Lenin confere à produção literária em face da expressa ideologia do escritor (ou, para designá-lo noutras palavras, o cuidado leniniano de não reduzir/identificar o "artista" ao "pensador"). O *lúcido realismo* do "artista" Tolstoi não suprime a/nem está hipotecado à ideologia — utópica e reacionária — do "pensador" Tolstoi: o que ele denota, antes, é aquela *vitória do realismo* tão bem sinalizada por Engels num esboço a que Lenin nunca teve acesso[275]. Pelos seus próprios meios e caminhos, Lenin, tendo Tolstoi por objeto, chega a resultados similares aos de Engels.

Observei, há pouco, que Lenin tinha razões e motivos mais que suficientes para se ocupar de Tolstoi. No plano mais imediato, o artigo que inaugura essa série de textos leninianos visava, claramente, contrapor-se às manifestações celebrativas da passagem dos oitenta anos do grande escritor que círculos oficiais (do czarismo e da Igreja) dispuseram-se a patrocinar em 1908 e que incluíam setores da oposição liberal-burguesa. É inequívoca a motivação política conjuntural de Lenin: tratava-se de impedir a exploração do prestígio de Tolstoi pelos círculos reacionários e conservadores e travar a sua recuperação pelos liberais burgueses; simultaneamente, Lenin buscava erradicar os preconceitos acerca da obra do "conde Tolstoi", correntes entre ponderáveis segmentos revolucionários, que identificavam sumária e grosseiramente a produção artística de Tolstoi com o *tolstoísmo*. Vale dizer: Lenin abria uma dupla frente de luta político-ideológica, à direita e à esquerda.

Na medida, porém, em que consideramos a inteira trajetória ídeo-política de Lenin — *antes* e *depois* da revolução de 1905 e, para tanto, alguns elementos dela foram sumariamente sinalizados nesta breve nota —, fica claro que os textos sobre Tolstoi ganham a sua efetiva dimensão muito para além de uma intervenção política conjuntural: adquirem-na no marco da concepção leniniana da política cultural. Eles são emblemáticos dessa concepção: ao mesmo tempo, esclarecem a valorização rigorosa, e por isso mesmo pluralista, da *herança cultural*, numa perspectiva própria aos "clássicos" (Marx e Engels) e contêm o núcleo do seu combate a qualquer sectarismo em face da cultura (como o demonstra o seu ulterior enfrentamento às teses vinculadas ao *proletkult*).

Nesse sentido, a relação de Lenin com a obra literária de Tolstoi (e, também, com a sua ideologia) permanece como um capítulo de extrema relevância no quadro geral do desenvolvimento do legado marx-engelsiano e, sem constituir meramente um *exemplo*, deve ser tomada antes como uma *lição* — na sua efetividade, na sua potencialidade e nos seus limites.

G. Lukács e a política

1

G. Lukács jogou todo o sentido de sua vida, a partir de 1918, quando ingressou no Partido Comunista húngaro[276], na elaboração de uma obra inscrita na vertente do que designou como *marxismo ortodoxo*, um marxismo visceralmente distinto do marxismo vulgar, então dominante e generalizado pela Segunda Internacional (a velha Internacional Socialista).

O *marxismo ortodoxo* de Lukács, na medida em que se funda numa particular articulação entre teoria e prática[277], implica de modo necessário uma dimensão imanentemente política no conjunto da obra construída no seu marco; como bem observou Carlos Nelson Coutinho, até mesmo a grande *Ontologia* — ainda que, de suas 1.200 páginas, somente cerca de 40 sejam dedicadas de modo explícito à análise filosófica da práxis política — foi programaticamente concebida como um ato de intervenção política: ao buscar liberar o marxismo de suas deformações stalinistas e neopositivistas, a obra visava a contribuir para um "renascimento do marxismo", para a retomada de um autêntico socialismo no mundo[278].

Entendo que esse traço essencial vinca o complexo teórico erguido por Lukács em mais de meio século de atividade intelectual, ou seja: a sua obra filosófica e estético-crítica elaborada a partir de 1918, *sem prejuízo de suas especificidades teóricas*, está saturada de entonação política. Duas referências, que tomo aqui como simples ilustrações, podem esclarecer essa determinação.

A partir da entrada dos anos 1930, quando Lukács já pensava — e desde *antes* do VII Congresso da Internacional Comunista (1935), que superou intempestivamente o grave equívoco da palavra de ordem "classe contra classe" — tanto a luta antifascista quanto a estratégia de transição ao socialismo na ótica da unidade (centralizada pela classe operária) das forças populares e democráticas, a sua elaboração estética e crítica relativa ao romance revela-se fortemente enlaçada ao seu pensamento político. Quer concebendo a forma romanesca como estrutura literária particular, quer recuperando o significado do realismo crítico burguês — *v.g., Escritos de Moscou* (1933-1944), *O romance histórico* (1937)[279] —, Lukács repõe, no plano teórico, as exigências da política das *frentes populares*. Também nos anos 1930, quando Hegel era instrumentalizado mistificadoramente pelos ideólogos do fascismo, a interpretação lukacsiana da sua obra (*O jovem Hegel e os problemas da sociedade capitalista*, concluído em 1938 e publicado dez anos depois) mostra-se solidária com o empenho de resgatar os conteúdos humanistas e democráticos do pensamento burguês anterior a 1848, quando a burguesia, enquanto classe, experimenta a inflexão — analisada por Lukács no áspero *A destruição da razão* (1954) — que a conduzirá à "decadência ideológica". Nesses dois passos, há a notar, enfaticamente, que:

1. a crítica literária e filosófica lukacsiana não se reduz com essa dimensão política; se ela, sem dúvidas, impôs-lhe alguns limites, permitiu-lhe também ampliar e densificar categorias teóricas, enriquecendo o acervo analítico da forma literário-romanesca e de romancistas e o patrimônio heurístico dos estudos hegelianos;

2. o fio crítico da concepção política lukacsiana não vulnerabilizou somente a(s) ideologia(s) burguesa(s), mas feriu também a escolástica do dogmatismo da era stalinista que se instaurava — seja problematizando a utilização pragmática e rasteira do *realismo socialista*, seja demonstrando a inépcia da caracterização de Hegel como *pensador reacionário*.

Em resumo: a obra marxista de Lukács, em que pesem os giros efetuados pelo filósofo desde 1918, jamais esteve, do ponto de vista do seu conteúdo essencial, alheia à dimensão política.

Há, todavia, no conjunto desta obra, um estrato que, indiscutivelmente, pode ser caracterizado como eminentemente político[280], configurando um processo de evolução e acúmulo que articulará a concepção política madura de Lukács. Constitui-o um elenco significativo de fontes (ensaios, conferências, artigos curtos, entrevistas) nas quais a atenção do filósofo volta-se diretamente para a problemática política em sentido estrito, enfrentando até as "questões do dia". Não se trata de um elenco textual homogêneo e uma avaliação abrangente, fundada numa análise inclusiva desse elenco, revelaria nele pelo menos três momentos distintos.

2

O primeiro momento abre-se com os textos elaborados por Lukács entre a proclamação da Comuna húngara (março de 1919)[281] e a "ação de março" (1921) dos comunistas alemães e a sua completa derrota em 1923[282], período em que foi presença marcante na revista *Comunismo*[283] e publicou *Tática e ética* (sua primeira coletânea de textos marxistas, 1919) e *História e consciência de classe* (1923). O messianismo revolucionário de que estava imbuído o filósofo[284] conduziu-o a um utopismo radical e a tomadas de posição tais que Lenin não hesitou em considerá-lo "esquerdista"[285]; messianismo e utopismo, por outra parte, que se colavam teoricamente numa particular leitura da obra de Rosa Luxemburgo.

À época, Lukács via a revolução proletária como processo imediata e universalmente em curso[286] e compreendia, nesse processo, o Partido Comunista — expressao mais alta da consciência de classe do proletariado, tomado este enquanto sujeito que introduzia um sentido na história — como organizador demiúrgico da passagem da "pré-história da humanidade" ao estágio da emancipação humana.

Esse momento da constituição do pensamento político de Lukács (nutrido, ainda, pelo principismo eticista próprio de um intelectual que, oriundo de família e educação aristocratizadas e aristocratizantes, renuncia conscientemente à sua origem e condição de classe e corajosamente salta para a trincheira oposta nas lutas de classes) começa a se esbater a partir de meados dos anos 1920. O "esquerdismo" de Lukács começa a se derruir.

Do ponto de vista ideológico, a crítica de Lenin impressionou-o profundamente — e, escrevendo um pequeno ensaio logo na sequência da morte do líder bolchevique (*Lenin. Um estudo sobre a unidade de seu pensamento*, 1924), Lukács vê-se no início de um ajuste de contas consigo mesmo ao se defrontar com o antiutopismo lenineano, conduzindo-o a repensar as suas tomadas de posição no sentido do que chamou de "realismo revolucionário". Por outra parte, já antes, o III Congresso da Internacional Comunista (junho-julho de 1921), de que Lukács participou, em Moscou, pressionara claramente o "esquerdismo", colocando na ordem do dia "a frente única proletária" e reconhecendo o refluxo da maré revolucionária — nas palavras de Lenin, "há que pôr fim à ideia de assalto [ao Estado burguês] e substituí-la pela ideia de assédio"[287]; mas é no seu IV Congresso (Moscou, dezembro de 1922), que a Internacional Comunista consolidou a nova orientação, realçando que o mundo capitalista experimentava uma "relativa estabilidade". Foi, contudo, a prática política no interior do Partido húngaro, na qual ele estará medularmente comprometido, com sua atividade dirigente, que responde pela rotação das concepções políticas de Lukács[288].

Com efeito, entre a morte de Lenin e o II Congresso do Partido húngaro (1929), Lukács é um dos responsáveis pela direção do Partido, brutalmente reprimido e posto na mais dura clandestinidade pelo regime proto-fascista de Horthy. Na luta interna que irrompe no Partido, Lukács — *Blum* era seu "nome de guerra" — alinha-se com a liderança de Jeno Landler, que contestava a orientação sectária e aventureira de Béla Kun, respaldada por importantes segmentos da direção da Internacional Comunista. A luta interna se trava com aspereza e a repentina morte de Landler[289] põe Lukács à frente da oposição: cabe-lhe oferecer, no II Congresso do Partido (1929), uma alternativa à linha de Béla Kun[290], o que obriga o filósofo a um estudo exaustivo das realidades húngara e internacional. Daí resulta o documento que apresenta ao congresso, as célebres *Teses de Blum*, nas quais propõe, como objetivo do partido, no combate pela derrubada da ditadura de Horthy, não uma república conselhista (tal como a Comuna húngara de 1919), porém uma *ditadura democrática de operários e camponeses, cujo conteúdo imediato e concreto não ultrapassaria os quadros econômicos da sociedade burguesa*[291]. Essa proposta, produto de um acurado estudo econômico-social e político da Hungria, expressava também a maturação política da adesão de Lukács ao comunismo, fomentada pela sua prática partidária e pelo seu melhor conhecimento das relações internacionais.

A proposta, todavia, era formulada no momento mesmo em que a Internacional Comunista, numa viragem espetacular, operada no seu VI Congresso (julho-setembro de 1928), substitui de fato a política da "frente única proletária" por aquela da "classe contra classe", justificando-a pela alteração da conjuntura: à "estabilidade relativa" do capitalismo sucederia um novo período (o "terceiro"), marcado pela sua "crise geral", o que repunha — segundo a interpretação da Internacional — a luta pela ditadura do proletariado na ordem do dia[292]. Em suma: Lukács operava um giro político no sentido diametralmente oposto àquele a que se dirigia a nova orientação da Internacional Comunista — de fato, a proposta lukacsiana *antecipava*, individual e, na realidade, solitariamente, uma plataforma que só teria guarida no movimento comunista tardiamente, após a ascensão de Hitler, somente sendo abraçada pelos comunistas depois da palavra de ordem da "frente ampla", tal como a apresentou G. Dimitrov no VII Congresso da Internacional Comunista (julho-agosto de 1935)[293].

O resultado não poderia ser outro: uma fragorosa derrota das *Teses de Blum* no congresso do Partido húngaro, que obrigou Lukács a uma autocrítica insincera (1929)[294] e ao recolhimento em face da atividade político-partidária. A derrota do filósofo na luta interna, porém, marcou especialmente a ruptura do próprio Lukács com as suas concepções utópico-esquerdistas (ele reconheceu, explicitamente, que as *Teses de Blum* constituem a "conclusão" dos seus "anos de aprendizagem do marxismo"[295]) e o passo ao segundo momento evolutivo do seu pensamento político.

3

À concepção política esboçada nas malogradas *Teses de Blum* faltava um substrato teórico-filosófico — substrato que permitiria a Lukács assentá-la com solidez e desenvolvê-la consequentemente. É esse substrato que começa a se desenhar entre 1930 e 1931, quando, estagiando em Moscou antes de se transferir para a Alemanha, tem a oportunidade de estudar manuscritos ainda inéditos de Marx e Engels (que viriam à luz em 1932: os *Manuscritos econômico-filosóficos de 1844* e *A ideologia alemã*) e de iniciar uma sistemática análise da obra de Lenin.

A estância de Lukács na Alemanha, entre 1931 e a chegada de Hitler ao poder, confronta-o diretamente com a política de "classe contra classe" — dos grandes partidos comunistas, talvez tenha sido o alemão aquele que implementou mais radicalmente a orientação do VI Congresso da Internacional. Escaldado pela derrota de *Blum* e continuando primordialmente preocupado em não ser alijado da luta antifascista por um afastamento qualquer do movimento comunista, Lukács combate aquela política nos estreitos limites da sua atividade como crítico literário — donde os seus debates acerca do impressionismo e contra o vanguardismo sectário da esquerda alemã[296].

Mas é no duro exílio na União Soviética que o seu pensamento político ingressa mesmo num segundo momento evolutivo: aí ele embasará teoricamente a concepção política que, nas *Teses de Blum*, se encontrava ainda *in statu nascendi*. Justamente nesses anos, que vão de 1933 a 1945 — mais de uma década em que se entrecruzam os horrores do fascismo, a plena instauração do stalinismo e do seu terror e a guerra —, Lukács consolidará a sua concepção política madura. Do ponto de vista teórico-filosófico, ele se apropriará intensivamente do conjunto da herança de Marx e Engels, superando os viéses que marcaram parte da sua elaboração dos anos 1920; em especial, seus estudos históricos e econômico-políticos erodem definitivamente os resíduos do seu utopismo inicial; e também o aprofundamento de sua investigação sobre a obra lenineana lhe propicia uma visão mais rica e abrangente do caráter unitário do marxismo como concepção de mundo. Cumpre assinalar que, desde então, Lenin se inscreverá no universo intelectual de Lukács com uma centralidade que vai muito além da referência teórica e política — centralidade que, desenvolvida após 1956, redundará na entronização de Lenin como emblema para configurar a construção do "homem novo" anunciado pelo comunismo[297].

Também nesses anos estão as raízes da perspectiva teórico-filosófica do marxismo que, nos anos 1960, depurada e afinada, Lukács explorará ao limite, designando-a como ontológica e postulando-a como a única capaz de, simultaneamente, guardar a fidelidade ao espírito de Marx e assegurar o desenvolvimento crítico-criador do marxismo (nas palavras do último Lukács, "o renascimento do marxismo").

Ainda aqui, contudo, foram as duras lições da história que conduziram a reflexão política lukacsiana — de uma parte, a derrota das forças democráticas e populares em face da instauração do fascismo e, doutra, a terrível experiência do stalinismo. Se a primeira foi objeto da sua investigação e resultou numa série de ensaios publicados ao longo do período e mesmo ulteriormente, a segunda teve efeitos e impactos duradouros, porém só explicitados no pós-1956.

Lukács, exilado na União Soviética de Stalin, não se dispôs ao sacrifício físico para combater abertamente o stalinismo (o que, diga-se de passagem, não impediu que sofresse coerção direta[298]). A posição de Lukács torna-se compreensível se se leva em consideração a sua análise política de fundo: *o filósofo, no contexto da expansão do fascismo e da Segunda Guerra Mundial, estava absolutamente convencido de que a sobrevivência da União Soviética era um* valor absoluto, *que condicionava tanto a vitória sobre a barbárie fascista quanto a possibilidade do evolver futuro do socialismo; por isso, mesmo que intimamente desenvolvesse uma postura crítica em face de Stalin e de seus métodos desde 1938-1939, ele não a exprimiu publicamente —* julgava, e nunca recuou desse julgamento, que fazê-lo equivalia a abrir o flanco ao inimigo.

L. Feuchtwanger, aliás objeto de notações críticas n'*O romance histórico*, escreveu em algum lugar que *"ser um mártir é fácil; difícil, muito difícil, é permanecer entre luzes e sombras pelo bem de uma ideia"*. Tais palavras caem como luva para a problemática posição assumida por Lukács: ele se recusou ao martírio e travou contra o stalinismo, nesses anos, o combate possível, que caracterizaria como o *"combate espiritual de um* partisan": defendeu, no plano estrito da cultura, ideias colidentes com a doutrina oficial[299], mas sempre protegendo-se com citações protocolares de Stalin e com uma intencional restrição de seus juízos à esfera cultural[300].

O fato é que os silêncios de Lukács, sua reverência formal a Stalin e a limitação da sua crítica oblíqua ao plano da cultura custaram-lhe o rótulo de "stalinista": G. Lichtheim menciona "a resoluta adesão de Lukács a Stalin" e, de forma mais delicada, Y. Ishaghpour credita-lhe uma "adesão mais ou menos tácita ao stalinismo"; outros, como H. Rosenberg, assinalam a "sua patética resistência ao stalinismo"; na contracorrente, críticos como L. Kofler replicaram que "Lukács e o stalinismo distinguem-se entre si como o socialismo democrático distingue-se do socialismo burocrático. Entre eles não há nenhuma ponte"[301].

Entendemos que esse último juízo está mais próximo da verdade — mas ele requer determinações para se tornar mais exato. De uma parte, é necessário analisar em que medida a opção de Lukács impôs-lhe limitações significativas no plano das suas avaliações crítico-filosóficas e estéticas[302]; de outra, no que diz respeito diretamente à sua concepção política, há que investigar como também a sua opção pelo "combate espiritual de um *partisan*", no marco posto pela defesa do "socialismo em um só país", deixou sequelas que não podem ser ignoradas[303].

4

Lukács retorna à Hungria em 1945, depois de mais de um quarto de século de ausência forçada. Chega com a Libertação propiciada pelas vitórias do Exército Vermelho e participa ativamente do processo de reconstrução nacional, no plano cultural (torna-se membro da direção da Academia de Ciências da Hungria, leciona na Universidade de Budapeste) e no plano político (participa do Conselho Nacional da Frente Popular Patriótica).

Regressa a seu país projetando sua inserção na vida húngara a partir de duas hipóteses, intimamente vinculadas entre si: de uma parte, está convencido de que a conjuntura mundial propiciará a continuidade, sobre novos fundamentos, da "grande aliança" construída em 1941 entre as democracias ocidentais e a União Soviética, favorecendo um clima internacional de paz e desenvolvimento progressista; de outra, acredita firmemente que a reconstrução nacional deverá avançar mediante a unidade das forças democráticas e populares (daí, entre outros, seu esforço pelo entendimento e união entre social-democratas e comunistas), na construção do que sustentava ser a *democracia popular* ou, nos termos lukacsianos da época, a *nova democracia*[304].

Essas duas hipóteses condensavam o que, linhas antes, designamos como sendo a sua concepção política madura, elaborada nos anos do exílio na então URSS. De uma parte, Lukács, mesmo convencido de que capitalismo e socialismo constituíam sistemas necessariamente mundiais, compulsoriamente demandantes do espaço planetário, tinha por viável a possibilidade da coexistência dos dois sistemas sem guerras destrutivas (por isso, inclusive, a sua sincera e apaixonada participação no Movimento pela Paz, em que exerceu expressiva intervenção); o que depois de 1956 seria definido como *coexistência pacífica* — e que não excluía a dinâmica das lutas de classes por meios outros exceto a guerra — é um dos pilares da concepção política madura de Lukács. O outro, constituiu-o a sua visão da transição ao socialismo: para Lukács, tratava-se de processo largo e complexo, que, se implicava rupturas e traumatismos no confronto com a reação e com os inimigos de classe, teria tanto mais sucesso se se operasse mediante as vias próprias do enfrentamento de ideias e cosmovisões que envolviam o conjunto da sociedade, com o recurso sistemático ao debate franco, voltado para a persuasão e o convencimento. A forte interdependência entre os dois componentes elementares dessa concepção é óbvia: um clima de paz internacional vincula-se diretamente à maior limitação possível dos caminhos revolucionários a meios que dispensem a violência físico-material; e também é óbvia a conexão dessa concepção com a "política frentista" que Lukács antecipara em 1928[305].

Essa é a concepção com que Lukács regressa à Hungria e com a qual intervém ativamente, por cerca de três anos, na vida política e cultural de seu país e, mais, na vida intelectual europeia — entre 1946 e 1949, viaja ao Ocidente, participa de conferências e congressos, tem obras publicadas no país e no exterior. Mas os supostos sobre os quais repousava a sua projeção não resistem à prova de curto prazo da história: de uma parte, a Guerra Fria (e a guerra a quente, como o demonstrará na sequência a conflagração coreana) liquida com a alternativa da coexistência sem belicismo; de outra, os aparatos de poder estatal-partidários, controlados por grupos afinados com o stalinismo (sem contar o recrudescimento da ditadura de Stalin no final desses anos), destroem no Leste europeu as possibilidades de uma transição socialista sem o recurso à violência e ao terror.

Na Hungria, o sinal dos novos tempos é dado por Rakosi, máximo dirigente partidário e estatal[306]: qualificando 1948 como "o ano da mudança", o ditador eliminou da vida política a pluralidade partidária e deu início à caça dos seus adversários — repressão tanto aos não comunistas como aos opositores dos seus métodos no interior do Partido. Como notou Mészáros, o primeiro passo dessa caçada foi, no verão/outono de 1949, o processo contra Rajk e sua execução; e o regime avançou, simultaneamente, contra tudo o que significava a *nova democracia* — desencadeou-se uma cruzada pública (e internacional: na então URSS, por exemplo, Fadeiev reclamou "severas medidas administrativas") contra Lukács[307].

A partir de 1949, uma campanha de descrédito e calúnias, orquestrada pela cúpula do Partido, é dirigida contra Lukács: aberta formalmente, sob orientação pessoal de Rakosi, por L. Rudas em julho de 1949, será conduzida subsequentemente por um grupo de intelectuais vinculados ao aparelho partidário (dentre os quais J. Révai, M. Horváth e J. Darvas[308]).

O ataque a Lukács envolvia a sua intervenção como crítico literário (a pretexto de seus livros publicados em húngaro depois de 1945: *Literatura e democracia* e *Por uma nova cultura húngara*), retomava a condenação às *Teses de Blum* e promovia um inquisitorial às suas ideias acerca do realismo socialista e da significação da literatura russa; porém, o alvo central dos seus adversários era a concepção política que — segundo eles, e corretamente — se vinculava às suas ideias acerca da cultura: a sua defesa da *nova democracia*. Indo diretamente ao nó do problema, no mais longo dos seus derradeiros depoimentos, Lukács relembra o que o antagonizava, nos finais dos anos 1940, com o regime de Rakosi:

> Na minha opinião, que remonta às Teses de Blum, a democracia popular é um socialismo que nasce da democracia. Segundo o outro ponto de vista, a democracia popular é, desde o início, uma ditadura e, desde o início, aquela forma de stalinismo para o qual ela evoluiu após o caso Tito[309].

A cruzada anti-Lukács se acentua em 1950, repercutindo no movimento comunista internacional. Sob forte pressão, Lukács faz autocrítica, de novo recusando-se ao martírio[310] e é obrigado, em 1951, a se recolher à vida privada. Mais uma vez, como em 1929, a intervenção política do filósofo redunda numa derrota. Ele e suas ideias políticas deixam a cena pública — contudo, não será por muito tempo.

5

1956 é o ano do "outubro húngaro"[311].

Fazendo a síntese do que se passou naquele ano, um comentarista registrou: "revolta dos intelectuais, queda do stalinista Rakosi; retorno ao poder de Imre Nágy[312]; ressurgimento de uma imprensa livre e de partidos políticos; desmoronamento do partido comunista; fim da coletivização; florescimento dos conselhos operários; a revolução é esmagada pelas tropas russas"[313].

O comentarista não mencionou que, na explosão da crise do regime de Rakosi, também entraram na arena forças contrarrevolucionárias, efetivamente reacionárias; porém, como assinalou um ex-marxista,

> o dilema húngaro não era entre um socialismo existente, por mais imperfeito que fosse, e a contrarrevolução, e sim entre uma realidade antissocialista e uma possibilidade socialista. A imensa maioria dos operários, estudantes e intelectuais não combateria até a morte para reinstalar capitalistas nas fábricas e sim para instaurar uma democracia política que tornasse real a posse das fábricas pelos trabalhadores [...]. Diante do despertar das forças reacionárias húngaras, [...] a garantia eram os operários húngaros organizados em conselhos [...], eram também os intelectuais e estudantes, que em sua maioria ainda acreditavam no socialismo e não queriam passar de uma ditadura a outra[314].

O ex-marxista tem razão: o que explode na Hungria — tendo como pano de fundo a desestalinização que fora posta em curso a partir do "relatório secreto" de Kruschev ao XX Congresso do PCUS, em fevereiro de 1956 — é a demanda de profundas mudanças que levassem à realização de algo como a *nova democracia* que Lukács propusera no imediato pós-guerra. Por isso mesmo, o velho filósofo reingressa na cena política com entusiasmo: em junho, pronuncia no "Círculo Petöfi" a conferência

A luta entre progresso e reação na cultura contemporânea e, juntamente com Tibor Déry, Giulia Illiés e István Mészáros[315], lança a revista *Eszmélet* (*Tomada de consciência*) — de junho a novembro, seu ativismo parece juvenil: participa do processo de refundação do Partido e torna-se Ministro da Cultura do efêmero governo Nágy, cargo a que renuncia quando esse propõe a retirada da Hungria do Pacto de Varsóvia[316]. Na repressão que se segue ao 4 de novembro (quando as tropas russas entram em Budapeste para liquidar o levante)[317], Lukács — após um breve refúgio na embaixada da Iugoslávia, que ele mesmo considerou um "erro brutal" — é deportado para a Romênia.

No ano seguinte, obtém permissão para retornar. Exige-se-lhe uma autocrítica, que ele rechaça frontalmente: "Lukács, o velho Lukács de setenta e um anos, recusa-se a fazer novamente sua autocrítica, a reconhecer seus erros, a submeter-se novamente à autoridade e à burocracia que se pretendem socialistas. No terceiro canto do galo, o Pedro petrificado do marxismo se recusa a renegar e a renegar-se"[318]. Concede-se-lhe uma espécie de *otium cum dignitate*, mas lhe é negado o ingresso no Partido refundado[319] e se lhe impõe a proibição de suas publicações e atividades políticas — ao mesmo tempo em que nova campanha é oficialmente aberta contra ele[320].

Logo afinado com os novos tempos da desestalinização, o governo de Kadar[321], após a "normalização" (ou seja: quando a oposição expressa em outubro de 1956 foi desarticulada), orienta-se num sentido autorreformista: promove significativas alterações na ordem econômica e instaura um clima de tolerância política e ideológica. Em face desse novo rumo, Lukács preocupa-se fundamentalmente em apoiar as mudanças que lhe parecem progressistas e democratizantes — definia sua postura no quadro húngaro como "não oposição, mas reforma", sublinhando que o essencial era a solução da questão básica: a questão democrática[322].

Aí reside o componente inédito que enriquece a concepção política madura de Lukács e a eleva a um patamar mais alto: ainda que prosseguindo e prolongando as ideias que o conduziram à defesa da *nova democracia*, é legítimo afirmar que, no pós-56, o filósofo chega ao estágio culminante da sua reflexão política, configurador do terceiro momento a que aludimos nas linhas de abertura deste texto — a democracia defendida por ele, e qualificada como *socialista*, propõe-se como a via para a reconversão das sociedades soviética e do Leste em formações societárias compatíveis com o projeto emancipador que animou o pensamento marxiano e marxista antes da sua perversão pelo dogmatismo e pelo sectarismo.

De fato, após o XX Congresso do PCUS e seu retorno da deportação, Lukács vislumbra a concreta possibilidade de uma autorreforma do "socialismo real" (expressão, aliás, estranha a Lukács). Avalia o período que se abre como uma transição que pode resgatar as promessas emancipadoras do Outubro vermelho de 1917, desde que se erradiquem as raízes do stalinismo e, ao mesmo tempo, mantenha-se e se aprofunde a crítica da sociedade burguesa[323] — que, para ele, volta a experimentar, nos anos 1960, uma crise profunda[324]. No plano político, pois, trata-se de um combate em duas frentes: contra o stalinismo (que ele jamais reduziu ao clichê do "culto à personalidade") e contra as falsas alternativas oferecidas a ele (no limite, a restauração da democracia política formal burguesa).

Lukács estava firmemente convencido de que esse combate em duas frentes implicava uma profunda renovação do pensamento marxista — donde o seu esforço teórico para fomentar o que chamou de *renascimento do marxismo*, esforço do qual são testemunhos documentais a monumental *Estética* (cuja primeira parte, a única concluída, sai em 1963) e a *Ontologia do ser social* (publicadas, a "grande ontologia", 1976-1981, e a "pequena", em 1986), bem como o seu estímulo às pesquisas de investigadores jovens, como aqueles que ficaram conhecidos como membros da "escola de Budapeste"[325].

Nesse período, Lukács pode expressar livremente o seu pensamento político[326], explicitando-o claramente, sem as restrições e os compromissos a que se condicionara anteriormente. Os textos mais expressivos dessa quadra são dirigidos à crítica do stalinismo e suas sequelas e põem a questão da democracia socialista na ordem do dia. E neles se expressa, reiteradamente, a aposta na autorreforma do socialismo — sempre sinalizada pelo apoio que Lukács ofereceu à liderança soviética de Kruschev.

Essa aposta, como o desenvolvimento posterior da história demonstrou, foi perdida — as regressões do regime soviético sob Brejnev reverteram a sua possibilidade e, no fim dos anos 1980, os tardios intentos de Gorbatchev comprovaram que a autorreforma era inviável, do que derivou a insustentabilidade da experiência iniciada em 1917. Lukács, porém, não assistiu a esse desfecho.

Mas há fortes indicações de que ele pressentiu, com a queda de Kruschev (1965) e especialmente com a repressão à autorreforma empreendida na então Tchecoslováquia (agosto de 1968[327]), que o projeto autorreformador em que estava empenhado corria risco substantivo. Por isso, reagiu imediatamente à invasão da então Tchecoslováquia, repudiando a intervenção das forças do Pacto de Varsóvia[328] e redigindo o ensaio em que sintetiza, clara e inequivocamente, esse terceiro momento da sua evolução política, em formulações que podem ser tomadas como conclusivas do seu itinerário comunista no texto que entregou à direção do seu partido e só foi publicado postumamente (1985): *Demokratisierung heute und morgen*, traduzido no Brasil sob o título "O processo de democratização" (cf. G. Lukács, *Socialismo e democratização. Escritos políticos. 1956-1971.* Rio de Janeiro: Ed. UFRJ, 2008).

Nesse ensaio, em que recusa simultaneamente o modelo stalinista (e todas as suas derivações) e a democracia política de corte formal-burguês (ou suas variantes, que seduziram muitos daqueles que se opuseram ao stalinismo), Lukács põe, como única alternativa progressista às estruturas do "socialismo real", a democracia socialista — que só pode ter efetividade se se constituir como *democracia da vida cotidiana*; mais exatamente: "uma democracia da vida cotidiana, tal qual apareceu nos conselhos operários de 1871, 1905 e 1917 e tal qual existiu nos países socialistas e deve aí ser novamente despertada". Comentando essa passagem, nota justamente um crítico que Lukács opõe essa democracia dos conselhos operários "simultaneamente à burocracia arbitrária e à democracia burguesa, como um sistema de democracia autêntica e real, que surge cada vez que o proletariado revolucionário aparece no palco da História"[329].

De fato, no último Lukács, a transição socialista quase se identifica com um profundo e radical *processo de democratização*, a ser perseguido sem concessões se o horizonte da ação política dos comunistas for mesmo a edificação de uma sociedade sem exploração, opressão e alienação — isto é, a sociedade comunista.

6

A concepção política que Lukács veio desenvolvendo desde a sua adesão ao comunismo não constitui o núcleo central da sua contribuição ao pensamento marxista — se, na sua obra, como salientamos, a dimensão política está sempre presente, conformando mesmo um estrato significativo da sua atividade intelectual e prático-concreta, é preciso sublinhar que ela não dispõe do privilégio de que goza em marxistas cuja atenção prioritária voltou-se para a política enquanto esfera com estatuto, legalidade e relevância específicos (como, por exemplo, em Antonio Gramsci).

Não é pertinente, nesta oportunidade, identificar as razões teóricas e/ou filosóficas desse fato. O que nos importa é ressaltar que, no conjunto da obra lukacsiana, a política não comparece como um objeto autônomo, passível de ser tematizado em suas peculiaridades. Em poucas palavras: há, no conjunto da obra lukacsiana, uma — insistimos — inequívoca *dimensão* política; mas não se pode, legitimamente, considerar a existência de algo como que um *sistema de teoria política* na obra lukacsiana: Lukács foi um *pensador político*, não um *pensador da política*. Esta determinação não retira da sua concepção política a importância, como tampouco minimiza a sua significação; apenas permite apontar o espaço restrito em que decorre a sua reflexão política, subordinada não a um tratamento sistemático, mas a exigências decorrentes das suas concepções teórico-filosóficas e a injunções do seu protagonismo como sujeito político.

Nos textos recolhidos na coletânea antes referida (*Socialismo e democratização...*), certamente o leitor notará que o espaço restrito a que nos referimos anteriormente, determinante do arsenal de categorias com que Lukács trata os processos políticos[330], tem fortes incidências na análise política lukacsiana: por exemplo, a sua *crítica de princípio* ao stalinismo frequentemente é viciada por uma *redução teoricista* — ao colocar no centro de suas apreciações, vigorosa e corretamente, a questão teórico-metodológica (em especial, o contraste entre as concepções stalinianas e stalinistas com as de Lenin), Lukács não agarra a referência histórico-concreta da experiência soviética (seus condicionantes econômico-sociais, a contextualidade internacional, as transformações político-ideológicas etc.), que aparece rarefeita e pouco ponderável.

Deriva dessa redução teoricista um viés que pode induzir a avaliações unilaterais, pouco aptas a apreender os nexos complicadíssimos entre teoria e práxis, na suposição de que a correta impostação teórico-metodológica conduz, pela força da sua verdade, a soluções políticas adequadas. Poder-se-ia argumentar, num aprofundamento crítico que escapa ao escopo deste texto, que a opção de fundo de Lukács — que, páginas atrás, sinalizamos como *valor absoluto* (a existência da União Soviética) e do qual ele nunca abriu mão — responde, centralmente, pelas limitações da análise política lukacsiana, na qual, quase sempre, predomina um *otimismo* não suficientemente fundado.

Enfim, esse otimismo e mais aquela redução teoricista poderiam ser responsabilizados pelas *derrotas políticas* que, independentemente da sua congruência teórico-metodológica e da sua coerência ideológica, Lukács protagonizou — quer ao tempo das *Teses de Blum*, quer no período em que batalhou pela *nova democracia*, quer nos anos em que emprestou seu apoio à *auto-reforma* que Kruschev tentou implementar.

A crítica cuidadosa e radical da concepção política de Lukács ainda está por se fazer e o primeiro passo para conduzi-la com rigor é *conhecê-la*, o que reclama imperativamente o estudo de um larguíssimo elenco de textos, redigidos ao longo de meio século de reflexão e intervenção[331]. Minha hipótese é aquela segundo a qual, com o exame desses textos, ficará patenteado o espírito geral da obra lukacsiana pós-1918, que o velho filósofo resumiu na polêmica ideia de que "o pior socialismo é melhor que o melhor capitalismo"[332].

Estou convencido, porém, que um tal estudo só será elucidativo e esclarecedor se for conduzido com uma orientação que vá além da análise textual — que considere a contextualidade histórico-política no interior da qual os textos pertinentes foram elaborados por Lukács. Com efeito, a quadra histórica em que nos inserimos é bem particular: depois de mais de um quarto de século que registrou uma profunda derrota político-ideológica da classe operária e das camadas trabalhadoras em todo o mundo, que assistiu ao colapso das experiências pós-revolucionárias, que testemunhou o redimensionamento da dominação do capital e o descrédito das proposições socialistas — depois dessas quase quatro décadas de reacionarismo político e aviltamento cultural, o empenho de Lukács na renovação do socialismo e no renascimento do marxismo pode parecer algo anacrônico.

Não há dúvidas de que a temporalidade histórica no interior da qual se moveu o pensamento político de Lukács está esgotada. Mas é grosseiro equívoco supor que a história chegou ao fim — Clio, sabe-se, é uma deusa ardilosa. Reprimidas mas não suprimidas, mistificadas ideologicamente e/ou manipuladas politicamente, as lutas sociais reais prosseguem e revelam, na sua essencialidade, o traço decisivo das lutas de classes contemporâneas: metamorfoseada, a ordem do capital não perdeu suas características estruturais de exploração e opressão e continua produzindo e reproduzindo a sua negatividade. Quando esta reunir as condições para aflorar à superfície da vida social, colocar-se-á em novo patamar a questão central da transformação dessa ordem societária — colocar-se-á abertamente o dilema entre uma alternativa socialista renovada e a cronificação da barbárie capitalista.

Nessa perspectiva, os textos políticos de Lukács deixam de ser importantes documentos referidos a uma conjuntura histórica passada. Adquirem uma nova significação e uma extraordinária atualidade: podem indicar, pela crítica do passado, um rumo para o futuro.

Nota sobre o marxismo na América Latina

As ideias de Marx e Engels chegam à América Latina no final do século XIX, simultaneamente ao aparecimento — animado por emigrantes europeus (sobretudo italianos e espanhóis, os mais politizados e com forte inspiração anarquista) — de grupos socialistas pioneiros. Desses grupos, ideologicamente diferenciados, nascem os primeiros partidos socialistas (Argentina, 1896; Uruguai, 1910; Chile, 1912), logo alinhados com a Segunda Internacional; e, do desenvolvimento e/ou das dissidências de alguns deles, nos anos 1920 surgirão os partidos comunistas. Tais partidos, superando os influxos do anarquismo e do anarcossindicalismo sobre os trabalhadores, nas décadas seguintes responderão pela divulgação do marxismo.

É nos anos 1920, de fato, sob o impacto da Revolução Bolchevique, que será criada a maioria dos partidos comunistas latino-americanos. E é também no fim dessa década que a Internacional Comunista começará a exercer decisivamente a sua influência sobre eles: em junho de 1929, na sequência da primeira conferência dos comunistas da América Latina (Buenos Aires), reorganiza-se o *Secretariado Sul-Americano da Internacional Comunista* (criado em 1925) que, sediado na capital argentina, sistematizará a publicação do quinzenário *La correspondencia sudamericana*, instrumento de articulação do comunismo latino-americano sintonizado com a orientação crescentemente stalinizada da Internacional Comunista. De formação posterior, bem mais tardia, são poucos partidos comunistas (Bolívia, 1950; Honduras, 1954; Nicarágua, 1967).

Desde os anos 1920 verifica-se que tanto a difusão do marxismo quanto a constituição de uma cultura marxista (teórica e política) na América Latina não se revelam como um processo único e idêntico; ao contrário, expressaram e expressam a realidade própria de um subcontinente que envolve formações sociais muito diversas, países com um desenvolvimento bastante desigual das forças produtivas, estruturas de classe e instituições sociopolíticas distintas, problemáticas étnicas e culturais específicas e diferentes inserções internacionais.

Ao longo do século XX, a América Latina registrou experiências políticas muito peculiares, que a marcaram profunda e diversamente: grandes insurreições antioligárquicas, vitoriosas ou não (México, 1910; El Salvador, 1932; Bolívia, 1952), intentos mais ou menos exitosos de modernização social sob regimes ditatoriais (no Brasil, Vargas, 1930/1945, e, na Argentina, Perón, 1946-1955), guerra civil (Costa Rica, 1948), processos revolucionários que se orientaram ao socialismo, vitoriosos ou não, contra a ordem ou no interior da ordem (Cuba, 1959; Nicarágua, 1979; Chile, 1970-1973), lutas guerrilheiras (em praticamente todo o subcontinente, nos anos 1960) que até hoje persistem (Colômbia), breves episódios democratizantes envolvendo as Forças Armadas (Peru, 1968; Bolívia, 1971), longas ditaduras extremamente corruptas (no Paraguai, 1954-1989, na Nicarágua dos Somoza, intermitentemente entre os anos 1930 e 1979, e no Haiti dos Duvalier, 1964-1986) e, enfim, as ditaduras do grande capital erguidas no Cone Sul sob a égide da "doutrina de segurança nacional" (Brasil, Chile, Uruguai e Argentina) entre 1964 e 1976, cujas crises diferenciadas culminaram, nos anos 1980, em movimentos de democratização muito particulares.

É compreensível, pois, que uma efetiva unidade latino-americana só possa ser pensada como não identitária, como *unidade do diverso*. Esta unidade latino-americana é um processo em construção, que possui como base objetiva o fato de as massas trabalhadoras do subcontinente terem os mesmos inimigos: o imperialismo (especial, mas não exclusivamente, o norte-americano) e as classes dominantes nativas, a ele associadas. E é, portanto, compreensível que não se possa falar sem mais de um "marxismo latino-americano": desde os anos 1920, o desenvolvimento do marxismo (e das organizações políticas nele inspiradas) na América Latina foi e continua sendo, na entrada do século XXI, largamente diferenciado, diferenciação que não elude traços e elementos comuns.

A década fundacional

Se os primeiros ecos socialistas ressoam na América Latina na sequência das revoluções europeias de 1848, é a partir dos anos 1880 que as ideias de Marx e Engels chegam ao subcontinente — o mexicano Juan de Mata Rivero (1838-1893) publicou o *Manifesto do Partido Comunista* em 1884 e o argentino Juan B. Justo (1865-1928), pensador e dirigente socialista identificado com a Segunda Internacional, traduziu o livro I de *O capital* em 1898. Em vários países, ativistas e pensadores contribuíram para criar condições para o florescimento das ideias marxistas: assim, por exemplo, citam-se, na Colômbia, Luís Tejadas (1898-1924); no Brasil, Silvério Fontes (1858-1928) e Euclides da Cunha (1866-1909); no Chile, Luís Emílio Recabarren (1876-1924); no Uruguai, Emilio Frugoni (1880-1969); em Cuba, José Martí (1853-1895), Diego V. Tejera (1848-1903) e Carlos Baliño (1848-1926). Mas as ideias marxistas constituem à época não mais que um vetor de um complexo e heterogêneo universo político-ideológico, conformado num caldo de cultura que envolvia os mais heteróclitos componentes ideológicos do pensamento anticapitalista.

Nos anos 1920, a organização autônoma do movimento operário dá os primeiros passos; é então que se fundam os partidos comunistas e se registra uma difusão maior de alguns materiais de Marx e Engels (na primeira metade da década, estão disponíveis em castelhano, além dos dois textos já citados, a *Miséria da filosofia* e *Do socialismo utópico ao socialismo científico*; no Brasil, a primeira tradução do *Manifesto* data de 1924; na segunda metade, circulam, em todo o subcontinente, em edições francesas e espanholas, textos de Marx e Engels, e ainda de Plekhanov, Lenin, Trotski, Bukharin). É somente então que o marxismo começa a se perfilar nitidamente como uma concepção teórica e política peculiar.

Os anos 1920 constituirão a *década fundacional* do marxismo na América Latina. Escritos de dirigentes políticos — alguns dos quais haveriam de influir por longos anos em seus partidos comunistas, como o ítalo-argentino Victorio Codovilla (1894-1970), outros sendo afastados dos partidos que fundaram em consequência da stalinização dos anos 1930, como o brasileiro Astrojildo Pereira (1890-1965) — forneceram as bases ideológicas para esse processo fundacional, que foi dinamizado por várias lideranças. Entre essas lideranças, cabe destacar o protagonismo de Julio Antonio Mella (1903-1929), fundador do PC cubano, obrigado ao exílio pela ditadura de Machado, sob cujas ordens foi assassinado no México. Mella, organizador e publicista brilhante, notabilizou-se pela dura crítica a que submeteu, em 1928, as propostas do peruano Victor Raul Haya de la Torre (1895-1979), que criou, em 1924, a *APRA* (*Aliança Popular Revolucionária Americana*, frente anti-imperialista depois transformada em *Partido Aprista Peruano*). São desse decênio as primeiras tentativas de interpretação marxista das realidades nacionais latino-americanas, de que um exemplo incipiente encontra-se em *Agrarismo e industrialismo* (1928), do brasileiro Octavio Brandão (1896-1980).

Estas duas problemáticas — a posição dos marxistas em face do imperialismo e a análise da realidade latino-americana — foram enfrentadas nessa *década fundacional* do marxismo na América Latina pela figura mais importante do período, o peruano José Carlos Mariátegui (1894-1930). Autodidata extremamente talentoso, Mariátegui assimilou o marxismo durante um estágio (1919-1923) na Itália e, no seu regresso, dedicou-se intensivamente a uma ampla intervenção revolucionária: no plano da organização da cultura, criou a revista *Amauta* (1926), de impacto continental e repercussão europeia e, no plano da organização política, o Partido Socialista (1928, logo Partido Comunista) e a Confederação Geral dos Trabalhadores do Peru (1929). E toda a sua intervenção foi conduzida por uma diretriz teórico-metodológica que colidia com o provincianismo intelectual característico de um continentalismo estreito e sectário, que demandava uma "teoria própria" (ou "autônoma", "específica") para a compreensão da América Latina: contra Haya de la Torre, que o acusava de "europeísmo", afirmou peremptoriamente a universalidade do marxismo numa formulação antológica: "Fiz na Europa meu melhor aprendizado. E creio que não há salvação para a Indo-América sem a ciência e o pensamento europeus ou ocidentais".

Polemizando a partir de 1927 com Haya de la Torre, que tomava a pequena burguesia como sujeito revolucionário por excelência e desvinculava o combate ao imperialismo da luta pelo socialismo, Mariátegui elaborou uma concepção da revolução latino-americana na qual o anti-imperialismo era componente de um processo que o transcendia, vale dizer, o processo revolucionário direcionado ao socialismo e cuja vanguarda era o proletariado urbano. Essa concepção subjaz à análise que ofereceu de seu país nos *Siete ensayos de interpretación de la realidad peruana* (1928), que permanece até hoje como paradigma da lenineana "análise concreta da situação concreta": recusando a aplicação de esquemas apriorísticos no trato da sociedade peruana, Mariátegui apreendeu a sua particularidade histórica ao enfrentar com originalidade a problemática da propriedade da terra, problemática de quatro quintos da população: o *indígena*. Todo o seu esforço analítico foi no sentido de clarificar o processo da *revolução peruana* (para ele, de caráter socialista e, por consequência, anti-imperialista, antilatifundista e anticapitalista) que, liderada pelo proletariado, teria como pedra de toque a unidade dos trabalhadores urbanos com o campesinato. Graças à atenção de Mariátegui para com os contingentes trabalhadores de raiz autóctone, sua obra ganhou novo relevo em função de fenômenos políticos recentes (o *zapatismo* mexicano, os eventos na Bolívia e no Equador) em que adquiriu plena visibilidade a questão dos "povos originários". Entretanto, a obra de Mariátegui foi duramente criticada por ideólogos vinculados à Terceira Internacional na sequência de sua morte, só vindo a ser devidamente valorizada a partir da segunda metade dos anos 1950; mas teve continuadores em seu país, como Hildebrando Castro Pozo (1890-1945), estudioso dos problemas andinos (*Del ayllu al cooperativismo*, 1936), e Ricardo Martínez de la Torre (1904-1969), historiador (*Apuntes hacia una interpretación marxista de la historia del Perú*, 1947).

A década de 1920 inscreveu as ideias marxistas na cultura latino-americana — essa inscrição, porém, não configurou o marxismo nessa cultura como um componente consolidado.

A consolidação — os anos do "marxismo-leninismo"

Entre os inícios dos anos 1930 e meados dos anos 1950, o marxismo tornar-se-á uma referência indescartável no conjunto da cultura latino-americana, mesmo quando se leva em conta a desigualdade do seu nível de desenvolvimento nos vários países do subcontinente. Atesta-o, no primeiro terço dos anos 1950, o largo rol de personalidades do "mundo da cultura" que, *em todos os países do subcontinente e para além da ação estritamente política*, ligaram seus nomes ao marxismo (alguns anos depois, chocados com as revelações feitas por N. Kruschev no XX Congresso do PCUS, muitos desses cientistas, poetas, escritores, arquitetos, pintores e artistas se deslocaram para outros espaços do espectro político-ideológico). O marxismo, à época, exerceu um verdadeiro fascínio sobre o melhor da intelectualidade latino-americana — recorde-se, entre aqueles que dele nunca se afastaram, escritores do porte do peruano César Vallejo (1898-1932), do chileno Pablo Neruda (1904-1973), do brasileiro Graciliano Ramos (1892-1953) e dos cubanos Juan Marinello (1898-1977) e Nicolás Guillén (1902-1989).

Na base dessa consolidação do marxismo estão processos mundiais (o fascismo europeu e a resistência a ele, a guerra civil na Espanha, a Segunda Guerra Mundial e o papel protagônico nela desempenhado pela União Soviética, a Revolução Chinesa e o início da luta anticolonialista na Ásia e na África) e processos propriamente endógenos às sociedades latino-americanas (migrações, industrialização, urbanização), dinamiza dores de novas lutas sociais e que possibilitaram um adensamento da influência de seus partidos comunistas. Por outra parte, há que considerar que a circulação de publicações marxistas experimentou, no período, um enorme crescimento quantitativo e um verdadeiro salto de qualidade: a partir de finais dos anos 1920 e inícios dos anos 1930, a documentação divulgada pelas editoras Bureau d'Éditions e Éditions Sociales Internationales (França) e Cenit e Europa-América (Espanha) permitiu o conhecimento de mais obras de Marx e Engels, de expoentes bolcheviques e revolucionários europeus; e também, a partir dos anos 1930, nota-se o crescimento, em boa parte do subcontinente, de atividades editoriais autóctones centradas na literatura marxista e apresentando produções nacionais. Cumpre destacar, nesse âmbito, a partir da década de 1940, a importância de que se revestiu a produção editorial mexicana, estimulada, inclusive, pela emigração de republicanos espanhóis: a presença do editor Juan Grijalbo (1911-2002, que nos anos 1950 divulgaria inúmeros manuais soviéticos) e de intelectuais como Wenceslao Roces (1897-1992, tradutor de Marx e de clássicos da filosofia) contribuiu para tornar o México um polo difusor do marxismo. Noutros países, igualmente, a chegada de pensadores europeus não marxistas alentou o debate: foi o caso da Argentina, com as polêmicas animadas pelo italiano Rodolfo Mondolfo (1877-1976), que ali se radicou em 1938.

Contudo, essa consolidação do marxismo na cultura latino-americana se opera — e esse é um dos seus traços mais decisivos — quando o processo de stalinização iniciado no final dos anos 1920 na URSS triunfa e, na sequência, pela mediação da Terceira Internacional, equaliza ideológica e politicamente os partidos comunistas latino-americanos, enquadrando-os segundo os parâmetros do "marxismo-leninismo" que se tornou a ideologia oficial da era a que Stalin vinculou seu nome — e que, nos anos seguintes, constituiria a matriz da *cultura de manual* que seria dominante até a primeira metade dos anos 1950. É sabido que esse "marxismo-leninismo" não passou de uma degradação, vulgar e positivista, do legado de Marx, Engels e Lenin: frequentemente reduzido a um economicismo barato e/ou a um sociologismo mecanicista, em geral tratou-se de uma codificação escolástica da teoria social dos clássicos, que esterilizou boa parcela dos esforços de mais de uma geração de comunistas. Parte expressiva da produção dos marxistas latino-americanos foi domesticada e amesquinhada pelos cânones desse "marxismo-leninismo", que se tornou uma espécie de senso-comum dos militantes comunistas e que, pelo menos até 1956, orientou a linha política dos partidos latino-americanos. Mas o XX Congresso do PCUS não pôs fim à "cultura de manual", o que obrigou marxistas mais informados, como o venezuelano Ludovico Silva (1937-1988), a criticá-la ainda duas décadas depois (*Anti-manual para uso de marxistas, marxólogos y marxianos*, 1975).

Mesmo entre dirigentes qualificados e intelectuais dotados, em todos os quadrantes do subcontinente, foram deletérias as implicações (algumas de largo prazo) da imposição/aceitação desse "marxismo-leninismo".

Dirigentes qualificados sacrificaram as peculiaridades das formações sociais de seus países para formular estratégias e táticas conformadas às orientações da Terceira Internacional (ou, depois, do *Kominform*) e em não poucas ocasiões identificaram sumariamente o internacionalismo proletário com a política de Estado da União Soviética. Intelectuais dotados dobraram-se aos imperativos daquilo que Marcuse designou como "marxismo soviético", incorporando acriticamente a recusa abstrata e apriorística ao "pensamento burguês", ao "idealismo", bem como as exigências do "realismo socialista" de corte staliniano. Sobre todo o subcontinente, multiplicaram-se algozes/vítimas dessa ideologia vulgar. Para exemplificar muito sucintamente, entre dirigentes, sua pesada hipoteca pode ser verificada sobre os argentinos Rodolfo (1897-1985) e Orestes Ghioldi (1901-1982), o brasileiro Luís Carlos Prestes (o "Cavaleiro da Esperança", 1898-1990) e o peruano Jorge del Prado (1910-1999); e, entre intelectuais e ficcionistas, sobre o argentino Emilio Troise (1885-1976), o equatoriano Manuel Agustín Aguirre (1903-1992), o peruano Cesar G. Mayorga (1906-1983), o brasileiro Jorge Amado (1912-2001) e o costarricense José Marín Canas (1904-1980).

Seria um grave equívoco, porém, considerar o período de consolidação do marxismo (1930-1950) na cultura latino-americana como carente de elaborações fecundas ou somente como um triunfo do "marxismo-leninismo". Nesse período, com efeito, registram-se contribuições significativas, entre as quais se deve mencionar a de Jacques Roumain (1907-1944) que, nos anos 1930, procurou compreender a realidade haitiana, e os estudos do argentino Anibal Ponce (1898-1938); este, tornando-se marxista no fim da década de 1920, recuperou a herança do humanismo clássico burguês (*Humanismo burgués y humanismo proletario*, 1935) e, tematizando a problemática da educação, escreveu *Educación y lucha de clases* (1937), que permaneceu como referência por décadas na América Latina. Na Bolívia, José Antônio Arze (1904-1955) já surgia como o pensador importante que, nos anos seguintes, publicaria *Problemática general de las ciencias, de la sociología y del marxismo* (1949) e *Sociografía del Incario* (1952); seu companheiro de lutas, Ricardo Anaya (1907-1997), escreveu *Derecho penal y marxismo* (1943) e, ainda, *La nacionalización de las minas en Bolivia* (1952). Nesses mesmos anos, no Chile, o futuro dirigente socialista Clodomiro

Almeyda (1923-1997) redigia *Hacia una teoría marxista del Estado* (1948). No México revolucionário, o marxismo reformista de Vicente Lombardo Toledano (1894-1968) era um constitutivo das polêmicas sobre educação, em confronto com o filósofo construtivista Antônio Caso (1883-1846); mas José Revueltas (1914-1976), pensador e artista então vinculado ao Partido Comunista, expressava uma postura mais firme, em 1938, com *La revolución mexicana y el proletariado* (depois do XX Congresso do PCUS, em 1962, publicaria, noutro registro ideológico, porém reivindicando o marxismo, *Ensayo sobre un proletariado sin cabeza*). No Paraguai, o dirigente comunista Oscar Creydt (1903-1987) editava, em 1947, *Diplomacía norte-americana y dictadura fascista*, e recolhia materiais para *Formación histórica de la nación paraguaia*, publicado em 1963.

Nesses decênios, talvez a dimensão de maior relevância do marxismo na América Latina tenha sido a pesquisa histórica. Verifica-se um interesse pela história das formações sociais latino-americanas que, desde então, só se veio acentuando. No Uruguai, Francisco Pintos (1880-1968) inicia as investigações de que resultarão as suas primeiras obras (*Batlle y el proceso histórico del Uruguay*, 1938; *De la dominación española a la Guerra Grande*, 1942 e *Historia del Uruguay. 1851-1938*, 1946). Em 1940, o argentino Rodolfo J. Puiggross (1906-1980) dá à luz *De la colonia a la revolución*; expulso do Partido Comunista em 1946, tomará mais tarde o rumo do peronismo (em 1958, publica *El proletariado en la revolución nacional*). É de 1942 *Economía y cultura en la historia de Colombia*, de Luís Eduardo Nieto (1888-1957) e, pouco depois, Carlos Rafael Rodríguez (1913-1997), que desempenharia destacadas funções políticas no processo revolucionário cubano, publicaria *El marxismo y la historia de Cuba* (1944) e *Martí y la liberación de Cuba* (1947). E é de 1943 o ensaio *El alvorecer del capitalismo y la conquista de América*, do chileno Volodia Teitelboim (1916-2008), mais tarde um importante dirigente comunista.

O interesse dos marxistas latino-americanos pela história não se pode separar de uma problemática extremamente polêmica, que já viera à tona na obra de Mariátegui, ou seja, a questão do(s) modo(s) de produção vigente(s) na América Latina, questão com claras implicações políticas nas estratégias comunistas e que se prolongou até os anos 1970. Já nos anos de que estamos tratando, essa problemática aparece nitidamente, com alguns historiadores marxistas argumentando pela vigência plena do modo de produção capitalista e outros sustentando a forte ponderação de relações pré-capitalistas ("feudais" ou "semifeudais"). Entre os primeiros, cabe destaque ao brasileiro Caio Prado Jr. (1907-1990), autor de obra seminal (*A evolução política do Brasil*, 1933; *Formação do Brasil contemporâneo*, 1942; *A revolução brasileira*, 1966) que, em 1945, na sua *História econômica do Brasil*, defendeu a tese — sempre reafirmada por ele — de que o processo de colonização foi, desde a sua origem, um empreendimento mercantil e que as relações próprias da produção de mercadorias eram secularmente dominantes no país. Na esteira de Prado Jr., um cientista social independente, o argentino Sergio Bagú (1911-2002), interpretou a história argentina em nova chave (*Economía de la sociedad colonial*, 1949 e *Estructura social de la colonia*, 1952); também numa via similar trabalhou o trotskista chileno Marcelo Segall (1920-1991), com o seu *Desarrollo del capitalismo en Chile. Cinco ensayos dialécticos* (1953). O contraponto às teses de Caio Prado Jr., no Brasil, coube a um historiador de obra monumental, Nelson Werneck Sodré (1911-1999): militar comunista, intelectual de largos horizontes culturais e autor de mais de cinquenta livros (entre os quais uma notável *História da literatura brasileira* e uma pioneira *História da imprensa no Brasil*), Sodré sustentou suas teses especialmente em *Formação histórica do Brasil* (1962), *Introdução à revolução brasileira* (1962), *História da burguesia brasileira* (1964) e *Capitalismo e revolução burguesa no Brasil* (1990). No Chile, Hernán Ramírez Necochea (1917-1979) defendeu posição semelhante à de Sodré.

É preciso deixar claro, igualmente, que o período de que nos ocupamos não foi inteiramente dominado pelo "marxismo soviético" oficial: por fora dos partidos comunistas (ou em grupos que deles dissentiram) também se encontram desenvolvimentos significativos, de que é exemplo C. L. R. James (1901-1989). Caribenho de Trinidad-Tobago educado na Inglaterra, marcado inicialmente pelo trotskismo, ativista nos Estados Unidos ao lado de Raya Dunayeskaya (1910-1987), professor em universidades europeias, James (que, nos seus últimos anos, tornou-se um porta-voz do nacionalismo da África Negra, com textos como *K. Nkrumah y la revolución en Gana*, 1977) é autor de uma obra essencial sobre a histórica revolução haitiana: *Los jacobinos negros. Toussaint L'Ouverture y la revolución de Santo Domingo* (1938) e foi ensaísta de pensamento culto (*Notas sobre dialécticos: Hegel, Marx y Lenin*, 1948).

Não por acaso, há pouco fizemos referência ao chileno Segall: os trotskistas, em seus variados matizes, exercitaram uma ativa intervenção publicística na América Latina. Essa intervenção foi, quase sempre, salvo uns poucos episódios, a crítica direta e contundente aos partidos comunistas que, por sua vez, responderam com igual contundência, chegando a confrontos cuja exasperação foi exemplificada no atentado contra a vida de Trotski (maio de 1940), comandado pelo pintor David Alfaro Siqueiros (1896-1974), comunista que rompera com seu ex-amigo, o então trotskista Diego Rivera (1886-1957).

O trotskismo, para além de capítulos barulhentos, no plano prático-
-político foi, na América Latina, salvo na Bolívia e na Argentina, sempre pouco mais que residual, mas se revestiu de importância no confronto ideológico com o "marxismo-leninismo" stalinista. Na Bolívia, teve seu primeiro representante em Tristán Marof (pseudônimo de Gustavo Adolfo Navarro, 1898-1979), autor de *La tragedia del Altiplano* (1935) e *La verdad socialista en Bolivia* (1938); no entanto, foi o ativíssimo Guillermo Lora (1922-2009) a sua maior expressão no país: dirigente do Partido Operário Revolucionário e formulador das célebres *Tesis de Pulacayo* (cidade onde, em 1946, reuniu-se um histórico congresso de mineiros), que incidiram na vida política do país, Lora notabilizou-se com a sua *Historia del movimiento obrero boliviano. 1848-1971* (1969-1979). No Brasil, em 1931, constitui-se talvez a primeira fração trotskista latino-americana, tendo à frente três intelectuais refinados: os jornalistas Lívio Xavier (1900-1988) e Fúlvio Abramo (1909-1993) e o polígrafo Mário Pedrosa (1900-1981). Este último, com formação e experiências na Europa e nas Américas, deixou vasta obra, produto de contínuos trabalho e militância, revelando-se não só um mestre na crítica das artes plásticas — parte de sua copiosa produção foi ulteriormente reunida em *Política das artes* (1995) e *Forma e percepção estética* (1996) —, mas também um estudioso de processos políticos contemporâneos (*A opção brasileira* e *A opção imperialista*, ambos de 1966). Na Argentina, quase simultaneamente ao Brasil, expressam-se os primeiros trotskistas: Antonio Gallo (1913-1990, autor de *Adonde va la Argentina?*, 1935), e Hector Raurich (1903-1963, pensador sofisticado, do qual textos

importantes foram publicados postumamente, como *Hegel y la lógica de la pasión*, 1975); seguiu-se-lhes Liborio Justo (apelidado "Quebracho", 1902-2003, figura controvertida, que acabou por criticar Trotski); escritores profícuos, mas sobretudo dirigentes políticos, foram J. Posadas (pseudônimo de Homero Cristaldi, 1912-1981) e Nahuel Moreno (pseudônimo de Hugo Miguel Bressano Capacete, 1924-1987). Mas é depois, na segunda metade dos anos 1950, que se registraria uma intervenção teórica mais significativa de raiz trotskista (e esta observação vale, genericamente, tanto para a Argentina quanto para toda a América Latina).

As três décadas aqui sumariadas constituíram, como se pode inferir, um acúmulo das ideias marxistas que, consolidadas sob a dominância do "marxismo-leninismo" de feição stalinista, haveriam de ultrapassá-lo largamente quando da sua implosão.

A implosão do "marxismo–leninismo" e a renovação do marxismo

O "marxismo-leninismo" de raiz stalinista é implodido na América Latina entre a segunda metade dos anos 1950 e inícios dos 1960, tendo por deflagradores o XX Congresso do PCUS e a Revolução Cubana. Esses dois eventos, porém, foram apenas detonadores: a crise (pode-se dizer: a implosão) do "marxismo-leninismo" stalinizado no subcontinente não foi um processo engendrado por condicionantes externas; essas tão somente permitiram e fomentaram a sua deflagração. Nele, essenciais foram as determinações endógenas: entre outras, as modificações nas estruturas produtivas, as novas inserções na divisão internacional do trabalho, as alterações nas estruturas de classes e as reconfigurações dos aparatos políticos e ideológicos das classes dominantes.

O processo de desconstrução do "marxismo-leninismo" se manifestou flagrante e irreversivelmente, primeiro, nos fenômenos erosivos que afetaram os partidos comunistas na sequência da denúncia do "culto à personalidade" e dos crimes de Stalin: em todos eles, o impacto dessa denúncia foi imenso (abrindo, em muitos casos, a via para um "revisionismo" e/ou um "reformismo" explícitos). Em seguida, a Revolução Cubana coroou o processo, pondo em xeque as tradicionais projeções revolucionárias desses partidos, nas quais a sua própria liderança era vista como indispensável, já que única expressão do papel necessariamente transformador do proletariado, de que, em sua visão, eles detinham o privilégio da representação. Em alguns casos, o processo foi traumático, como no Brasil: entre 1956 e 1958, o partido perdeu milhares de militantes; em outros, a habilidade das direções travou os vetores de crise e conseguiu contorná-la, como no partido uruguaio; em outros, ainda, as direções se reciclaram, reproduzindo-se com a exclusão de alternativas renovadoras, como na Argentina.

De qualquer forma, em todo o subcontinente, depois do XX Congresso do PCUS e da Revolução Cubana, os partidos comunistas nunca mais foram os mesmos. Entre outras modificações, pôs-se um dado de realidade fundamental: esses partidos (aí incluídos os de raiz trotskista, aos quais, compreensivelmente, o XX Congresso forneceu boa munição) deixaram de ser a instância privilegiada do pensamento marxista, da sua produção/expressão/legitimação. Também a divisão do movimento comunista internacional, em razão do conflito sino-soviético, na entrada dos anos 1960, contribuiu para o debilitamento de alguns PCs (ainda que o *maoísmo*, do ponto de vista teórico, não tenha passado, essencialmente, de uma recidiva stalinista). *Em poucas palavras: os partidos comunistas deixaram efetivamente de ter uma espécie de monopólio do marxismo, seja na sua divulgação, seja na sua utilização.* Outras agências (movimentos sociais, universidades, institutos de pesquisa etc.) passaram a intervir de modo novo na elaboração marxista. O resultado imediato desse processo foi uma notável renovação do marxismo no subcontinente.

Mas é fato que, em vários partidos, dirigentes e intelectuais formados no período anterior foram capazes de, em maior ou menor medida, contribuir para essa renovação. Ilustra-o o exemplo de Rodney Arismendi (1913-1989), que assumiu a secretaria geral do Partido Comunista Uruguaio em 1955; travou os vetores de crise, promoveu uma discreta, mas sensível, renovação no PCU e levou-o à condição de um dos principais artífices da *Frente Ampla*, que rompeu (1971) com o bloqueio institucional representado pelos partidos uruguaios tradicionais. Seu trabalho de

1962, *Problemas de la revolución continental*, constituiu um sério esforço de compreensão dos processos políticos latino-americanos. Na Argentina, frutificou o empenho de Héctor P. Agosti (1911-1984): autor de vários livros (dos quais são expressivos *Para una política de la cultura*, 1956, e *Nación y cultura*, 1959), dirigiu, entre 1951 e 1976, a revista *Cuadernos de cultura*, órgão do partido comunista, mas que sempre garantiu um espaço de crítica e elaboração cultural avançada. Agosti, que permaneceu até a morte no partido, tem a seu crédito uma iniciativa de envergadura histórica: a tradução de Antonio Gramsci ao castelhano, das *Cartas do cárcere*, em 1950, e de volumes da edição temática dos *Cadernos do cárcere*, em 1958-1962. O pioneirismo da iniciativa fica claro se se considera que Gramsci tornou-se conhecido na Argentina antes de sê-lo na França, na Inglaterra, na Alemanha e nos Estados Unidos (no Brasil, as primeiras traduções de Gramsci surgem nos anos 1960 — uma seleção das *Cartas* e textos da edição temática dos *Cadernos*).

Os *Cuadernos de cultura* dirigidos por Agosti estimularam um grupo de intelectuais comunistas de Córdoba a avançar na direção de uma política cultural e de uma investigação teórica liberada das hipotecas do "marxismo-leninismo". A principal figura desse grupo era José Aricó (1931-1991), a quem se ligou Juan Carlos Portantiero (1934-2007). Aricó foi um dos animadores da revista *Pasado y Presente*, criada em 1963 e que circulou até 1965; em 1973, voltou a circular, mas só tirou três números, em razão das condições políticas do país (que, como se sabe, agravaram-se com a instauração, três anos depois, de uma ditadura genocida, que obrigou milhares de argentinos — assim como Aricó e Portantiero — ao exílio para escapar da morte). Entre 1965 e 1973, a revista deu lugar a *Cuadernos de Pasado y Presente*, que divulgou, para toda a América Latina, textos de um marxismo aberto e pluralista. A criação de *Pasado y Presente* colidiu com a orientação da direção do partido e tanto Aricó como Portantiero foram dele expulsos. A filiação do pensamento de ambos a Gramsci é incontestе: Aricó, que estudou *Mariátegui y los orígenes del marxismo latino-americano* (1978) e as relações entre *Marx y América Latina* (1980), dedicou ao marxista italiano seu último grande texto, *La cola del diablo. Itinerario de Gramsci en América Latina* (1988); Portantiero, ensaísta produtivo, que nos anos 1980 fez carreira acadêmica e terminou seus dias nos braços da social-democracia, redigiu, em 1977, o ensaio *Los usos de Gramsci*; já antes, em 1970, utilizara categorias gramscianas numa obra em co-autoria com M. Murmis (1933), *Estudios sobre los orígenes del peronismo*.

O trabalho de Agosti e, depois, o de *Pasado y Presente*, introduzindo na reflexão e no debate a produção gramsciana, sinaliza uma característica que, desde então, marcará o marxismo em todo o subcontinente: *a abertura a novas interlocuções e a diálogos com inspirações teóricas situadas para além do "marxismo-leninismo"*. Anteriormente, registraram-se tentativas nesse sentido, mas foram débeis; a partir de finais dos anos 1950, tais aberturas e diálogos, verificáveis em praticamente toda a América Latina, diversificaram e enriqueceram a elaboração dos seus marxistas. Assim é que, na entrada dos anos 1960, autores tão diferentes como Henri Lefebvre, Erich Fromm, Roger Garaudy, o Sartre da *Crítica da razão dialética* e, em seguida, Louis Althusser tornaram-se referências frequentes no debate latino-americano. No mesmo processo, influíram nas discussões pensadores radicados nos Estados Unidos (Paul M. Sweezy), russos (Mikhail Bakhtin), ingleses (E. P. Thompson, Eric J. Hobsbawm), belgas (Ernest Mandel) e até "malditos" como Karl Korsch e György Lukács, além de Bertolt Brecht. Especialmente a partir do fim dos anos 1960, a "escola de Frankfurt" também se fez ouvir (Herbert Marcuse, Max Horkheimer, Theodor W. Adorno e, em seguida, Walter Benjamin), juntamente com autores como Ernst Bloch. Definitivamente, desde finais da década de 1950 o marxismo tornou-se *polifônico* na América Latina. E esta polifonia foi favorecida por uma mais ampla difusão, nos principais países latino-americanos, de textos de Marx e Engels até então pouco conhecidos (em especial, escritos do "jovem" Marx), além de materiais de marxistas quase ignorados pelo "marxismo-leninismo" (por exemplo, Rosa Luxemburgo).

São desses anos de renovação, na Argentina, trabalhos expressivos de pensadores como o trotskista Jorge Abelardo Ramos (1921-1994), que acabou por ser — mediante a sua peculiar interpretação do peronismo e sua adesão a ele — um ideólogo da "esquerda nacional": seus livros *Revolución y contra-revolución en Argentina* (1957) e *Historia de la nación latinoamericana* (1968) sintetizam as suas ideias. Também oriundo de fileiras trotskistas foi Milcíades Peña (1933-1965) que, entre 1955 e 1957, produziu um largo e original painel da formação histórica da Argentina,

José Paulo Netto. Ensaios de um *marxista sem repouso* 269

em obras como *Antes de Mayo: formas sociales de la transplantación española al Nuevo Mundo. 1500-1810; El paraíso latifundiario: federalistas y unitarios. La civilización del cuero. 1810-1850; La era de Mitre: de Caseros a la Guerra de la Tríplice Infamia. 1850-1870; De Mitre a Roca: consolidación de la oligarquía anglo-nativa. 1870-1885; Alberdi, Sarmiento y el 90. 1885-1890; Masas, caudillos y elites. 1890-1955*. Parece não haver dúvidas, contudo, de que a figura mais destacada desses anos foi a de Sílvio Frondizi (1907-1974, assassinado por terroristas da *Triple A*): procedente do trotskismo, combinou a docência universitária (que o primeiro governo de Perón interrompeu) com a intervenção política, que culminou com sua ligação com o Partido Revolucionário dos Trabalhadores. Sua obra, inicialmente, incide sobre a teoria política (*El Estado moderno*, 1944), mas logo se desloca para a análise da Argentina e do marxismo (*La realidad argentina*, 1954; *Doce años de política argentina*, 1958; *Interpretación materialista dialéctica de nuestra época*, 1959).

Pode-se afirmar que, na América Latina, os anos 1960 registraram claramente a superação do "marxismo-leninismo" stalinizado no domínio da pesquisa histórica, o que se manifestaria concretamente nas pesquisas dos marxistas desses anos e posteriormente. Comprova-o, por exemplo, no Uruguai, o conjunto de investigações realizado pelo coletivo (Nelson de la Torre e Julio Carlos Rodríguez) do qual Lucía Sala de Tourón (1925-2006) foi figura destacada; entre 1967 e 1969, esse grupo publica três estudos sobre a história uruguaia que se tornaram referenciais: *Artigas: terra y revolución, Evolución económica de la Banda Oriental* e *Estructura económico-social de la colonia*. Retornando do exílio a que foi obrigada pela ditadura, Lucía Sala de Tourón, em colaboração com Rosa Eloy, escreve os dois volumes de *El Uruguay comercial, pastoril y caudillesco* (1986-1991). No México, o argentino Adolfo Gilly (1928), de extração trotskista, apresentaria uma nova interpretação da revolução de 1910, em *La revolución interrumpida* (1971).

O trato histórico das formações nacionais continuará a ser uma característica desses anos. No Brasil, um pouco antes, o debate teórico sobre a economia nacional é aprofundado. Em 1957, aparece o ensaio *A dualidade básica da economia brasileira* (1957), de Ignácio Rangel (1914-1994); Alberto Passos Guimarães (1908-1993), estudioso da questão agrária, divulgará o seu polêmico *Quatro séculos de latifúndio* (1963) e, anos depois, publicará *A crise agrária* (1978), obra de natureza teórica, e cuidará do banditismo urbano e rural brasileiro em *As classes perigosas* (1982). Uma forma peculiar do banditismo rural, no nordeste do Brasil, o *cangaço*, foi estudada por Rui Facó (1913-1963) em *Cangaceiros e fanáticos* (1963). Ainda nesse período, L. A. Moniz Bandeira (1935) inicia sua carreira intelectual, com *O caminho da revolução brasileira* (1963), que expressa suas posições trotskistas; em sua evolução, desenvolverá sobretudo estudos das relações internacionais, com *O expansionismo brasileiro* (1985) e *Estado nacional e política internacional na América Latina* (1993); sua última obra é a análise da queda do governo Allende, *Fórmula para o caos* (2009). Na Colômbia, os estudos de história econômico-social logo seriam dinamizados: Mário Arrubla (1939) é um dos pioneiros, com a sua *Historia del subdesarrollo colombiano* (1962); nos anos seguintes, prosseguiram nessa via Estanislao Zuleta (1935-1990), com *Historia económica de Colombia* (1970), Álvaro Tirado Mejia, com *Introducción a la historia económica de Colombia* (1971), Dario Mesa (1921), com *El problema agrario en Colombia, 1920-1960* (1975) e Julio Silva Colmenares (1938), com uma larga obra, de que são marcos *Tras las máscaras del subdesarrollo: dependencia y monopólios* (1983) e *El grande capital en Colombia* (2004). Na Venezuela, Héctor Malavé Mata (1930) recorreu a instrumentos marxistas em *Petroleo y desarrollo económico en Venezuela* (1962) e, depois, em *Formación histórica del anti-desarrollo de Venezuela* (1974). O equatoriano Agustín Cueva (1937-1992), tantas vezes afastado de seu país por razões políticas, publicou *El proceso de la dominación política en Ecuador* (1972); suas pesquisas sobre o subcontinente resultaram em *El desarrollo del capitalismo en América Latina* (1977) e, depois, no ensaio *Literatura y consciencia histórica en América Latina* (1994). No México, Sergio de la Peña (1931-1998) escreveria em 1975 *La formación del capitalismo en México* e, em 1978, *El modo de producción capitalista*; mas seu trabalho mais importante é de 1984: *La clase obrera en la historia de México*. Em Honduras, Longino Becerra (1932) elabora a sua *Evolución histórica de Honduras* (1983) — mais tarde, publicaria *Marxismo y realidad nacional hoy* (1991).

Em muitos desses estudos é abordada a questão dos modos de produção na América Latina. Ela foi objeto de especial atenção nos anos 1970, nos ensaios do argentino Ernesto Laclau (1935), *Feudalismo y capitalismo en América Latina* (1971), e do brasileiro Ciro F. Cardoso (1942), *Sobre los modos de producción coloniales en América* (1973), autor que, com Hector P. Brignoli, publicaria, em 1979, uma importante *Historia económica de América Latina*; no Brasil, outra contribuição àquela questão foi a de Jacob Gorender (1923), com *O escravismo colonial* (1978).

É ainda nos anos 1960 que as relações entre a economia latino-americana e os centros imperialistas serão problematizadas pela chamada *teoria da dependência*, elaborada a partir de um confronto crítico com as teses da CEPAL, a *Comissão Econômica para a América Latina*, cujos expoentes foram Raul Prebisch (1901-1986) e Anibal Pinto (1919-1996); suas teses influíram na obra do grande economista brasileiro Celso Furtado (1920-2004). Entre os teóricos da dependência, havia aqueles inspirados em Schumpeter e Weber e aqueles vinculados ao marxismo, marcados por A. Gunder Frank. Entre os primeiros, cabe destacar o brasileiro Fernando Henrique Cardoso (1931) e o chileno Enzo Faletto (1935-2003), autores de *Dependencia y desarrollo en América Latina* (ensaio de 1967, divulgado em livro em 1970). Entre os marxistas, o brasileiro Ruy Mauro Marini (1932-1997) foi, sem dúvida, o mais influente, com seu livro *Dialéctica de la dependencia* (1973). É de observar que, na última fase da filosofia do mexicano Leopoldo Zea (1912-2004), a questão da dependência aparece expressamente (*Dependencia y liberación en América Latina*, 1974).

Fenômeno próprio dos anos 1960, seja pela abertura da universidade latino-americana às demandas políticas da época, seja pela gravitação posta pela renovação do marxismo que então tinha curso, foi o desenvolvimento de uma relação positiva entre as ciências sociais acadêmicas e o pensamento marxista, de onde emergiu a chamada "sociologia crítica", cujos frutos são perceptíveis até hoje em vários países latino-americanos. Três cientistas sociais se destacaram nesse movimento: o brasileiro Florestan Fernandes (1920-1995), em cuja larga bibliografia a incidência do marxismo se faz sentir expressamente após 1968 (*Sociedade de classes e subdesenvolvimento*, 1968; *Capitalismo dependente e classes sociais na América Latina*, 1973; *A revolução burguesa no Brasil*, 1975); o mexicano Pablo González Casanova (1922), autor de *Sociología de la explotación* (1969), *Medio siglo de historia de América Latina* (1978) e *Imperialismo y liberación en América Latina* (1983); e o peruano Anibal Quijano (1928), estudioso de J. C. Mariátegui e a quem se devem, entre outros estudos relevantes, *Nacionalismo y capitalismo en Perú* (1971) e *Imperialismo y marginalidad en América Latina* (1977). Também se inscreveu nessa tradição Octavio Ianni (1926-2004), discípulo de Florestan Fernandes e escritor de larga produção, da qual vale mencionar *Imperialismo na América Latina* (1974), *A formação do Estado populista na América Latina* (1975) e *A ditadura do grande capital* (1981).

É também nos anos 1960 — e a interlocução com diferentes autores, sobretudo europeus, foi essencial para tanto — que se registra, no marxismo da América Latina, uma elaboração filosófica significativa. No Panamá, Ricaurte Soler (1932-1994) publica, em 1961, o seu *Estudio sobre las ideias en América Latina*, a que se seguem *Modelo mecanicista y método dialéctico* (1966) e *Estudios sobre la dialéctica* (1973). Se, no Brasil, Leandro Konder (1936-2014), um pioneiro na divulgação do pensamento de G. Lukács, lança, em 1965, *Marxismo e alienação*, logo em seguida Jaime Labastida (1939) publica, no México, *Producción, ciencia y sociedad. De Descartes a Marx* (1969). À diferença de Labastida, na sua evolução Konder manter-se-ia no campo do marxismo, tornando-se um dos seus mais influentes difusores (da sua enorme bibliografia, cabe destacar *Os marxistas e a arte*, 1967; *O pensamento político de Lukács*, 1980; *A derrota da dialética*, 1984). Enquanto, também nesses anos, na Argentina, o filósofo Carlos Astrada (1894-1970), de extração existencialista, culmina o seu diálogo com o marxismo (*El marxismo y las escatologías*, 1957; *Marx y Hegel*, 1958; *Dialéctica y historia*, 1969), o marxólogo brasileiro José Arthur Giannotti (1930) intervém com *Origens da dialética do trabalho* (1967) e com o ensaio *Contra Althusser* (1968).

Estava aberta a polêmica em torno do estruturalismo, especialmente na sua versão althusseriana, naquele momento em voga na América Latina — recorde-se sua incidência sobre a chilena Marta Harnecker (1937), autora, à época, de manuais de grande divulgação no subcontinente. É quando se publica, quase simultaneamente no Brasil (1972) e no México (1973), o livro de Carlos Nelson Coutinho (1943-2012), *O estruturalismo e a miséria da razão*. Coutinho, um dos pioneiros na divulgação da obra de Lukács, estreara como crítico literário (*Literatura e humanismo*, 1967);

José Paulo Netto. Ensaios de um *marxista sem repouso*   273

nos anos seguintes, deslocar-se-ia para a teoria política e, explorando o pensamento gramsciano, tematizaria a questão da democracia (*A democracia como valor universal*, 1979) e utilizaria a categoria de *revolução passiva* para a análise do Brasil (*Cultura e sociedade no Brasil* e *Contra a corrente*, 1990; *Intervenções*, 2006). Cientista político que também incorporou a inspiração gramsciana para estudar o Brasil é Luiz Werneck Vianna (1936), em *Liberalismo e sindicato no Brasil* (1977). No México, a crítica a Althusser encontraria sólida argumentação em *Ciencia y revolución* (1978), de Adolfo Sánchez Vázquez (1915-2011); espanhol ali exilado, Vázquez já elaborara uma obra filosófica ponderável (é de 1965 o livro *Las ideas estéticas de Marx*), da qual o texto mais importante saiu em 1967 (*Filosofia de la práxis*); mas seu trabalho, de grande influência em todo o subcontinente, prosseguiu incansavelmente (*Estética y marxismo*, 1970; *Del socialismo científico al socialismo utópico*, 1975; *Filosofía y economía en el joven Marx*, 1983; *Invitación a la estética*, 1992; *Ética y política*, 2007). No México, aliás, o pensamento filosófico já se enriquecera com a contribuição de Eli de Gortari (1918-1991), substantivamente preocupado com a dialética (*Introducción a la lógica dialéctica*, 1956; *Dialéctica de la física*, 1964; *El método dialéctico*, 1970).

São da primeira metade dos anos 1960 os textos mais importantes de Ernesto *Che* Guevara (1928-1967), o jovem médico argentino que teve papel destacado no processo da Revolução Cubana e fez da sua vida uma saga heroica e generosa, morrendo na selva boliviana pelas mãos covardes da ditadura de Barrientos e seus assessores norte-americanos. *La guerra de guerrillas* (1960) tornou-se o breviário de todos os movimentos que, naqueles anos e em praticamente todo o subcontinente, tomaram a experiência cubana como modelo; seus escritos econômicos (*Sobre la concepción del valor*, 1963; *El sistema bancario, el crédito y el socialismo* e *La planificación socialista, su significado*, 1964) revelam um discutível conhecimento da crítica da economia política. O ponto forte das suas reflexões — como se pode ver em *El socialismo y el hombre en Cuba* (1965) — consiste na sua dimensão ético-política, saturada de um otimismo humanista e uma profunda convicção na vitória final do socialismo. A sua morte, num combate desigual, foi o prenúncio de uma derrota (grave, porém transitória) do projeto socialista no subcontinente.

Derrota da esquerda, resistência e avanço do marxismo na América Latina

Os anos 1960, na América Latina, representaram uma expressiva e criativa renovação do pensamento marxista, alentada pelo adensamento então ocorrente das lutas de classes. E essa renovação, como se viu, projetou-se na produção marxista dos anos seguintes.

Um significativo sinal dessa renovação foi a influência, por ela possibilitada, do marxismo sobre o que veio a se designar *teologia da libertação*. O pano de fundo dessa corrente cristã, à parte as mudanças próprias do pontificado de João XXIII (1958-1963), foram transformações no interior da Igreja Católica (mas não só dela) no subcontinente, marcadas pela viragem do *Conselho Episcopal Latino-Americano* (CELAM), que desde 1968 descolou-se da defesa do *status quo*. A partir daí, inclusive figuras da hierarquia assumiram bandeiras de luta que eram tradicionalmente de movimentos de esquerda. Esse processo propiciou e coincidiu com o surgimento de uma reflexão (estimulada por desenvolvimentos da teologia na Alemanha e na Holanda) que incorporaria, no nível da chamada *análise social*, ideias marxistas e/ou marxizantes, sem prejuízo, no nível *onto-teológico*, do seu núcleo cristão.

Construíram essa corrente o teólogo belga, então no Brasil, J. Comblin (1923-2011), autor de *Teologia da revolução* (1970), o peruano Gustavo Gutiérrez (1928), com *Teología de la liberación* (1971), e os brasileiros Hugo Assmann (1933-2008), com *Teologia a partir da prática da libertação* (1973), e Leonardo Boff (1938), com *Jesus Cristo libertador* (1972) e *Igreja, carisma e poder* (1986). As condenações do Vaticano à teologia da libertação, ao tempo do papado de João Paulo II (1978-2005), orientadas por J. A. Ratzinger, depois seu sucessor, não impediram seus desenvolvimentos, muitos dos quais devidos ao alemão Franz Hinklammert (1931) que, no Chile, escrevera *Economía y revolución* (1967) e, anos depois, radicado na Costa Rica, publicaria textos substantivos (*Las armas ideológicas de la muerte*, 1977; *Crítica de la razón utópica*, 1984 e *El grito del sujeto*, 1998). No interior dessa linha de reflexão, muito conhecido é o argentino Enrique Dussel (1934), inicialmente influenciado por Heidegger; desde 1975 radicado no México, é autor de *Filosofía de la liberación* (1977) e *Ética de la liberación en la edad de la globalización y de la exclusión* (1998) e de obras sobre Marx: *La producción teórica de Marx. Un comentario a los Gründrisse* (1985) e *El último Marx (1863-1882) y la liberación latinoamericana* (1990).

Mas os anos 1970, assinalando no subcontinente a derrota política das esquerdas, simbolizada na morte do *Che*, criaram condições extremamente adversas à reflexão marxista. O fracasso de todos os movimentos guerrilheiros ou o impasse a que foram levados (salvo, no fim da década, o sandinismo), a liquidação da experiência da Unidade Popular chilena, as ditaduras no Cone Sul — tudo isso afetou duramente boa parte dos marxistas latino-americanos, obrigados ao exílio para escapar da prisão ou da morte. Mesmo naqueles países que não passaram por essa experiência (como o México), o impacto da derrota foi sentido.

Evidentemente, a reflexão marxista não foi cancelada; por exemplo, no México, Gabriel Vargas Lozano (1947) dinamiza a partir de 1976 a revista *Dialéctica* e inicia uma carreira intelectual de que os principais frutos viriam nos anos seguintes: *Marx y su crítica de la filosofia* (1984), *Que hacer con la filosofia en América Latina?* (1990) e um ensaio sobre a crise do "socialismo real", *Más allá del derrumbe* (1994). Ainda no México, Roger Bartra (1942) avança na análise da realidade nacional (*Estructura agraria y clases sociales en México*, 1974) e tematiza a relação entre *Marxismo y sociedades antiguas* (1975). Na Nicarágua, sobressai o trabalho de Alejandro Serrano Caldera (1938), com *Introducción al pensamiento dialéctico* (1976) e *Dialéctica y enajenación* (1970); Caldera publicaria depois *La permanencia de Karl Marx* (1983) e *El doble rostro de la postmodernidad* (1994). O brasileiro Francisco de Oliveira (1933) inicia a sua interpretação do Brasil contemporâneo (*A economia brasileira: crítica da razão dualista*, 1975, e *A economia da dependência imperfeita*, 1977). E são também dos anos 1970 os primeiros trabalhos significativos dos venezuelanos Ludovico Silva e Rafael Nuñez Tenorio, do brasileiro José Chasin e do peruano Camilo Valqui Cachi.

A década de 1980, que registra a restauração democrática nos países do subcontinente até então submetidos a regimes ditatoriais e, portanto, favoreceria o desenvolvimento da reflexão marxista, foi, todavia, também impactante para ela: abre-se e se conclui o colapso do "socialismo real"

(Polônia, 1981; a queda do Muro, 1989; a extinção da União Soviética, 1991), os grandes partidos comunistas do Ocidente se espatifam e partidos comunistas latino-americanos experimentam, em alguns casos, crises terminais (Brasil, Argentina, México), ainda que seguidas de processos de refundação. O fim da Guerra Fria, com a hipertrofia do hegemonismo norte-americano, constitui o umbral dos vinte anos seguintes, marcados pela ofensiva do pensamento neoconservador (neoliberalismo, pós-modernismo). É uma conjuntura em que se verificam, entre intelectuais e dirigentes antes revolucionários, capitulações e apostasias.

Para os pensadores marxistas, são anos, simultaneamente, de resistência e avanço. No Brasil, publicam-se os ensaios filosóficos de Paulo Arantes, consolida-se a crítica literária de Roberto Schwarz, surgem os trabalhos histórico-políticos de João Quartim de Moraes e Décio Saes, Márcio Naves pesquisa a crítica do direito e aparecem as investigações de Celso Frederico sobre a consciência operária (depois, esse investigador se dedicaria à análise da cultura e da constituição do marxismo). No Equador, Bolívar Echeverría avança na pesquisa econômica, assim como Nelson Fajardo, na Colômbia; no México, a discussão filosófica é animada por Juan Mora Rubio e, no Peru, por Luiz Silva Santisteban.

Uma das temáticas mais salientes dos anos 1980, entre os marxistas latino-americanos, foi a da *democracia*; quer em função do passado recente da maioria dos países do subcontinente, quer em razão da problemática do "socialismo real", essa temática envolveu intelectuais de diferentes gerações e países — entre muitos, os brasileiros Carlos Nelson Coutinho, Caio Navarro de Toledo e Juarez Guimarães, os argentinos Alberto Kohen e Atilio A. Borón e o chileno Carlos Altamirano. A essas discussões estiveram conectados, de algum modo, os debates subsequentes sobre a crise do "socialismo real", travados em toda a América Latina.

Exceção no subcontinente, Cuba sempre estimulou a reflexão marxista. Nos anos 1980 e seguintes, a produção marxista cubana revelou contribuições de todo um conjunto de pensadores formados sob a Revolução: no trato das ideias filosóficas, registre-se o nome de Isabel Monal; no domínio da reflexão teórico-filosófica, é significativa a elaboração de Zayra Rodríguez Ugidos e Rigoberto Pupo; Jorge Nuñez Jover cuidou de problemas epistemológicos; Jorge Luís Acanda tematizou a teoria política e Pablo Guadarrama González dedicou-se ao estudo do marxismo na América Latina.

A partir dos anos 1990 e na entrada do século XXI, além da reinserção na cena intelectual de marxistas antes ocupados basicamente com a intervenção política — como o argentino Luís Vitale (1927-2010), um dos fundadores do *Movimento de Izquierda Revolucionaria*/MIR chileno, que em seus últimos anos produziu bibliografia expressiva —, verifica-se uma consolidação/diversificação dos interlocutores dos marxistas latino-americanos. Densificam-se as influências de Lukács (especialmente no Brasil e na Argentina) e Gramsci (essa, praticamente em todo o subcontinente); e outros autores marxistas passam a influir no debate latino-americano: István Meszáros, David Harvey, Frederic Jameson, Ellen M. Wood, François Chesnais e outros. Em todo o subcontinente não se revela apenas um ponderável interesse pelo marxismo (constatável pelo grande número de eventos e de revistas e bibliografia marxistas, acadêmicas ou não); revela-se uma criativa abordagem, pelas novas gerações de marxistas, de temáticas do passado recente (o socialismo na história latino-americana, os seus processos revolucionários) e de problemáticas contemporâneas (a mundialização do capital, as mudanças no "mundo do trabalho", a situação da mulher, a pós-modernidade, a ecologia).

É indiscutível um novo fluxo criador do marxismo na América Latina. Basta lembrar argentinos como Nestor Kohan, Claudio Katz, Daniel Campione; brasileiros como Marcos del Roio, Ricardo Antunes, Ruy Braga, João Antonio de Paula, Sérgio Lessa, Antônio Carlos Mazzeo, Mauro Iasi; peruanos como Alberto Rocha e Alfonso Ibañez; mexicanos como Pável Blanco e Fernando Matamoros; colombianos como Renan Vega; nicaraguenses como Orlando Nuñez.

Em todos os quadrantes do subcontinente, pesquisadores mais jovens assumem o marxismo como referência central do seu trabalho. Trata-se de um marxismo diferenciado ou, como o designamos, *polifônico*: sinfonia executada em tons e modulações diversos por músicos autônomos, mas tão criativa e promissora que merece uma audiência mundial.

Parte IV

Combates no Serviço Social

Dos finais dos anos 1960 à presente década, o autor tem prestado ao Serviço Social uma significativa e crítica contribuição e aqui se oferecem quatro peças da sua produção. "A crítica conservadora à Reconceituação", logo que publicada em *Serviço Social & Sociedade* (São Paulo: Cortez, ano II, n° 5, março de 1981), foi reproduzida por *Acción Crítica*, revista do *Centro Latinoamericano de Trabajo Social* e repercutiu em toda a América Latina. A intervenção "O Serviço Social e a tradição marxista", em evento da pós-graduação da Pontifícia Universidade Católica de São Paulo, de novembro de 1988, também foi veiculada em *Serviço Social & Sociedade* (São Paulo: Cortez, ano X, n° 30, abril de 1989). No periódico do *Conselho Federal de Serviço Social*, a revista *Inscrita* (Brasília: CFSS, ano VII, n° X, novembro de 2007), saiu o polêmico artigo "O projeto ético-político do Serviço Social: das ameaças à crise". E o ensaio, igualmente polêmico, "Assistencialismo e regressividade profissional no Serviço Social" foi publicado em Portugal por *Intervenção Social*, revista do *Instituto Superior de Serviço Social* da Universidade Lusíada (Lisboa: ISSS/Universidade Lusíada, n° 41, 1° semestre/2013).

A crítica conservadora à Reconceituação

Durante aproximadamente uma década — 1965-1975 —, desenvolveu-se, experimentando apogeu e refluxo, o compósito processo a que se convencionou chamar de *reconceituação do Serviço Social*, algo tipicamente latino-americano.

Enquanto fenômeno sociocultural, o processo de reconceituação articulou-se como consequência da crise estrutural que, gestada desde os anos 1950, afetou os padrões de dominação sociopolítica vigentes na América Latina[333]. Enquanto fenômeno profissional, ele instaurou-se como uma resposta possível, elaborada por setores da categoria profissional, à evidente falência do Serviço Social institucional que, no subcontinente, sempre foi um Serviço Social a que cabe a caracterização de *tradicional*[334]. De qualquer ângulo, porém, que se enfoque o processo de reconceituação, há que levar em conta duas notas que o caracterizam:

a) o seu *caráter heteróclito*: na sua gênese e no seu evolver, o processo sempre foi uma mescla de tendências heterogêneas e até conflitantes; essencialmente, o projeto reconceituador debateu-se numa ambiguidade que nunca foi clarificada: gravitou ora em torno de uma proposta de adequação profissional às demandas institucionais (*modernização*), ora em torno de uma alternativa que postulava uma prática de natureza nova (*ruptura*);

b) o *lapso temporal extremamente reduzido* em que se desenrolou: não mais que dez anos, o que é reconhecidamente pouco para que qualquer processo de transformação ou de ruptura possa ter incidências que permitam uma avaliação minimamente profunda.

No próprio momento em que se começa a registrar o seu refluxo (variável dependente dos eventos sociopolíticos subcontinentais), o processo de reconceituação passa a ser objeto de reservas e críticas. Embora tais críticas não tenham experimentado um desenvolvimento rigoroso, é hoje possível identificar, sumariamente, duas perspectivas fundamentais que podem conduzir a uma avaliação da sua natureza e da sua significação para o Serviço Social como profissão.

A crítica superadora

Uma primeira vertente crítica recolhe do processo de reconceituação os componentes que apontavam para uma prática de natureza nova, desbordando o âmbito do Serviço Social institucional para conformar um projeto de *intervenção social* respaldado em forças sociopolíticas inscritas nos movimentos populares e de massa. Esta perspectiva não é o objeto do presente artigo, mas é necessário dizer algo sobre ela.

Sua premissa é a de que o processo de reconceituação, expressando a conjuntura de transição social vivida na América Latina, tinha a sua sorte hipotecada aos próprios rumos da revolução social em escala continental. Ganhando impulso o movimento revolucionário, o projeto de uma nova prática profissional encontraria suportes sociais reais e romperia com a própria noção histórica do Serviço Social, entendido como instrumento de manipulação das demandas sociais das classes espoliadas em proveito do *status quo*; frustrado transitoriamente este movimento, o projeto em tela seria enquadrado e reabsorvido nas pautas profissionais institucionais.

Como a história imediata do subcontinente concretizou a segunda via (as classes possidentes nativas e o imperialismo puderam localizar soluções provisórias de bloqueio ao movimento revolucionário, que variam do militar-fascismo às ordenações de cariz social-democrata, estas últimas apresentando largas chances de viabilidade política), aquela perspectiva vê condicionada a sua crítica pelas limitações postas pela atual conjuntura de travagem político-social. Ou seja: a sua crítica restringe-se a operações analíticas.

Resumidamente, esta crítica incide sobre três níveis do processo de reconceituação. Em primeiro lugar, o seu arcabouço *teórico*: trata-se de desmontar o *ecletismo* que permeou o processo, resultante na assimilação mal digerida da teoria marxiana — haurida não em suas fontes originais, mas na divulgação rasteira, de tipo manualesco — e em contrafações como uma certa "teoria da dependência", a "teoria do populismo" e quejandos; no mesmo plano, a tarefa é a de liquidar com o *epistemologismo* (clara marca althusseriana) e os equívocos dele derivados, tais como a postulação de uma "teoria" própria do Serviço Social, bem como, ainda, a utilização arbitrária e indevida das propostas de Paulo Freire. Em segundo lugar, cabe pensar as suas *alternativas metodológicas*, desmistificando o metodologismo formalista que frequentemente encobriu um traço empirista e neopositivista. Ainda aqui, cabe enfatizar a inépcia no estabelecimento de mediações entre os objetivos estratégicos explícitos e as formas prático-imediatas de intervenção. Enfim, a crítica recai sobre o nível *político*: cumpre desnudar a ingenuidade política, oriunda tanto da incapacidade de conjugar análise de estrutura/estrutura de conjuntura quanto do *basismo*, que nunca dissimulou uma franca hostilidade para com as organizações operárias de tipo tradicional (especialmente os partidos comunistas). É deste ângulo que se indicará como e por que, comumente, o processo de reconceituação não soube identificar suportes sociopolíticos efetivos para embasar seus projetos.

O que é importante, entretanto, é ressaltar que esta perspectiva procura alternativas ao processo de reconceituação *dirigindo-se para o futuro*. O seu sentido é claro: jogar no processo histórico como matriz para alterar medularmente o perfil profissional do Serviço Social. Isto lhe propicia, por outro lado, compreender o estágio atual da profissão: uma etapa de transição, na qual componentes do processo de reconceituação se integram no espaço institucional *ampliando positivamente* as formas de intervenção.

Não é esta, contudo, a perspectiva que interessa considerar aqui; interessa, sim, pensar aquela que configura uma *crítica conservadora* ao processo de reconceituação.

A crítica conservadora

Sem uma formulação explícita e clara, o elenco de críticas que os setores profissionais refratários à reconceituação dirigem ao processo apresenta uma peculiaridade significativa: os núcleos temáticos dessa crítica são literalmente idênticos aos elementos autocríticos que alguns promotores do processo de reconceituação chegaram a esboçar — e esta peculiaridade deve ser anotada. De qualquer maneira, no nebuloso arsenal de apodos de que se armam os profissionais refratários ao processo de reconceituação, é possível delimitar alguns daqueles núcleos e listar as reservas mais gerais que trazem consigo. Numa ordenação aleatória, vejamos estas aporias e a contracrítica que comportam.

Primeira crítica: *a reconceituação conduziu à insegurança, à angústia e à desorientação profissional.*

A meia-verdade contida nesta afirmação elide o contrabando da sua inteira mentira. Ela supõe que *antes* da "confusão" gerada pelo processo de reconceituação imperava na comunidade profissional um clima de segurança, confiança e clareza. *Mas este suposto é falso.* O Serviço Social tradicional jamais estabeleceu coerentemente o seu terreno profissional, o seu objeto e o seu instrumental. Objetivamente, isto se traduziu, entre nós, em dois níveis: o da formação de quadros e o da intervenção profissional. Quanto ao primeiro, basta analisar o *conteúdo real* dos currículos e dos programas escolares para verificar que sempre se transitou por uma zona de sombras; ademais, eram já notórias — para quem viveu aqueles "bons velhos tempos" — as tensões existentes entre as disciplinas de "formação profissional" e aquelas "subsidiárias" ou "complementares", tensões que, no limite da caricatura, levavam o aluno a "gostar" de Sociologia e a "desprezar" Serviço Social de Casos (como se vê, as tendências à "desprofissionalização" são bem velhas...). No que toca à intervenção profissional, quem possui o mais elementar conhecimento do funcionamento das nossas agências sabe perfeitamente que só existia (existe?) clareza e definição profissional no esquema burocrático-formal (administração, regulamentos e/ou estatutos): ninguém sabia (sabe?) exatamente "o que faz a (*sic*) assistente social"[335].

Nesta situação, o processo de reconceituação teve um único papel: produziu um tipo de ambiência onde a insegurança e a desorientação próprias do Serviço Social saltaram à luz do dia, é verdade que com a força acumulada por uma velha repressão. E é compreensível que, fazendo-o sobre novas bases, o fenômeno latente no Serviço Social tradicional adquirisse um perfil mais agudo, um cariz mais dramático. Contudo, debitar ao processo de reconceituação um traço inerente ao Serviço Social enquanto instituição é, deliberadamente, promover a mistificação.

Segunda crítica: *a reconceituação cristalizou-se num modismo profissional.*

Como constatação factual, esta assertiva tem alguns calços na realidade: houve a "onda" da reconceituação — durante certo tempo, curto aliás, foi de bom-tom posar como reconceituador. No entanto, a ressalva é superficial, uma vez que isola aspectos epidérmicos (a linguagem empolada, a consolidação de um jargão-tipo, uma ingênua irreverência para com o passado profissional etc.[336]) do período de afirmação do processo de reconceituação. Todavia, a impugnação que a assertiva pretende realizar é inócua: ignora o banalíssimo fato, exaustivamente estudado pela Sociologia, de que a dinâmica e a lógica dos processos de alteração de padrões científicos, teóricos e/ou profissionais se acompanha, necessariamente, de adesões apressadas e até oportunistas. Mais: a generalização de qualquer novo padrão se opera através de um processo de divulgação que, nos seus estágios iniciais, implica mesmo uma *vulgarização*, que chega a ser assumida como signo distintivo de vanguardismo. Ou seja: o "modismo" é uma fase compulsoriamente experimentada por qualquer instauração de novos padrões intelectuais e profissionais. Portanto, é ilegítimo assacar contra o processo de reconceituação uma recorrência que não é exclusividade sua, mas uma característica pertinente aos momentos iniciais de qualquer processo similar. Por outro lado, é de assinalar a curiosa falta de memória histórica dos que, recorrendo ao rótulo "modismo", buscam minimizar o processo de reconceituação: esquecem-se, por exemplo, de que a introdução do Serviço Social de Grupos no âmbito institucional do Serviço Social também foi, durante algum tempo, um "modismo" (para não mencionarmos a voga originária, entre nós, do Desenvolvimento de Comunidade)[337].

Terceira crítica: *a reconceituação circunscreveu-se a pequenos grupos de elite* ("capelinhas").

Parcialmente, esta é outra constatação de fato, mas que, em absoluto, não pode fundar qualquer juízo de valor sobre o conteúdo do processo de reconceituação. *Todo* movimento revolucionário ou renovador se realiza, inicialmente, engendrando uma estratificação própria, reforçada, inclusive, pela solidariedade que os pioneiros desenvolvem entre si. O que pode ser judicativo é a relação entre esses pequenos grupos, no seu processo de maturação, e a comunidade profissional — e não há qualquer indício confiável de que os grupos reconceituadores tenham implementado *políticas sistemáticas de exclusão*[338]. Além disso, sabe-se também — o que é compreensível — que a história do Serviço Social tradicional no Brasil, em certo nível, pode ser contada igualmente como a história de grupos muito pequenos e influentes, sucedendo-se e entremesclando-se no tempo.

Quarta crítica: *a reconceituação afirmou-se negativamente, pela recusa do passado profissional.*

Esta aporia mistificadora deve ser tratada com prudência, já que também expressa uma notável candidez histórico-epistemológica. Esta reside em supor que os processos de renovação e transformação se desenvolvem sem rupturas e dilaceramentos[339]. *Todas* as informações disponíveis sobre as ciências e os espaços profissionais modernos atestam, ao contrário, que a sua afirmação implicou a recusa das práticas imediatamente precedentes[340]. O que se deve e o que se pode questionar no processo de reconceituação não foi a sua recusa do passado profissional — antes, foi a sua incapacidade para realizar uma *crítica teórica radical* deste mesmo passado[341]. É preciso reconhecer abertamente que, no domínio da crítica do Serviço Social institucional (clássico e tradicional), os esforços reconceituadores se limitaram a indicações fecundas, mas, no essencial, genéricas e abstratas. Por isto mesmo, o apodo peca até por insuficiência. Entretanto, ele é mistificador quando deixa de colocar a questão referente às *propostas* efetivamente formuladas no processo de reconceituação: porque, mesmo considerando o estreito lapso temporal em que se desenrolou, o projeto reconceituador não se restringiu a uma crítica limitada do passado profissional — avançou *modelos de intervenção profissional* e explicitou *filosofias* para a sua prática profissional (elemento que, até então, só operava tacitamente no Serviço Social). Outro problema é a discussão da validade, da coerência e da relevância deste aporte do processo de reconceituação (problema aliás fundamental). Porém, o que importa aqui é frisar que a sua mera existência põe de manifesto que a crítica aludida é improcedente.

Quinta crítica: *a reconceituação determinou a ideologização profissional* (esta reserva vincula-se diretamente àquela que mencionarei a seguir).

Mais do que em qualquer outra crítica, é nesta que a vulgaridade, a ingenuidade e a má-fé mais se conluiam. É hoje ponto pacífico que o Serviço Social, clássico e tradicional — bem como *qualquer* modalidade de intervenção sócio-profissional — *sempre esteve matrizado por parâmetros ideológicos inequívocos*. Foi mérito do processo de reconceituação, diga-se de passagem, trazer à luz estes parâmetros que, antes dele, jamais tinham sido apresentados como tais. Precisamente o processo de reconceituação mostrou que o Serviço Social enquanto profissão *nunca ultrapassou o horizonte ideológico burguês*. E ele ainda fez mais: explicitou os seus próprios (e, deve-se dizer, heteróclitos e diferenciados) valores ideológicos. Ao fazê-lo, reconheceu cristalinamente que é *impossível* pensar o Serviço Social sem suporte ideológico e mostrou que o verdadeiro problema não consiste em integrar ou não componentes ideológicos — consiste em *qual* componente ideológico deve ser integrado[342]. A crítica, pois, desfaz-se sem mais.

Sexta crítica: *a reconceituação desprofissionalizou o Serviço Social pela via da politização.*

Como esta aporia resume elementos de vária ordem, tratemo-la com um pouco mais de cuidado.

Na escala em que o processo de reconceituação inscreveu-se num momento histórico em que as sociedades latino-americanas fraturavam-se diferencialmente pelo mecanismo de uma crise estrutural (a própria reconceituação, aliás, é um dado desta fratura), era inevitável que o âmbito profissional fosse percorrido pelas fissuras que trincavam a sociedade como um todo[343]. Pretender que a profissão não registrasse, em si mesma, as incidências da Revolução Cubana, do rotundo fracasso do programa modernizador e liberal da Aliança para o Progresso, da guerrilha urbana e rural, dos novos padrões da dominação imperialista (que determinaram, nos países de maior peso no subcontinente, a emergência dos modelos militares-fascistas), da hipertrofia urbana, da crise fundiária, do colapso e da renovação de instituições tradicionais (como a Igreja católica), das novas pautas culturais de comportamento etc. (mil etc.) — essa pretensão não merece mais que um sorriso de piedade. Neste sentido, considerar "politizador" o processo de reconceituação porque ele refletiu e assimilou as marcas fulcrais do seu tempo é, simultaneamente, reconhecer a *incapacidade* do Serviço Social tradicional para adequar-se às novas demandas sociais e *louvar* no processo de reconceituação o seu potencial de expressão das inéditas e decisivas realidades.

A crítica, porém, possui um sentido preciso: quer sugerir que o âmbito profissional desnaturou-se porque agentes da reconceituação chegaram a fazer nítidas *opções políticas* (às vezes, político-partidárias)[344]. O equívoco é gritante: o efeito (o posicionamento político de profissionais) é tomado pela causa (as solicitações sócio-históricas que o determinam) — sequer se compreende que a problematização profissional foi posta pela realidade social e não pela ação de umas poucas cabeças conspiradoras.

Há que enfrentar o fato indesmentível de que o *voluntarismo* de alguns profissionais e estudantes afetos ao processo de reconceituação (movidos por um idealismo idílico e politicamente ineficaz, mas eticamente *superior* à "neutralidade" cínica e oportunista dos corifeus tradicionais) contribuiu para reforçar o equívoco: frequentemente, esses profissionais e estudantes confundiam os níveis de desempenho e acabaram por transferir, para o debate profissional, modalidades de comportamento mais adequadas ao confronto político[345]. Aquele equívoco, entretanto, não teria maiores consequências, mesmo considerando-se a confusão mencionada (e, à época, comum em todas as esferas de formação e intervenção profissionais), se não contasse com o que, no caso específico do Serviço Social, foi um decisivo *complicador*: o caráter "doméstico", sectário, da comunidade profissional. Idiossincrasia inerente a universos reduzidos e fechados, esse traço "doméstico" potenciou mistificadoramente as tensões que penetravam o corpo profissional e comumente conduziu à subversão dos problemas reais: conflitos mesquinhamente pessoais adquiriram uma racionalidade legitimadora ao serem canalizados pela via político-ideológica[346]. Assim, o sectarismo da comunidade profissional (envolvendo os centros de formação e as agências de intervenção) dinamizou o equívoco: todas as tensões que percorriam a categoria profissional foram repostas no nível do confronto político-ideológico e daí projetadas para o desempenho profissional. O mais curioso, até pela sua reiteratividade, foi o fato de a "politização" só ser rotulada como tal quando colidia com a legalidade (mais exatamente: com a ilegalidade) vigente. A "desprofissionalização" foi e é uma acusação dirigida *exclusivamente* aos profissionais que se "politizam" de forma a pôr em xeque o *status quo*[347]. Não é preciso que nos alonguemos mais: neste plano, a "desprofissionalização" é um biombo que dissimula tudo, exceto a defesa da seriedade profissional.

O que ainda deve merecer alguma atenção, todavia, é o suposto geral que subjaz a esta crítica: existiria *uma* profissão que o processo de reconceituação, "ideologizante" e "politizador", diluiria. A noção de profissão que os profissionais refratários ao processo de reconceituação esposam caracteriza-se por um *duplo erro*: exclui qualquer *pluralismo* e é basicamente *estática*. Exclui o pluralismo enquanto sugere que as modalidades de intervenção são independentes dos seus agentes — haveria um determinado instrumental transferível na formação e que, em função dela, seria implementado homogeneamente (é desnecessário aduzir que esta noção só é sustentável no interior de uma comunidade profissional "doméstica"). É estática na medida em que considera como especificamente profissional a prática constituída e *já institucionalizada* (igualmente desnecessário é acrescentar que, então, todo *progresso* profissional é percepcionado como anômalo).

É na confluência de todos esses vetores que se configura a inépcia da crítica aludida: o que se acoimou de "desprofissionalizante" no processo de reconceituação foi tanto a sua recusa dos valores políticos que travejam o Serviço Social tradicional e clássico quanto o seu projeto de ampliar o âmbito profissional com a inclusão de práticas instituintes.

Sétima crítica: *a reconceituação instaurou um hiato entre os centros de formação e as agências de intervenção.*

Esta é outra aporia infundada.

Observemos, inicialmente, que a relação entre os centros de formação e as agências de intervenção é *assimétrica*. Não cabe àqueles simplesmente suprir a demanda efetiva e imediata posta pelo mercado de trabalho. A formação *universitária*, pela sua natureza mesma, determina a superação desta demanda efetiva e imediata: ela prepara quadros profissionais considerando tanto a realidade dada quanto *detectando as tendências virtuais que condicionarão novas demandas*. A formação não pode ser colocada a reboque das necessidades imediatas que, no nosso caso, sempre foram reduzidas às necessidades *institucionais* das agências de intervenção[348]. Imaginar uma relação simétrica entre formação e intervenção é desconhecer quer as funções nodulares (educativo-pedagógicas) da formação, quer o cerne das suas conexões dinâmicas com a intervenção profissional. Estas conexões, derivadas daquela assimetria, implicam entre centro de formação e agência de intervenção um *fluxo de mão dupla*: do centro para a agência, da agência para o centro. A garantia dessa reciprocidade pode ser assegurada pelos mais variados mecanismos, dos quais os mais eficientes e provados são os *estágios* (através dos quais o centro chega à agência) e a *formação contínua pela reciclagem* (através da qual a agência confronta as suas experiências e carências com o centro). Na moldura do Serviço Social tradicional, este fluxo duplo *nunca* existiu: a vinculação efetiva (dado o caráter "doméstico" da comunidade profissional) entre centro e agência se viabilizava apenas pelo canal dos estágios[349], porque a formação contínua pela reciclagem sempre foi ave rara na nossa profissão. Trocando em miúdos: a crítica dirigida ao processo de reconceituação cabe mesmo, como uma luva, ao Serviço Social tradicional.

Os profissionais refratários ao processo de reconceituação, no entanto, ao dirigir a este a crítica referida, abstraem a complexidade do problema. Na verdade, o que têm em mente é outra coisa: é o divórcio entre os recursos humanos (o *pessoal*) dos centros e das agências — divórcio vulgarmente sinalizado pela observação de que os "reconceitualizadores" se limitaram à ação nos centros, ao passo que os "profissionais" concentram-se nas agências. Este divórcio, no seu mecanismo essencial, *independe* do processo de reconceituação: decorre da *diferenciação* que emerge necessariamente com a ampliação da categoria profissional, determinando estratificações e novas especializações funcionais. Como o processo de reconceituação *coincidiu* com a ampliação do universo de quadros profissionais, atribuiu-se a ele algo que o transcende. Mas esta atribuição tem causas "domésticas": dissimula uma discreta "luta pelo poder". De fato, antes dos primeiros sintomas de crise do caráter "doméstico", sectário, da comunidade profissional (ou, *aparentemente*, antes do processo de reconceituação), os mesmos grupelhos profissionais *controlavam centros e agências*. A simbiose era tão completa que funcionava como sucedâneo de uma adequada relação centro/agência. A ruptura dessa simbiose deu o "poder" nos centros aos "reconceituadores" e, nas agências, aos profissionais ("tradicionais"). É claro que a permanência deste divórcio, que apenas inverte — sem superar — a relação antiga, é extremamente prejudicial à profissão; mas, igualmente, é de enfatizar a necessidade de distinguir rigorosamente centros de agências na explicação da assimetria mencionada.

Neste domínio, não se pode eximir o processo de reconceituação de erros que se cometeram. Em particular, há que contabilizar no seu passivo uma ponderável incapacidade para se relacionar com os segmentos profissionais mais atrasados. A atitude mais deplorável, entretanto, coube exatamente a estes e a outros setores refratários: constatando a inadequação da preparação fornecida pelos centros em face da prática imediata das agências (prática consabidamente burocrática e rasteira), colocaram em xeque o projeto global formativo derivado do processo de reconceituação — e começou a ter livre curso a lenda de que os novos quadros são "incompetentes"[350]. Ora, *não há nenhuma evidência* que infirme a tese de que, considerada a formação como um todo, a incidência do processo de reconceituação foi *positiva*: começou-se a produzir um quadro profissional minimamente alfabetizado, versado no acervo das ciências sociais, capaz de recorrer às novas teorias sociopolíticas e econômicas, apto a compreender os fenômenos de microescala a partir de um enquadramento sócio-histórico macroscópico. É suficiente comparar o conteúdo real dos programas e currículos afetados pelo processo de reconceituação com os anteriores para aferir a *alteração qualitativa* que ocorreu aqui. Os críticos, todavia, não verificam nada disso — centram-se em aspectos técnicos verdadeiramente menores: o controle de técnicas de entrevista, relatórios, fichários etc. Não é de se minimizar a importância desses aspectos (o que, muitas vezes, de fato se deu na formação afetada pelo processo de reconceituação), mas há que combater a sua canonização: a habilidade requerida para manipulá-los não demanda mais que bom senso e hábito, sendo inteiramente tolo fazer da sua eventual carência um cavalo de batalha[351]. A ênfase que os críticos do processo de reconceituação sempre colocam nesta questão se deve quer à sua própria concepção do "específico profissional" (que é tão pouco específico quanto profissional), quer, ainda, à sua prática rotineira e burocratizada: o desconhecimento do ritual de cada agência particular serve-lhes para identificar — e demarcar-se de — o "incompetente".

E, *last but not least*, a **oitava crítica:** *a reconceituação não foi capaz de encetar uma prática profissional sistemática.*

Em princípio, estamos diante de outra constatação de fato. Mas apenas em princípio: considerando o bloqueio institucional que os refratários ao processo de reconceituação sempre promoveram à formação por ele afetada e, ainda, o lapso temporal em que ele teve incidência (realmente, *inferior a uma década*), exigir que dele emergisse uma *prática sistemática* é um absurdo lógico e teórico. Ainda aqui, os defensores do Serviço Social tradicional reclamam dos promotores do processo de reconceituação aquilo que, efetivamente, *nunca produziram*, porque, em quarenta anos de profissão, com mais de duas décadas de reconhecimento legal-institucional, eles se mostraram incapazes para elaborar parâmetros profissionais consistentes e sólidos. Um exame da bibliografia brasileira de Serviço Social, mais a análise dos documentos aqui produzidos pelos assistentes sociais (nas agências, nos departamentos de estágio das faculdades, nos encontros e seminários etc.) bastam para encerrar qualquer polêmica a respeito.

Mas não é secundário evocar, contra esta aporia, um *dado*: o novo papel conferido ao estágio pelo processo de reconceituação. A partir deste processo, o estágio adquiriu um estatuto *central* na formação. É claro que não estou sugerindo que o *resultado* das ações empreendidas pelos estagiários chegou sequer no nível do razoável[352]; mas estou afirmando

José Paulo Netto. Ensaios de um *marxista sem repouso*

que a prática do estágio foi investida de uma *dimensão nova*: passou a constituir o objeto privilegiado da integração da formação teórica[353]. Enquanto, outrora, o estágio era um "campo de verificação", na ótica posta pelo processo de reconceituação ele foi situado como um "objeto problemático"[354]. Por outro lado, embora não disponhamos de informações e documentação suficientes, é possível assegurar que experiências isoladas de intervenção reconceituada não apresentaram nunca níveis de eficácia *inferiores* àqueles alcançados pela prática tradicional.

A premissa da crítica conservadora

Mencionei antes que a crítica ao processo de reconceituação que se volta para a sua superação, buscando alternativas para o impasse atual do processo na própria dinâmica objetiva das nossas sociedades, arranca da premissa segundo a qual as transformações do Serviço Social se inscrevem no contorno global dos conflitos sociopolíticos que matrizam a conjuntura latino-americana. Ora, a premissa axial da crítica conservadora é inteiramente diversa, construindo um horizonte profissional que propicia a articulação de uma clara *tendência restauradora* no interior do Serviço Social. De fato, a crítica conservadora merece cuidados na exata medida em que ameaça, a partir da constatação do refluxo do processo de reconceituação, constituir-se no ponto de partida para uma *regressão profissional*.

Realmente, verificando o visível refluxo do processo de reconceituação, os segmentos a ele refratários apresentam-no como uma "fase" de extremismo na evolução histórica do Serviço Social na América Latina. Agora — com o refluxo — é chegado o momento de avaliar este processo segundo parâmetros profissionais "realistas", "corrigindo" os seus "exageros" e "aproveitando" o que trouxe de "positivo". Nesta peculiar forma de "fazer a história" do Serviço Social, há um suposto: o de que, antes do processo de reconceituação, havia um *corpus* articulado de conhecimentos que abalizava uma intervenção profissional organizada e sistemática. Tudo se passa, então, como se o processo de reconceituação fora um elemento de perturbação num espaço profissional consensualmente determinado e reconhecido como tal. Não é preciso acrescentar que uma "história" deste gênero encontra terreno propício no efetivo desconhecimento da profissão que marca os jovens que ingressam nos centros de formação.

Ora, este suposto — e nunca será demasiado insistir nisto — é *falso*. *Antes* do processo de reconceituação, a profissão como tal (isto é: a sua prática social *real*) não foi capaz de instituir um campo de intervenção definido e sólido: para além da retórica, era um agregado heteróclito de ações intermitentes, inespecíficas, sem um referencial teórico mínimo digno deste nome, reiterativas e, é preciso dizê-lo, *ineficientes*. Mas, justamente na medida em que este suposto não é submetido à discussão, revela-se a instrumentalização das críticas ao processo de reconceituação, a sua manipulação no sentido de concretizar a tendência restauradora que referi. Com efeito, *as aporias ao processo de reconceituação, nesta crítica, funcionam exclusivamente para legitimar a reposição, na formação e na prática profissional, dos padrões de formação e intervenção anteriores ao processo de reconceituação*. Por isto mesmo, toda e qualquer concessão a eventuais "aspectos positivos" deste processo mostra-se, nesta ótica, mera verbalidade: a curto prazo, o processo de reconceituação será enquadrado como uma "etapa" utópica e romântica do Serviço Social, um desvio que o bom senso profissional aconselhou "superar".

Limites da crítica conservadora

Parece evidente que indicar as notas mais salientes da crítica conservadora ao processo de reconceituação não é uma tarefa meramente acadêmica ou negativa, assim como não se reduz a uma simples "defesa" daquele processo. Trata-se, antes, de uma operação necessária para assegurar as conquistas profissionais efetivas, os progressos e os avanços que o Serviço Social institucional está realizando graças à incidência do processo de reconceituação[355]. Trata-se, em suma, de *travar* as possibilidades de expansão daquela tendência restauradora que é posta pela crítica conservadora.

Esta operação deve ser encetada com tanto maior rigor quanto mais patentes são os limites da crítica conservadora. Eles são claros quando se leva em conta que, de um lado, ela é incapaz de pensar analiticamente a tradição profissional e, de outro, é inepta para vulnerabilizar o processo de reconceituação. Com efeito, ela deixa intocado o passado profissional — inclusive porque esta é uma condição vital para a sua proposta restauradora — e o seu próprio inquisitorial à reconceituação *não é autônomo* (como vimos, ela retoma elementos autocríticos avançados no desdobramento mesmo do processo de reconceituação). Estas duas notas da crítica conservadora são complementares: revelam-na medularmente refratária à compreensão do espaço institucional como campo balizado simultaneamente pelo acervo de práticas legitimadas (profissão) e pelo nível de desenvolvimento das lutas e conflitos de classes (história). Numa palavra, para a crítica conservadora o presente não existe enquanto história.

Mas a limitação desta crítica não se põe somente no plano intelectivo e reflexivo. Seu limite mais flagrante aparece mesmo é no seu projeto restaurador — *exatamente aí reside a sua fragilidade*.

Embora considerando o parasitismo burocrático engendrado pela hipertrofia do Estado capitalista no Brasil (e não se pode esquecer que, entre nós, o Estado é o patrão *par excellence* do assistente social), os padrões de intervenção do Serviço Social tradicional são *incompatíveis* com o *mínimo de eficácia* que a modernização social implementada prussianamente desde 1964 pela ditadura brasileira exige. A tendência profunda da demanda que as agências colocam hoje ao quadro profissional marginaliza *a limine* o assistente social de corte tradicional: quer nos vários planos do aparato estatal, quer nos espaços que a grande empresa privada lhe oferece, o profissional requisitado atualmente tem pouquíssimo a ver com o modelo de quadro e o referencial de intervenção construídos pelo Serviço Social tradicional. A verdade é que este profissional, tendencialmente, só poderá alocar-se aos microorganismos mais irrelevantes da sociedade civil (instituições de benemerência, alguns serviços médico--sanitários e escolares etc.) e às dependências mais insignificantes da burocracia pública. Isto quer dizer que o limite da crítica conservadora está encravado na sua inferência política: o seu projeto profissional está condenado ao fracasso porque não tem a menor chance de responder mesmo às demandas sociais imediatas.

Como se constata, a crítica conservadora ao processo de reconceituação está limitada *objetivamente*. Mas seria enganoso não conduzir contra ela uma polêmica contínua, articuladora de uma contracrítica. E a razão é simples: na escala em que ela e seu projeto restaurador puderem encontrar, mesmo que num prazo histórico muito curto, terreno de expansão, necessariamente o desenho de uma proposta renovadora de intervenção profissional será obstaculizado e problematizado. Com a experiência que temos, inclusive do processo de reconceituação, sabemos já que não bastam conjunturas históricas favoráveis para que se dê a emergência de projetos sócio-profissionais aptos a articular respostas adequadas — neste âmbito, não há automatismos.

Por isto mesmo, desvelar a inépcia da crítica conservadora reveste-se de um duplo sentido: resguardar a profissão dos danos realmente contidos na tendência restauradora e, ao mesmo tempo, acumular o fôlego analítico de que o Serviço Social carecerá, dado um novo afluxo das forças comprometidas com a revolução social latino-americana, para transcender os seus constrangimentos institucionais.

O Serviço Social e a tradição marxista

Quero esclarecer, inicialmente, que esta intervenção sobre o Serviço Social e a tradição marxista[356] não pretende mais que oferecer, de forma intencionalmente polêmica, uma breve síntese de algumas reflexões que me parecem minimamente pertinentes. Aceitando o convite para participar deste ciclo de conferências e debates, julguei que seria válida uma contribuição que avançasse pistas e sugestões para balizar um terreno de discussão e confronto ideal. Para tanto, tratarei da interlocução entre o Serviço Social e a tradição marxista tematizando-a a partir de três núcleos distintos: as vertentes culturais nas quais se inserem Marx e o Serviço Social; um pouco dos desdobramentos problemáticos destes interlocutores; e, enfim, das possibilidades de interação entre ambos. Advirto, desde já, que serei obrigado, pela própria natureza deste encontro, a deixar sem maiores aprofundamentos várias das minhas pontuações — mas creio que elas poderão ser desenvolvidas na discussão que teremos a seguir[357].

Duas vertentes culturais antagônicas

Se se começa pela referência às vertentes culturais em que se inserem o pensamento de Marx e o Serviço Social, devemos ter a máxima clareza de que se pode verificar aí dois movimentos diversos: um que estabelece uma espécie de *denominador comum* entre estes protagonistas e outro que, no meu entender, assinala o inteiro *antagonismo genético* entre eles.

O denominador comum a ambos é algo óbvio, mas — como Hegel já observava que o que parece familiar é desconhecido — sempre vale a pena começar pelo aparentemente óbvio: o que é o piso comum a Marx e ao Serviço Social são os quadros macroscópicos, inclusivos e abrangentes da sociedade burguesa. Tanto a obra marxiana quanto o Serviço Social são *impensáveis* fora do âmbito da sociedade burguesa. De fato, ambos têm como substrato imediato o que está sinalizado na nossa bibliografia sob o rótulo de "questão social" — vale dizer, sem eufemismo, o conjunto de problemas econômicos, sociais, políticos, culturais e ideológicos que cercam a emersão da classe operária como sujeito sociopolítico no marco da sociedade burguesa.

Entretanto, já nesta consideração surge uma diferença: a "questão social", para continuarmos com esta nomenclatura horrorosa, se põe logo nos primeiros momentos da revolução industrial; Marx confronta-se com ela, teórica e politicamente, ainda no espaço do capitalismo concorrencial, "clássico"; o Serviço Social, por seu turno, só pode ser tomado como *profissão* a partir do trânsito do capitalismo concorrencial à idade do monopólio — ao estágio imperialista[358].

Esta diferença parece tão somente cronológica, historiográfica — mas nela se contém algo de outra ordem. Para Marx, o que a bibliografia tradicional do Serviço Social (e não só) entende por "questão social" é um complexo de problemas absolutamente indivorciável do capitalismo; mais exatamente, para Marx, o capitalismo é a produção e a reprodução contínua e ampliada da "questão social". Na ótica marxiana, a superação da "questão social" demanda, liminarmente, a *ultrapassagem* dos marcos do capitalismo. Ora, o pressuposto do Serviço Social original aponta para o enfrentamento da "questão social" *nos marcos do capitalismo*; mais precisamente, o Serviço Social surge vocacionado para subsidiar a *administração* da "questão social" nos quadros da sociedade burguesa. Verifica-se, portanto, que não é exata a relação, reiterada à exaustão, na análise histórica da profissão, entre Serviço Social e "questão social"; na verdade, a efetiva conexão histórico-social não se passa entre estes dois termos, mas entre *Serviço Social e "questão social" sob o capitalismo dos monopólios* — a profissão só emerge na idade do monopólio, quando o Estado burguês desenvolve formas sistemáticas, estratégicas e coesivas para enfrentar as manifestações da "questão social".

Esta relação diversa com um mesmo substrato (a "questão social") revela que seu papel como denominador comum da obra marxiana e do Serviço Social é pouco significativo, se comparado com o que os distingue. Cabe, pois, passar ao movimento que indica o antagonismo que os incompatibiliza.

A vertente cultural a que Marx se vincula surge ainda no Iluminismo, tem uma refração muito clara em Rousseau, encontra uma primeira (e prematura) expressão em Babeuf e ganha densidade nas propostas e organizações do movimento operário e socialista pré-1848. É a *vertente revolucionária*, à qual Marx se conecta num processo em que a inflete medularmente, ao lhe conferir o tônus da contemporaneidade, apreendendo a natureza, a estrutura e a dinâmica específicas da sociedade burguesa. Trata-se de uma vertente que, a partir de Marx, só deixará de ser *moderna* quando a sociabilidade burguesa se exaurir completamente: Marx é um pensador inserido caracteristicamente na ordem burguesa, ainda que a sua pesquisa seja toda ela direcionada para derruir e ultrapassar esta ordem[359]. A tradição revolucionária de Marx concretiza, antes de mais, a *autoconsciência do ser social nos marcos do capitalismo*, vale dizer, o máximo grau de conhecimento possível do ser social sobre si mesmo na sociedade burguesa.

Tal vertente é antípoda àquela a que se prende o Serviço Social — prefigurada pela reação à Revolução Francesa, com a polêmica pós-revolucionária dos saudosos do Antigo Regime. Trata-se do veio ideal aberto pelos ideólogos da Restauração, em cujo desenvolvimento haveriam de confluir componentes reacionários e ingredientes conservadores[360]. Quando estes se adensam e se constelam numa plasmagem própria, emerge a *vertente conservadora*, na qual se inscreve o Serviço Social: é uma das suas concretizações profissionais, quando ela, na passagem do capitalismo concorrencial à idade do monopólio, transita para a intervenção, a gestão e a administração institucionais de variáveis que concorrem na "questão social"[361]. Na vertente conservadora, tal como ela se constitui sob a lente do estilo de pensar positivista, cristaliza-se a *auto-representação do ser social* funcional aos marcos do capitalismo consolidado.

O nítido corte entre estas duas vertentes culturais tem as implicações mais amplas e diversas. No plano teórico, elas desenham uma relação de excludência.

O pensamento de Marx funda uma *teoria social*: toda a sua pesquisa está centrada na análise radicalmente crítica da emergência, do desenvolvimento, da consolidação e dos vetores de crise do ordenamento capitalista e da sociedade burguesa. Nesta teoria social, o traço peculiar, mais pertinente e decisivo, refere-se ao seu cariz *histórico-ontológico*[362]. De um lado, a história aparece como o próprio constitutivo da reflexão teórica e a tensão entre razão e história se resolve no seu plano mesmo: a razão se historiciza e a história se torna racional. De outra, esta reflexão teórica não se propõe como matriz ideal, modelo intelectivo ou paradigma de explicação do real; ela se instaura como re-produção ideal do movimento real do próprio ser social — instaura-se como re-construção, no nível da razão, do modo de ser do ser social[363]. Antes de mais, esta teoria articula-se sobre uma *perspectiva da totalidade*: a sociedade é apreendida como uma totalidade concreta, dinâmica e contraditória, que se constitui de processos que, eles mesmos, possuem uma estrutura de totalidade — de maior ou menor complexidade. A categoria da totalidade, nesta angulação, é simultaneamente a categoria central da realidade histórico-social e a categoria nuclear da sua reprodução teórica[364].

O contraponto com as concepções teórico-metodológicas marxianas é flagrante quando visualizamos o Serviço Social. Este não é uma teoria; elementar e basicamente, é uma *profissão*, porém uma profissão que se institucionaliza e se afirma nutrindo-se de um conjunto de saberes ancorados numa vertente teórica (a do pensamento conservador) antagônica à marxiana. Trata-se da vertente que fundou as chamadas ciências sociais como disciplinas autônomas e particulares, embasadas no suposto de que a sociedade se estrutura segundo níveis a que se atribui uma especificidade que permite e legitima saberes (também específicos) que se constelam em "ciências" especiais — a economia, a sociologia, a antropologia, a psicologia etc. Naturalmente, estes "recortes" são operados com a cautela inicial de que não esgotem a "realidade social" — aqui, a totalidade é substituída por um simulacro, o "todo", equacionado como integração funcional de "partes" e capturável pela perspectiva da inter/

multi/transdisciplinariedade. Esses saberes (cujo estatuto "científico", não por azar, é extraído dos padrões das ciências referentes à natureza[365]) são costurados pelo racionalismo formal e incorporados pelo Serviço Social, numa operação em que este os refuncionaliza e rearranja conforme o seu objetivo profissional de *intervenção*.

A relação de excludência a que aludi recobre, como é sabido, as implicações ídeo-políticas das vertentes em questão. Não creio que seja necessário nos deter neste ponto. Eu apenas ilustraria assinalando o desprezo com que Marx sempre tratou o dualismo do reformismo burguês, que pretende manter os "lados bons" do capitalismo e modificar os seus "lados maus" ou, ainda, o sarcasmo com que sempre se remeteu aos "reformadores ocasionais dos mais variados"[366] — referências deste gênero, parece-me, são pertinentes quando se pensa no universo cultural próprio dos futuros (em relação à época de Marx) assistentes sociais. Na outra ponta, nem é preciso relembrar o traço antidemocrático e antirrevolucionário — às vezes zoologicamente antimarxista e anticomunista — que marcou boa parte da história profissional do Serviço Social em todas as latitudes[367].

Esta excludência, evidente se se leva em conta a gênese histórica, o travejamento teórico e a funcionalidade sociopolítica do pensamento marxiano e do Serviço Social, tendeu, nos últimos vinte anos, a esbater-se. Desde então, registram-se explicitamente movimentos que apontam para uma interlocução entre ambos.

A aproximação enviesada

A obra de Marx, sabe-se, padeceu sorte irônica: já em princípios dos anos 1880, por força de condicionalismos que não cabe analisar aqui[368], ela começa a ser convertida em um sistema que, especialmente em razão das características da Segunda Internacional, acabou por consolidar-se como *Weltanschauung*. Nascia o *marxismo*, que a Terceira Internacional, malgrado a ruptura política com a sua antecessora, entronizaria e codificaria, sob a autocracia stalinista, no catecismo do *marxismo-leninismo*[369].

Em pouco mais de meio século, o espólio do maior dos críticos, que inclusive recusara-se a ver como "marxista", estava transformado em *doutrina*. Com os processos que se sucedem a partir do XX Congresso do PCUS (1956), esta doutrina, o marxismo institucional, entra em colapso e se abre a via à compreensão de que a tradição marxista, englobando a obra marxiana, configura um leque de expressões muito diferenciadas. Em suma, com a crise da dogmática doutrinária, torna-se impossível a referência ao "marxismo" no singular — impôs-se a constatação da existência dos "marxismos".

Parece-me que esta pluralidade, legitimamente, não é algo indefinido ou infinito; ela dispõe de fronteiras. A meu juízo, a pertinência à tradição marxista pode ser precisada segundo um triplo critério: o *método crítico-dialético*, a *teoria do valor-trabalho* e a *perspectiva da revolução*. A arquitetura teórica marxiana está fundada neste tripé — sem a presença simultânea destes três componentes, a sua construção teórica desaba[370]. Inscreve-se na tradição marxista toda elaboração teórica que se desenvolver sobre a base crítico-analítica por eles balizada; é no espaço ideal que esta base circunscreve que se pode referir legitimamente à pluralidade de correntes legatárias do pensamento marxiano.

Ora, se é verdade que as chamadas ciências sociais, oriundas da tradição conservadora, sempre travaram um debate implícito com a herança marxiana, o fato é que o colapso do marxismo institucional ocorre num quadro novo, no qual se põem as condições para um contato diverso entre aquelas e a tradição marxista. Este quadro se completa com vetores de duas ordens: de uma parte, a efetiva influência da tradição marxista nos movimentos de libertação nacional e social que se encorpam nos anos 1950, assim como sobre movimentos de massa nos países capitalistas avançados; de outra, a própria crise das ciências sociais acadêmicas, que também se põe de manifesto nos centros capitalistas a partir da década de 1950. O que se desenha, desde então, é um crescente rebatimento da tradição marxista no âmbito das chamadas ciências sociais[371]. Mas este fenômeno, em si mesmo de enorme relevância, decorreu (e decorre ainda) num andamento problemático: Marx e seu legado são recuperados frequentemente pelas correntes "críticas" das chamadas ciências sociais a partir das referências nucleares delas mesmas. Ou seja: o contributo marxiano é refratado pelas lentes de uma divisão do saber que acaba por operar uma diluição do pensamento marxiano: para os sociólogos "críticos", Marx é um sociólogo; para os economistas "heterodoxos", Marx é um economista etc. etc.

Salvo erro meu, esta incorporação (problemática) de Marx pelas correntes "críticas" das chamadas ciências sociais favoreceu a sua interlocução com setores do Serviço Social. Confrontados com os impasses que se cronificavam na sua intervenção profissional, e para os quais não obtinham clarificação nas referências tradicionais de que dispunham, assistentes sociais mais inquietos voltaram-se para aquelas correntes "críticas". No entanto, não creio que este tenha sido o principal detonador do diálogo que, a partir dos anos 1960, se instaura entre setores do Serviço Social e a tradição marxista — ainda que as citadas correntes "críticas" possam ter facilitado uma remissão inicial à tradição marxista para muitos assistentes sociais.

Entendo que o diálogo entre setores do Serviço Social e a tradição marxista se configura a partir da década de 1960, e envolvendo diferentes segmentos profissionais (notadamente docentes) em algumas áreas capitalistas desenvolvidas (América do Norte, Europa Ocidental) e em muitas áreas capitalistas periféricas (com especial destaque para a América Latina), na intercorrência de três fenômenos: a crise do Serviço Social tradicional, a pressão exercida pelos movimentos revolucionários e a rebelião estudantil. A inépcia dos padrões profissionais consagrados pela tradição, bem como de suas referências ideais, em face de processos de precipitação e efervescência sociais emergentes deflagrou um movimento de politização que vinculou os outros dois fenômenos arrolados, redimensionando os influxos que provinham das correntes "críticas" das chamadas ciências sociais.

A resultante deste jogo polifacético foi uma aproximação muito peculiar entre setores do Serviço Social à tradição marxista. Eu diria que ela se singularizou por três traços interligados. Em primeiro lugar, tratou-se de uma aproximação que se realizou sob exigências teóricas muito reduzidas — as requisições que a comandavam foram de natureza sobretudo ídeo-política, donde um cariz fortemente instrumental nessa interlocução. Em segundo lugar, e decorrentemente, a referência à tradição marxista era muito seletiva e vinha determinada menos pela relevância da sua contribuição crítico-analítica do que pela sua vinculação a determinadas perspectivas prático-políticas e organizacional-partidárias[372]. Enfim, a aproximação não se deu às fontes marxianas e/ou aos "clássicos" da tradição marxista, mas especialmente a divulgadores e pela via de manuais de qualidades e níveis discutíveis.

Nessas condições — e sem questionar o aspecto, na minha avaliação, *positivo e progressista* contido nessa aproximação —, não há por que estranhar o frágil saldo teórico-analítico que resta de um balanço cuidadoso deste processo. A riqueza e a complexidade do pensamento de Marx raramente tocaram as cordas do Serviço Social, substituída que foi a documentação primária por intérpretes os mais desiguais. A própria diferenciação da tradição marxista foi cancelada pelo recurso a uma só de suas correntes, dogmaticamente situada como a "autêntica", ou diluída em "sínteses" cujo suporte é o ecletismo mais desabusado. No limite, o que resultou foi menos a incorporação de componentes teórico-metodológicos e crítico-analíticos do que um acervo de núcleos temáticos que, desvinculados da sua contextualidade, tenderam para o clichê e a palavra-de-ordem[373].

O que ocorreu, a meu juízo, foi uma aproximação enviesada de setores do Serviço Social à tradição marxista — um viés derivado de constrangimentos políticos, do ecletismo teórico e do desconhecimento das fontes "clássicas".

Possibilidades de interlocução

Parece-me que os avanços e os equívocos derivados dessa aproximação enviesada — mais todo um conjunto de processos externos e internos à profissão — desenharam, nos anos mais recentes, uma base mais sólida para recolocar a questão da interlocução entre setores do Serviço Social e a tradição marxista[374].

Esta *nova* interlocução, posto que superadora do viés que marcou a aproximação inicial entre o Serviço Social e a tradição marxista, não se viabiliza apenas por atos de vontade de alguns profissionais. Ela encontra hoje suportes histórico-sociais muito ponderáveis. Penso que três deles devem ser salientados:

1. *as condições de trabalho da categoria profissional.*

    O assistente social, profissional assalariado, pela sua própria inserção na estrutura sócio-ocupacional, tende a se aproximar progressivamente do conjunto das camadas trabalhadoras submetidas ao jugo do capital. No "mundo do trabalho" contemporâneo, o confronto com a cultura da tradição marxista é quase compulsório;

2. *a dinâmica cultural da sociedade burguesa contemporânea.*

    É manifesta a impossibilidade de se levar a cabo atualmente qualquer debate sem considerar o protagonismo cultural da tradição marxista no interior da ordem burguesa: no âmbito das manifestações ideais, esta tradição possui uma gravitação inequívoca[375];

3. *a atualidade do processo macroscópico da revolução.*

    Na contracorrente da ordem burguesa, suposta "morta" ou "superada", a revolução, sob formas insuspeitadas, vem fazendo o seu trabalho de "velha toupeira" (Marx), pondo a cabeça de fora quando menos se espera. Sob a superfície da acalmia e da estabilidade, a erosão revolucionária opera e repõe, a cada emersão, a contemporaneidade da tradição marxista.

Se é procedente esta linha argumentativa, a projeção mais provável é a de que a interlocução entre setores do Serviço Social e a tradição marxista deverá aprofundar-se e acentuar-se. Neste processo, julgo que a referência à tradição marxista poderá nos oferecer elementos cruciais para:

a) *compreender o significado social da profissão.*

    As reiteradas "crises de identidade" que o Serviço Social tem experimentado vêm frequentemente conectadas a uma percepção deformada da sua natureza e estatuto profissionais. Estou convencido de que o recurso à tradição marxista pode nos clarificar criticamente o sentido, a funcionalidade e os limites do nosso exercício profissional;

b) *iluminar a nossa intervenção sócio-profissional.*

Enquanto teoria social macroscópica, que fornece parâmetros projetivos dos processos sociais, a tradição marxista pode contribuir para iluminar as nossas modalidades de intervenção sócio-profissional, especialmente aportando indicações sobre realidades emergentes;

c) *dinamizar a elaboração teórica dos assistentes sociais.*

Aqui, o contributo da tradição marxista parece-me extremamente promissor, não para a constituição de um saber autônomo (a "Teoria" do Serviço Social), mas para a fundamentação e a articulação dos aportes teóricos que, nomeadamente a partir da sistematização e da crítica das suas práticas, os assistentes sociais podem fornecer ao conhecimento de processos sociais.

Os ganhos desta interlocução seriam, penso, de mão dupla. Nela, a tradição marxista poderia receber dos assistentes sociais:

a) indicações de *áreas teóricas* a serem melhor apuradas ou revisadas;

b) sugestões de *realidades e processos* a serem objeto de investigação;

c) *elaborações e construções teóricas* a partir de referências da própria tradição marxista.

Parece-me inteiramente supérfluo assinalar que esta interlocução exige dos assistentes sociais uma *postura intelectual* que não dispõe de grande lastro entre nós: um esforço de rigor teórico, de consequência investigativa e de ampliação do nosso universo cultural. Nas condições atuais, em que se afirmam os cursos de pós-graduação e as instituições e organismos de pesquisa, assim como novas formas organizativas no campo profissional, são injustificáveis a utilização de manuais de divulgação, o não recurso às fontes primárias e originais e o ecletismo e o modismo. De fato, não só crescem as exigências teóricas e intelectuais no âmbito da profissão, mas também surgem circunstâncias propícias para responder positivamente a elas.

No quadro dessas exigências e circunstâncias, creio que não é forçar a mão se observo que a discussão em torno da tradição marxista ganha entre nós um destaque óbvio. No decorrer de 1988, tive oportunidade de fazer esta verificação em duas situações muito significativas: em maio, num grupo de trabalho que, em São Paulo, debateu os desdobramentos de uma pesquisa sobre o ensino da metodologia em nossas escolas (pesquisa conduzida pela PUC-SP e pela ABESS) e, em outubro, nos seminários nacional e latino-americano promovidos em Natal/RN pela ABESS e pelo CELATS. Em ambos os eventos, o tom da polêmica foi dado por assistentes sociais de uma forma ou de outra vinculados à tradição marxista ou a ela muito próximos. Esta verificação tanto me anima quanto me preocupa. Anima-me porque é um signo inconteste da *pertinência contemporânea da interlocução entre o Serviço Social e a tradição marxista*, porque atesta que ela possui um significado concreto para nós, porque assegura que a sua inserção no debate profissional não é algo artificioso ou aleatório. Mas, igualmente, me preocupa porque pode induzir à falsa ideia de uma hegemonia da tradição marxista no cenário profissional — e não creio que este seja o quadro real. Antes, inclino-me a pensar que o debate está centralizado por profissionais vinculados à tradição marxista, ou dela próximos, *porque a efetiva diferenciação da categoria profissional não está sendo explicitada*. Nesta eventualidade, a polêmica pode esvaziar-se, dado que distintos protagonistas, representantes de outras tendências, não se fazem ouvir — e a perda é coletiva: posto que não ocorra um confronto de ideias aberto, marxistas e não marxistas deixam de estimular-se reciprocamente no terreno privilegiado que é o do enfrentamento ideal. Pior ainda, pode estar se desenvolvendo uma discussão que só tangencialmente sensibiliza e toca o grosso da categoria profissional — e conhecem-se os riscos de um tal descolamento.

Retornando ao eixo da minha argumentação, gostaria de propor, para a discussão que realizaremos a seguir, algumas pontuações elementares:

1. *sem Marx, e sem a tradição marxista, o Serviço Social tende a empobrecer-se*. Independentemente da sua filiação teórica e ídeo-política, o assistente social necessita travar um diálogo sério com Marx e a tradição marxista, sob pena de perder determinações essenciais da sua prática, de fragilizar a sua reflexão teórica e de isolar-se dos debates culturais e profissionais contemporâneos;

2. *sem considerar as práticas dos assistentes sociais, a tradição marxista pode deixar escapar elementos significativos da vida social*. As práticas dos

assistentes sociais frequentemente incidem sobre processos que, tratados pelo referencial teórico-metodológico de Marx, oferecem insumos para a sua verificação e enriquecimento;

3. *por mais que seja rigorosa, intensa e extensa a interlocução com a tradição marxista, não se constituirá um Serviço Social "marxista".* Enquanto profissão, o Serviço Social sempre contemplará uma tal inclusividade que no seu campo se moverão legitimamente profissionais que, incorporando diferentes expressões do pensamento social contemporâneo, encontrarão espaços de prática e intervenção diversos e plurais.

Para concluir, voltaria àquele único denominador comum entre Serviço Social e tradição marxista, sinalizado pela "questão social". A sua ultrapassagem — vale dizer: a ultrapassagem dos marcos da sociedade burguesa — implicará a real, embora diferenciada, anacronização do Serviço Social e da tradição marxista. Na ordem social do futuro, a ordem comunista, aquela em que a "pré-história da humanidade" for substituída pela "livre associação de livres produtores", Marx e a tradição marxista serão considerados como hoje consideramos figuras como Aristóteles. Por seu turno, o Serviço Social será uma peça de museu.

Entretanto, como a emergência deste período histórico radicalmente novo apenas se vislumbra longinquamente no horizonte, vale a pena — e ainda valerá por longo tempo — investir na formação e no debate profissionais do Serviço Social.

O *projeto ético-político* do Serviço Social: das ameaças à crise

Ainda no século XX, tive a oportunidade, num texto de 1999 ("A construção do projeto ético-político do Serviço Social")[376], de desenvolver algumas ideias acerca do que acabou por consagrar-se sob a designação de "projeto ético-político" do Serviço Social[377].

Aquele trabalho, como se constata pelas referências de que é objeto, encontrou surpreendente e inesperada ressonância nos meios profissionais e acadêmicos brasileiros (mas não só)[378]; por isso, penso que vale a pena voltar a ele à luz da conjuntura atual, com o objetivo — certamente restrito, aqui, pela limitação do espaço que me é concedido — de sinalizar o quadro no qual a conversão daquele *projeto* em *processo* vê-se nuclearmente problematizada.

Uma nova realidade

Estamos numa conjuntura diferente daquela em que tomou forma o "projeto ético-político" e, igualmente, daquela em que foi redigido o artigo de 1999. De fato, e o texto assinala este aspecto fundamental, a história de tal projeto remonta à transição dos anos 1960 aos anos 1980, marcados "especialmente pelo enfrentamento e pela denúncia do conservadorismo profissional. É neste processo de recusa e crítica do conservadorismo que se encontram as raízes de um projeto profissional novo, precisamente as bases do que está se denominando *projeto ético-político*" (141-142); porém, "é no trânsito dos anos oitenta aos anos noventa do século XX que o projeto ético-político do Serviço Social no Brasil se configurou em sua estrutura básica" (154).

Em poucas palavras: a gênese e a conformação do "projeto ético-político" tiveram como suporte sociopolítico a *mobilização* que levou à derrota da ditadura, as *lutas sociais* contemporâneas à instauração da "Nova República" e ao processo constituinte de que derivou a Carta Magna de 1988 e, na sequência, a *resistência* à maré-montante neoliberal. Não é por acaso, aliás, que o texto de 1999 assinalava, nos seus parágrafos finais, a *ofensiva neoliberal* como antagônica ao novo projeto e afirmava explicitamente que "a cruzada antidemocrática do grande capital, expressa na *cultura* do neoliberalismo [...] é uma ameaça real à implementação do projeto profissional do Serviço Social" (158).

Pois bem: a conjuntura atual, no Brasil, não registra mobilização e resistência expressivas à cultura neoliberal. A nova conjuntura em que nos inscrevemos pode ser demarcada a partir de 2003, mais exatamente desde a constituição do primeiro governo de Luís Inácio Lula da Silva. Se, em 2002, a vitória eleitoral do *Partido dos Trabalhadores*/PT significara nas urnas a derrota da política conduzida por Fernando Henrique Cardoso, o primeiro governo de Lula aprofundou o contrarreformismo orgânico da coalizão do *Partido da Social-Democracia Brasileira*/PSDB com o *Partido da Frente Liberal*/PFL — e o segundo mandato de Lula apenas vem reafirmando a sua incorporação das diretrizes macroeconômicas e sociais que, outrora, nos idos de 1980 e 1990, combatia.

Esta nova conjuntura não se distingue da anterior tão somente pela assimilação da antiga oposição à ideologia e à prática dos governos Fernando Henrique Cardoso, nem pela inteira residualidade da resistência à cultura neoliberal no plano parlamentar-institucional; distingue-se, sobretudo, pela maciça cooptação de entidades e organizações que tinham peso sobre significativos movimentos sociais (aqui, é emblemática a "funcionalidade" agora assumida, por exemplo, pela CUT e pela UNE).

Ora, as incidências dessa nova conjuntura sobre o "projeto ético-político" são extremamente negativas e não podem ser menosprezadas[379]: elas contribuem decisivamente para a sua inviabilização.

O projeto e o processo da sua inviabilização

O texto de 1999 procurava conferir alguma fundamentação teórica à ideia de *projeto profissional*. De uma parte, circunscrevia a noção de *projeto societário*, construção coletiva e macroscópica, voltada para o conjunto da sociedade e necessariamente marcado por interesses de classe (142-143); de outra, vinculando aos projetos societários os *projetos profissionais*, caracterizava estes últimos como estruturas dinâmicas, elaboradas por um sujeito coletivo diferenciado e heterogêneo (o corpo profissional), o que lhes determinava a configuração de um espaço plural (donde a inevitável luta pela hegemonia) — afirmando que tais projetos

> "apresentam a autoimagem de uma profissão, elegem os valores que a legitimam socialmente, delimitam e priorizam seus objetivos e funções, formulam os requisitos (teóricos, práticos e institucionais) para o seu exercício, prescrevem normas para o comportamento dos profissionais e estabelecem as bases das suas relações com os usuários dos seus serviços, com as outras profissões e com as organizações e instituições privadas e públicas" (144).

A longa citação não é aqui utilizada para retomar a tentativa de teorização do texto de 1999 — que considero válida ainda agora. Antes, ela é invocada para indicar os dois níveis em que mais nitidamente se verifica o *processo de inviabilização* do "projeto ético-político" que a conjuntura atual vem favorecendo.

O primeiro deles refere-se aos "objetivos e funções" profissionais. *O elenco de objetivos do Serviço Social tem sido intencional e acintosamente minimizado mediante a centralização das suas funções no plano assistencial.* Esta centralização, que opera a efetiva redução do Serviço Social à "profissão da assistência", teve início no período Fernando Henrique Cardoso e vem sendo aceleradamente induzida desde 2003 — o Estado "lulista" (ou "dos lulistas") perfila-se como um Estado assistencialista. Se é preciso afirmar que, num país como o Brasil, onde a "dívida social" é insuportável, a assistência é compulsória, é igualmente necessário afirmar que a redução do Serviço Social à "profissão da assistência" configura uma enorme regressão. Tal redução entroniza nos meios profissionais o *mito* da assistência, tornando-a um verdadeiro *fetiche*[380].

É evidente que esta redução só tem sido possível porque encontra sólidos suportes no corpo profissional — vale dizer: porque na cultura profissional existem fortíssimos vetores segundo os quais o Serviço Social não passa mesmo de "profissão da assistência". Se se conjugam tais vetores com o *possibilismo* prático de uma certa esquerda que se reciclou na perspectiva governista, então está pronta a receita ideal para subordinar a relativa autonomia profissional à social-democracia tardia e impotente.

O segundo nível em que se inviabiliza o "projeto ético-político" é o que se refere aos requisitos (teóricos, práticos e institucionais) para o seu exercício — está claro que aqui se insere, entre outros componentes, toda a problemática da *formação profissional*.

Ora, visivelmente desde 1998, a agressiva *política neoliberal* do ministro Paulo Renato Souza — expressa nas práticas de "desregulamentação" e de "flexibilização" da educação superior — *opera para degradar e aviltar a formação acadêmico-profissional*[381]. Essa política, a que o Ministério da Educação, sob os governos Lula, vem dando plena continuidade, já resulta numa assombrosa proliferação de cursos privados de Serviço Social, cujo impacto extremamente deletério na formação dos assistentes sociais (e na sua eventual inserção no mercado de trabalho) só será mensurável daqui a alguns anos[382] — isto sem mencionar a expansão, *fora de qualquer controle efetivo*, da "educação à distância"[383].

Entendo que a limitação do Serviço Social às atividades assistenciais, postas na equívoca "estratégia" da *redução da pobreza*, e o aviltamento da formação profissional, mediante uma massificação degradada, inviabilizarão o "projeto ético-político".

Convocação e realidade

Como observei linhas acima, o texto de 1999 já alertava para as ameaças neoliberais ao "projeto ético-político"; seu parágrafo final, todavia, era otimista: concluía afirmando que o projeto

> tem futuro [...] porque aponta precisamente para o combate — ético, teórico, ideológico, político e prático-social — ao neoliberalismo, de modo a preservar e a atualizar os valores que, enquanto projeto profissional, o informam e o tornam solidário ao projeto de sociedade que interessa à massa da população (158).

Não tenho dúvidas de que esta prospecção permanece uma convocação legítima e válida à vontade política das vanguardas que se mantêm imunes à reciclagem geral da esquerda e que resistem às tentações do *possibilismo*. Mas a análise da atualidade deve sublinhar o que hoje me parece mais substantivo, ou seja: o desenvolvimento, próprio desta conjuntura, das linhas de força da cultura neoliberal tornou, numa escala não prevista em 1999, profundamente problemática a conversão do "projeto ético-político" em *processo real* de qualificação do Serviço Social.

É verdade que, em 1999, se prenunciávamos as dificuldades de condução do "projeto", jogávamos no otimismo. Hoje, porém, as ameaças apenas anunciadas em 1999 adquirem uma densidade que põe em crise a implementação do "projeto ético-político". Então, o seu enfrentamento supõe mais vontade política organizada e menos ilusões otimistas.

Assistencialismo e regressividade profissional no Serviço Social

Em todas as latitudes, o Serviço Social vem experimentando, nas últimas três décadas, mudanças substantivas. Tais mudanças envolvem a profissão como um todo: alteram-se os parâmetros da formação dos assistentes sociais, modificam-se as referências (teóricas, metodológicas e ídeo-políticas) que norteiam as suas práticas, distintos padrões de relações laborais enquadram a sua inserção ocupacional, diversificam-se as suas áreas de intervenção e também o universo dos usuários dos seus serviços. Embora diferenciadamente, a percepção dessas mudanças e seus impactos atravessa, já há algum tempo, a maioria dos periódicos profissionais, comparece em larga bibliografia e ressoa na documentação institucional[384].

Está claro que esse processo, extremamente complexo — e que, longe de envolver somente o Serviço Social, cobre todo o elenco de atividades incidentes sobre o campo do social —, vincula-se, estreita porém mediatamente, às grandes transformações societárias que, igualmente nos últimos três decênios, vêm afetando a sociedade da ordem econômico-política regida pelo capital, ordem que, no mesmo lapso temporal, viu-se planetarizada inclusive pela crise terminal das experiências do que foi chamado de "socialismo real". E mais: tal processo se dá no marco do que se afigura uma *crise sistêmica* da ordem do capital, implicando uma visível regressão de valores civilizatórios duramente conquistados num longo percurso histórico.

O conciso artigo que ora se publica (oferecendo ao leitor um largo e pluralista rol de indicações bibliográficas para aprofundar e desenvolver questões conexas à temática nele abordada[385]) sinaliza o que me parece reinstaurar, no quadro contemporâneo, um vetor de regressividade no campo profissional do Serviço Social — o *assistencialismo*.

Serviço Social: da institucionalização à consolidação profissional

O exame cuidadoso e o tratamento crítico da história do Serviço Social — que, de fato, desenvolveram-se a partir dos anos 1970, quando teve início a ruptura com as *concepções endogenistas* da sua história[386] — revelam que a sua institucionalização profissional decorre entre a última década do século XIX e finais da terceira década do século XX, coincidindo com a estruturação (segundo E. Mandel, ocorrente entre 1890-1940) do estágio "clássico" do capitalismo monopolista[387].

Esta determinação historiográfica diz respeito, é preciso salientar, à profissionalização do Serviço Social nos países capitalistas centrais (em especial, França, Bélgica, Inglaterra, Estados Unidos e Canadá); ela não foi sincrônica à institucionalização profissional nas semiperiferias e nas periferias capitalistas, que ocorreu mais no período subsequente ao fim da Segunda Guerra Mundial; até à eclosão deste conflito, pode-se pensar o Serviço Social como uma profissão efetivamente institucionalizada apenas na Europa Nórdica e Ocidental (daí praticamente excluída a Península Ibérica) e na América do Norte[388].

Hipótese a ser mais explorada, e com a qual trabalho, sugere que, no caso específico do Serviço Social, a *profissionalização* não foi expressiva da sua *consolidação* — que supõe mais que a sua *regulamentação jurídico--institucional* (exigências de formação e de credenciamento dos agentes técnicos, definição de estatuto laboral e de atribuições funcionais, reconhecimento legal): a consolidação supõe ainda e também a conquista de uma *legitimidade social conferida por práticas profissionais de resultantes visíveis*. As indicações mais seguras apontam para a *consolidação* do Serviço Social como um fenômeno próprio à constituição e densificação dos vários formatos do *Welfare State*, emergente já na sequência da crise de 1929, mas de fato implementado no pós-Segunda Guerra Mundial e que, do ponto de vista geopolítico, na sua breve história, envolveu uma parcela bem restrita da população mundial[389].

Nas suas diversas formatações, o *Welfare State* (sob distintas designações: Estado de bem-estar social, Estado social, Estado providência, Estado *benefactor*) caracterizou-se, entre outros traços distintivos, por abrigar o que Marshall nominou *direitos sociais*[390] — em função das lutas conduzidas pelo proletariado em seus espaços nacionais e/ou do temor que a simples existência do experimento soviético provocava nos estratos dirigentes das classes dominantes ocidentais. Ora, o *Welfare State*, que foi *uma* das possibilidades de ordenamento sociopolítico do Estado burguês na idade do monopólio[391], operou no sentido de concretizar esses direitos sociais mediante um de seus intrumentos reguladores mais importantes, a *política social* — e, nas modalidades específicas desta, acabou por instaurar o que ficou conhecido como *seguridade social*, de que a assistência social passou à condição de componente.

Em poucas palavras: com o *Welfare State*, a assistência social transladou-se *também* para o campo dos direitos constitutivos da cidadania (tal como concebida por Marshall). A ênfase no "também" não é casual: historicamente marcada pelo cariz filantrópico-caritativo, a assistência social mesmo tornada direito *não* promoveu a eversão das formas filantrópico-caritativas, que prosseguiram como tais (e que, ademais, registraram mudanças) — tão somente, instaurou-se-lhe um novo estatuto, que a liberava das hipotecas da *benemerência* e do *favor*. Esta translação para o campo dos direitos foi extremamente significativa para o Serviço Social.

Com efeito, o Serviço Social, já nas suas protoformas, buscava de algum modo delimitar-se do mero caritativismo, ainda que sem desvincular-se dos valores éticos que o animavam — buscava, em especial, *organizá-lo* de forma menos aleatória, mais sistemática[392], procurando delimitar com nitidez as suas práticas mediante a adoção de instrumentos e modalidades interventivos providos de racionalidade pretendidamente científica (donde o apelo às ciências sociais então emergentes); buscava, em suma, *operar uma ação assistencial de novo tipo*. Seu processo de institucionalização, que lhe garantiu algum tratamento técnico da "questão social"[393], entretanto, não o afastou por completo das suas origens, intimamente vinculadas à ação assistencial filantrópico-caritativa (e há autores que situam o Serviço Social como "a profissão da assistência"). Mas sempre fez parte da reivindicação da profissionalidade do Serviço Social a distinção entre a ação assistencial e o *assistencialismo*, marcado pelo caráter emergencial, pelos traços manipuladores, pela ideologia da *benemerência* e do *favor*, pela incidência do clientelismo, pelo pragmático enfrentamento de expressões da "questão social" com a objetiva ignorância do seu sistema de causalidades[394].

Nas condições próprias do *Welfare State*, que conferiram à assistência social o estatuto de *direito*, encontraram enfim os assistentes sociais os suportes (sociopolíticos e institucionais) para exercerem uma intervenção social distinta do assistencialismo, uma ação assistencial liberada do imediatismo e do voluntarismo do *pronto-socorro social*. De forma concisa: o *Welfare State* abriu-lhes a alternativa de operarem, no espaço contraditório das relações sociais, como técnicos portadores de conhecimentos qualificados (e não mais e somente como indivíduos mobilizados generosamente por motivações de natureza ética). Em que medida aqueles suportes foram adequada e suficientemente explorados pelos assistentes sociais, eis uma questão que só pode ter resposta a partir de cuidadosas pesquisas; mas todas as indicações sugerem que foi precisamente na execução de políticas sociais (públicas, estatais)[395] que o Serviço Social avançou para a conquista de um *status* de legitimidade — ou seja, consolidou-se socialmente para alem (ainda que dela se valendo) da sua institucionalização jurídico-formal como profissão.

Os *anos dourados* do Serviço Social

Entre a reconstrução do segundo pós-guerra (1945) e a entrada dos anos 1970 decorre a *consolidação* profissional do Serviço Social, o período a que se pode chamar de *os anos dourados* do Serviço Social — basicamente nos países capitalistas centrais, mas com claros rebatimentos nas semi-periferias e periferias nas quais a profissão se fazia presente. Nestas, é verdade que, conforme a supramencionada dissincronia do processo de profissionalização em relação aos países centrais e as suas particulares condições econômicas e sociopolíticas[396], projetos de *Welfare* compareceram tardiamente nos anos 1980, mas não prosperaram[397]; assim, não contaram com os suportes já referidos para a consolidação do Serviço Social — contudo, nem por isto esta deixou de, em algum grau, verificar-se em várias delas (voltarei rapidamente a isto).

Nos anos 1950/1960, o Serviço Social — nos países centrais — teve conclusivamente definida a sua inserção na formação universitária e se desenvolveram espaços acadêmicos em nível de pós-graduação (processo que se acentuaria nos anos seguintes). As agências de formação (escolas, faculdades) se laicizaram, cresceram e perderam o seu caráter de nichos (com interações e sentido de pertencência quase domésticos). A relação com as ciências sociais e humanas viu-se ativada. Cresceu a produção bibliográfica, elaborada no plano acadêmico e no campo profissional. O intercâmbio institucional entre os profissionais — no interior dos seus países e com seus pares do exterior — tornou-se mais intenso. As demandas postas pelos vários formatos de *Welfare* ampliaram significativamente o mercado de trabalho[398] e operou-se uma explícita diferenciação técnico--profissional do Serviço Social[399].

Nas duas décadas em tela, adensou-se no Serviço Social a marca do *reformismo conservador*, marginalizando os laivos de reacionarismo ídeo--político próprios do anticapitalismo romântico que, especialmente na Europa de cultura católica, vincaram as protoformas profissionais; muito fortemente, fez-se sentir no universo ideal do Serviço Social (com óbvias refrações nas suas práticas) o influxo advindo do pensamento funcionalista desenvolvido nas ciências sociais norte-americanas[400]. Importa destacar aqui que este deslocamento facilitou o ingresso da profissão ao patamar ídeo-político e teórico posto pelos vários formatos de *Welfare*: aquele da *promoção do bem-estar social*[401]. O foco no *bem-estar social* contribuiu para uma interação substantiva entre assistentes sociais e instituições estatais e supraestatais (como a ONU e a OEA, por exemplo), conferindo maior visibilidade à profissão.

Neste período, a intervenção de natureza assistencial dos profissionais de Serviço Social inscreveu-se seguramente no plano da política social — seja de políticas que contemplavam a dimensão da assistência, seja de políticas específicas de assistência social. Em qualquer dos casos, como se tratava de intervenções (públicas, estatais)[402] que não se esgotavam no domínio do emergencial (política social supõe algum *nível de planejamento*)[403] e que atendiam a demandas que se legitimavam como *direitos*, a ação profissional passou a processar-se para além dos marcos da benemerência[404]. No entanto, o essencial consiste no fato de a intervenção dos assistentes sociais transcender não somente o *favor* pelo reconhecimento do *direito*: consiste em que a dimensão da assistência passou a coexistir e a concorrer com outras dimensões no exercício profissional — destacadamente a dimensão focada na *promoção do bem-estar social*, que desbordava largamente o domínio do assistencial. As implicações deste desbordamento, que ainda merecem uma análise mais detida, foram de monta, contribuindo para contrarrestar a visão dominante do Serviço Social como "a profissão da assistência" e alterando a imagem (e a autoimagem) dos assistentes sociais.

É procedente, pois, correlacionar a vigência, mesmo limitada temporalmente e a países centrais, do *Welfare State* com a consolidação profissional do Serviço Social e identificá-la aos seus *anos dourados* — foi o *Welfare* que lhe forneceu os suportes ideais e institucionais (e, também, os meios materiais) para a sua consolidação. Mas igualmente nalgumas periferias e semiperiferias esse processo rebateu com força e teve efeitos expressivos.

Este rebatimento — operando-se na conjuntura em que estavam em curso modificações nas relações entre centro/periferia[405] — teve por substrato o *promocionalismo do bem-estar social* que, no plano internacional, traduziu-se por uma tentativa, dos círculos dirigentes dos países centrais, de responder à tomada de consciência, nas periferias e semiperiferias, acerca do *subdesenvolvimento*[406]. Um objetivo central dessa tentativa era escamotear as conexões entre o subdesenvolvimento e a exploração exercida pelos centros imperialistas (o eixo dessa resposta reformista--conservadora seria formulado pelo economista W. W. Rostow[407]). As lutas sociais que se acentuaram nos anos 1950/1960 (na Ásia, na África e na América Latina — era o "despertar" do que então se chamou *Terceiro Mundo*), dinamizando posições anti-imperialistas e anticapitalistas e promovendo giros em instituições até então inteiramente conformadas com o *status quo* (entre as quais a Igreja católica, que experimentou grandes inflexões durante o pontificado de João XXIII), forçaram a emergência de uma autêntica cruzada internacional, de que participaram organizações supranacionais[408], para *promover o desenvolvimento*, cruzada que se expressou, à época, nas "ideologias desenvolvimentistas".

A proposta reformista-conservadora logo se revelaria pouco eficaz (como o atestaria, por exemplo, o fracasso do programa norte-americano da *Aliança para o Progresso*), mas dinamizou o Serviço Social em algumas áreas periféricas e semiperiféricas, especialmente pela generalização da intervenção de profissionais no então recentemente expandido campo do *desenvolvimento de comunidade* — sobre o qual passou a exercer-se também a influência das ideias progressistas do Pe. Lebret[409]. Ademais de requisitar novas qualificações, eminentemente técnicas, dos assistentes sociais (p. ex., as relacionadas ao *planejamento social*), de colocá-los frente a problemáticas macrossociais (forçando a ultrapassagem dos limitados círculos do trabalho centrado em indivíduos e com pequenos grupos, expressos no espaço do "psico-social") e de levá-los a novas interações com a sua inserção em equipes multiprofissionais, o *desenvolvimentismo*, dada a sua vocação promocionalista e a sua genérica proposição da "mudança social"[410], abriu a via para deslocar a centralidade da ação assistencial. Como observou M. Manrique Castro, atento analista do Serviço Social periférico, foi precisamente na quadra desenvolvimentista que os assistentes sociais pretenderam deixar a condição de "apóstolos" para assumir a de "agentes da mudança" — no curto prazo, muitos desses assistentes sociais compreenderam os limites da "mudança social" reformista conservadora e radicalizaram as suas propostas profissionais, transcendendo o campo do promocionalismo e, inclusive, avançando na crítica do assistencialismo.

Naquelas áreas periféricas e semiperiféricas em que a conjuntura nacional oferecia condições favoráveis (regimes democráticos ou com lutas forçando distensões democráticas, algum nível significativo de urbanização e industrialização e uma estrutura universitária mínima), coincide com o *desenvolvimentismo* uma expansão das agências de formação

José Paulo Netto. Ensaios de um *marxista sem repouso*

em Serviço Social e do seu mercado de trabalho (sobretudo no âmbito dos serviços estatais). E também se assiste ao surgimento de clivagens e fraturas no campo profissional, com a emergência de novas concepções teóricas, outros valores ídeo-políticos e práticas diversas[411].

Em poucas palavras: não parece possível desvincular a *consolidação profissional* do Serviço Social, nos países centrais — mas também em algumas áreas periféricas e semiperiféricas — da vigência do *Welfare State*.

A restauração do capital, o desmonte do *Welfare State* e a crise sistêmica

Entre o fim dos anos 1970 e o dos anos 1980, primeiro nos países capitalistas centrais e, em seguida, em periferias e semiperiferias, processou-se a travagem e a reversão das tendências sociopolíticas que, desde o final da Segunda Guerra Mundial, delinearam e sustentaram os formatos do *Welfare State*; não por acaso, tratou-se da década cujos emblemas foram o *tatcherismo* e a *reaganomics* — e também não por acaso nesses anos emergiu o que se designaria por *crise* do *Welfare State*[412].

A crise econômica que vinha dos fins dos anos 1960 desaguou na recessão generalizada de 1974-1975, manifestada numa ponderável queda da taxa de lucro das grandes corporações. E evidenciou que a dinâmica do sistema capitalista ingressava num estágio que invertia o diagrama do crescimento econômico tal como este se desenhara desde a recuperação do segundo pós-guerra: se, então, a curva do crescimento era ascendente e pontuada por conjunturais episódios de crises (cíclicas), agora os indicadores assinalavam conjunturais episódios de crescimento numa curva estagnada ou descendente — à *onda longa expansiva* sucederia uma *onda longa recessiva*[413]. Chegava ao fim o que alguns economistas franceses designaram como *os anos dourados do capitalismo* ("as três décadas gloriosas") e as perspectivas imediatas para o domínio do capital revelavam-se problemáticas[414]. As lutas de classes que se registravam especialmente (mas não exclusivamente) nos países capitalistas centrais haveriam de decidir os rumos sociopolíticos no curto e médio prazos — e as forças afetas aos interesses do grande capital tomaram a ofensiva, reprimindo, desarticulando e/ou apassivando as suas antagonistas. A resultante foi a *restauração* planetarizada do domínio, então ameaçado, do capital[415].

Tal restauração, sob a chancela neoliberal e redefinindo a conexão centro-periferia, conduziu à atual dinâmica financeirizada do capitalismo e aos "tempos conservadores" contemporâneos[416]. Operando sobre as transformações societárias que ao largo de um quarto de século reconfiguraram a sociedade capitalista em sua totalidade — envolvendo os novos padrões da produção material e espiritual, a cultura e a família, as expressões políticas das classes sociais fundamentais, a própria estrutura de classes e as relações Estado/sociedade civil[417] —, a restauração do capital, no decurso de duas décadas, alcançou um inequívoco êxito: recuperou as taxas de lucro das mega-corporações[418], promoveu um formidável processo de concentração e centralização de capitais[419], obteve uma inédita liberdade de movimento para os fluxos cada vez mais voláteis do capital especulativo[420], instaurou um ambiente ideológico que lhe era francamente favorável (os "tempos conservadores") e desconstruiu (inclusive levando-as ao *transformismo*) as formas políticas opositivas tradicionais[421].

As consequências socioeconômicas desse êxito da ofensiva do capital não tardaram a vir à tona e, já num ensaio da entrada dos anos 1990, Hobsbawm anunciava "o crescente alargamento da distância entre o mundo rico e o pobre (e provavelmente entre os ricos e os pobres no interior do mundo rico); a ascensão do racismo e da xenofobia; e a crise ecológica, que nos afetará a todos"[422]. De fato, o *novo capitalismo* (derruindo aquele que Przeworski chamou de "capitalismo democrático") emergente da ofensiva do capital trouxe ganhos fantásticos para a oligarquia financeira mundial, um diminuto universo pessoal, e seus agregados — ao mesmo tempo em que acarretou enormes desigualdades e perdas para a massa da população mundial, seja nos países centrais, seja nos periféricos e semiperiféricos, agravadas (notadamente nos primeiros) pelo desemprego em escala inédita[423].

Neste *novo capitalismo* não há lugar para o *Welfare State* tal como conhecido em seus diversos formatos: *a ofensiva capitalista desmontou o Estado de bem-estar social* — fê-lo, ainda que em medida diferencial, nos distintos países centrais e também com os seus projetos em áreas da semiperiferia

José Paulo Netto. Ensaios de um *marxista sem repouso*

e da periferia. Em menos de duas décadas, foi dissolvida a sua *cultura política*, ancorada no caráter universalista das suas prestações[424], legitimadora das formas de *proteção social* que se fundavam nos reconhecidos *direitos sociais* e os concretizavam mediante a *seguridade social*; foram reordenados os seus instrumentos (como as políticas sociais), redesenhada a sua organização institucional e redirecionados os seus recursos — em menos de duas décadas, o *Welfare State* transformou-se a ponto de não ser mais identificado como originalmente. Para alguns investigadores, o *Welfare* ingressou num processo transicional que apontaria para um novo e futuro estágio de desenvolvimento[425] — prospecção que a cada dia se afigura menos plausível e mais inviável.

Com efeito, o *novo capitalismo* — ou, se se quiser, o estágio a que ascendeu o capitalismo pós-1970, e que alguns nomeiam simplesmente como *capitalismo contemporâneo* —, apresentando fenômenos e processos inéditos (ou inéditos em sua intensidade), mas conservando a sua essência exploradora, monopolista e concentradora e repondo em novo nível as suas incontornáveis contradições, este capitalismo contemporâneo tem acentuado o *caráter destrutivo* da sua produção (de que uma das implicações é a imparável degradação dos ecossistemas)[426], agravado as *desigualdades sociais* e promovido mais *pauperização*[427] e evidenciado fortíssimas *tendências antidemocráticas* (de que a neutralização, pelos núcleos de poder decisórios, das massivas manifestações populares contra as "políticas de ajuste" na Europa Meridional nos dois últimos anos é um dos exemplos mais emblemáticos)[428].

São salientes e decisivos, todavia, os dois traços que o capitalismo contemporâneo vem explicitando e que lhe parecem inerentes: primeiro, *a inépcia para sustentar taxas de crescimento econômico real similares às do período precedente à recessão generalizada de 1974-1975*[429]; segundo, *a incapacidade para operar dispositivos minimamente eficazes para reduzir os impactos de crises pontuais cada vez mais recorrentes*[430]. É na consideração das resultantes já mencionadas da ofensiva do capital e destes dois condicionalismos que, em face do terremoto financeiro que abalou a economia mundial em 2008, competente economista formulou a seguinte diagnose: "Esta é a primeira grande crise realmente completa do sistema capitalista, por isso mais complexa e potencialmente mais explosiva, uma vez que envolve *toda a vida social do sistema capitalista* — a esfera da produção, da circulação, o crédito, as dívidas públicas e privadas, o sistema social, o meio ambiente, os valores neoliberais, a cultura individualista e, especialmente, o Estado como articulador do processo de acumulação"[431]. Se este diagnóstico é correto — como a mim parece sê-lo —, o capitalismo contemporâneo se move, desde 2008, no prelúdio de uma *crise sistêmica*, a terceira a registrar-se no curso de sua história (a primeira abriu-se em 1873 e só foi ultrapassada em 1896 e a segunda, a de 1929, perdurou até 1945).

E é fato que as condições atuais da correlação de forças sociopolíticas — nas quais o *transformismo* das instituições político-sindicais antes opositivas ao *establishment* e o peso do apassivamento de amplos segmentos trabalhadores redundaram numa conjuntura de lutas sociais basicamente defensivas que, malgrado as recentes disrupções, não parece reversível a curto prazo[432] — continuam oferecendo ao grande capital e suas agências espaços de manobra para ladear as dificuldades e contradições próprias a esta crise contemporânea. Para além de mecanismos tradicionais e dos estruturados no processo de financeirização da economia, o grande capital enfrenta a emergência desta crise com a hipertrofia dos ganhos da indústria bélica, dados pelo crescimento mundial dos gastos militares (agora estendidos à esfera da *segurança privada e pública*) e, sobretudo, com um assalto sem precedentes ao *fundo público*[433].

Pois bem: na abertura do que se assemelha a uma crise sistêmica, exponencia-se a problematização dos avanços que o Serviço Social, a partir da sua consolidação ao tempo do *Welfare State* e nas suas decorrências, foi capaz de realizar. Reinstaura-se um vetor de regressividade na dinâmica profissional do Serviço Social: o *assistencialismo* da intervenção social é revigorado e tende a restaurar, para a profissão, os limites do *pronto-socorro social*.

As condições da recidiva assistencialista

Pelas notações expendidas nas páginas precedentes, viu-se que o Serviço Social contempla, *dentre o elenco das suas funções*, a ação assistencial;

para dizê-lo sem dar lugar a ambiguidades, a assistência foi e é *uma dimensão constitutiva* da profissão.

Na divisão sócio-técnica do trabalho coletivo própria da sociedade burguesa madura, ao Serviço Social coube historicamente também (embora não exclusivamente a ele) incumbir-se do trato assistencial. Trato que se deve a que a assistência impõe-se como componente da intervenção social (privada e/ou pública), entre outras razões, pelo fato de que, nesta sociedade, a dinâmica econômico-política engendra, *necessariamente e sempre*, em magnitude variável, um contingente populacional que não encontra condições de reproduzir-se segundo a escala dos padrões minimamente consagrados pelos valores civilizacionais na cultura moderna (cujas bases radicam na Ilustração); nesta sociedade, a ação assistencial responde à *insolubilidade*, no seu âmbito, da "questão social"[434]. Igualmente se viu que a consolidação profissional do Serviço Social processou-se quando a assistência foi inscrita no quadro de um *sistema de proteção social* fundado no efetivo reconhecimento dos *direitos sociais* — donde a assinalada relação entre aquela consolidação e o *Welfare State*, que propiciou à profissão situar a dimensão assistencial do seu exercício superando o assistencialismo.

Insista-se em que esta superação, por parte do Serviço Social, não significou, absolutamente, a ultrapassagem do assistencialismo que parametra muito da intervenção social conduzida por incontáveis instituições, agências e sujeitos coletivos operantes no âmbito da sociedade civil. A persistência do assistencialismo tem múltiplas causas e motivos, que envolvem tradicionais valores ético-religiosos, interesses econômicos e ideo-políticos, tanto mais acentuada quanto mais as expressões da "questão social" se ampliam e se agudizam.

Precisamente estas ampliação e agudização se constataram inequivocamente no quadro da crise do *Welfare State* — a mencionada restauração do capital deflagrou, em escala planetária, ainda que diferenciadamente, processos intensos de concentração de riqueza, renda e propriedade (e, logo, de poder político) e, como não poderia deixar de ser, processos intensos de pauperização (relativa e absoluta), derivando no que certa Sociologia designou como "mobilidade social vertical descendente"[435]. Nos países capitalistas centrais, tais fenômenos foram de tal monta que evidências geralmente relacionadas ao conhecido subdesenvolvimento viram-se largamente registradas — levando observadores irônicos a notar que o Terceiro Mundo se *desterritorializou*, dando provas manifestas da sua existência em áreas centrais/metropolitanas que se supunham isentas de sequelas características das periferias infernais do mundo do capital.

Dos anos 1980 em diante, o contingente dos afetados pelo pauperismo (absoluto e/ou relativo) veio em crescendo em todas as latitudes — a "questão social" exponenciou-se, seja nos países capitalistas centrais, seja nas semiperiferias e periferias[436]; ademais, o colapso da experiência do "socialismo real" acresceu largamente o fenômeno. Simultaneamente, sabe-se, o sistema de proteção social existente, próprio do *Welfare*, foi desconstruído: a restauração do capital operou um conjunto de *reformas*[437], parte delas (graças aos mencionados transformismo e apassivamento) conduzida por meios formalmente democráticos[438], consistentes na *redução/ supressão* reais de direitos sociais — alvos nucleares foram as *relações de trabalho* e os *sistemas previdenciários* (*v.g.*, a *flexibilização* e a *privatização*)[439].

Dentre todas as suas expressões contemporâneas, a "questão social" revelou a sua agudização mediante a sua manifestação mais imediata, o pauperismo, designado genericamente por *pobreza*. Consumou-se nos anos 1980 o que, conforme observou arguto analista, vinha em curso na elaboração do Banco Mundial desde o fim dos anos 1960: "a construção político-intelectual do *combate à pobreza*"[440]. O "combate à pobreza", tomada em seu nível mais baixo — a chamada "pobreza absoluta", que o Banco Mundial estabeleceu em 1990 em 1 dólar diário *per capita* (oscilando em 25 centavos para mais ou menos) —, tornou-se cruzada mundial; a partir de razões e motivações diferenciadas, conforme conjunturas regionais e nacionais, o "combate à pobreza" constitui, desde então, uma das principais (nalguns casos, a principal) frente de ação de governos e instituições da sociedade civil (muitas delas de cariz corporativo, que se voltam para a sua "responsabilidade social", dando curso à "filantropia empresarial"[441]): multiplicaram-se os mais distintos programas de ação contra a pobreza, com metodologias e impactos diferenciados — *mas nenhum deles propôs a mínima mudança no regime da propriedade* (condição, aliás, para a sua formulação/implementação nos quadros do Estado burguês[442]); e cumpre observar que boa parte desses programas concretizam o que alguns analistas já caracterizaram como "política social pobre para os pobres", dado o seu baixíssimo custo, função do extremo *minimalismo* das suas metas[443]. Do ponto de vista institucional, o "combate à pobreza" ganhou dimensão planetária com a *Cúpula do Milênio* (Nova Iorque, setembro de 2000), sob a égide da ONU, da qual saiu a "Declaração do Milênio", que elaborou os oito *Objetivos de desenvolvimento do milênio*, a serem colimados até 2015 — apesar da verificação de progressos em algumas regiões e em relação a certos objetivos, está claro que tais objetivos não serão alcançados[444]. Mas os "pobres" não precisam se preocupar: o novo presidente do Banco Mundial a partir de 2012, Jim Yong Kim, se diz empenhado num megaprojeto para erradicar a "extrema pobreza" em... 2030.

Dada a magnitude com que a "questão social" (através do pauperismo agravado) se expressa desde então no processo de restauração do capital, gestando problemas para a "boa governança", o "combate à pobreza" passou a constituir o eixo fundamental da(s) política(s) social(is) — estas substantivamente redimensionadas, adequadas às condições econômico--sociais e ídeo-políticas próprias ao capitalismo contemporâneo e à sua crise[445]. A intervenção estatal sobre a "questão social", ao contrário de certa retórica mistificadora e das aparências, não se reduziu; antes, foi redirecionada e passou a envolver novas mediações, com o crescente protagonismo de agências não estatais, sucedâneo da minimização das instituições e organizações do *Welfare*[446]. Dissolvida a cultura política deste último, o caráter universalista da política social viu-se deslocado pela *focalização* e pela *segmentação*[447]; no mesmo andamento, como valor ético fundante foi entronizada a *solidariedade* — uma solidariedade *supra-classista*, revivescência de um humanismo abstrato agora compatibilizada com o ideário competitivo e concorrencial de um generalizado "empreendedorismo": a organização societária que se quer (e é de fato) regulada centralmente pelo mercado oferece aos "excluídos" não um elenco codificado e ampliável de direitos sociais, mas o socorro solidário[448].

A priorização do "combate à pobreza", compreensível como objeto de ações estatais e não estatais em conjunturas emergenciais, é víavel em seus objetivos imediatos quando articulada a orientações macroeconômicas e a políticas sociais orientadas para transformações que erradiquem as causas principais de que deriva a emergencialidade. *E é precisamente isto o que não se encontra no quadro do capitalismo contemporâneo* — tudo demonstra que o "combate à pobreza" se opera sem conexão com diretrizes macroeconômicas tendentes a contrarrestar e reverter as causalidades essenciais do pauperismo atual. Não me parece impróprio dizer que, nestas condições, combater a pobreza assemelha-se a enxugar gelo.

Mais precisamente: num quadro como este, a *intervenção assistencial*, no seu sentido mais amplo e abrangente, tende com força — independentemente da elaboração teórica que a legitima e para além da vontade dos seus agentes — a converter-se de fato em *ação assistencialista*. A coberto de outra racionalização, sob o verniz de diferente enunciação discursiva, o velho assistencialismo (re)adquire a ponderação que parecia ter perdido. Se esta linha de interpretação é pertinente, como me parece ser, compreende-se que estão postas o que julgo serem as condições objetivas do que designo como a recidiva assistencialista *sobre o* e *no* Serviço Social.

Com efeito, na sequência da desconstrução do *Welfare State* e dos valores (direitos sociais) nele plasmados, a configuração da assistência social experimentou um processo de *refilantropização*[449] — seja nas políticas específicas de assistência, seja naquelas que contemplam ações assistenciais. Essa refilantropização (de fato, a *assistencialização* da assistência, operando a contrapelo do sentido posto pelos direitos sociais) está afetando profundamente a intervenção profissional dos assistentes sociais; é constatação inarredável que a dimensão assistencial da prática do Serviço Social — mas, sublinhe-se, dimensão assistencial submetida ao constrangimento da *refilantropização* — hipertrofiou-se nas duas últimas décadas em prejuízo do conjunto das outras dimensões constitutivas da prática profissional. Não é exagerado dizer-se que essa *assistencialização* tem saturado em muito as práticas profissionais do Serviço Social.

A mencionada hipertrofia, nas condições em que se tem efetivado, tende, de uma parte, a *reduzir a intervenção profissional ao exercício técnico elementar de uma assistência refilantropizada* e, de outro, a *reconduzir o discurso teórico-profissional a âmbitos societais microscópicos*. Ou seja: de uma parte, a profissão corre o sério risco de perder o estatuto acadêmico a que se alçou com a sua consolidação, convertendo-se em profissão mera e elementarmente técnica e de segunda linha[450]; de outra, os intentos de renovação crítico-teórica tendem a recolocar, mais sofisticadamente, os impasses e limites de uma profissão de corte "psico-social" (ou, como se disse anteriormente, gravitando nos restritos círculos do trabalho centrado em indivíduos e com pequenos grupos) — como é verificável em significativos e recentes esforços de teorização profissional[451]; não é, por exemplo, um detalhe a ser menosprezado que, nesses esforços, intencionalmente críticos, a categoria teórica da *exploração* não compareça inclusive em boa parte daquelas elaborações que procuram pensar a profissão numa perspectiva "anti-opressiva"[452].

Se esta linha de reflexão é correta, a preocupação em preservar, *para desenvolver em outro e novo nível*, o legado teórico-prático da consolidação do Serviço Social — legado que é condição para que a profissão, renovando-se como tal e sobretudo se adensando também como *área de produção de conhecimentos socialmente pertinentes* — supõe, mais que nunca, exorcizar a recidiva do assistencialismo: supõe, urgentemente, *operar a crítica radical da refilantropização da assistência e travar o combate às suas causalidades econômico-políticas, sociais e ídeo-culturais*.

A tarefa é hercúlea, só pode ser levada a cabo coletivamente e implica transcender o mesquinho *possibilismo* que, nos dias correntes, parece parametrar as práticas profissionais. Mas é tarefa que, pelo menos a meu modesto juízo, vale a pena.

Anexo I
Dos tempos da crítica de poesia

Desde os seus primeiros escritos, publicados na imprensa de Minas Gerais a partir de 1966, por cerca de 15 anos o autor ocupou-se da crítica literária, que abandonou na entrada da década de 1980. Dessa parte pouco conhecida do seu trabalho intelectual, colige-se aqui o ensaio "Ferreira Gullar e a superação do idílico", relativo à obra *Poema sujo*; redigido ainda no exílio, foi dado à luz — sob o pseudônimo de Luís Fernando Santos — na revista *Contexto* (São Paulo: Hucitec, n. 3, jul. 1977).

Ferreira Gullar e a superação do idílico

Dada a hipótese segundo a qual o *Poema sujo*[453] não constitui somente o ponto mais alto da trajetória literária de Ferreira Gullar, mas se apresenta mesmo como a mais ponderável criação da lírica brasileira pós-modernista, é de se esperar que a inteligência crítica aceite o complexo desafio que lhe é posto pela sóbria monumentalidade dessa obra.

O *Poema sujo* não coloca à análise questões que possam ser dissolvidas na tradicional dicotomia do debate conteudístico e da discussão formal. A riqueza e a força do *Poema sujo* requisitam imperativamente uma leitura totalizante que, no limite, conduz à problematização da lírica como modalidade de relacionamento estético com o mundo. Como toda grande obra de arte, o *Poema sujo* obriga ao repensamento de leis e categorias do gênero que concretiza.

A limitada pretensão desta nótula crítica — mesmo descontado o seu caráter de esboço — é situar-se no interior de uma resposta inclusiva àquele estimulante desafio posto pelo *Poema sujo*.

1

A problemática imanente do gênero lírico radica no seu peculiar estatuto estético-gnosiológico.

Sabe-se que a sua plena realização ocorre na instância da *particularidade*, que é a categoria central da estética[454]. No entanto — e é também nisso que a lírica se distingue da épica e do drama —, a própria natureza da *refração lírica*[455] situa-a originariamente no âmbito da singularidade. Assim, o trânsito que a mentação lírica deve necessariamente efetuar, para instituir-se como objetivação estética conclusa, é a passagem do nível do singular ao particular. *Essa passagem é a condição mesma da mentação lírica tornada obra.* Ela não expressa a eliminação do singular, mas a negação superadora que o eleva, transformado, a um estágio qualitativamente diverso. Esse trânsito implica e inclui o singular; todavia, avança para além dele, resolvendo-o noutro nível.

O singular é o domínio da imediaticidade abstrata. A imediaticidade consiste na recepção pontual e direta dos estímulos da vida; a abstração prende-se à ausência de uma síntese multívoca de determinações nessa recepção. A singularidade é, pois, o terreno do *eu empírico* do poeta. Aí se *inicia* a mentação lírica, sem se esgotar ou concluir-se.

O momento decisivo da mentação lírica é aquele desenvolvido quando o poeta ultrapassa a percepção do seu eu empírico, organizando-a mediata e concretamente através da assunção de tendências significativas emergentes no tempo sócio-histórico que baliza o seu desempenho humano. Eis quando se instaura o *ego lírico*, constituído precisamente na dinâmica das alterações a que o poeta submete o material refletido pela ação do seu eu empírico ao confrontar as suas experiências vitais com os dilemas dominantes do seu tempo. Em última análise, o ego lírico não é dado: *produz-se* no enfrentamento operado entre o eu empírico do poeta e o substrato da sua mentação. Nessa dialética, extremamente complexa, reside o problema fundamental da práxis do poeta lírico, reposto a cada instante do seu trabalho[456]. Não é raro, aliás, que, tomada em seu conjunto, na produção lírica de um poeta dificilmente se registre uma íntegra hegemonia do ego lírico — as grandes realizações líricas, sempre pouco frequentes, atestam o árduo da solução.

O suspender (interromper) da mentação no nível do eu empírico é a frequente armadilha da lírica[457]. A recorrência dessa suspensão — frequente na elaboração romântica e evidente nos seus frutos — propicia, no plano da obra, a coexistência do fracasso estético com a validez de emotivos testemunhos individuais (esse é o círculo onde borboleteia o subjetivismo). Artisticamente, a resultante dessa suspensão nem sempre é desprovida de relevância, mas a conformação que oferece — a da *acidentalidade lírica* — insere seu produto naquela zona intermédia que Lukács denominou de "esfera do meramente agradável".

A acidentalidade lírica — isto é, o configurar de uma mentação restringida ao eu empírico — enforma, esteticamente, a consecução do *idílico*. Essa categoria não exprime a negação do lírico, mas a sua tragicomédia. O idílico não é o contrário do lírico: é a sua paródia.

O fato de o idílico ser endêmico na lírica brasileira não é explicável, penso, por uma hipostasiada "característica" da nossa cultura; trata-se, antes, da especial conjunção das dificuldades inerentes à própria práxis do poeta lírico com os problemas mais gerais da definição do papel social do artista no Brasil.

E é justamente no interior de uma lírica em que a tentação idílica exerce um império mais que secular que o *Poema sujo* se insere como estrutura isenta de qualquer acidentalidade: o *Poema sujo* representa, na lírica brasileira, uma exemplar *vitória da liricidade*.

A possibilidade objetiva desse triunfo do lírico sobre o idílico está contida (como assinalarei rapidamente mais adiante) na dialética do modernismo. Entretanto, retomar essa possibilidade e adequá-la às exigências de uma nova mentação é trabalho que requer não só uma ampla e profunda cultura poética quanto, sobretudo, uma consciente e madura sensibilidade artística — condições de que está superiormente dotado o poeta Ferreira Gullar. Mais ainda, o fato de o seu destino pessoal, na hora presente, particularizar situações extremamente representativas dos (des)caminhos da inteligência brasileira, este fato também favoreceu-lhe a perspectiva suficiente para se aventurar à aposta de um poema cuja estrutura nuclear compele ao questionamento do imperativo lírico em si mesmo.

A concreta originalidade, a extraordinária grandeza artística do *Poema sujo* se funda em que, dadas essas condicionantes, Ferreira Gullar construiu um texto em que a instauração do ego lírico aparece como *processo*: surge no poema como *movimento*. É na totalidade textual que a mentação lírica articula que se dissolve o episódico do eu empírico, arquitetando-se uma obra que, conclusa, em todas as suas instâncias oferece a transitividade do *instituinte* — o ultrapassamento da pessoalidade isolada do poeta abre o passo à prospecção do vivido e do vivível, horizonte aberto.

Ferreira Gullar, numa criação radical na nossa poética, produziu uma obra na qual a totalidade conformada se ilumina desde dentro, e só desde dentro: é o próprio evolver do discurso que estatui a objetividade onde se resolve a tensão do lírico, distância e envolvimento. Exatamente ao romper com a circularidade idílica, que diminui e deforma a lírica como modalidade estética de apropriação do mundo, Ferreira Gullar, com o *Poema sujo*, se posiciona entre as mais altas vozes da poesia brasileira de todos os tempos.

2

A relação do *Poema sujo* com o diferenciado bloco cultural da poesia brasileira não deve ser subestimada, já porque contribui para melhor situá-lo na nossa evolução literária, já porque permite refletir sobre traços importantes daquele bloco.

Consideradas as vicissitudes do desenvolvimento da literatura brasileira — que o crítico Carlos Nelson Coutinho creditou, acertadamente, à congruência entre a "via prussiana" do roteiro histórico do país e o "intimismo à sombra do poder" a que é submetido o grosso da nossa intelectualidade[450] —, a análise histórico-sistemática da nossa cultura revela o paradoxal relacionamento da mentação lírica frente à elaboração épica e dramática. Enquanto nessas o que se observa é uma flagrante descontinuidade, naquela é possível identificar com alguma clareza linhas de força que vinculam a estruturação das suas diversas manifestações. Tais linhas de força, naturalmente, não se conectam num encadeamento linear; pelo contrário, interagem através de movimentos conflituosos, marcados por dilacerações e rompimentos. Mais propriamente, essas linhas de força organizam perspectivas que se constroem por rupturas objetivamente dialéticas, que dinamizam elementos particulares contidos em seus momentos anteriores, propondo-os e repondo-os em uma nova totalidade significativa.

Sob uma tal angulação, a práxis do Movimento de 1922 permite localizar um segmento muito determinado na lírica brasileira e, dentro dele, descobrir a dialética do modernismo. É a essa que se prende, direta e/ou indiretamente, a nossa lírica contemporânea, nas suas mais diversas (quando não contraditórias) vertentes. Até mesmo o experimentalismo mais ousado de anos recentes, inclusive no que possui de problemático e dissolutor esteticamente, pode ser imbricado no Movimento de 1922, o que auxilia a dar a suas idiossincrasias um esclarecimento plurívoco. *E o próprio* Poema sujo *insere-se nessa dialética do modernismo*: a refração lírica que elabora, mediante a instauração de um criativo/criador eu lírico, se desenvolve, basicamente, a partir de parâmetros patenteados em três momentos daquela dialética: Mário, Drummond e Cabral. Sem a *Meditação sobre o Tietê*, as evocações de Itabira e o exercício cabralino, o *Poema sujo* seria culturalmente impensável.

É claro que a inserção do *Poema sujo* na dialética do modernismo afeta, necessariamente, os jogos do código semântico e os quadros do repertório de significantes — os "libérrimos modos de dizer artísticos" que Mário da Silva Brito detectou na última obra de Ferreira Gullar[459] têm aí o seu ponto de arranque. A dicção largamente cadenciada em longos períodos, cujo ritmo interno e extensão permitem cesuras que giram o significado, pode ser rastreada no poema de Mário; o reiterado recurso a conotações que aparentemente relevam do prosaico retoma Drummond; e a hábil exploração de recorrências fonológicas já está dada em Cabral[460].

Mas é na modalidade como o *Poema sujo* menta-se liricamente que o residual modernista opera estruturalmente: o estatuto do ego lírico emergente no *Poema sujo* tem nas conquistas da dialética do modernismo a base da sua instauração.

Com efeito, não julgo arbitrário afirmar que é na *Meditação sobre o Tietê* que surge, entre nós e de forma consequente, uma original colisão entre o ego lírico e a matéria da sua mentação. Pela primeira vez, na nossa poesia, um poema apresenta a articulação do ego lírico como indissociável da estruturação do substrato reflexivo sobre o qual ele se movimenta. Nessa obra, sujeito e objeto se concluem existentes enquanto esteticamente unidos: um *põe* o outro. A relação polarizada de ambos é a sua garantia de realidade *artística*: a explicitação do objeto assegura e legitima a autoexplicitação do sujeito.

O débito do *Poema sujo* para com a *Meditação sobre o Tietê* se mostra cristalino: também no *Poema sujo* a identidade do ego lírico não é dada preliminarmente, mas se esboça de modo gradativo, na escala em que a apropriação dos materiais apreendidos pela mentação se define como complexo referido não ao sujeito constituído, mas ao ente em emergência. A autoconsciência que anima o ego lírico se produz no processo de tomada de consciência sobre o substrato mentado (a experiência vital do eu empírico). A poesia aparece, então, como *mediação constituinte* do sujeito e do objeto.

De outra natureza é a conexão com Drummond. No maior poeta brasileiro, a evocação da infância/terra natal é sempre *não-utópica*: Itabira, retrato dolorido na parede, não é um ideal: é uma simples (embora vital) referência. A mágoa derivada da sua perda irreparável — ainda que possa veicular-se em tom elegíaco — não escamoteia ou minimiza a certeza de que Itabira é um *pretérito*. Drummond corta, pois, com uma larga recorrência da nossa tradição poética: o futuro como reconquista de um passado que se sublimou como áureo. A necessidade, que o ego lírico pode experimentar, de reconstruir vivências anteriores, é, assim, recolocada em outra perspectiva, não-utópica: a memória se revela esteticamente justificada se obrigatoriamente conduz ao presente. A exclusão do utópico supõe a perda das ilusões, nunca a do ideal. A evocação não é mais sentida pelo ego lírico como projeto, mas como acidente — a exata *confidência*.

Ora, o ego lírico emergente no *Poema sujo* é radicalmente não-utópico — diria até que é um ego *antiutópico*. A infância e São Luís do Maranhão elaboram-se drummondianamente: abolidas as Pasárgadas, trata-se de confidências que são acidentais *enquanto falsas (porque impossíveis) alternativas ao presente*. A interdição da nostalgia deriva daí: o Maranhão era a inocência que exilava o conhecimento. Recuperar a terra natal como a experiência do eu empírico é abdicar da postura lírica: é descair no prosaísmo da pessoalidade. A apropriação que o ego lírico realiza, no *Poema sujo*, é a apropriação do *tempo presente*: sem a nostalgia utópica do passado, o ego lírico introduz entre si e o pretérito um distanciamento que viabiliza a unidade sem identidade.

E é nesse plano que intervém a lição de Cabral. O "geometrismo formal" que se quis ver nos poemas cabralinos sintomatiza, a meu entender, a *supressão da empatia* que é uma das dominantes na produção de João Cabral. Não se trata de "objetivismo" ou quejandos: o que a práxis cabralina faz é situar o *pathos* que o ego lírico esplende como sua relação com a vida. Vale dizer: o *pathos* é o instante constitutivo da *relação estética* sujeito/objeto; isso equivale a desmistificá-lo como condição imanente ao próprio ego lírico. Se, nessa direção, bane-se a verborragia e o retoricismo, alcançando-se, no nível formal, uma notável economia discursiva, no nível do centro organizador da objetivação estética o que se obtém é o *despojamento* do ego lírico, esvaziamento original e imediato que o torna livre para apreender, complexa e ricamente, os conteúdos do objeto — conteúdos que, transfigurados, constituirão precisamente a objetivação do ego lírico.

O *Poema sujo* nasce desse movimento de purgação do ego lírico. Instaurando-se na medida em que se transfiguram os conteúdos histórico--vitais da biografia do eu empírico, o ego lírico, no *Poema sujo*, se estrutura exatamente sobre o dinamismo sustentado pela sua especificidade: como não é subsumível ao eu empírico, o *pathos* de que se investe é altamente mediatizado pelo seu esvaziamento original. Este *pathos*, geneticamente ligado ao conflito eu empírico/vida, é *controlado* na instância do ego lírico. Este, liberado da paixão abstrata (imediata) do eu empírico, se coloca como ordenador dela: não a padece, exercita-a; não a sofre, domina-a.

Porém, a caracterização do *Poema sujo* como legatário da herança modernista não pode sugerir nada além da sua conexão com o desenvolvimento da lírica brasileira. Considerada em si mesma, essa obra de Ferreira Gullar é mais, muito mais que uma resultante da dialética do modernismo: inserindo algumas das conquistas capitais da tradição moderna numa estrutura lírica inédita, o *Poema sujo* configura, em verdade, um novo patamar na nossa poesia — ele concretiza, na lírica brasileira pós-modernista, a mais radical superação do idílico.

3

O *Poema sujo* é a objetivação esteticamente conformada de uma mentação lírica centrada no processo de (auto)educação sociocêntrica do poeta. Trata-se de configurar um movimento de *Bildung* que arranca do singular eu empírico

"Prego a subversão da ordem
poética, me pagam. Prego
a subversão da ordem política,
me enforcam..." —

e se constela numa maturidade particular, a do

"combatente clandestino aliado da classe operária,
meu coração de menino".

A experiência mentada não adquire nenhum significado artístico enquanto relato do trânsito que leva um homem a deixar a província, tornar-se *enfant terrible* do concretismo, abandoná-lo para se comprometer com o progresso social e provar do vinho azedo do exílio. Nenhum engajamento histórico-social, mesmo o mais generoso, é um sucedâneo para a *qualidade* estética — esta só pode residir no *modus* pelo qual se articula, no plano da arte, aquele empenhamento. O que lhe credita valor é o apresentar, mediante a específica refração lírica, a dinâmica mesma do processo em questão.

A refração lírica do *Poema sujo* objetiva-se através de um movimento composto de movimentos: o movimento macroscópico que delineia o processo de (auto)formação do poeta se mostra à base de movimentos determinados que captam e transfiguram os instantes decisivos do complexo maior e abrangente. A mentação lírica é enervada, portanto, como um círculo movente de vários outros círculos também pulsantes.

O primeiro movimento do *Poema sujo* contém o universo de transfigurações que ulteriormente será penetrado pela mentação: a dissolução das identidades pelo devir das suas alternativas, a evocação da infância e sua história, o limbo da sexualidade, o contraponto da morte, a materialidade do corpo como mediação constante entre o eu e a vida. O que ele condensa, todavia, é a pesquisa da instauração do ego lírico: a problemática vinculação do eu empírico com a linguagem — o *nome* perdido — denota os dilemas que a objetividade do conteúdo da mentação (o tempo e a história) jogam à percepção do poeta. Ao fim e ao cabo, a subjetividade criadora se reconhece, mas *descentrada* — a sua presencialidade só se compreenderá quando assumir a consciência de toda a sua história. Assim, realizar-se esteticamente implicará a descoberta do eixo a partir do qual circunscreveu-se e foi circunscrita.

É no segundo movimento que aquela pesquisa se inicia efetivamente. Se, no anterior, o discurso deslizava cortante e nervosamente por enunciados que justapunham os índices dos significados numa dicção acumulativa e potencialmente explosiva, agora ele se desenrola com uma ductibilidade nova. A diferença tem raízes na diversa perspectiva em que se dá a mentação; no primeiro movimento, ela contempla-se a si mesma e, descentrado, o ego lírico constata o

"turvo turvo
a turva...";

depois, no itinerário da retrocaptação da sua gênese,

"claro claro
mais que claro
raro
o relâmpago clareia os continentes passados".

A natureza privilegiada e iluminadora da mentação é liminarmente explicitada: o passado é levado a se transluzir.

O enfrentamento com o passado questiona a temporalidade. Se a infância, sob a mão do pai, já desdobrava as tardes numa duplicidade pouco mais que pressentida

("Quantas tardes numa tarde!
e era outra, fresca,
debaixo das árvores boas a tarde
na praia do Jenipapeiro.
Ou do outro lado ainda
a tarde maior da cidade..."),

a notação da pluridimensionalidade de que se pode revestir o tempo objetivo é conquista reflexiva que se faz a partir da consciência emergente no primeiro movimento, consciência cuja descentralidade não anula a sua presencialidade. É ela que possibilita, no terceiro movimento, a qualificação *social* do meramente cronológico. E mesmo o tempo expresso pelo aspecto verbal é outro:

> *"Muitos*
> *muitos dias há num só...".*

Ao pretérito imperfeito do movimento anterior pospõe-se o presente porque a experiência é transfigurada (re-vivida) do ponto de vista do ego lírico em instauração. A sua presencialidade — o seu estar-presente desde antes — abre a via à compreensão de que

> *"a noite não é a mesma*
> *em todos os pontos da cidade;*
> *a noite*
> *não tem na Baixinha*
> *a mesma imobilidade*
> *porque a luz da lamparina*
> *não hipnotiza as coisas*
> *como a eletricidade*
> *hipnotiza".*

O desdobramento social da temporalidade torna acessível o saber de que o padecimento subjetivo do tempo, mais que vivência isolada, conecta-se à existência social:

> *"... onde não há água encanada:*
> *ali*
> *o clarão contido sob a noite*
> *não é*
> *como na cidade*
> *o punho fechado da água dentro dos canos:*
> *é o punho*
> *da vida*
> *fechada dentro da lama".*

A determinação do tempo como dimensão susceptível da distorção societária, além disso, é precisada: há uma "noite proletária", visão dependente de quem está na condição de explorado, e só a compreende aquele que, como o poeta ("combatente clandestino"), se alia aos oprimidos,

"porque a noite não é
apenas
a conspiração das coisas".

A temporalidade, porém, não se reduz à simples experimentação humano-subjetiva: a ineludível objetividade que lhe é inerente se repensa no heraclitiano exemplo do rio — e não é acidental que, em todo o *Poema sujo*, a água metaforize a fluência renovada própria da vida —, conducente à problemática da morte, esse devir pelo perecer.

O quarto movimento tematiza exatamente a morte. Nele, o processo de instauração do ego lírico se concretiza: é a sua presencialidade, agora reposta, que revisita o passado, evocação dentre o prosaico da província: a "história de pássaros" é o respaldo onírico necessário para sustentar o crime. Esse, assassinato passional, no que tem de patético e de risível, ganha a universalidade que perpassa os interstícios do cotidiano:

"A morte se alastrou por toda a rua
[...] e ficou brilhando nos talheres
dispostos sobre a toalha
na mesa do almoço".

Referi-me à concretização do processo de instauração do ego lírico nesse movimento. De fato, é então que o ego lírico se apropria da sua matéria (ou seja: começa a superar o seu descentramento): nesse quarto movimento, completa-se o complexo de materiais a se transfigurar, e é da retrocaptação das realidades sobre as quais a mentação que resultará o recentramento do ego criador. Aos movimentos seguintes cumpre a reelaboração do substrato mentado, justamente na reconstrução da cidade do poeta.

Essa reconstrução, dando-se no quinto movimento, introduz uma inflexão única no poema: ela se faz com o afirmar do despojamento da instância criativa ou, mais corretamente, com o claro superar do eu empírico, de modo evidente, pelo ego lírico. Aquele é, agora, focado e tratado como *outro*, situado pelo discurso no exterior do processo reconstrutivo. A percepção diferencial da cidade já apresenta como concluso o ego lírico: é ele, e não o eu empírico, que pode tomar o globalizante do reencontro com as suas ruas, pessoas e instituições, desvelando-lhes os segredos e os ridículos.

O recentramento do ego lírico já está viabilizado quando ele incorpora a si a cidade — espaço que perspectiva o direcionamento da própria história. No sexto movimento, o reconhecer a cidade é o re-conhecimento de um passado que se apreende significativo porquanto prolongado na particular retotalização que o ego lírico, na sua original presencialidade, tem condições de dinamizar.

O movimento subsequente resgata os ritmos recônditos da cidade. A essa altura da mentação, revelar tais ritmos é uma necessidade artística: revelá-los é indicar que o ego lírico não procede por osmose — a tensão que o conecta ao substrato real mantém entre ambos uma relação de unidade do diverso.

No oitavo movimento, ainda permanece meridiana a natureza dessa tensão, que só é ultrapassada no último: aqui, a reconciliação explícita do ego lírico com a cidade — cessado o seu estranhamento — realiza o recentrar da instância criadora à base de uma colisão unificadora que supõe distâncias e alude ao devir:

"a cidade está no homem
quase como a árvore voa
no pássaro que a deixa".

Na descoberta dessa essencial relação reside o derradeiro círculo da mentação que é o *Poema sujo*. Realmente, o cumprir-se do ego lírico é simultâneo à compreensão do *sentido* do seu processo constitutivo. No *Poema sujo*, a instauração do ego lírico é o próprio estatuir da mentação lírica: o projeto desse ego, assim, se realiza no seu trajeto.

Projeto/trajeto explicam-se e compreendem-se mutuamente no *Poema sujo*: se o ego lírico só se esclarece (recentra) quando ilumina o substrato sobre que se articula, este só existe na medida em que é assumido por aquele. É evidente que a matéria da mentação independe ontologicamente do ego lírico; no entanto, apenas quando esse se debruça sobre ela é que a matéria adquire existência *artística*. O estatuto de realidade de ambos, portanto, é variável da instância em que interagem: esta instância, que não indaga da prévia verificabilidade dos termos em jogo, constitui a mentação lírica por excelência. Concretamente: é no discurso poético que objetiva a mentação lírica que tanto o ego quanto a sua matéria *existem esteticamente*.

No *Poema sujo*, o complexo projeto/trajeto do ego lírico se configura como *processo*. O círculo de círculos não é um *a priori* formal, mas se tece progressivamente, obedecendo a uma legalidade que brota da interação ego/substrato. O descentramento original do ego já contém a *possibilidade* de um recentramento; o nuclear, contudo, é que esse se opera mediante uma coerência que não é redutível à determinação do presente pelo passado. Ao contrário: o passado abriga virtualmente futuros prováveis/possíveis, mas é a presencialidade que os realiza (em se realizando) reflexivamente — o trajeto do ego só é inteligível do ponto arquimédico do presente.

A universalidade do *Poema sujo* como obra, enfim, vincula-se à matriz histórico-social que a mentação lírica desnuda. Trata-se daquela *sujidade* que é a sobredeterminação mesma desse discurso poético: a instauração da subjetividade criadora é o doloroso e dilacerante combate pela (re)totalização humana no tempo presente.

O *sujo* é uma categoria que não se entroniza numa fichteana era de perfeita culpabilidade. Antes, é um transitório predicado que a consciência se arroga no confronto com uma historicidade que derroca os fundamentos mesmos dos projetos órficos que, contraditória e necessariamente, alimenta cada vez com maior força.

Anexo II
Atribuição da emerência acadêmica

Em seu longo exercício docente, o autor recebeu várias honrarias acadêmicas — a mais expressiva das quais, o título de *Professor Emérito*, foi-lhe concedida pela Universidade Federal do Rio de Janeiro. Na sessão solene em que recebeu a emerência, realizada em 20 jun. 2011, o filósofo Carlos Nelson Coutinho pronunciou a alocução aqui transcrita.

Alocução de Carlos Nelson Coutinho

Magnífico Reitor, Dr. Aloísio Teixeira; Dr. Marcelo Correa e Castro, Decano do Centro de Filosofia e Ciências Humanas; Dra. Mavi Rodrigues, Diretora da Escola de Serviço Social; ilustres membros do Conselho Universitário; estudantes, professores, funcionários técnico-administrativos; senhoras e senhores:

Foi com muito prazer que apresentei à Congregação da Escola de Serviço Social a proposta de concessão do título de Professor Emérito a José Paulo Netto, o que me deu a honra de estar nesta mesa. Com muito prazer, certamente, mas também com algum temor. Sou amigo de José Paulo Netto há quarenta anos — e isso poderia causar um certo ceticismo sobre a minha capacidade de conservar a objetividade na avaliação de sua ação como professor e como intelectual.

Não creio, porém, que haja contradição entre amizade e objetividade. Foi precisamente essa longa convivência com nosso homenageado, implicando a partilha de muitas experiências vividas em comum, que me permitiu e me permite comprovar a justeza do título que lhe é agora concedido. De resto, essa objetividade é comprovada pelo fato de que a concessão da emerência a José Paulo Netto foi aprovada por *unanimidade* por todas as instâncias que a avaliaram.

Não estou aqui apenas como amigo, mas também e sobretudo como integrante do corpo docente da Escola de Serviço Social da Universidade

José Paulo Netto. Ensaios de um *marxista sem repouso*

Federal do Rio de Janeiro. Graças a essa condição, pude atestar de perto a extraordinária importância de José Paulo Netto não só para nossa Escola, mas para o Serviço Social em geral.

Há ainda muitos preconceitos em relação ao Serviço Social. Não são poucos os que consideram a profissão como uma forma modernizada de caridade, como uma nova expressão do antigo assistencialismo (um preconceito que é reforçado pela designação dos profissionais como "*assistentes* sociais"); e, sobretudo, são muitos os que desconhecem inteiramente o alto valor da produção teórica dos profissionais e dos professores da área.

Eu mesmo, quando convidado para ser professor visitante da Escola, já lá se vão 25 anos, partilhava muitos destes proconceitos. Logo me dei conta, porém, de que eles deviam ser radicalmente superados: não só o atual Serviço Social, em suas melhores expressões, libertou-se de uma concepção caritativa da prática profissional, mas a produção teórica dos profissionais da área, em particular no campo dos estudos sobre política social, nada fica a dever, em profundidade analítica, às melhores produções das demais áreas das chamadas ciências sociais.

Para que isso ocorresse, foi decisiva a contribuição de José Paulo Netto, tanto no Brasil como na América Latina. Dependeu essencialmente da atividade dele e de Marilda Iamamoto a conversão do chamado Movimento da Reconceituação — que abriu as portas do Serviço Social para a teoria social e, em particular, para o marxismo — em algo teoricamente mais sólido e consistente.

Para tanto, muito contribuiu a afirmação de José Paulo Netto, feita em muitos de seus trabalhos, de que o Serviço Social não tem uma teoria própria, mas se alimenta da teoria social em geral. Com isso, abriram-se as portas da profissão para a assimilação dos principais resultados das demais disciplinas na área do pensamento social. E foi esta abertura que levou a produção teórica dos assistentes sociais aos elevados níveis que apresenta hoje. Neste e em outros sentidos, José Paulo Netto é um divisor de águas no seio da evolução do Serviço Social, tanto como profissão quanto como reflexão teórica.

Mas cabe aqui destacar, em particular, a importância de José Paulo Netto para nossa Escola. Ao longo dos 24 anos em que foi nosso colega,

José Paulo Netto foi uma presença marcante na Escola, seja ministrando cursos, seja orientando teses e dissertações, seja exercendo cargos administrativos. Como docente, atuou na graduação e na pós-graduação, sendo unanimemente reconhecido como um excelente professor; como orientador de dissertações e de teses, foi responsável pela orientação de cerca de 30% de nossos mestrandos e doutorandos; como administrador, foi vice-diretor e coordenador do Programa de Pós-Graduação.

Desse conjunto de atividades, sempre exercidas com competência e responsabilidade, resulta o traço mais marcante da presença de José Paulo Netto em nossa Escola, ou seja, o exercício de uma indiscutível liderança intelectual — e, eu não hesitaria em dizer, também moral. Foi em torno de sua ação que se articularam os grupos que reformularam o nosso mestrado e fundaram o nosso doutorado, hoje reconhecidos pela CAPES como merecedores da nota 6. A concessão da emerência, possibilitando que José Paulo Netto continue a exercer suas atividades na Escola de Serviço Social, tornará mais fácil a permanência dessa benfazeja liderança intelectual.

A orgânica relação entre José Paulo Netto e nossa Escola faz com que nos sintamos também homenageados com a concessão desta emerência: José Paulo Netto é o primeiro Professor Emérito de nossa unidade acadêmica. Ele certamente merece essa homenagem, mas — sem falsa modéstia — posso dizer que a Escola de Serviço Social também a merece.

Cabe destacar, porém, que a influência e a presença de José Paulo Netto na vida cultural brasileira não se limitam à nossa Escola e nem mesmo ao Serviço Social em geral. Além de seus muitos ensaios sobre o Serviço Social, José Paulo Netto escreveu também importantes trabalhos de crítica literária, de filosofia, de teoria política. Editou obras de autores como Marx, Engels, Lenin, Lukács, Karl Korsch e Leo Kofler.

Com isso, tornou-se um dos maiores expoentes do marxismo brasileiro, uma referência obrigatória para todos os que, em nosso país, buscam inspiração no método e nos conceitos do materialismo histórico. Neste terreno, cabe lembrar a significativa importância que ele teve na difusão e aplicação no Brasil dos conceitos de seu mestre (de nosso mestre!), o filósofo marxista húngaro György Lukács. E José Paulo Netto não é respeitado apenas pelos marxistas, mas também por muitos não marxistas, ainda que esses últimos eventualmente discordem de suas formulações.

A adoção da perspectiva marxista não foi, em nosso homenageado, apenas um estímulo intelectual. Ela determinou também a sua intensa militância política, iniciada com seu precoce ingresso no Partido Comunista Brasileiro, militância que — durante a ditadura — obrigou-o ao exílio, primeiro no Peru, em seguida na Itália e depois em Portugal. José Paulo Netto ocupou cargos de direção no PCB, não só fazendo parte da Comissão Executiva do Partido, mas desempenhando a função de editor-chefe do seu jornal, *Voz da unidade*.

Quando a maioria da direção do PCB resolveu transformar o velho *Partidão* no anódino Partido Popular Socialista, José Paulo Netto não aceitou essa transformação e restou alguns anos sem partido. Isso não significa que, ao longo desses anos, ele tenha deixado de fazer política e de defender publicamente suas ideias e convicções. Recentemente, ele voltou a militar nas fileiras do PCB reconstruído.

Porém, seria um equívoco imaginar que convivam em José Paulo Netto duas personalidades distintas, a do intelectual acadêmico e a do militante político. Esses dois momentos convergem na personalidade unitária e íntegra do nosso novo Professor Emérito, alimentando-se reciprocamente. Não é que ele não saiba distinguir entre atividade acadêmica e militância política. José Paulo Netto jamais concebeu a militância política como um ativismo cego, mas a iluminou com sua enorme cultura; ao mesmo tempo, sempre respeitou a individualidade dos seus alunos e evitou fazer da cátedra uma tribuna para agitação e propaganda.

Da articulação entre esses dois aspectos, o rigor acadêmico e o empenho político, surgiu a figura íntegra de José Paulo Netto, na qual teoria e práxis formam uma unidade orgânica. Essa integridade o fez admirado e respeitado não só pelos seus colegas, mas também por seus muitos alunos e alunas. Não é casual que, recentemente, ele tenha sido homenageado pelos estudantes da Escola, que deram seu nome ao Centro Acadêmico. Nem que a sua indicação para Professor Emérito tenha sido aprovada pela totalidade dos integrantes de nossa Congregação.

Quero registrar aqui uma feliz coincidência: a de que a concessão da emerência a José Paulo Netto ocorra ainda sob a reitoria do meu também querido amigo Aloísio Teixeira. Sob muitos aspectos, há similaridades entre as trajetórias de ambos, que buscaram e souberam conciliar qualidade acadêmica com empenho político.

Parabéns a José Paulo Netto, parabéns à Escola de Serviço Social, parabéns à Universidade Federal do Rio de Janeiro. A concessão desta emerência é algo que enche de orgulho todos nós.

Obrigado pela atenção.

Notas

1. É parte deste processo de crise global o fracasso de tentativas "terceiro-mundistas" de romper o estatuto do subdesenvolvimento e da dependência — mas este fracasso não será discutido aqui.

2. Não retomarei neste passo o que, a propósito, já foi expresso nas páginas precedentes [aqui, o autor remete a páginas do primeiro ensaio do livro de que foi extraído o presente texto]. Quero assinalar, porém e mais uma vez, que não compartilho das avaliações superficiais do processo global do *socialismo real*, consistentes em considerar o conjunto da sua experiência sem ponderar os imensos ganhos sociais que ela proporcionou aos trabalhadores, tanto no interior do ex-"campo socialista" quanto pelo seu efeito-temor no mundo do capital.

3. É exemplar, aqui, a divulgadíssima análise de Rosanvallon (1984), na base da qual está a tese de que a crise do "Estado providência" radica em fenômenos de ordem cultural e sociológica. Sobre uma tal base, nada mais natural que reclamar, para a ultrapassagem da crise, um "novo contrato social", uma *sociedade solidária*.

4. Perspectiva, sabe-se, pouco explorada — da primeira vertente, evoquem-se as páginas de Chasin (1989, p. 10-25); da segunda, cf. o trabalho de Kurz (1992).

5. As análises de Przeworski são, frequentemente, ricas e fecundas — mas a sua concepção do desenvolvimento do "capitalismo democrático" é redutora na medida em que praticamente não pondera dois elementos sem os quais ele é impensável: a gravitação efetiva das lutas de classe proletárias e o temor que o "comunismo soviético" inspirou aos grandes (e pequenos) burgueses.

6. [Aqui, o autor remete a dados referentes ao crescimento econômico de países capitalistas, oferecidos por diferentes fontes citadas no primeiro ensaio do livro do qual se extraiu o presente texto — dados que serão reiterados no texto reproduzido a seguir e noutros coligidos neste volume].

7. O leque de contradições que leva a converter a possibilidade em limite é *imanente* ao desenvolvimento da ordem do capital em escala planetária — desde aquelas que se manifestam nas restrições estruturais das instituições sócio-políticas às que se mostram na epiderme dos problemas administrativos e financeiros. Esta imanência é ilustrada, por exemplo, quando se analisam as incidências da internacionalização intensiva do capital na crise do Estado de Bem-Estar (Oliveira, 1988).

8. Vários estudiosos já chamaram suficientemente a atenção para as tensões internas do velho liberalismo — como exemplo, veja-se o trabalho de Wolff (1990).

9. Uma síntese do processo que conduziu o capitalismo à era monopolista, bem como da sua caracterização, encontra-se em Netto (1992).

10. Para distinções entre o *velho* e o *novo* liberalismo, cf. Bobbio (1986, p. 107 e ss.) e Merquior (1991).

11. Muito da pesquisa da "geração clássica" de Frankfurt foi no sentido de esclarecer a capitulação da tradição liberal diante do fascismo. Recentemente, ademais, Cerroni (1990, p. 21) recordou que "boa parte da cultura liberal, após haver resistido tenazmente à *rebelião das massas* e após haver recusado toda compreensão aos movimentos socialistas, pôde facilmente aderir às diversas variantes do fascismo"; o pensador italiano, neste passo, evoca "o apoio de Croce e Gentile (e de tantos outros liberais) ao fascismo em 1922" e, igualmente, "o apoio dos liberais alemães à ascensão de Hitler".

12. Emprego aqui as categorias *valor* e *humano-genérico* tais como foram determinadas pela pesquisa de Heller (1972, 1975), quando a filósofa húngara ainda se inseria no campo da tradição marxista.

13. Se há componentes democráticas em vertentes liberais clássicas, é preciso deixar claro que elas foram concretizadas nos ordenamentos políticos modernos graças às lutas sociais conduzidas pelos trabalhadores. Parece estabelecido que "os liberais dos séculos XVII e XVIII [...] não eram absolutamente democratas" e que "todas as teorias democráticas anteriores ao século XIX se enquadram melhor fora da tradição liberal" (Macpherson, 1978, p. 26-27).

14. Menciono apenas um dos trabalhos mais "populares" de Friedman. Não se pode esquecer que ele vinha produzindo muito desde os anos 1950, e que sua influência intelectual — apesar do (ou graças ao) que Marx chamaria de *vulgar*, que é a tônica da sua elaboração — cresceu na segunda metade dos anos 1960, quando esteve na *American Economic Association*.

15. Sabe-se como R. Nozick equaliza o imposto de renda... ao trabalho escravo. Sobre Bobbio, cf. Lafer (*In:* Bobbio, 1985); sobre Nozick, mas especialmente sobre Rawls — e com uma bela discussão acerca da filosofia política anglo-saxônica —, cf. o ensaio de Parijs (1991).

José Paulo Netto. Ensaios de um *marxista sem repouso*   353

16. Sobre a era Tatcher, cf. a contribuição de Humphrey a Soares (Org., 1990). Da vasta bibliografia sobre o período Reagan, cf. o artigo de Perlo (1983).

17. A melhor análise que conheço deste embate teórico-ideológico — e da qual me valho amplamente — encontra-se no magnífico ensaio, lamentavelmente pouco divulgado, de Avelãs Nunes (1991), pesquisador vinculado à Universidade de Coimbra. Cf. também a obra de Villarreal (s.d.).

18. Quanto à questão do mercado, curiosamente, o Prof. A. Nove, que está distanciado de qualquer proposta neoliberal, faz eco a algumas das considerações de Hayek, ao criticar a sua supressão na transição socialista (Nove, 1983); para a documentação sobre a polêmica provocada por esta posição, cf. Blackburn [(Org.). 1992, p. 210-211] e veja-se ainda Mandel (1986). A polêmica revelou a capitulação de certas correntes socialistas às pressões teóricas e práticas da ordem do capital.

19. Ideal assim posto por Friedman (s.d., p. 33): um "governo sensato e frugal, que impedirá os homens de se prejudicarem mutuamente e os deixará, por outro lado, livres para dirigir os seus próprios interesses na indústria" — proposta que leva Nunes (1991, p. 486) a evocar o nostálgico ideal jeffersoniano.

20. Especificamente, o neoliberalismo propõe, com a adscrição da assistência a atividades privadas, o que se vem chamando, entre os seus críticos, de *refilantropização da assistência* (M. C. Yazbek). Também aqui é ilustrativa a concepção de Friedman, que Nunes (1991, p. 498) transcreve: "A caridade privada dirigida para ajudar os menos afortunados é um exemplo do uso correto da liberdade".

21. O papel do movimento sindical na regulação do preço da força de trabalho é uma preocupação elementar do pensamento neoliberal — naturalmente com a *recusa* da ação sindical *classista*. No ensaio mencionado, Nunes (1991, p. 480 e ss.) sumaria a argumentação neoliberal sobre este ponto, que revela cristalinamente o seu caráter antidemocrático.

22. Nos anos 1970-1980, por exemplo, não se viu nenhum dos bons burgueses que protestavam contra a alocação de recursos aos fundos sociais bradar contra os investimentos estatais centrados nas indústrias bélicas.

23. Aqui, a questão mais saliente é a do *emprego*: nas condições atuais do desenvolvimento capitalista, a magnitude do *exército industrial de reserva* (exatamente: *a população excedentária para o capital*) torna-se espantosa. Mais uma vez, verifica-se, também aqui, a correção da análise marxiana acerca do movimento do capital e da sua tendência a dispensar, progressivamente, o *trabalho vivo*.

24. Como nota Callinicos (1992, p. 14), "as políticas de Mitterrand, González, Papandreou, Hawke e Lange, na década de 1980, diferiram muito pouco das implementadas por Reagan, Kohl e Tatcher".

25. Não é este o lugar para fazer a crítica do instigante ensaio de Kurz. Mas é preciso pontuar que, além da perspectiva catastrofista que lhe é própria, o seu texto possui debilidades teóricas que não podem passar despercebidas — uma de suas categorias fundantes, "trabalho", é visivelmente equívoca, e outra, "sociedade produtora de mercadorias", padece de flagrante pobreza de determinações.

26. Cf., por exemplo: ROSANVALLON, P. *La nouvelle question sociale*. Paris: Seuil, 1995; FITOUSSI, J.P. e ROSANVALLON, P. *Le nouvel âge des inégalites*. Paris: Seuil, 1996.

27. Desde um legitimista francês como Armand de Melun a um jovem revolucionário alemão como F. Engels (cf. *A situação da classe trabalhadora na Inglaterra*. São Paulo: Boitempo, 2010). Sintomaticamente, a expressão "questão social" surge quase ao mesmo tempo em que aparece, no vocabulário político, a palavra *socialismo*.

28. O texto de Engels, referido na nota anterior, é apenas um exemplo de uma larga bibliografia, na qual concorreram, como já sugeri, autores de posições ídeo-políticas as mais diversas (Gaskell, Villermé, Ducpétiaux e Buret). Até mesmo um conservador como A. de Tocqueville ocupou-se do problema, na sua *Mémoire sur le paupérisme*, apresentada à Academia de Cherbourg, em 1835.

29. No seu ensaio *As metamorfoses da questão social. Uma crônica do salário* (Petrópolis: Vozes, 1998, p. 284), Robert Castel assinala que autores como E. Buret e A. de Villeneuve-Bargemont tinham consciência da novidade do pauperismo em questão, cabendo mesmo a sua caracterização à época como uma *nova pobreza*.

30. Dados quantitativos do pauperismo europeu estão disponíveis tanto em obras estritamente históricas (cf., por exemplo: HOBSBAWM, E. J. *A era das revoluções. 1789-1848*. Rio de Janeiro: Paz e Terra, 1988; ou, especificamente, para a Inglaterra: THOMPSON, E. P. *A formação da classe operária inglesa*. Rio de Janeiro: Paz e Terra, I-II-III, 1987) quanto em textos de natureza sociológica (cf. o citado trabalho de R. Castel). Releva notar que, no século XX, muito antes do interesse acadêmico "descobrir" os "excluídos", foi um marxista norte-americano quem dedicou especial atenção ao pauperismo (cf. a obra, originalmente publicada em 1937, de Leo Huberman, *História da riqueza do homem*. Rio de Janeiro: Guanabara, 1986).

31. Para sermos rigorosos, a *moderna* barbárie — isto é, a barbárie própria da ordem do capital — já se manifestara, originariamente, no processo do que Marx caracterizou como *acumulação primitiva*.

32. Uma síntese bastante didática da história do movimento operário encontra-se em: ABENDROTH, W. *A história social do movimento trabalhista europeu*. Rio de Janeiro: Paz e Terra, 1977. Vale recorrer ainda a: COLE, G. D. H. *Historia del pensamiento socialista*. México: Fondo de Cultura Económica, I-VIII, 1974.

33. Cf. LUKÁCS, G. *El asalto a la razón*. Barcelona-México: Grijalbo, 1968, p. 471-473.

34. Não se deve confundir o pensamento conservador, que ganha densidade e expansão após 1848, com o reacionarismo. Se, para este, a alternativa às mazelas da ordem burguesa consiste na restauração do Antigo Regime, o que é próprio ao pensamento conservador é o reformismo, no interior — e sem feri-las — das instituições fundantes do mundo do capital.

35. Para que se tenha uma noção das ilusões do utopismo, recorde-se que um de seus mais dotados e consequentes representantes, o já mencionado Robert Owen, preparou um memorial dirigido a todos "os republicanos vermelhos, comunistas e socialistas da Europa", enviado tanto ao Governo Provisório francês de 1848 quanto... à "Rainha Vitória e seus conselheiros responsáveis"!

36. Daí, pois, as aspas que utilizo sempre que a emprego.

37. É de notar que, tanto na *Miséria da filosofia* quanto no *Manifesto do partido comunista*, Marx prognostica que o desenvolvimento do capitalismo implica em pauperização absoluta da massa proletária. N'*O capital*, ele distingue nitidamente os mecanismos de pauperização *absoluta* e *relativa*.

38. Levo em conta, aqui, a cronologia que Mandel estabelece para o período imperialista: para ele, tal estágio "clássico" situa-se, aproximadamente, entre 1890 e 1940 (cf.: MANDEL, Ernst. *O capitalismo tardio*. São Paulo: Abril Cultural, 1982, p. 380).

39. Cf.: MARSHALL, T. H. *Citizenship and social class*. London: Pluto Press, 1992.

40. Tratava-se, obviamente, de uma caracterização falseadora; na crítica a esta visão apologética, Lefebvre cunhou a expressão "sociedade burocrática de consumo dirigido" (cf.: LEFEBVRE, H. *La vie quotidienne dans le monde moderne*. Paris: Gallimard, 1968).

41. Cf.: HARRINGTON, Michael. *The Other America: Poverty in the United States*. New York: Macmillan, 1962.

42. Cf.: MANDEL, Ernest. *O capitalismo tardio*. ed. cit., cap. 4 e ainda *A crise do capital. Os fatos e sua interpretação marxista*. São Paulo/Campinas: Ensaio/UNICAMP, 1990.

43. Cf., p. ex., o ensaio de Vicente Navarro. *In:* LAURELL, Asa Cristina (Org.). *Estado e políticas sociais no neoliberalismo*. São Paulo: Cortez/CEDEC, 1995.

44. Para as questões sinalizadas a seguir, cf., entre outros: BRUNHOFF, Suzanne de. *L'heure du marché*. Paris: PUF, 1986; HARVEY, David. *The Condition of Postmodernity*. Oxford: Basil Blackwell, 1989; *idem, O novo imperialismo*. São Paulo: Loyola, 2004; *idem, A brief history of neoliberalism*. Oxford: Oxford University Press, 2005; CHESNAIS, François. *La mondialisation du capital*. Paris: Syros, 1994; CHESNAIS, François (Org.). *A mundialização financeira*. São Paulo: Xamã, 1998;

NETTO, José Paulo. *Crise do socialismo e ofensiva neoliberal*. São Paulo: Cortez, 1995; SADER, Emir e GENTILLI, Pablo (Orgs.). *O pós-neoliberalismo*. Rio de Janeiro: Paz e Terra, 1995; HUSSON, Michel. *Misère du capital*. Paris: Syros, 1996; FORRESTER, Viviane. *L'horreur économique*. Paris: Fayard, 1996; COGGIOLA, Oswaldo (Org.). *Globalização e socialismo*. São Paulo: Xamã, 1997; TEIXEIRA, Francisco J.; OLIVEIRA, Manfredo A. (Orgs.). *Neoliberalismo e reestruturação produtiva*. São Paulo: Cortez/UECE, 1998; MARTIN, Hans-Peter; SCHUMANN, Harald. *A armadilha da globalização*. Lisboa: Terramar, 1998; CHOSSUDOWSKY, Michel. *A globalização da pobreza*. São Paulo: Moderna, 1999; DIXON, Keith. *Os evangelistas do mercado*. Oeiras: Celta, 1999; PETRAS, James. *Neoliberalismo: América Latina, Estados Unidos e Europa*. Blumenau: FURB, 1999; COSTA, Edmilson. *A globalização e o capitalismo contemporâneo*. São Paulo: Expressão Popular, 2008.

45. Uma das características da cultura política contemporânea, hegemônica e conservadora, é a radical ressignificação de termos e expressões que trazem consigo uma carga histórica precisa — é o caso da palavra "reforma", que, ao longo do século XX, sinalizou alguma ampliação ou instauração de direitos. O léxico político da era neoliberal ressemantizou a palavra, utilizando-a para *denotar*, na realidade, o recorte ou a supressão de direitos — veja-se o caso das "reformas" nos regimes previdenciários; aqui, o que de fato temos são *contra*rreformas.

46. Já são inúmeros os estudos que explicitam a vacuidade teórica desta noção; uma abordagem crítica, apoiada nas ideias de István Mészáros, é oferecida por Edlene Pimentel, em: *Uma "nova questão social"?*. Maceió: UFAL, 2007.

47. É curioso como intelectuais de porte, subjetivamente honestos, têm capitulado diante de utopias regressivas — no Brasil, o caso mais emblemático é o do Professor Paul Singer, que se tornou um ideólogo da chamada "economia solidária". Os espantosos limites dos projetos de "economia solidária" já foram objeto de justa e dura crítica; cf., por exemplo: MENEZES, Maria Teresa. *Economia solidária: elementos para uma crítica marxista*. Rio de Janeiro: Gramma, 2007.

48. Uma síntese dessas transformações encontra-se em: NETTO, José Paulo. Transformações societárias e Serviço Social. *In: Serviço Social & Sociedade*. São Paulo: Cortez, n. 50, ano XVII, abril de 1996; e em: NETTO, José Paulo; BRAZ, Marcelo. *Economia política. Uma introdução crítica*. São Paulo: Cortez, 2006. Nos parágrafos seguintes, resumirei a argumentação contida nestas duas fontes.

49. Sobre tais mudanças, cf., além de textos citados na nota 44, os trabalhos de: Ricardo Antunes, especialmente, *Os sentidos do trabalho*. São Paulo: Boitempo, 1999; e também Giovanni Alves, *O novo (e precário) mundo do trabalho*. São Paulo: Boitempo, 2000; para referências específicas ao Brasil, cf.: OLIVEIRA, Carlos Alonso B. *et al* (Orgs.). *Crise e trabalho no Brasil*. São Paulo: Scritta, 1996; ANTUNES, Ricardo (Org.). *Riqueza e miséria do trabalho no Brasil*. São Paulo: Boitempo,

José Paulo Netto. Ensaios de um *marxista sem repouso*

2006; TAUILE, José Ricardo. *Trabalho, autogestão e desenvolvimento*. Rio de Janeiro: Editora UFRJ, 2009; LOURENÇO, Edvânia *et al.* (Orgs.). *O avesso do trabalho II: trabalho, precarização e saúde do trabalhador*. São Paulo: Expressão Popular, 2010.

50. Uma crítica radical às concepções acerca do fim da "sociedade do trabalho" e sobre o "desaparecimento" do proletariado encontra-se em: LESSA, Sérgio. *Trabalho e proletariado no capitalismo contemporâneo*. São Paulo: Cortez, 2007. Veja-se, ainda: TEIXEIRA, Francisco; FREDERICO, Celso. *Marx no século XXI*. São Paulo: Cortez, 2008.

51. Do ponto de vista teórico, sobre as complexas relações entre ciência, tecnologia e produção, cf.: MARX, K. *Capitale e tecnologia*. Roma: Riuniti, 1980; DUSSEL, Enrique. *Hacia un Marx desconocido. Un comentário a los "Manuscritos del 61-63"*. México: Siglo XXI, 1988; ROMERO, Daniel. *Marx e a técnica. Um estudo dos manuscritos de 1861-1863*. São Paulo: Expressão Popular, 2007; MÉSZÁROS, István. *O poder da ideologia*. São Paulo: Boitempo, 2004. Do ponto de vista histórico, ainda é referência a obra de J. D. Bernal, *Science in History*. London: C. A. Watts, 1964. Acerca da revolução científica e técnica e da revolução informacional, cf.: RICHTA, Radovan Richta (Ed.). *La civilisation au carrefour*. Paris: Anthropos, 1968; LOJKINE, Jean. *A revolução informacional*. São Paulo: Cortez, 1995. Ver também, entre uma profusa documentação, apenas a título de ilustração: FORESTER, Tom (Ed.). *The Microeletronics Revolution*. Cambridge (Mass.): The MIT Press, 1982; SANTOS, Theotônio dos. *Revolução científico-técnica e capitalismo contemporâneo*. Petrópolis: Vozes, 1983; DREIFUSS, René. *A época das perplexidades*. Petrópolis: Vozes, 1996; KAKU, Michio. *Visões do futuro: como a ciência revolucionará o século XXI*. Rio de Janeiro: Rocco, 2001; ROCO, Mihail C.; SIMS, William S. *Converging Technologies for improving human performance: nanotechnology, biotechnologie, information technology and cognitive science*. NSF-DOC Report, June 2002. Arlington VA, USA; SANTOS, Laymert Garcia dos. *Politizar as novas tecnologias: o impacto sóciotécnico das novas tecnologias*. São Paulo: Ed. 34, 2003; MAYR, E. *Biologia. Ciência única*. São Paulo: Cia. das Letras, 2005; MARTINS, Paulo Roberto (Org.) *Nanotecnologia, sociedade e meio ambiente*. São Paulo: Xamã, 2006; GROSS, David. "O futuro da física". *Revista USP*. São Paulo: USP, n. 76, 2008; PATY, Michel. *A física do século XX*. São Paulo: Ideias e Letras, 2009. Um painel interessante da relação entre inovação tecnológica e capitalismo contemporâneo encontra-se em: LASTRES, Helena M. M. *et al.* (Orgs.). *Conhecimento, sistemas de inovação e desenvolvimento*. Rio de Janeiro: Ed. UFRJ, 2005.

52. A cartilha da restauração capitalista, com a inevitável receita do "ajuste fiscal" embutida na recomendação da "reforma do Estado", foi sintetizada, para a América Latina, no tristemente célebre "Consenso de Washington" (1989), cujo principal ideólogo foi John Williamson. Elementos críticos ao "Consenso de Washington" encontram-se em: BATISTA, Paulo Nogueira. "O consenso de Washington: a visão neoliberal dos problemas latino-americanos". *In:* BARBOSA LIMA SOBRINHO *et al. Em defesa do interesse nacional. Desinformação e alienação do patrimônio público.* Rio de Janeiro: Paz e Terra, 1994. Para uma crítica às "políticas de ajuste", cf.: RIBEIRO, Laura Tavares. *Ajuste neoliberal e desajuste social na América Latina.* Petrópolis: Vozes, 2001. No Brasil, foram os dois governos de Fernando Henrique Cardoso (1995-2002) que aplicaram coerentemente o receituário do "Consenso de Washington"; uma síntese de seus resultados encontra-se em: LESBAUPIN, Ivo (Org.). *O desmonte da nação: balanço do governo FHC.* Petrópolis, RJ: Vozes, 1999 e em: LESBAUPIN, Ivo; MINEIRO, Adhemar. *O desmonte da nação em dados.* Petrópolis: Vozes, 2002.

53. Para uma resenha das privatizações no subcontinente latino-americano, cf.: PETRAS, James; VELTMEYER, Henri (Orgs.). *Las privatizaciones y la desnacionalización de América Latina.* Buenos Aires: Proteo, 2004; especificamente sobre o Brasil, cf. BIONDI, Aloysio. *O Brasil privatizado: um balanço do desmonte do Estado* e *O Brasil privatizado II: o assalto das privatizações continua* (ambos publicados em São Paulo: Fundação Perseu Abramo, 2003).

54. Sobre este ponto, cf. o breve e sugestivo artigo, de maio de 2000, de M. Chossudovski, "A guerra financeira", disponível em http:/resistir.info/chossudovski/guerra_financeira. html.

55. Lapidares notações acerca dessa reestruturação encontram-se em David Harvey, *The Condition of Postmodernity*, ed. cit.

56. Para referências insuspeitas, dado o ponto de vista de classe que expressam, cf. as preocupações sobre o desemprego do chamado "Grupo de Lisboa" (ver o seu *Limites à competição.* Lisboa: Europa-América, 1994) e Jeremy Rifkin, *O fim dos empregos.* São Paulo: Makron Books, 1995.

57. Quanto a essa financeirização, um analista britânico observou que ela "foi em tudo espetacular por seu estilo especulativo e predatório. Valorizações fraudulentas de ações, falsos esquemas de enriquecimento imediato, a destruição estruturada de ativos por meio da inflação, a dilapidação de ativos mediante fusões e aquisições e a promoção de níveis de encargos de dívidas que reduzem populações inteiras, mesmo nos países capitalistas avançados, a prisioneiros da dívida, para não dizer nada da fraude corporativa e do desvio de fundos [...] decorrente de manipulações do crédito e das ações — tudo isso são características centrais da face do capitalismo contemporâneo" (D. Harvey, *O novo imperialismo*, ed. cit., p. 123).

58. Em 2002, arguto analista argentino constatava que "apenas duzentas megacorporações transnacionais, 96% delas com suas matrizes em apenas oito países, têm um volume combinado de vendas que supera o PIB de todos os países do globo (exceto os nove maiores!)" (BORÓN, Atílio. *Imperio & Imperialismo*. Buenos Aires: Clacso, 2002, p. 150-151).

59. Dados reunidos em matéria do *Brasil de Fato* (São Paulo, ano 4, n. 160, março/ 2006) mostram que *grupos de monopólios* comandam, em escala mundial, os seguintes setores: *biotecnologia* (Amgen, Monsanto, Genentech, Serono, Biogen Idec, Genzyme, Applied Byosistems, Chiron, Gilead Sciences, Medimmune); *produtos veterinários* (Pfizer, Merial, Intervet, DSM, Bayer, BASF, Fort Dodge, Elanco, Schering-Plough, Novartis); *sementes* (Monsanto, DuPont, Syngenta, KWS Ag, Land O´Lakes, Sakata, Bayer, Taikki, DLF Trifolium); *agrotóxicos* (Bayer, Syngenta, BASF, Dow, Monsanto, DuPont, Koor, Sumitomo, Nufarm, Arysta); *produtos farmacêuticos* (Pfizer, Glaxo Smith Kline, Johnson & Johnson, Merck, Astra Zeneca, Hoffman-La Roche, Novartis, Bristol-Meyers Squibb, Wyeth); *alimentos e bebidas* (Nestlé, Archer Daniel Midlands, Altria, Pepsico, Unilever, Tyson Foods, Cargill, Coca-Cola, Mars, Danone). A mesma concentração verifica-se no circuito de distribuição, com redes comerciais de amplitude mundial, onde os grupos dominantes são: Wal-Mart, Carrefour, Metro AG, Ahold, Tesco, Kroger, Costco, ITM Enterprises, Albetson's e Edeka Zentrale. Os movimentos de concentração e centralização do capital revelaram-se intensíssimos nos últimos trinta anos *em todos os ramos e setores econômicos*, envolvendo a produção, a circulação e atividades relativas à reprodução social; para dados gerais, consulte-se Chesnais (*op. cit.*) e, para específicos, D. Moraes (*Planeta mídia*. Campo Grande: Letra Livre, 1998) sobre mídia, entretenimento e publicidade, R. A. Dreifuss (*A época das perplexidades*, ed. cit.) sobre finanças, indústria da informática, telecomunicações e equipamentos aeronáuticos. Dois exemplos desses movimentos: na indústria automobilística, as 50 empresas que existiam no mundo, em 1964, em meados dos anos 1990 não eram mais que 20 (das europeias, que eram cerca de 40, só restaram 7); na passagem do século XX ao XXI, menos de 300 bancos (e corretoras de títulos e ações) controlavam as finanças internacionais.

60. Um dos maiores historiadores marxistas constatava, no fim do século XX, que "a mudança social mais impressionante e de mais longo alcance da segunda metade deste século, e que nos isola para sempre do passado, é a morte do campesinato" (HOBSBAWM, E. J. *Era dos extremos. O breve século XX. 1914-1991*. São Paulo: Cia. das Letras, 1995, p. 284).

61. Cf., como exemplos de documentação já produzida sobre este ponto: LOJKINE, Jean. *L'adieu à la classe moyenne*. Paris: La Dispute, 2005 e LOJKINE, Jean; COURS-SALIES, Pierre; VAKALOULIS, Michel (Orgs.). *Nouvelles luttes de classes*. Paris: PUF, 2006.

62. O próprio *lumpem* se metamorfoseia no tardo-capitalismo — pense-se, por exemplo, na "organização empresarial" de atividades ilícitas e/ou criminosas, bem como a sua interação contemporânea com o mundo da "economia formal".

63. Atente-se para um dado aleatório, oferecido pelo PNUD para o ano de 2004: os 500 indivíduos mais ricos do mundo tinham um rendimento conjunto maior que o rendimento dos 416 milhões de pessoas mais pobres (PNUD. *Relatório do desenvolvimento humano 2005*. Lisboa: Ana Paula Faria Ed., 2005, p. 21). Ou, como escrevia, ainda em 1999, um estudioso brasileiro: "A concentração [da riqueza] chegou ao ponto de o patrimônio conjunto dos raros 447 bilionários que há no mundo ser equivalente à renda somada da metade mais pobre da população mundial — cerca de 2,8 bilhões de pessoas" (MELLO, Alex F. *Marx e a globalização*. São Paulo: Boitempo, 1999, p. 260). Dados mais recentes indicam que "os dois 2% adultos mais ricos do mundo possuem a metade da riqueza global, enquanto a parcela correspondente a apenas 1% da população adulta detém 40% dos ativos mundiais. Em contrapartida, a metade mais pobre da população adulta só possui 1% da riqueza global" (COSTA, E. *A globalização e o capitalismo contemporâneo*, ed. cit., p. 109).

64. Eis o que há poucos anos escrevia uma cientista político: "[...] Esses homens [...], os mais influentes do planeta, possuidores de poderes jamais vistos na história da humanidade, se encontram regularmente em centros de conferências virtuais e em 'espaços' privilegiados de articulação, seguros e afastados do 'olho público'. [...] Com uma visão global e referências mentais supranacionais, as novas elites orgânicas agem transnacionalmente [...], contornam Estados nacionais e governos, reafirmando a autonomia política das corporações estratégicas e contribuindo para a formação do 'pensamento único'. [Este tipo de articulação] viabiliza e perpetua o segredo político-estratégico, subtraindo as questões vitais do olhar público. [...] Por outro lado, muitos dos tradicionais locais de representação e agregação de demandas sociais (congressos, parlamentos, governos estaduais, autarquias estatais, associações e instâncias políticas diversas) se mostram ineficazes, enquanto os mecanismos e as práticas convencionais da política passam a ser vistos como inadequados" (DREIFUSS, René A. *A época das perplexidades*, ed. cit., p. 175-176).

65. A corrupção que caracteriza a ação dos grupos monopolistas e seus serventuários políticos é também "globalizada": envolve figurões de todos os quadrantes. A lista de escândalos é infinita — recordemos alguns dos que mais repercutiram, nomeando seus protagonistas: Anthony Gebauer (*lobbista* norte-americano), Bernard Trapie (empresário e ex-ministro francês), Roh Tae Woo (ex-presidente da Coreia do Sul), Pierre Suard (ex-presidente executivo da Alcatel Alsthom), Paolo Berlusconi (irmão do *capo* italiano), Willy Claes (ex-secretário-geral da NATO), Toschio Yamaguchi (ex-ministro japonês), Thorstein Moland (ex-presidente do Banco Central da Noruega).

66. Cf. THERBORN, Göran. *Between Sex and Power: Family in the World, 1900-2000*. London: Routledge, 2004.

67. Sobre este aspecto, cf.: FEATHERSTONE, M. *Cultura de consumo e pós-modernismo*. São Paulo: Studio Nobel, 1995.

68. Conhecido pensador português considera a distinção aparência/essência um dos suportes do "epistemicídio", vincula-a ao "eurocentrismo" e afirma expressamente que o paradigma científico pós-moderno "suspeita da distinção entre aparência e essência" (cf.: SANTOS, Boaventura de Sousa. *Pela mão de Alice*. São Paulo: Cortez, 1995, p. 331). Em obra posterior (*A crítica da razão indolente. Contra o desperdício da experiência*. São Paulo: Cortez, 2000, parte I, cap. 1), o autor aprofunda a sua concepção — coerentemente com as ideias antes avançadas — da epistemologia pós-moderna.

69. Cf. LYOTARD,Jean-François. *La condition post-moderne*. Paris: Minuit, 1979 e SANTOS, Boaventura de Sousa. *Introdução a uma ciência pós-moderna*. Porto: Afrontamento, 1989 e *Pela mão de Alice*, ed. cit.

70. Cf. J. Habermas, *in:* FOSTER, H. (Ed.). *The Anti-Aesthetic*. Washington: Bay Press, 1984; H. Foster, *in:* PICÓ, Josep (Org.). *Modernidad y postmodernidad*. Madrid: Alianza, 1988 e HUYSSEN, A. *in:* BUARQUE DE HOLLANDA, Heloísa (Org.). *Pós-modernismo e política*. Rio de Janeiro: Rocco, 1992.

71. Ainda que não seja inteiramente satisfatória a tão citada análise desta funcionalidade por Fredric Jameson, "Postmodernism, or the cultural logic of late capitalism". *New Left Review*. London: NLB, n. 146, 1984.

72. Cf. "Da *polis* ao pós-modernismo", *in:* EAGLETON, Terry. *A ideologia da estética*. Rio de Janeiro: Jorge Zahar, 1993. O marxista inglês tematizou especificamente o pós-modernismo em outro livro: *As ilusões do pós-modernismo*. Rio de Janeiro: Jorge Zahar, 1998.

73. A frase, como se sabe, é da Senhora Tatcher.

74. E. J. Hobsbawm, *Era dos extremos*, ed. cit., p. 238.

75. Tais como formuladas por J. O'Connor, *USA. a crise do Estado capitalista*. Rio de Janeiro: Paz e Terra, 1977.

76. Atesta-o, por exemplo, o fluxo planetário de capital meramente especulativo, que não é controlado por nenhuma autoridade monetária. Recorda Harvey (*The postmodern condition*, ed. cit., II, item 9): "[...] A partir de 1973, o sistema financeiro mundial conseguiu [...] fugir de todo controle coletivo, mesmo nos Estados capitalistas mais poderosos" e estima que, em 1987, o mercado financeiro, "sem o controle de nenhum governo nacional", movimentou quase 2 trilhões de dólares. A mais recente crise financeira, que eclodiu em 2008, mostrou a intervenção estatal operando apenas *post festum* e com débil articulação supranacional.

77. "O mundo mais conveniente para os gigantes multinacionais é aquele povoado por Estados-anões, ou sem Estado algum" (Hobsbawm, *Era dos extremos*, ed. cit., p. 276).

78. José Paulo Netto, *Crise do socialismo e ofensiva neoliberal*, ed. cit., p. 81.

79. PRZEWORSKI, Adam. *Capitalismo e social-democracia*. São Paulo: Cia das Letras, 1991, p. 258.

80. Para apreciações diversas dessa viabilidade, cf. NUNES, A. J. Avelãs. *O keynesianismo e a contrarrevolução monetarista*. Coimbra: Separata do Boletim de Ciências Econômicas da Universidade de Coimbra, 1991, p. 510-520; NETTO, José Paulo. *Crise do socialismo e ofensiva neoliberal*, ed. cit., p. 50-56, 81-85 e P. Anderson, *in:* SADER,Emir; GENTILLI, Pablo (Orgs.). *Pós-neoliberalismo. As políticas sociais e o Estado democrático*. Rio de Janeiro: Paz e Terra, 1995, p. 22-23.

81. Cf., por exemplo, John Holloway, *Change the World Without Taking Power: The Meaning of Revolution Today*. London: Pluto Press, 2002.

82. Neste aspecto, é impossível não mencionar o papel desempenhado pela vaga das chamadas *organizações não governamentais*, as ONGs, que, objetivamente, contribuem para desonerar o Estado das suas responsabilidades públicas. Para a análise da compatibilidade da "ideologia do *onguismo*" com as propostas neoliberais de minimização do Estado, cf. MONTAÑO, Carlos. *Terceiro setor e questão social*. São Paulo: Cortez, 2002; quanto à função política das ONGs, cf. PETRAS, James. *Neoliberalismo: América Latina, Estados Unidos e Europa*, ed. cit., cap. 3 e *Neoliberalismo en América Latina. La izquierda devuelve el golpe*. Rosario: Homo Sapiens, 1997, p. 50-54. Veja-se, ainda: FONTES, Virgínia. *O Brasil e o capital-imperialismo*. Rio de Janeiro: Fiocruz/UFRJ, 2010, cap. 5.

83. Cf. P. Anderson, *in:* Sader e Gentilli (Orgs.). *op. cit.*

84. Cf. CUEVA, A. (Org.). *Tempos conservadores. A direitização no Ocidente e na América Latina*. São Paulo: Hucitec, 1989, p. 11. Por seu turno, arguto analista, afirmando que "o pós-modernismo, de través, vem reforçar o coro da apologia neoliberal das qualidades divinas do mercado", não tem dúvidas de que, "a despeito de certas manifestações e intenções contestatórias e radicais da esquerda pós-moderna, o pós-modernismo torna-se caudatário do movimento de consolidação da hegemonia do pensamento conservador" (EVANGELISTA, J. E. *Teoria social pós-moderna*. Porto Alegre: Sulina, 2007, p. 179).

85. Como registram mídias alternativas e centros de documentação credibilizados — de que é exemplo, dentre vários, o *Centre Tricontinental* (Louvain-la--Neuve, Bélgica), com suas publicações (*Mondialisations des résistences, État des résistences dans le Sud*).

86. E. J. Hobsbawm, *in:* BLACKBURN, R. (Org.). *Depois da queda. O fracasso do comunismo e o futuro do socialismo*. Rio de Janeiro: Paz e Terra, 1992, p. 104.

87. Cf. MÉSZÁROS, I. *Beyond Capital*. London: Merlin Press, 1995, I, 5.

88. A documentação sobre as condições atuais da exploração do trabalho é enorme; parte das fontes citadas nas notas 44 e 49 *supra*, dá alguma conta delas

José Paulo Netto. Ensaios de um *marxista sem repouso*

e pode ser ampliada em Pierre Salama, *Pobreza e exploração do trabalho na América Latina*. São Paulo: Boitempo, 1999; Juan Chingo, "Crisis y contradicciones del capitalismo del siglo XXI", *in Estrategia Internacional*. Buenos Aires: LEI/QI, n. 24, dic. 2007/en. 2008 e Sérgio Prieb, "As novas configurações do trabalho diante da crise", *in: Novos temas*. Salvador/São Paulo: Quarteto/Instituto Caio Prado Jr., set.-mar. de 2010-2011, v. 2, n. 2. No que toca às várias formas do trabalho forçado contemporâneo, até mesmo a OIT tem se ocupado, em diversos documentos, da sua constatação. No Brasil, onde é indiscutível a incidência do trabalho forçado, há inúmeras fontes que atestam a sua vigência, especialmente, mas não exclusivamente, no campo: cf., por exemplo, CERQUEIRA, Gelba C. *et al.* (Orgs.). *Trabalho escravo contemporâneo no Brasil*. Rio de Janeiro: Ed. UFRJ, 2008; obra de referência, neste domínio, é constituída pelos estudos de Ricardo Rezende Figueira, autor de *Pisando na própria sombra: a escravidão por dívida no Brasil contemporâneo*. Rio de Janeiro: Civilização Brasileira, 2004.

89. Cf. POCHMANN, Márcio *et al.* (Orgs.). *Atlas da exclusão social. v. 4: A exclusão no mundo*. São Paulo: Cortez, 2004.

90. Num ensaio de 1938 ("Marx e o problema da decadência ideológica"), o maior filósofo marxista do século XX anotava que "a contraditoriedade do progresso é um problema geral do desenvolvimento da *sociedade dividida em classes*" (LUKÁCS, G. *Marxismo e teoria da literatura*. Rio de Janeiro: Civilização Brasileira, 1968; itálicos meus); mais ou menos à mesma época, Lukács observava que, na ótica de Marx, diferentes formações sociais experimentaram o progresso (desenvolvimento das forças produtivas, dominação da natureza pela sociedade) de modo contraditório: "a dominação exercida sobre a natureza implicou a dominação dos homens sobre os homens, a exploração e a opressão" (LUKÁCS, G. *Écrits de Moscou*. Paris: Éd. Sociales, 1974, p. 181) — em suma, o progresso, para Marx (aliás, seguindo a trilha aberta por Hegel), *nada tem a ver com o evolucionismo linear e necessariamente ascendente dos positivistas*.

91. Cf. MÉSZÁROS, István. *A necessidade do controle social*. São Paulo: Ensaio, 1987, p. 19-24; FOSTER, John B. *Marx's Ecology: Materialism and Nature*. New York: Monthly Review Press, 2000; LOUREIRO, Carlos Frederico B. (Org.). *A questão ambiental no pensamento crítico*. Rio de Janeiro: Quartet, 2007; veja-se, ainda, Elmar Altvater, "Existe um marxismo ecológico?", in: BORÓN, A.; AMADEO, J. e GONZÁLEZ, S. (Orgs.). *A teoria marxista hoje. Problemas e perspectivas*. Buenos Aires/São Paulo: CLACSO/Expressão Popular, 2007.

92. Esta problemática é altamente polêmica e não pode ser desenvolvida neste espaço; remeto apenas ao final do segundo parágrafo do *Manifesto do partido comunista*, onde se lê que as lutas de classes acabaram sempre "com uma transformação revolucionária de toda a sociedade *ou com o declínio comum das classes em conflito*" (MARX, K.; ENGELS, F. *Manifesto do partido comunista*. Lisboa:

Avante!, 1975, p. 59; itálicos meus; para um confronto com o original alemão, veja-se: MARX, K.; ENGELS, F. *Werke*. Berlin: Dietz Verlag, v. 4, 1959, p. 462).

93. Cf. especialmente István Mészáros, *Beyond Capital*, ed. cit., e *A crise estrutural do capital*. São Paulo: Boitempo, 2009.

94. Autor que tem explorado intensivamente os vetores da barbarização da vida social é Robert Kurz — ainda que não se subscrevam as suas bases teóricas e as suas conclusões (e este é o meu caso), trata-se de pensador que tem produzido obras instigantes. No Brasil, há rebatimentos de suas ideias nos expressivos trabalhos de Marildo Menegat (*Depois do fim do mundo: a crise da modernidade e a barbárie*. Rio de Janeiro: Relume-Dumará, 2003; *O olho da barbárie*. São Paulo: Expressão Popular, 2006).

95. Cf., entre outras fontes, István Mészáros, *Beyond Capital*, ed. cit. e *O poder da ideologia*. São Paulo: Boitempo, 2004; AMIN, Samir. *Au-delà du capitalisme sénile*. Paris: PUF, 2001; HARVEY, David. *O novo imperialismo*, ed. cit.; BRITO, Felipe Melo da Silva. *Acumulação (democrática) de escombros*. Tese (Doutorado em Serviço Social. Escola de Serviço Social, Universidade Federal do Rio de Janeiro, Rio de Janeiro, mímeo, 2010; GOMEZ, André Villar. *Revolução tecnológica e capitalismo: tópicos sobre a destruição e a criação de uma outra natureza*. Tese (Doutorado em Serviço Social). Escola de Serviço Social, Universidade Federal do Rio de Janeiro, Rio de Janeiro, mímeo, 2010.

96. É expressivo como personalidades significativas da intelectualidade têm reagido às intervenções belicistas do gendarme mundial norte-americano: em face da Guerra do Golfo (1991), lembrem-se as posições de Jean Baudrillard (cf. Christopher Norris, *Uncritical theory: postmodernism, intellectuals and the Gulf War*. London: Lawrence & Wishart, 1992) ou do conhecido jurista e teórico político Norberto Bobbio, que a declarou um "guerra justa". Para o debate dessas reações: ANDERSON, Perry. *Spectrum: from right to left in the world of ideas*. London: Verso, 2005 e indicações em ARANTES, P. E. *Extinção*. São Paulo: Boitempo, 2007.

97. Cf., entre outros: BARAN, Paul A.; SWEEZY, Paul M. *Monopoly Capital*. New York: Monthly Review Press, 1966 e PERLO, Victor. *Militarismo e indústria*. Rio de Janeiro: Paz e Terra, 1969.

98. CHOSSUDOVSKI, Michel. *Guerra e globalização: antes e depois do 11 de setembro de 2001*. São Paulo: Expressão Popular, 2004, p. 169.

99. "Na Primeira Guerra Mundial, cerca de 5% dos mortos eram civis; na Segunda Guerra Mundial, este número elevou-se a 66%. [...] Estima-se em 80 a 90% o número de civis mortos nas guerras atuais" (Felipe Melo da Silva Brito, *op. cit.*, p. 46).

100. A "segurança privada" opera nas áreas formalmente conflagradas: "Em abril de 2007, o Departamento de Defesa [norte-americano] declarou que

José Paulo Netto. Ensaios de um *marxista sem repouso*

aproximadamente 129 mil homens de diversas nacionalidades trabalhavam em serviços de segurança no Iraque. O número é quase o mesmo de militares nor-te-americanos, antes do reforço de 30 mil homens, anunciado em janeiro deste mesmo ano" (Felipe Melo da Silva Brito, *op. cit.*, p. 56).

101. Cf. WACQUANT, L. *Punir os pobres: a nova gestão da pobreza nos Estados Unidos*. Rio de Janeiro: Revan/Instituto Carioca de Criminologia, 2002 e também, do mesmo autor, *As prisões da miséria*. Rio de Janeiro: Jorge Zahar, 2001.

102. Na entrada da década de 1990, nos Estados Unidos, "um estudo do *National Institute of Justice* destacou que a segurança privada tornou-se o 'principal meio de proteção da Nação', superando a segurança pública em 73%. O gasto anual em segurança privada foi estimado em U$ 52 bilhões e o número de formalmente empregados foi de 1,5 milhão de pessoas. No que tange à segurança pública, o gasto estimado foi de U$ 30 bilhões por ano, com uma força de trabalho de aproximadamente 600 mil pessoas" (Felipe Melo da Silva Brito, *op. cit.*, p. 57).

103. Cf., para as fontes destes números, Felipe Melo da Silva Brito, *op. cit.*, p. 21.

104. É larga a documentação acerca das políticas sociais; na bibliografia brasileira, cf., entre outras fontes: BEHRING, Elaine R.; BOSCHETTI, Ivanete. *Política social. Fundamentos e história*. São Paulo: Cortez, 2006; BOSCHETTI, Ivanete *et al* (Orgs.). *Política social no capitalismo. Tendências contemporâneas*. São Paulo: Cortez, 2008; NETTO, José Paulo. *Capitalismo monopolista e Serviço Social*. São Paulo: Cortez, 2009. A participação empresarial na *nova* filantropia, revestida com o verniz da "responsabilidade social das empresas", foi analisada por Monica de Jesus Cesar em *"Empresa cidadã". Uma estratégia de hegemonia*. São Paulo: Cortez, 2008.

105. Tratei da insuficiência deste "objetivo do milênio" em "Desigualdade, pobreza e Serviço Social", *in Em pauta. Teoria social e realidade contemporânea*. Rio de Janeiro: Revan/UERJ, n. 19, 2007.

106. Para uma visão informada desses programas na América Latina, cf. o sintético estudo de Rosa Helena Stein, "Configuração recente dos programas de transferência de renda na América Latina: focalização e condicionalidade", *in:* BOSCHETTI, Ivanete *et al*. (Orgs.). *Política social no capitalismo. Tendências contemporâneas*, ed. cit., p. 196 e ss.

107. Política externa que não se submeteu aos ditames de Washington e que apoiou os governos anti-imperialistas e progressistas na América Latina (Venezuela, Bolívia, Equador). Mas os críticos de Lula da Silva, neste aspecto, têm severas reservas à presença de tropas brasileiras no Haiti.

108. Sobre este ponto, destaca-se o excelente estudo de Mauro Luís Iasi, *As metamorfoses da consciência de classe. O PT entre a negação e o consentimento*. São Paulo: Expressão Popular, 2006; para uma análise que esclarece o transformismo no campo das concepções e práticas sindicais do PT, cf.: TUMOLO, Paulo S. *Da contestação à conformação: a formação sindical da CUT e a reestruturação capitalista*. Campinas: UNICAMP, 2002.

109. Do PT saíram grupamentos trotskistas (um deles, aliás, constituiu depois o *Partido Socialista dos Trabalhadores Unificado*/PSTU) e socialistas (que acabaram por fundar o *Partido Socialismo e Liberdade*/P-Sol) e, especialmente, influentes nomes da intelectualidade brasileira, inclusive da academia (Lauro Campos, Francisco de Oliveira, Plínio de Arruda Sampaio, Carlos Nelson Coutinho, Leandro Konder, João Antônio de Paula, Ricardo Antunes, Mauro Iasi, entre outros).

110. Cf. PAULANI, Leda Maria. "Capitalismo financeiro, estado de emergência econômico e hegemonia às avessas". *In:* OLIVEIRA, Francisco de *et al* (Orgs.). *Hegemonia às avessas*. São Paulo: Boitempo, 2010.

111. Uma análise rigorosa do primeiro governo de Lula da Silva, que esclarece esta afirmação contundente, encontra-se disponível em FILGUEIRAS, L.; GONÇALVES, R. *A economia política do governo Lula*. Rio de Janeiro: Contraponto, 2007.

112. Cf. Virgínia Fontes, *op. cit.*, cap. 6.

113. Contra o qual, frontalmente, coloca-se o mais importante e articulado movimento social brasileiro, o *Movimento dos Trabalhadores Rurais sem Terra*/MST.

114. Há um suporte assistencial que extrapola o *Bolsa-Família*: trata-se do *Benefício de capacitação permanente*, criado muito antes dos governos Lula da Silva, quando da aprovação da *Lei Orgânica da Assistência Social* (1993) e regulamentado em 1995. Seu caráter minimalista é igualmente óbvio: garante 1 salário mínimo a cerca de 3 milhões de idosos (65 anos ou mais) e pessoas com deficiência, incapacitados para o trabalho e com renda *per capita* familar inferior a ¼ do salário mínimo.

115. Considerando todos os títulos emitidos pelo Tesouro, a dívida interna brasileira, em 2009, superava 2 trilhões de reais; a dívida externa, em 2009, chegava a U$ 282 bilhões.

116. Um balanço geral dos governos Lula da Silva, na ótica dos comunistas, está resumido nos seguintes parágrafos (documento oficial do Partido Comunista Brasileiro, disponível no *site* do PCB):

"Lula promove a integração da economia brasileira ao mercado internacional tendo como papel-chave a exportação de matérias-primas e produtos agrícolas, a importação de capitais e a conquista de 'nichos' nestes mercados — e, em alguns outros, bem demarcados, de produtos industriais — com a criação de grandes empresas transnacionais lastreadas em capital brasileiro. No plano político, Lula vem ocupando um espaço de alguma independência em relação aos países capitalistas desenvolvidos, como no caso da América Latina, adotando posições que até podem, eventualmente, contrapor-se aos interesses dos EUA e seus aliados, mas que, na essência, significam a defesa dos interesses dos grupos econômicos brasileiros no exterior.

A política econômica do governo Lula tem se baseado na oferta de apoio irrestrito aos interesses dos grandes bancos e empresas industriais, brasileiras ou estrangeiras, não faltando concessões a grupos madeireiros ou apoio financeiro a bancos e empresas industriais em dificuldade, em meio à crise econômica, como foi o caso do grupo Votorantim.

O crescimento, tímido, da economia brasileira, nos últimos anos, se deu basicamente às custas da expansão da fronteira agrícola, das divisas provenientes da exportação de minérios e produtos agrícolas, do impacto do crescimento da atividade de exploração e produção de petróleo no mar e do efeito de uma demanda interna de equipamentos e bens de consumo duráveis, fomentada com uma política de crédito ao consumidor — uma política praticamente ausente, até recentemente, no Brasil — que tem um perfil de autossustentação que, mesmo com uma escala limitada, gerou uma relativa expansão das camadas médias.

Lula acena com algumas medidas de fortalecimento do Estado, como no projeto do regime de partilha para a exploração do petróleo da camada pré-sal e na retomada de algumas empresas estatais como a Brasil Telecom. Ao mesmo tempo, mantém o programa de bolsas-família (criado no governo FHC, a partir de sugestão do Banco Mundial) e adota outras medidas de caráter assistencialista.

No entanto, o quadro geral da distribuição de renda no país alterou-se muito pouco, sendo alarmante o número de residências precárias e sem saneamento básico (mais de 50%) e situadas em áreas desprovidas de infraestrutura urbana, o elevado patamar de desemprego, a alta incidência de verminoses e doenças decorrentes da subnutrição e outras que já haviam sido erradicadas, a total falta de proteção previdenciária aos trabalhadores, a insuficiência e fragilidade dos sistemas públicos de saúde, de educação, de transportes e outras áreas de interesse social".

117. Observe-se que, segundo estimativas referentes a 2010, a população brasileira gira em torno de 193 milhões de pessoas, das quais cerca de 155 milhões vivem em cidades.

118. Dados referentes a 2009, recolhidos pelo IBGE (instituição governamental) e reportados em *O Globo*. Rio de Janeiro, edição de 3 de outubro de 2010.

119. Quanto à inépcia, são conhecidos os inúmeros casos de não aplicação de recursos orçamentários; quanto à direção política, observe-se, como exemplo, que os governos Lula da Silva, no tocante a projetos de reforma agrária, promoveram *menos* assentamentos que os governos de Fernando Henrique Cardoso.

120. Cumpre observar, neste aspecto, que a repressão policial militarizada não é exercida, no Brasil, pelo Executivo federal — constitucionalmente, ela cabe aos estados componentes da Federação. Assim, *diretamente*, aos dois governos Lula da Silva não pode ser creditada a tendência à militarização da segurança pública. Mas ficou clara a opção política, neste domínio, de Lula da Silva, quando não só elogiou as *unidades de polícia pacificadora* (cf. *infra*, no corpo do texto) implantadas no estado do Rio de Janeiro pelo seu aliado, o governador Sérgio Cabral Filho, mas quando ele e sua candidata Dilma Rousseff comprometeram-se a generalizar este modelo.

121. Assim como o "negócio" da segurança privada — veja-se a seguinte nota, extraída do *Jornal do Comércio*, de Porto Alegre, edição de 26 de outubro de 2010:

"De acordo com informações da Associação Brasileira de Empresas de Segurança e Vigilância (Abrevis), existem hoje no Brasil 1.491 empresas registradas que executam esse tipo de serviço. Elas empregam 477 mil vigilantes, número maior do que os 411.900 policiais militares estimados pelo Ministério da Justiça em todos os estados brasileiros. Esse 'exército' da segurança privada também supera o efetivo total das Forças Armadas, que é de 320.400 homens. Apenas no Rio Grande do Sul, estão em operação 125 empresas de segurança privada, empregando 30.635 vigilantes.

No entanto, segundo dados da Coordenação de Controle da Segurança Privada da Polícia Federal, existe outro 1,1 milhão de vigilantes cadastrados, mas não ativos. Se o número total for levado em consideração, o contingente de homens da segurança privada no Brasil supera o da Polícia Militar e das Forças Armadas juntas.

Essas estatísticas refletem o tamanho do mercado da segurança privada, que já é um dos maiores e mais lucrativos do País. O faturamento previsto para as empresas deste setor em 2010 é de R$ 15 bilhões, e o crescimento anual é de cerca de 14%".

122. Tema do filme "Tropa de elite" (Brasil, 2007), dirigido por José Padilha.

123. Cf. Felipe Melo da Silva Brito, *op. cit.*, p. 22.

124. Interesses especialmente ativados e potenciados em razão das intervenções urbanas exigidas para realização da Copa do Mundo/FIFA (2014) e, sobretudo, para que a cidade sedie os Jogos Olímpicos de 2016.

125. O "descrédito" atribuído a Jango pela direita, em princípios de 1964, não passa de mistificação. Estudo em curso atualmente mostra que pesquisa realizada em março daquele ano na cidade de São Paulo, por encomenda da *Federação do Comércio do Estado de S. Paulo* ao IBOPE e não tabulada e divulgada à época, avaliava majoritariamente o governo de Jango como entre "ótimo" e "bom"; e dados mais abrangentes, relativos a uma eventual candidatura de Jango à presidência em 1965 (algo vedado pela Constituição de 1946) e cobrindo 8 capitais, indicavam que as intenções de voto no seu nome eram extremamente significativas. Considerando estes dados, o historiador Luiz Antônio Dias infere que Jango "não apenas tinha altos índices de aprovação, como [tinha] um grande potencial eleitoral" (cf. *CartaCapital*, ed. n. 773, de 6 nov. 2013, p. 40). Evidentemente, estes créditos a Jango eram tanto mais positivos quanto menos elevada era a condição social dos entrevistados.

126. Manifestações católicas que foram precedidas e preparadas pela presença, no Brasil, do padre irlandês Patrick Peyton, criador da *Cruzada do rosário em família* — movimento de ampla repercussão mundial, segundo o qual "família que reza unida, permanece unida". Soube-se depois que o Pe. Peyton era financiado pela CIA...

127. Para que se tenha uma ideia dos absurdos (intencionalmente) perpetrados pelos meios de comunicação na preparação desse clima de guerra, lembre-se que o insuperável *O Globo*, em edição de 3 de fevereiro de 1964, estampou uma foto com um grupo de homens vestidos como cangaceiros e aparentemente portando espingardas, em matéria sob o título "Milícias armadas no aniversário do governo Arraes". O professor Dênis de Moraes, autor de notável pesquisa sobre este período da vida brasileira, relata que, na sua edição de 7-13 de fevereiro, o semanário comunista *Novos Rumos* esclarecia o "escorregão" do jornal dos Marinho: os fotografados não eram "milícias armadas", mas componentes do *Grupo de Bacamarteiros de Caruaru*, trajados à moda típica e com seus velhos bacamartes, representantes da rica tradição cultural nordestina, que tinham viajado quase 150 quilômetros para se exibirem nos festejos do governo estadual.

128. Em novembro de 2013, o senador Randolfe Rodrigues (P-SOL, AP) e outros parlamentares apresentaram um projeto de resolução para anular a sessão legislativa que, na madrugada de 2 de abril de 1964, afastou Jango da presidência da República — e no dia 18 do mesmo mês, em sessão solene do Congresso Nacional, a resolução foi aprovada, com o seu presidente, senador Renan Calheiros (PMDB, AL), devolvendo simbolicamente ao filho de Jango o mandato que lhe foi usurpado e formulando expressamente, em nome da instituição, um pedido de desculpas pelo ato ilegal e anticonstitucional por ela cometido em 1964 (*O Globo*, ed. de 19 dez. 2013, p. 10; *CartaCapital*, ed. n. 780, 25 dez. 2013, p. 25).

129. A 13 de novembro de 2013, os restos mortais de Jango foram exumados de seu sepulcro em S. Borja (RS) para, através de exames de DNA, as autoridades tentarem estabelecer a *causa mortis* — suspeita-se de envenenamento e de envolvimento, na sua morte, da *Operação Condor*, associação secreta de âmbito internacional criada por iniciativa da ditadura de Pinochet, com apoio da CIA, e que reuniu organismos repressivos de países latino-americanos especialmente do Cone Sul (da larga bibliografia sobre essa associação criminosa, cf.: DINGES, J. *Os anos do Condor: uma década de terrorismo internacional no Cone Sul*. São Paulo: Companhia das Letras, 2005).

130. Dentre os 100 primeiros cassados, que perderam mandatos e direitos políticos por dez anos, 41 eram deputados federais (dentre eles Plínio de Arruda Sampaio, Rubens Paiva, Marco Antônio Tavares Coelho, Francisco Julião, Neiva Moreira, Bocaiúva Cunha, Fernando Santana, Adão Pereira Nunes, Eloy Dutra, Max da Costa Santos, Roland Corbisier, Sérgio Magalhães); igualmente foram cassados e/ou perderam seus direitos políticos João Goulart e vários de seus ex-ministros (Celso Furtado, Almino Afonso, Abelardo Jurema, Paulo de Tarso Santos, Waldir Pires), Luís Carlos Prestes (secretário-geral do PCB), Miguel Arraes, Leonel Brizola, o desembargador Osny Duarte Pereira, o embaixador Josué de Castro, o antropólogo Darci Ribeiro, os jornalistas Samuel Wainer e Raul Riff, os militares Osvino Ferreira Alves (marechal e ex-presidente da Petrobrás), Assis Brasil (general), Nelson Werneck Sodré (general e historiador), Luís Tavares da Cunha Melo (general), Cândido de Aragão e Pedro Paulo de Araújo Suzano (almirantes). O movimento sindical foi decapitado, com as cassações e/ou a suspensão de direitos políticos, entre outros, de Clodsmith Riani, Dante Pellacani, Hércules Correia, Oswaldo Pacheco e Roberto Morena.

O festival de arbitrariedades não se limitou aos primeiros dias do novo regime. Entre 1964 e 1966, estima-se que, em todo o universo da vida sindical, os expurgos atingiram em torno de 10.000 pessoas; cerca de 2.000 servidores públicos foram demitidos ou aposentados compulsoriamente, 386 pessoas tiveram mandatos cassados e/ou seus direitos políticos suspensos por dez anos e, nas Forças Armadas, 421 oficiais foram passados compulsoriamente para a reserva (dos 91 generais, 24 foram expurgados); não há dados precisos sobre as purgas militares, mas sabe-se que marinheiros e sargentos do Exército estiveram entre as principais vítimas.

Também não há dados precisos sobre o número de cidadãos presos quando da implantação do novo regime — há pesquisas que apontam para a cifra de 50.000 pessoas. Em setembro de 1964, em Genebra, a *Comissão Internacional de Juristas* acusou o governo brasileiro pela *detenção continuada* de 8.000 pessoas.

Cumpre notar que, na sequência do golpe, setores empresariais que tinham apoiado o governo constitucional também foram atingidos — o caso mais notório é o da empresa aérea (então de capital 100% nacional) *Panair do Brasil*, de propriedade de Mário Wallace Simonsen e Celso da Rocha Miranda, que teve suas operaçõe suspensas em fevereiro de 1965 em proveito da *Varig*, dirigida por Ruben Berta, apoiador dos golpistas. A perseguição às empresas de Simonsen envolveu até a TV Excelsior, que deixou de emitir em 1970.

131. Para a constituição do *marxismo*, alguns pensadores foram decisivos — como K. Kautsky e G. Plekanov; para a do *marxismo-leninismo*, não se pode minimizar o papel intelectual, especialmente em 1924-1926, de Stalin — peça básica da sua contribuição foi vertida ao português e divulgada no Brasil: *Os fundamentos do leninismo*. Rio de Janeiro: Calvino, 1934 (precedida de uma edição tirada na Argentina: *Os fundamentos do leninismo: conferências realizadas na Universidade de Sverdlov, de Moscou, em princípios de abril de 1924*. Buenos Aires: Sudam, 1931). Nos anos 1950, a Editorial Vitória (Rio de Janeiro), do PCB, iniciou a publicação das *Obras* de Stalin, que, ao que sei, foi interrompida com a edição do volume VI (1954), no qual se encontram *Os fundamentos do leninismo*.

132. O texto staliniano está disponível no volume 29 da coleção "Grandes cientistas sociais"/Política — *Stalin*. São Paulo: Ática, 1982, p. 127-157.

133. Em meses de 1930/1931, Lukács — então emigrado em Viena — desloca-se para Moscou e tem a oportunidade, no *Instituto Marx-Engels*, de examinar os *Manuscritos...* (então preparados para a edição de 1932, porém ainda não publicados). Ele, que já vinha desenvolvendo uma autocrítica relativa à *História e consciência de classe*, afirma que a leitura dos *Manuscritos...* lhe permitiu superar os *fundamentos teóricos* da obra de 1923, conforme assevera no prefácio que escreveu (março de 1967) para a reedição autorizada do célebre livro (*Storia e coscienza di classe*. Milano: Sugar, 1967).

Quanto a David Riazanov (1870-1938), foi ele vítima, mais uma, da *razzia* promovida por Stalin na segunda metade dos anos 1930. O texto de H. E. da Gama Cerqueira (coligido por João Antônio de Paula no volume *O ensaio geral...*, citado antes na nota bibliográfica de "Karl Marx: um roteiro biobibliográfico") apresenta uma síntese da vida e da obra de Riazanov, seguida de bibliografia.

134. No mesmo ano em que saem à luz os *Manuscritos...*, Marcuse os toma como objeto de análise em "Novas fontes para a fundamentação do materialismo histórico" (cf. MARCUSE, H. *Ideias sobre uma teoria crítica da sociedade*. Rio de Janeiro: Zahar, 1972, p. 9-55) e no ano seguinte publica um ensaio em que, ainda sob influxo heideggeriano, eles são referência ("Sobre os fundamentos filosóficos do conceito de trabalho da ciência econômica", *in*: MARCUSE, H. *Cultura e sociedade*. São Paulo. Paz e Terra, 1998, II, p. 7-50). É, porém, na sua primeira grande obra redigida no exílio (1941) que se pode dimensionar como ele assimilou os *Manuscritos...* — cf. MARCUSE, H. *Razão e revolução. Hegel e o advento da teoria social*. Rio de Janeiro: Saga, 1969, p. 250-291.

135. Deve-se a Auguste Cornu o primeiro trabalho acadêmico sobre Marx apresentado à universidade francesa e logo publicado (*La jeunesse de Karl Marx. 1818-1845*. Paris: F. Alcan, 1934), em que já trata dos materiais que aqui nos interessam. Ele iniciou então uma longa e contínua pesquisa, levada a cabo também na Alemanha, para onde se transferiu, de que resultaram vários ensaios e ganhou feição plena na sua cuidadosa obra *Karl Marx et Friedrich Engels. Leur vie et leur oeuvre*. Paris: PUF, I-II-III-IV, 1955, 1958, 1962 e 1970.

Nos anos 1930, Norbert Guterman e Henri Lefebvre estabeleceram uma colaboração intelectual profícua e uma amizade que resistiu ao tempo e à distância (naquela década, Guterman foi viver nos Estados Unidos). Foram dos primeiros conhecedores, na França, dos *Manuscritos*...: já em 1932 publicaram teses sobre a alienação (numa pequena revista, *Avant-Poste*); numa antologia de textos marxianos que organizaram (Karl Marx. *Morceaux choisis*. Paris: Gallimard, 1934) e na introdução à pioneira tradução que fizeram (editada em 1936) dos *Cadernos sobre a dialética de Hegel* de Lenin (cf. LENIN, V. I., *Cadernos sobre a dialética de Hegel*. Rio de Janeiro: Ed. UFRJ, 2011, p. 7-92) dão provas daquele conhecimento — mas é na obra *La conscience mystifiée* (Paris: Le Sycomore, 1979; ed. orig., 1936) que dele oferecem um criativo desenvolvimento.

136. Tanto os *Cadernos de Paris* quanto os *Manuscritos*... só tiveram publicação integral em *Marx-Engels Gesamtausgabe* [MEGA]. Berlin: Marx-Engels Verlag, Erste Abteilung, Band 3, 1932. No mesmo ano, porém sem os cuidados da edição MEGA, os social-democratas S. Landshut e J. P. Mayer deram à luz os dois volumes de K. Marx, *Der historische Materialismus. Die Frühschriften* [*O materialismo histórico. Primeiros escritos*]. Leipzig: Kröner, 1932 — e, no primeiro deles, editaram os *Manuscritos*..., sob o título "Economia Política e Filosofia. Sobre a relação entre a economia política e o Estado, o direito, a moral e a vida civil".

137. O primeiro texto expressivo da interpretação de Marx pelo incansável marxólogo M. Rubel é a introdução, redigida em 1947, para uma antologia de textos marxianos que confere espaço aos textos *juvenis* (publicada originalmente em 1948, teve reedição, com pequenas modificações: *Pages de Karl Marx pour une éthique socialiste*. Paris: Payot, I-II, 1970). Rubel continuou sustentando a sua interpretação em trabalhos posteriores, sobretudo *Karl Marx. Essai de biographie intellectuelle*. Paris: Marcel Rivière, 1957 e a introdução às *Oeuvres* de Marx, da col. La Pléiade (Paris: Gallimard, I [Économie], 1965, II [Économie], 1968 e III [Philosophie], 1982).

138. É importante assinalar que desde 1939 já existia uma tradução castelhana dos *Manuscritos*..., da lavra de A. G. Rühle e J. Harari (a partir da edição de Landshut e Mayer), realizada e lançada no México.

139. Cf. Pierre Bigo, *Humanisme et économie politique chez Karl Marx*. Paris: PUF, 1953 e J.-Y. Calvez, *La pensée de Karl Marx* (Paris: Seuil, 1956) — ambos os autores se movem numa órbita neotomista. Já E. Thier (*Das Menschenbilden des jungen Marx*. Gottingen: Vandenhoeck und Ruprecht, 1957), expressa uma visão existencializante do *jovem* Marx.

140. Cf. GARAUDY, R. *Perspectivas do homem*. Rio de Janeiro: Civilização Brasileira, 1965, p. 113. Sabe-se que Sartre, a partir de 1945 (data da conferência *O existencialismo é um humanismo*, de que uma versão recente encontra-se em:

MARÇAL, J. [Org.]. *Antologia de textos filosóficos*. Curitiba: Secretaria de Estado de Educação do Paraná, 2009), tornou-se um interlocutor fundamental da tradição marxista, polemizando também a teoria da alienação. Como referência para abordar Sartre, cf. MÉSZÁROS, I. *A obra de Sartre. Busca da liberdade e desafio da história*. São Paulo: Boitempo, 2012.

141. É fato que então o tema imantou o universo intelectual de marxistas e intelectuais progressistas: numa listagem *seletiva*, Adam Schaff (em *La alienación como fenómeno social*. Barcelona: Crítica, 1979) contabilizou, até a entrada da década de 1970, mais de *três centenas* de textos significativos sobre a alienação, a grande maioria produzida nos anos 1960.

Quanto às mencionadas e distintas razões ídeo-políticas incidentes sobre a discussão sobretudo marxista, resumi-as numa análise feita há sete lustros e da qual me permito transcrever um parágrafo, com os seus itálicos originais: "Nos países do chamado *socialismo real, a questão da alienação emerge na medida em que é possível explicitar uma crítica (teórica) do existente; nos países capitalistas, ela emerge na proporção em que se reflete por que não avança a crítica (teórica e prática) do existente.* Em ambos os casos, a questão da alienação é contextualizada na perspectiva de responder a crises histórico-sociais concomitantes (e que, também, se unem por laços vários): a crise dos modelos vigentes dos padrões societários pós-capitalistas construídos em nome da transição socialista e manifestamente insatisfatórios e a crise do processo revolucionário nos países capitalistas avançados, onde o estabelecido revela uma insuspeitada capacidade de adaptação e autopreservação. Nos países do *socialismo real*, a incidência da tematização é *francamente* política: discutir a alienação é tanto retomar uma problemática marxiana quanto sugerir a infirmação das retóricas oficiais e contribuir para a crítica das instituições — e não é casual que, ainda hoje, a discussão seja frequentemente elíptica e vista sob suspeita. No Ocidente, a dimensão política é menos epidérmica, mas não menos efetiva, porque se trata de investigar os mecanismos pelos quais as relações sociais capitalistas continuam conseguindo reproduzir-se sem a quebra do seu dinamismo vital — e essa investigação, como tal, pode ser levada a cabo sem grandes riscos. Nos dois casos, de fato, o *fulcro da dimensão política da tematização da alienação põe em causa a projeção da sociedade comunista*: nos países do *socialismo real*, o que está em causa é averiguar se os modelos societários estabelecidos são capazes de conduzir historicamente à livre associação de homens livres, numa organização social liberada de coações, constrangimentos e restrições; nos países capitalistas avançados, indaga-se por que os grupos e classes sociais espoliados permanecem refratários, na sua prática social, às exigências de transformação de um estilo de vida posto por um sistema cuja falência é cada vez mais evidente" (NETTO, J. P. *Capitalismo e reificação*. 2 ed. São Paulo: Instituto Caio Prado Jr. 2015, p. 49-50).

142. Foram os anos em que se comemoraram alegremente o triunfo do capitalismo, os funerais do "comunismo" e de Marx no celebrado "fim da história" (F. Fukuyama) etc. Há larga bibliografia crítica sobre esse processo, suas características e seus limites; parte dela, notadamente a que se refere à vida intelectual, está registrada no ensaio que dediquei à obra de meu amigo Carlos Nelson Coutinho, falecido a 20 de setembro de 2012: "Breve nota sobre um marxista convicto e confesso". *In:* BRAZ, Marcelo (Org.). *Carlos Nelson Coutinho e a renovação do marxismo no Brasil.* São Paulo: Expressão Popular, 2012.

143. Quando da passagem do sesquicentenário da publicação do *Manifesto do partido comunista*, coincidindo com mais uma das recorrentes crises capitalistas, o *New York Times* observou que "o patrimônio de Marx ressurge depois de 150 anos" (ed. de 27 jun. 1998); corridos dez anos, em meio a nova crise, foi a vez do *Times* anotar: "Ele [Marx] voltou!" (ed. de 20 out. 2008).

Surfando na onda do momento, Jacques Attali publicou *Karl Marx ou o espírito do mundo.* Rio de Janeiro: Record, 2007; critiquei essa vigarice intelectual em "Marx por Monsieur Attali: a incongruência intelectual como guia". *In: Em pauta: teoria social e realidade contemporânea.* Rio de Janeiro: UERJ, 21, 2008.

144. Já nos anos 1960, inúmeros pensadores de extração marxista detiveram-se sobre as transformações capitalistas e os modos pelos quais elas alteravam a condição operária, alterações que afetavam direta e indiretamente as reflexões marxianas acerca da alienação. Dou novamente a palavra a Lukács, que abordou de maneira coloquial essa questão nas entrevistas que, em setembro de 1966, concedeu a Holz, Kofler e Abendroth (*Conversando com Lukács.* São Paulo: Instituto Lukács, 2014, p. 66-74); depois de mencionar que o capitalismo desenvolveu no século XX um "sistema de manipulação" que invade a vida cotidiana, inclusive no âmbito doméstico, ele observa que "a exploração da classe operária passa cada vez mais da exploração através da mais-valia absoluta para a que se opera através da mais-valia relativa. [...] O inteiro problema da alienação adquire uma fisionomia inteiramente nova. No tempo em que Marx escrevia os *Manuscritos econômicos e filosóficos*, a alienação da classe operária significava imediatamente um trabalho opressivo em um nível quase animal. Com efeito, a alienação era, em certo sentido, sinônimo de desumanidade. [...] A mais-valia absoluta não morreu, simplesmente não desempenha mais *o* papel dominante, aquele que desempenhava quando Marx escrevia os *Manuscritos econômicos e filosóficos*. Ora, o que daí decorre? Que um novo problema surge no horizonte dos trabalhadores, isto é, o problema de uma vida plena de sentido. A luta da classe operária no tempo da mais-valia absoluta estava voltada para a criação das condições objetivas indispensáveis a uma vida deste gênero. [...] Por isso é necessário empreender uma ampla discussão sobre as formas atuais da alienação. [...] Devemos analisar o fato de que a transformação do capitalismo em um sistema dominado pela mais-valia relativa cria uma situação nova, na qual o movimento revolucionário é condenado a um novo início, durante o qual renascem, em formas muito caricaturais e cômicas, certas ideologias ultrapassadas aparentemente há muito tempo, como o *luddismo* do fim do século XVIII".

145. Sempre preciso, Mandel deixa clara a circunscrição de tal objeto: a *Miséria da filosofia* é a "primeira obra [de Marx] que dá uma visão de conjunto das origens, do desenvolvimento, das contradições e da queda futura do regime capitalista" (MANDEL, E. *A formação do pensamento econômico de Karl Marx*. Rio de Janeiro: Zahar, p. 55).

146. Para dados biográficos de Engels, cf. Ullrich, 1961-1966; Gemkow, 1970; Cornu, 1975-1976; Henderson, 1976; VV. AA., 1986; Carver, 1989; Hunley, 1991; Green, 2008 e Hunt, 2010 — e não se esqueça a clássica obra (dos anos 1930) de Mayer, 1975.

147. ENGELS, F. *Anti-Dühring. A revolução da ciência segundo o senhor Eugen Dühring*. São Paulo: Boitempo, 2015. Nas poucas citações de Engels extraídas do *Anti-Dühring*, as páginas referidas remetem sempre a essa edição.

Se essa é a primeira edição no Brasil da obra engelsiana traduzida diretamente do alemão (por Nélio Schneider), já é longa, entre nós, a carreira do *Anti-Dühring*: nos anos 1930, editou-se, em trabalho de Luís Monteiro, uma versão parcial do livro (*Anti-Dühring: refutação às teorias de E. Dühring*. São Paulo: Cultura Brasileira, 1934); versão integral, mas também indireta, saiu nos tempos da chamada redemocratização, em tradução de Abguar Bastos (*Anti-Dühring: filosofia, economia política, socialismo*. Rio de Janeiro: Calvino, 1945) e, desde os anos 1970, circula no país uma edição bastante imperfeita, sem indicação de tradutor — *Anti-Dühring: filosofia, economia política, socialismo*. Rio de Janeiro: Paz e Terra, 1977.

Ao que sei, em Portugal também há edições, igualmente em traduções indiretas: a de I. Hub e T. Adão (*Anti-Dühring*. Lisboa: Afrodite/Fernando Ribeiro de Mello, 1971) e a de Adelino S. Rodrigues (*Anti-Dühring*. Lisboa: Minerva, 1975-1976).

148. Após a publicação do *Anti-Dühring*, Engels preparou, a partir de extratos da sua terceira seção e a pedido de Paul Lafargue, o opúsculo que, sob o título *Do socialismo utópico ao socialismo científico*, saiu em francês em 1880 — e a essa edição seguiram-se outras em vários idiomas (a alemã é de 1882; depois, em dez anos, vieram a italiana, a russa, a dinamarquesa, a holandesa, a romena e a inglesa). No seu prefácio à edição inglesa, datado de 20 de abril de 1892, Engels escreveu: "Não sei de nenhuma outra publicação socialista, inclusive o nosso *Manifesto comunista* de 1848 e *O capital* de Marx, que tenha sido traduzida tantas vezes" (cf. MARX, K.; ENGELS, F. *Obras escolhidas em três volumes*. Rio de Janeiro:

Vitória, 2, 1961, p. 286; os três volumes foram vertidos ao português, a partir da edição castelhana, por Almir Matos, Apolônio de Carvalho e Leandro Konder).

No Brasil, edições *Do socialismo utópico ao socialismo científico*, em versões indiretas, já eram conhecidas nos anos 1930 (a da Unitas, de São Paulo, e a da Alba, do Rio de Janeiro, são, provável e respectivamente, de 1932 e 1934); saem em 1945 a da Calvino e a da Horizonte (ambas do Rio de Janeiro); em 1961, a Vitória, editora do Partido Comunista Brasileiro/PCB, relança o texto nas supracitadas *Obras escolhidas em três volumes* (que, aliás, foram republicadas em 1977 pela Alfa-Ômega, de São Paulo) e, em 1962, ele é objeto de nova publicação (Fulgor, São Paulo). Dos anos 1980 em diante, são várias as reedições (entre as quais as da Global, Moraes, Centauro — todas de São Paulo).

Em Portugal, há quem mencione uma tradução ainda no século XIX (*O socialismo utópico e o socialismo científico*. Lisboa: Phenix, 1889), mas o opúsculo circula mesmo a partir de 1974 (em edição da Estampa, de Lisboa). E é no ano seguinte que sai a primeira tradução feita a partir do alemão por Álvaro Pina (Avante!, Lisboa); a mesma Avante! publicou-o ainda em: MARX, K.; ENGELS, F.. *Obras escolhidas em três tomos* (t. 3, 1985).

149. Jones, "Retrado de Engels". *In:* HOBSBAWM, E. J. (Org.). 1, 1979, p. 381.

150. Mayer, 1979 (ed. cast.), p. 646.

151. Riazanov, 1972, p. 357. Sobre Riazanov — ao qual cabem créditos também na interpretação da obra de Engels — como editor de Marx e Engels, cf. as contribuições de Hugo Eduardo G. Cerqueira e Leonardo de Deus. *In:* PAULA, J. A. (Org.), 2010.

152. Como a que ocorreu no seminário internacional comemorativo do 150º aniversário de nascimento de Engels (Wuppertal, maio de 1970), envolvendo de uma parte estudiosos alemães orientais e soviéticos e, doutra, Maximilien Rubel, que a relata em Rubel, 2000, p. 45-46.

153. Cf., respectivamente, VV. AA., 1986, p. 350 e Fetscher, 1970, p. 161. É irônico verificar (como o fez Gerratana, 1975, p. 150) que a interpretação do *Anti-Dühring* como "manual" ou "compêndio do socialismo", canonizada e generalizada pelo marxismo-leninismo do período stalinista, tenha sido formulada primeiramente por E. Bernstein, num artigo a propósito da terceira edição (1894) da obra engelsiana, publicado em *Die Neue Zeit* (1894-1895, XIII, Bd. 1, 4-5-6).

154. Polêmicas tematizadas na aparentemente (porque o rol de referências pertinentes a um estudo exaustivo do *Anti-Dühring* vai muito além dela) longa bibliografia registrada ao fim desta *Apresentação*, nem toda ela mencionada diretamente nas páginas que se seguem. Os títulos foram arrolados seletivamente, de modo a oferecer ao leitor interessado um diferenciado roteiro para se aproximar da problemática posta pela obra de Engels.

José Paulo Netto. Ensaios de um *marxista sem repouso* 377

155. No curso desse período, gerenciando uma empresa familiar, a estabilização da vida financeira de Engels permitiu-lhe auxiliar exilados alemães — em especial, Marx — que se refugiaram na Inglaterra após a revolução de 1848. O patrimônio que construiu em quase duas décadas de trabalho exaustivo, Engels, em seu testamento (cuja versão final é de 26 de julho de 1895, dez dias antes de sua morte), legou-o às filhas de Marx, a uns poucos amigos e ao Partido Social-Democrata Alemão, ao qual destinou igualmente sua biblioteca e seu espólio textual.

156. Para documentar a participação de Engels na vida da *Internacional*, cf. MARX, K.; ENGELS, F. *Obras fundamentales*. México: Fondo de Cultura Económica, v. 17 ("La Internacional"), 1988. É entre abril e julho de 1873, com Marx e P. Lafargue, que redige *A Aliança da Democrática Socialista e a Associação Internacional dos Trabalhadores* — brochura publicada em agosto (*L'Alliance de la Démocratie Socialiste et l'Association Internationale des Travailleurs*. Londres: A. Darson, 1873; há extratos em MUSTO (Org.), 2014).

157. Embora tenha sido Marx o autor da análise mais substantiva da Comuna (cf. MARX, K. *A guerra civil na França*. São Paulo: Boitempo, 2011), biógrafos assinalam que era em conjunto com Engels que ele "elaborava os conselhos e as recomendações aos *communards*, particularmente sobre questões militares" e que, nas sessões do Conselho Geral daqueles meses, "Engels desenvolveu importantes teses da tática da luta armada do proletariado insurreto" (VV. AA., 1986, p. 292) — verdadeiro especialista em matéria militar (segundo o juízo de Lenin), seu interesse por ela vinha da sua juventude e extratos de suas reflexões acerca do tema estão reunidos em ENGELS, F. *Temas militares*. Lisboa: Estampa, 1976.

158. Desde os anos 1850, a Irlanda — que visitou várias vezes — era objeto do interesse analítico de Engels, mas ele nunca realizou o projeto de escrever a planejada história, embora tenha acumulado materiais e esboços para tal (só publicados, em russo, em 1948). Cf. MARX, K.; ENGELS, F. *L'Irlanda e la questione irlandese*. Roma: Riuniti, 1975.

159. ENGELS, F. *Sobre a questão da moradia*. São Paulo: Boitempo, 2015.

160. Materiais que só foram publicados em 1927 — ao que tudo indica, a versão em português foi lançada primeiramente no Brasil, em tradução de R. Argentiére e V. A. Luz: ENGELS, F. *Dialética da natureza*. São Paulo: Flama, 1946; seguiu-se-lhe, sem indicação de tradutor, a edição da Alba, de São Paulo [1962?]; edição posterior, também sem indicação de tradutor e data, foi lançada pela Leitura (Rio de Janeiro); desde 1976, a Paz e Terra (Rio de Janeiro) vem editando uma versão da obra.

Um outro projeto que Engels não levou adiante, concebido no outono de 1874, dizia respeito a um ensaio sobre a Alemanha.

161. Sobre este desenvolvimento, cf. a obra clássica (ed. orig.: 1897-1898) de F. Mehring, 2013, Rovan, 1978 e Deffarges, 2013.

162. Expressa no célebre documento marxiano conhecido como "Crítica ao programa de Gotha" — cf. MARX, K.; ENGELS, F. *Obras escolhidas em três volumes*, ed. bras. e vol. citados *supra* na nota 148.

163. K. E. Dühring (1833-1921), arbitrariamente excluído da vida acadêmica no segundo lustro da década de 1870 — em processo que Engels, no prefácio à segunda edição do *Anti-Dühring*, qualificou como "indignidade" —, escreveu e publicou (malgrado a cegueira que o vitimou antes de completar 30 anos), a partir de 1865, centenas e centenas de páginas sobre os assuntos mais diversos e gozou de tão grande quanto efêmera popularidade: hoje, corridos tantos decênios, seu nome é lembrado apenas porque Engels deu-lhe a honra da polêmica e quando em suas ideias analistas pesquisam as raízes de preconceitos da pior espécie. Contudo, um estudioso — que não pode ser acusado de afeto a Dühring — anota: "Lendo-se o *Anti-Dühring*, poder-se-ia supor que Dühring era um perfeito cretino. No entanto, não o era; era um homem valoroso, possuidor de qualidades aptas a suscitar o entusiasmo e a admiração da juventude. Possuía cultura enciclopédica, movia-se e orientava-se livremente diante dos problemas das ciências naturais e da filosofia, da economia política e do socialismo. Suas doutrinas expunham um sistema ideológico completo [...]. Ademais, conquistara prestígio entre a juventude graças ao ódio que os acadêmicos nutriam em relação a ele. Acresce que sua vida estava longe da felicidade: não pode ser feliz a vida de um homem que fica cego aos 28 anos e é obrigado a adquirir os seus conhecimentos com a ajuda de outros, geralmente estranhos. Sofrera muito e isto contribuía para angariar-lhe simpatias" (Riazanov, 1972, p. 338).

Não há registro de réplicas de Dühring à corrosiva crítica de Engels, mas tão somente de comentários amargos à "violência" e à "injustiça" de que se considerou vítima, caracterizando seu oponente como um "hegeliano anacrônico".

164. Sobre a recepção das ideias de Dühring entre os *eisenachianos*, cf. Riazanov, 1972, e sobre o conjunto social-democrata, cf. Tenfelde, 1980. Vale observar que ideias de Dühring transcenderam as fronteiras da social-democracia, repercutindo em figuras situadas noutro espaço do espectro ideológico, como Nietzsche.

165. Em 1874, Bebel chegou a escrever um artigo ("Um novo comunista") de apologia a Dühring. Não se esqueça, ainda, que entre os adeptos mais entusiastas das teorias do professor berlinês, na primeira metade dos anos 1870, estava o jovem E. Bernstein, que em 1873 assistia às suas preleções.

166. Como se verifica na correspondência entre ambos daquele mês — cf. MARX, K.; ENGELS, F. *Werke* [a conhecida *MEW*]. Berlin: Dietz, Bd. 34, 1966, esp. p. 12-16.

José Paulo Netto. Ensaios de um *marxista sem repouso*   379

167. Num período em que sua vida privada via-se atormentada pela enfermidade que acometeu sua companheira — Lizzie, nascida em 1827, faleceria a 12 de setembro de 1878.

168. A confusão e a divisão ideológicas no interior do partido fundado em Gotha eram tais que a publicação dos textos de Engels não se processou sem problemas, como informa um pesquisador: "No congresso da social-democracia alemã celebrado em Gotha, em finais de maio de 1877, quando já tinham aparecido os primeiros 20 artigos da primeira seção, a campanha do *Vorwärts* foi vivamente reprovada a partir de diferentes posições: aos protestos, compreensíveis, dos seguidores de Dühring uniram-se os lamentos daqueles que se irritaram com o fato de a imprensa do partido dedicar tanto espaço a uma 'polêmica entre professores'. Como consequência, houve que se adotar uma solução de compromisso: a polêmica não continuaria diretamente nas páginas do *Vorwärts*, mas em um 'suplemento científico' do jornal criado *ad hoc*" (Gerratana, 1975, p. 149). Sobre as condições da edição dos artigos de Engels, cf. Riazanov, 1972.

169. A legislação antissocialista vigiu entre 21 de outubro de 1878 e 1º de outubro de 1890. Não é preciso dizer que o livro de Engels foi logo apreendido quando da aplicação das leis de Bismarck.

170. Engels — que o socialista inglês J. Strachey caracterizou como "o maior dos polemistas" — remete ao título de um escrito de Dühring de 1865 (*Carey's Umwälzung der Volkswirthschaftslehre und Sozialwissenschaft* [*A subversão da teoria econômica e da ciência social por Carey*]). Quanto a Marx, ele se ocupou de Carey, visto como economista "anti-histórico", em meados dos anos 1850 (cf. o esboço "Bastiat e Carey". *In:* MARX, K. *Grundrisse. Manuscritos econômicos de 1857-1858. Esboço da crítica da economia política.* São Paulo/Rio de Janeiro: Boitempo/UFRJ, 2011; nesta mesma obra fundamental, cf., p. ex., também as p. 479-482) e há referências a ele ao longo d'*O capital*.

171. Para o estudo do qual ainda permanece como texto de leitura obrigatória o trabalho de Gustaffson, 1975.

172. Não é possível, aqui, sequer aludir à resiliência das concepções políticas de Lassalle no interior do movimento socialista — sugerida no breve e penetrante excurso de Lefebvre, 1976, esp. p. 273 e ss.

173. Cf., entre muitos, Schmidt, 1962 e Foster, 2005.

174. No prefácio à segunda edição do livro, novamente Engels não o caracteriza como explicitação de um "sistema", mas como uma "exposição mais ou menos coerente do método dialético e da ideologia comunista defendida por Marx e por mim" (cf. a p. 35).

175. Não são poucos os críticos de Engels que localizam em suas notações sobre a natureza a marca do *cientificismo positivista* então dominante nas ciências da segunda metade do século XIX; essa linha interpretativa é bastante generalizada e a maioria dos seus representantes apenas repete variações de um mesmo mantra, como o faz celebrado ex-marxista que apregoa que, "contagiado pelo entusiasmo cientificista do seu tempo", Engels "esteve muito próximo dos positivistas da sua época" (Kolakowski, 2005, p. 309). Mas já o primeiro grande biógrafo de Engels oferecia elementos para infirmar esse gênero de interpretações e caracterizava a seção inicial do *Anti-Dühring*, aquela dedicada à filosofia, como uma "apologia da filosofia alemã contra o positivismo" (Mayer, *op. cit.*, ed. cast., p. 687).

176. Lembre-se que Lenin, que bem conheceu o *Anti-Dühring*, ao expor didaticamente os substratos da teoria marxiana, percorreu de novo itinerário similar: relacionou-os à filosofia clássica alemã, à economia política (clássica, inglesa) e às críticas e aos projetos dos chamados utópicos (cf. o seu artigo, de 1913, "As três fontes e as três partes constitutivas do marxismo", e o texto/verbete, de 1914, "Karl Marx. Breve nota biográfica com uma exposição do marxismo", *in* Lénine, 1977).

177. Quando o *Anti-Dühring* foi publicado somente viera à luz o livro I d'*O capital* (duas edições: 1867 e 1873) e seu universo categorial estava longe de ser apropriado e assimilado mesmo pelas vanguardas socialistas — e menos ainda difundido entre os militantes que elas orientavam: sequer estavam editados os seus primeiros "resumos" (o de C. Cafiero é de 1879 e o de G. Deville é de 1883). Nessa conjuntura, pode-se avaliar a importância — especialmente dessa segunda seção — do *Anti-Dühring* na divulgação de algumas das categorias marxianas.

178. O *Anti-Dühring* "deu ao estudo do socialismo um novo e forte impulso. *Todos os trabalhos* [itálicos meus— J. P. N.] de Kautsky, Bernstein, Plekhanov e Mehring nesse domínio, tanto em seus temas quanto em sua concepção geral, partem das teses fundamentais formuladas por Engels em sua digressão sobre a história do socialismo" (Riazanov, *loc. cit.*, p. 356).

179. Sabe-se que a esses dois temas, e sua conexão com a gênese da propriedade privada, Engels dedicou o seu conhecido estudo de 1884 — ed. bras. mais antiga, sem indicação de tradutor: ENGELS, F. *A origem da família, da propriedade e do Estado*. São Paulo: Nosso Livro, 1934; dos anos 1940 à atualidade, circularam/circulam entre nós várias edições; ao que sei, a primeira tradução direta do alemão ao português é a que consta das acima já citadas *Obras escolhidas em três tomos*, da Avante! (Lisboa).

A origem da família... compõe com o *Anti-Dühring*, com o conjunto de artigos que publicou na revista teórica da social-democracia alemã, *Die Neue Zeit*, em 1886, e dois anos depois reuniu no opúsculo *Ludwig Feuerbach e o fim da filosofia clássica alemã* (há várias edições circulando no Brasil desde a primeira, lançada provavelmente em 1932 pela Unidas, de São Paulo; versão direta do alemão é a coligida no t. 3 da edição das *Obras escolhidas...* antes mencionada, da Avante!) e, com os esboços postumamente divulgados sob o título *Dialética da natureza*, o elenco dos textos citados como os característicos da produção do *velho* Engels. Para infirmar falsas oposições entre essa produção e a de estágios anteriores do pensamento de Engels, vale recorrer, entre outras, à argumentação do já citado Riazanov (*op. e loc. cit.*).

180. A contraposição, para muitos analistas demasiado rígida e esquemática, entre "pensamento metafísico" e "pensamento dialético" que comparece na primeira seção do *Anti-Dühring* é retomada — como outras questões que se colocam no texto de 1878 — no já referido *Ludwig Feuerbach e o fim da filosofia clássica alemã*, parte IV.

181. Também no *Ludwig Feuerbach...*, Engels reitera a tese do caráter dialético comum da natureza e da história, *mas não as equaliza* — veja-se a seguinte e fundamental passagem: "Porém, aquilo que vale para a Natureza, que também aí é reconhecido como um processo histórico de desenvolvimento, vale também para a história da sociedade em todos os seus ramos e para o conjunto [*Gesamtheit*] de todas as ciências que se ocupam de coisas humanas. [...] Aqui, totalmente como no domínio da Natureza, havia, portanto, que eliminar as conexões feitas artificialmente, pelo achamento das reais; uma tarefa que finalmente vem a dar no descobrir das leis universais do movimento que se impõem na história da sociedade humana como dominantes. Ora, a história do desenvolvimento da sociedade mostra-se, porém, num ponto essencialmente diversa da Natureza. Na Natureza — na medida em que deixemos fora de consideração a retroação do homem sobre a Natureza — há puramente fatores cegos, desprovidos de consciência, que atuam uns sobre os outros e em cujo jogo recíproco a lei universal se faz valer. De tudo o que acontece — tanto das inúmeras casualidades aparentes, que são visíveis à superfície, como dos resultados finais, que demonstram a conformidade a leis no interior destas casualidades —, nada acontece como objetivo consciente querido. Em contrapartida, na história da sociedade, os agentes estão nitidamente dotados de consciência, são homens que agem com reflexão [*Überlegung*] ou paixão, que trabalham para determinados objetivos; nada acontece sem propósito [*Absicht*] consciente, sem objetivo querido. Mas essa diferença, por muito importante que seja para a investigação histórica — nomeadamente, de épocas e eventos singulares — não altera em nada o fato de que o curso da história é regido por leis internas universais. Pois, também aqui, apesar dos objetivos conscientemente queridos de todos os indivíduos, domina aparentemente, à superfície, grosso modo, o acaso. Só raramente acontece o querido; na maioria dos casos, os múltiplos objetivos queridos entrecruzam-se e contradizem-se, ou esses mesmos objetivos são de antemão irrealizáveis, ou os meios são insuficientes. Assim, os choques das inúmeras vontades individuais e ações individuais conduzem a um estado que é totalmente análogo ao que domina na Natureza desprovida de consciência. Os objetivos das ações são queridos, mas os resultados que realmente decorrem das ações não são queridos, ou, na medida em que primeiro parecem contudo corresponder ao objetivo querido, têm finalmente consequências totalmente diferentes das queridas. Os acontecimentos históricos aparecem, assim, grosso modo, como que igualmente dominados pela casualidade. Mas, lá onde, à superfície, o acaso conduz o seu jogo, ele está sempre dominado por leis internas ocultas, e trata-se apenas de descobrir estas leis" (ENGELS, F. *Ludwig Feuerbach e o fim da filosofia clássica alemã*, parte IV. Cf. as *Obras escolhidas em três tomos*, ed. cit. da Avante!, t. 3, 1985).

Ademais, que Engels não secundariza a diferencialidade insuprimível entre natureza e sociedade fica claro, por exemplo, nos seus apontamentos (escritos entre 1873 e 1882) sobre a dialética da natureza, quando se refere à translação de ideias de Darwin para a vida social: Engels exclui "qualquer transferência imediata das leis relativas à vida das sociedades animais para as humanas" porque, nessas, a produção social torna "inteiramente inaplicáveis as categorias do reino animal" (cf. os fragmentos relativos à *Dialética da natureza* em *MEW*, ed. cit., Bd. 20, 1962, p. 565).

182. No que diz respeito à edição e recepção da obra de Marx e de Engels, cf. Hobsbawm, *in:* HOBSBAWM, (Org.). 1, 1979 e MUSTO, 2011.

183. Cf. esp. VRANICKI, I, 1973 e HOBSBAWM (Org.). 1979 e 1982.

184. Por exemplo, sobre o pensamento de Kautsky — sem dúvida, um dos principais construtores do marxismo da Segunda Internacional — a incidência do evolucionismo positivista é inconteste. Cf. a contribuição de Geary *in* GRISONI (Dir.), 1976.

185. Foram inúmeras as manifestações e os protestos de Engels contra a simplificação e mesmo a deformação a que as ideias de Marx (e as suas) estavam sendo submetidas; já em 1886, ele invectivava contra aqueles que consideravam a teoria de ambos "de um modo dogmático, como uma doutrina", tomando-a como "um credo" (carta a F. A. Sorge, de 29/XI/1886; cf. MARX, K.; ENGELS, F. *MEW*, ed. cit., Bd. 36, 1967); cf., a título de outros exemplos paradigmáticos, as suas cartas a J. Bloch (21-22/IX/1890), a C. Schmidt (27/X/1890) e a W. Borgius (25/I/1894) — recolhidas em *MEW*, ed. cit., Bd. 38-39, 1968.

186. Para uma diferenciada análise desse processo, cf., entre outros, Broué, 2007 e Claudín, 2013.

187. Sobre o qual, ademais de outras fontes, cf. McInnes, 1972; Jones *et al*, 1978; Arato e Breines, 1979; Jay, 1984 e Anderson, 2004.

188. A súmula das concepções elementares desse marxismo-leninismo comparece no capítulo, redigido pelo próprio Stalin, sobre o materialismo histórico e dialético da *História do Partido Comunista da URSS*, publicada em 1938 (o texto staliniano está disponível em NETTO (Org.), 1982). Tais concepções elementares foram exaustivamente repisadas nos manuais e tratados soviéticos que se lhe seguiram (Rozental, Ioudin, Konstantinov *et al.*).

É supérfluo recordar que o mesmo gênero de leitura, parcial e seletiva, que o marxismo da Segunda Internacional fez dos "pais fundadores" repetiu-se na relação entre o marxismo-leninismo e Lenin: o Lenin canonizado pelos ideólogos stalinistas é o que pensa a filosofia no *Materialismo e empiriocriticismo* (redigido em 1908 e publicado no ano seguinte), não aquele dos *Cadernos sobre a dialética de Hegel* (redigidos em 1914 e publicados em 1929).

189. Amostra exemplar dessa versão da escolástica marxista-leninista do legado de Marx e Engels, produzida já *depois* do XX Congresso do PCUS (1956, quando Kruschev fez a denúncia do "culto"), é o enorme tratado — quase 800 páginas — elaborado por acadêmicos soviéticos sob a direção de Kuusinen, 1962.

190. É claro que não se põe em questão a importância de manuais na formação de estudantes e ativistas e de futuros especialistas, desde que preparados e utilizados como *recurso propedêutico* ao ingresso numa área do saber e postos como *passo inicial* para descortinar um acervo de conhecimentos, com a expressa indicação das controvérsias, problemas e perspectivas que tal acervo necessariamente comporta. Mas o marxismo de pacotilha construiu-se (constrói-se) com o manualismo operando como o *limite* do conhecimento e, sobretudo e efetivamente, como *substitutivo* do estudo acurado das fontes originais, convertendo a teoria marx-engelsiana na "doutrina", no "credo" que já repugnava a Engels (cf., *supra*, a nota 40).

191. A avaliação autocrítica de *História e consciência de classe* encontra-se no texto (de março de 1967) que Lukács preparou para a sua segunda edição autorizada. Anos depois da morte do autor, veio à luz um manuscrito (provavelmente de 1925-1926) em que ele fazia uma defesa daquele livro, "condenado" em 1924 em congresso da Internacional Comunista; nesse texto, o que é mais pertinente à crítica a Engels — a questão da dialética da natureza — compõe a sua parte II (cf. Lukács, 2000, p. 94-137).

192. Observe-se que nem todas as reservas à obra do *velho* Engels, elaboradas por intelectuais de um modo ou outro vinculados à tradição marxista, partiram da matriz lukacsiana — sob angulação bem diversa, há que referir, por exemplo, a posição de Lucio Colletti, oriundo da escola de Della Volpe, que avaliou negativamente tanto as teses de Engels quanto *História e consciência de classe* (Colletti, 1976), num percurso intelectual resumido em frase conhecida:

"Sempre fui adversário do 'materialismo dialético', porque não se faz ciência com a dialética" (*idem*, 1983, p. 113).

193. Cf. Lukács, 1923, p. 15-16.

194. Em passo de outro ensaio de *História e consciência de classe* — precisamente no seminal "A reificação e a consciência do proletariado" —, Lukács, referindo-se ao *Ludwig Feuerbach e o fim da filosofia clássica alemã*, aponta uma grave "imprecisão terminológica" cometida por Engels a propósito da distinção hegeliana "em si/para nós", que rebate na (e compromete a) crítica engelsiana à epistemologia de Kant. Nesta crítica, diz Lukács que Engels se equivoca ao considerar como prática, no sentido filosófico-dialético, o comportamento da indústria e da experimentação — para ele, o que aí Engels toma como prática é um comportamento "puramente contemplativo" (cf. Lukács, 1923, p. 145-147).

195. Cf. Lukács, 1923, p. 17.

Vale observar que nos seus apontamentos críticos ao livro de Bukharin sobre o materialismo histórico (de 1921, a que Gramsci se refere como *Ensaio popular*), redigidos na prisão (1932-1933), o pensador sardo — que provavelmente tomou conhecimento das posições lukacsianas de forma indireta, através das censuras que lhes foram feitas nos debates subsequentes à publicação de *História e consciência de classe* — anotou prudente e judiciosamente: "Deve-se estudar a posição do Prof. Lukácz [*sic*] em face da filosofia da práxis. Parece que Lukácz afirma que só se pode falar de dialética para a história dos homens e não para a natureza. Pode estar errado e pode ter razão. Se a sua afirmação pressupõe um dualismo entre a natureza e o homem, está errado, já que cai numa concepção da natureza própria da religião e da filosofia greco-cristã, bem como do idealismo, que não consegue unificar e relacionar o homem e a natureza mais que verbalmente. Mas, se a história humana deve também ser concebida como história da natureza (também através da história da ciência), então como a dialética pode ser separada da natureza?" (cf. Gramsci, 1999, p. 167). Nesse mesmo passo, aliás, Gramsci assinala que no *Anti-Dühring* encontram-se "muitos motivos que podem levar aos desvios do *Ensaio*" (*id.*, *ibid.*).

É interessante notar que o mesmo livro de Bukharin (publicado no Brasil sob outro título — cf. Bukharin, 1970) que Gramsci critica foi também objeto de severa análise por parte de Lukács num breve ensaio de 1925, vertido ao castelhano sob o título "Tecnología y relaciones sociales", incluído em Lukács, 1973, p. 113 e ss.

196. O Lukács que explicitamente se põe numa perspectiva ontológica — expressa na *Ontologia do ser social*, redigida ao tempo em que fazia a referida autocrítica à *História e consciência de classe* — não menospreza as obras tardias de Engels e reconhece seus méritos, embora retome, com nova impostação, algumas críticas substantivas a elas (para amostras dessas críticas, cf. Lukács,

2010, p. 157-158 e ainda 2012, p. 299). Na *Ontologia...*, Lukács, sustentando a *especificidade* do *ser social* (em face do ser natural, inorgânico e orgânico), considera que na dialética histórico-social operam categorias também específicas (como a de *teleologia*).

197. Essa renovação aparece, por exemplo, na avaliação — operada a partir de uma perspectiva explicitamente anti-ontológica — que da obra do *velho* Engels faz, por exemplo, Vranicki (1973, I, cap. VI).

Dentre os inúmeros pensadores que deixaram de mão, com expresso menosprezo, as questões relativas à dialética da natureza, cite-se Sartre: em textos de grande aproximação à tradição marxista, desqualifica-a e a considera uma "metafísica dogmática" (Sartre, 1960 e 1967). Boa parte desses autores, como é o caso do próprio Sartre, tinham pouco ou nenhum conhecimento das práticas e avanços das ciências voltadas para a natureza.

No que toca às tentativas de abrir alternativas à dialética da natureza no interior da tradição marxista, recorde-se o importante cientista alemão Robert Havemann (cf. Havemann, 1967) e os estudos dos italianos reunidos no chamado "grupo de Milão" (exemplificados, por exemplo, em Bellone *et al.*, 1974).

198. Cf., à guisa de exemplo, a argumentação de Gastaud, 2005.

199. Sabe-se da generosa sobriedade de Engels ao avaliar a sua contribuição à obra de Marx (cf., entre vários testemunhos seus, o segundo parágrafo da sua carta a F. Mehring, de 14/VII/1893, *MEW*, ed. cit., Bd. 39, 1968, p. 96) e à maneira como via a sua relação com o camarada genial: na sua carta a J. P. Becker (15/X/1884), caracteriza-se como o "segundo violino" que teve a felicidade de tocar junto de um "esplêndido primeiro violino" — Marx (cf. *MEW*, ed. cit., Bd. 36, 1967, p. 218).

200. Crítico e estudioso sério de Marx, Gouldner (1980) observou que a ideia de "separar" Engels de Marx já surge durante a Primeira Guerra Mundial, num ensaio de R. Mondolfo — "O materialismo histórico segundo F. Engels" — publicado em Paris, em 1917.

201. Dentre os vários estudos que Gouldner dedicou ao legado marxiano, destaca-se o livro citado na nota anterior, em cujo cap. 9 sustenta, corretamente, que o objetivo, tantas vezes perseguido, de diferenciar radicalmente Marx de Engels é "historicamente duvidoso e injusto". Mesmo discordando da sua equivocada tese acerca dos "dois marxismos" — o "marxismo científico" e o "marxismo crítico", que ele crê coexistirem em Marx e Engels, coexistência que expressaria a "contradição interna do marxismo" —, penso que é acertada e fundada a sua firme defesa de Engels em face dos que o julgam um pretenso representante do "marxismo vulgar" e/ou um mero "divulgador".

202. Cf. Lichtheim, 1961 e Levine, 1975.

203. Alguns desses materiais aludidos foram objeto de um exame inicial por parte de Rees, 1994; cf. ainda o breve ensaio de Royle, 2014.

Entre as questões a sinalizar, destaque-se: a particular ponderação conferida ao pensamento de Hegel, o espaço específico que Engels reserva à reflexão filosófica em face do desenvolvimento das ciências da natureza e mesmo a sua concepção de superação da filosofia. Das fontes que enfrentaram, sob diferentes óticas, as questões mencionadas, seja em expressa remissão ao *Anti-Dühring*, seja à produção do *velho* Engels, refira-se (além da citada *Ontologia...* lukacsiana) Fetscher, 1970; Vranicki, 1973; Gerratana, 1975 e 1985; Hunley, 1991; vale, também, a leitura do ensaio de Musse, 1997.

204. Repita-se: Engels teve sempre a mais clara consciência da relatividade e da provisoriedade desses dados — veja-se, por exemplo, o prefácio (setembro de 1885) à segunda edição do *Anti-Dühring*, em que observa que o desenvolvimento teórico das ciências da natureza talvez torne supérfluo o seu trabalho (cf. a p. 39).

205. Gerratana, 1975, p. 164. E, na mesma página, acrescenta o autor italiano falecido em 2000: "Não há nenhuma dúvida de que esta orientação era também comum a Marx".

206. Sabe-se, com toda a evidência, que, no *Partido Operário Social-Democrata Russo* (POSDR), Lenin e Trotski "eram [...] intelectuais sofisticados, nutridos de toda a cultura europeia, lendo em várias línguas" (LEMINSKY, Paulo. *Trotski. A paixão segundo a revolução*. São Paulo: Brasiliense, 1986, p. 128) e que a seu lado havia uma notável galeria de figuras teórica e culturalmente muito preparadas — entre tantas, do velho "pai do marxismo russo", G. Plekhanov, a A. V. Lunatcharski, N. I. Bukharin, D. Riazanov *et al.*

Nessa rápida intervenção, restringirei minhas observações à relação de Lenin com a herança cultural e com Tolstoi — mas dada a relevância de Trotski no processo revolucionário e no debate sobre a literatura, cabe lembrar que também ele dedicou atenção ao autor de *Guerra e Paz* (por exemplo, em um artigo publicado na edição de 15 de setembro de 1908 da revista teórica da social-democracia alemã, *Die Neue Zeit*). Tolstoi era autor que admirava desde a adolescência (cf. L. Trotski, *Ma vie*. Paris: Gallimard, 1966, cap. IV) e sobre o qual, segundo o anticomunista Adam B. Ulam (*Os bolcheviques*. Rio de Janeiro: Nova Fronteira, 1976, p. 309), deu aulas na escola do partido, em 1911, em Bolonha (I. Deutscher, em *Trotski. O profeta armado*. Rio de Janeiro: Civilização Brasileira, 1968, p. 220, refere-se rapidamente à passagem de seu biografado por Bolonha, mas não menciona o fato). Não cabe aqui arrolar mais que umas poucas fontes sobre o pensamento trotskiano nesse domínio: os capítulos "Nem só de política...", do segundo volume da obra de Deutscher (*Trotski. O profeta desarmado*. Rio de Janeiro: Civilização

José Paulo Netto. Ensaios de um *marxista sem repouso*

Brasileira, 1968) e "Trotsky", do livro de Leandro Konder, *Os marxistas e a arte* (São Paulo: Expressão Popular, 2013); as páginas pertinentes de E. Mandel, *Trotsky as alternative* (London: Verso, 1980, p. 159 e ss.) e de Cliff Slaughter, *Marxismo, ideologia e literatura* (Rio de Janeiro: Zahar, 1983); a apresentação de W. Keach e o prefácio de Moniz Bandeira a L. Trotski, *Literatura e revolução* (Rio de Janeiro: Jorge Zahar, 2007) e o ensaio de Alan Woods (2000), "Introduction to Trotsky's writings on Art and Culture" (disponível em *www.trotsky.net*).

207. Bastaria evocar algumas figuras-chave da social-democracia clássica alemã ou, já nos anos 1920, da austríaca e do recém-fundado Partido Comunista italiano para indicar a procedência da afirmação.

208. Dados os limites dessa intervenção (e descontada a baixa qualificação do signatário nesse domínio), não tematizarei aqui o quadro do desenvolvimento científico russo às vésperas da Revolução e no curso dos primeiros anos do governo soviético. Para indicações e análises diferenciadas desse quadro, cf. D. Joravsky, *Soviet Marxism and Natural Science* (New York: Columbia University Press, 1961); K. Bailes, *Technology and Society under Lenin and Stalin. Origins of the Soviet Technical Intelligentsia. 1917-1941* (Princeton: Princeton University Press, 1978); Z. Medvedev, *Soviet Science* (New York: Norton, 1978); S. Tagliagambe, *Scienza, filosofia, política in Unione Sovietica* (Roma: Feltrinelli, 1978); VV. AA., *Investigaciones soviéticas sobre la historia de la ciencia* (Moscu: ACURSS, 1980); Academy of Sciences of the URSS, *The History of Science: Soviet Research* (Moscow: ACURSS, 1985); L. R. Graham, *Science in Russia and the Soviet Union: A Short History* (Cambridge: Cambridge University Press, 1994).

209. Cf. V. I. Lénine, *Materialismo e empiriocriticismo* (Lisboa/Moscou: Avante!-Progresso, 1982) e *Cadernos sobre a dialética de Hegel* (Rio de Janeiro: Ed. UFRJ, 2011). É bem divulgada a linha interpretativa que, para minimizar ou, no limite, desqualificar o significado da primeira dessas obras, contrapõe-lhe a segunda; uma interpretação alternativa, que deve ser levada em conta, defende que "parece pouco sustentável que os *Cadernos* representem um verdadeiro giro no pensamento de Lenin. No que tange às chamadas 'autocríticas' que estes contêm, consideramos que constituem críticas a teses defendidas por outros marxistas, mas não uma mudança das expostas em *Materialismo e empiriocriticismo*. A conclusão que julgamos poder-se extrair é que Lenin, muito compreensivelmente, continuou refletindo larga e seriamente sobre problemas que tratou na obra de 1909 [*Materialismo e empiriocriticismo*] para ampliar e aprofundar as posições que nela distinguiu laboriosamente — e não para renegá-las" (GEYMONAT, L. *In:* GEYMONAT, L. *et al. Historia del pensamiento filosófico y científico. Siglo XX (I)*. Barcelona: Ariel, 1984, p. 101).

210. Conta sua companheira, que levou-lhe para a Sibéria (onde Lenin, entre maio de 1897 e janeiro de 1900, viveu desterrado) obras de Pushkin, Lermontov e Nekrasov, que "Vladimir Ilich colocou-as próximo de sua cama, ao lado de Hegel, e pelas noites relia-as uma e mais vezes. Seu escritor predileto era Pushkin" — mas Lenin apreciava ainda Tchernichevski e Herzen; dentre os alemães, seus prediletos eram Goethe e Heine. Veja-se o depoimento de N. K. Krupskaya na coletânea V. I. Lenin, *Cultura e revolução cultural* (Rio de Janeiro: Civilização Brasileira, 1968).

A paixão de Lenin pela *Appassionata* de Beethoven (sonata 23, *opus* 57), reconhecida mesmo por um biógrafo tão pouco compreensivo e adverso como R. Service, ao afirmar que, "para Lenin, Beethoven era uma festa" (cf. o seu pretensioso *Lenin. A biografia definitiva*. Rio de Janeiro: DIFEL, 2006, p. 262), foi objeto de F. W. Skinner, "Lenin and Beethoven: Beyond the *Appassionata* Affair" (*The Beethoven Journal*. San José: San José State University / American Beethoven Society, v. 18, 2, Winter 2003). Gorki, autor que Lenin admirava e com o qual manteve ativa interlocução, apesar de várias discrepâncias políticas, atribui ao líder da Revolução de Outubro a seguinte declaração: "Não conheço nada tão belo quanto a *Appassionata*: poderia ouvi-la todos os dias. Música surpreendente, sobre-humana" (GORKI, M. *Lénine et le paysan russe*. Paris: Sagittaire, 1925, p. 15).

Também já foi suficientemente salientado o interesse de Lenin pelo cinema e o estímulo que a política cultural revolucionária ofereceu à nova arte — cf. J. LEYDA, *Kino. Histoire du cinéma russe et soviétique* (Lausanne: L'Age d'Homme, 1976) e KENEZ, P. *Cinema and Soviet Society, 1917-1953* (Cambridge: Cambridge University Press, 1992).

211. Da cultura de Lenin, diz Claude Prévost que ela "é determinada pela história: é uma cultura de intelectual progressista russo que tem trinta anos quando termina o século XIX. Um bolchevique cultivado de 1900 é o herdeiro de uma tradição balizada pelos combates da *intelligentsia* progressista contra o absolutismo, em cuja primeira linha figura a tetralogia de ideólogos esclarecidos, eles próprios herdeiros do Século das Luzes europeu e, singularmente, da *Aufklaerung*, do *Sturm und Drang* e do classicismo alemão dos Lessing, Goethe e Schiller: Herzen, Tchernichevski, Bielinsk, Dobroliubov" (PRÉVOST, C. *Literatura, política, ideologia*. Lisboa: Moraes, 1976, p. 76).

212. Se tinha simpatia e respeito por Maiakovski, Lenin, no geral, não apreciava a sua poesia — mas é preciso insistir no fato de Lenin não fazer do seu gosto pessoal uma pauta de avaliação; aqui, o testemunho de Lunatcharski é insuspeito: "Vladimir Ilich jamais transformou em diretrizes suas simpatias e antipatias estéticas" (cf. *Cultura e revolução cultural*, ed. cit., p. 187); neste mesmo texto, Lunatcharski resumiu as "simpatias" leninianas: "Agradavam-lhe os clássicos russos, agradava-lhe o realismo na literatura, no teatro, na pintura" (*idem*, p. 183).

José Paulo Netto. Ensaios de um *marxista sem repouso*

Sobre a posição de Lenin em face de Maiakovski, parecem-me substancialmente corretas as breves notações de Prévost, *Literatura, política, ideologia*, ed. cit., p. 79-83.

213. É ilustrativa, se comparada às posições de Lenin, a diferente evolução de Lukács diante da literatura russa: o *jovem* Lukács admirava mais a Dostoievski que Tolstoi (cf. *A teoria do romance*. São Paulo: Ed. 34, 2000 e *Dostoevskij*. Milano: SE, 2000); é na sua maturidade que Lukács, sem perder de vista a grandeza de Dostoievski (cf., p. ex., "Dostoievski", *in* G. Lukács, *Ensaios sobre literatura*. Rio de Janeiro: Civilização Brasileira, 1965), avaliará Tolstoi adequadamente (cf. *Der Russische Realismus in der Weltliteratur*. Neuwied/Berlin: Luchterhand, 1964 e *O romance histórico*. São Paulo: Boitempo, 2011) — aliás, é já num ensaio da maturidade ("Narrar ou descrever?", de 1936), que Lukács recorre a Tolstoi para indicar a peculiaridade do *método* (compositivo) *realista* em contraposição ao *naturalista*, tipificado em Zola (cf. LUKÁCS, G. *Marxismo e teoria da literatura*. São Paulo: Expressão Popular, 2010, p. 149 e ss.).

214. A lição de Florestan Fernandes deve ser lembrada aqui: "Lenin nasceu, cresceu e viveu para a ação política [...], para a ação política revolucionária, consagrada ao socialismo. [...] *Todo o seu pensamento é político*: em suas origens, em suas motivações ou em seus alvos" (FERNANDES, F. "Introdução" ao volume *Lenin*, da col. "Grandes cientistas sociais". São Paulo: Ática, 1978, p. 33 [itálicos meus — *JPN*]).

215. Cf. *O Estado e a revolução* (São Paulo: Expressão Popular, 2010, esp. cap. V). São decisivas, na concepção leniniana, as notações em que se pontua que, uma vez chegado ao poder político, "o proletariado só necessita do Estado durante algum tempo. Não divergimos de modo nenhum dos anarquistas na questão da abolição do Estado como *objetivo*" — ainda que se advirta que tal abolição "representará em si notoriamente um processo prolongado" Nesse processo, "o aparelho especial, a máquina especial para a repressão, o 'Estado', é *ainda* necessário, mas é um Estado de transição, já não é um Estado no sentido próprio, porque a repressão da minoria [...] pela maioria [...] é algo relativamente [...] fácil [...] e é compatível com a extensão da democracia a uma maioria tão esmagadora da população que a necessidade de uma *máquina especial* para a repressão começa a desaparecer" (estas passagens de *O Estado e a revolução* são extraídas da versão contida em: LÉNINE, V. I. *Obras escolhidas em três tomos*. Lisboa/Moscovo: Avante!/Progresso, v. 2, 1978, p. 236, 279 e 283).

216. Não é este o lugar para discutir a concepção de partido que Lenin propôs para o POSDR em 1902 (cf. *Que fazer? Problemas candentes do nosso movimento*. São Paulo: Expressão Popular, 2010) e que acabou por ser aceita majoritariamente no seu partido e que, *a posteriori* praticamente universalizada, formatou os partidos que se ligaram à *Internacional Comunista* — com o sistema organizativo nucleado a partir do chamado "centralismo democrático" (mormente com as decisões do III Congresso do POSDR, realizado em Londres, em abril-maio de 1905, quando se deliberou que ao Comitê Central caberia a função de centro dirigente único).

217. Em alguns passos do processo revolucionário aberto pela tomada de poder pelos bolcheviques ficaram claros os cuidados de Lenin para travar a exorbitância referida que já emergia — por exemplo, no ocaso da guerra civil e em face da urgência da reconstrução econômica, a sua recusa da "militarização" do trabalho, que implicou divergências com Trotski; sobre esta questão, cf.: DEUTSCHER, I. *Trotski. O profeta armado* (Rio de Janeiro: Civilização Brasileira, 1968, p. 519 e ss.); para uma aproximação diversa, muito mais singela, à mesma questão, cf.: ROSENBERG, A. *História do bolchevismo* (Belo Horizonte: Oficina de Livros, 1989, p. 190 e ss.); não valem absolutamente nada as poucas linhas (e não só elas) que R. Service, no seu pretensioso e já citado *Lenin. A biografia definitiva* (p. 476-477), dedica à "discussão sobre os sindicatos".

A identificação entre o partido e o Estado derivados da vitória bolchevique é processo que se esboça ainda com Lenin vivo, mas tomará forma nítida especialmente a partir de 1928/1929, com dramáticas e largas implicações para a história do que se constituiu como a URSS. É desnecessário sublinhar a conexão entre esse processo e a instauração da autocracia stalinista.

218. Não se esqueça que, como tão bem lembrou Carlos Nelson Coutinho, retomando as palavras de Gramsci, o Estado, como "sociedade política + sociedade civil", é "hegemonia escudada na coerção" (cf.: COUTINHO, C. N. *Gramsci. Um estudo sobre seu pensamento político*. Rio de Janeiro: Civilização Brasileira, 1999, p. 127; nas páginas seguintes a esta, Coutinho desenvolve argutamente o conceito de hegemonia).

219. Numa conversação relatada por Clara Zetkin, Lenin teria afirmado: "A revolução põe em liberdade todas as forças antes encarceradas e impulsiona-as, do fundo, para a superfície da vida. [...] Na sociedade baseada na propriedade privada, o artista produz mercadorias para o mercado, necessita compradores. Nossa revolução libertou os artistas do jugo dessas condições tão prosaicas. Fez do Estado soviético seu defensor e cliente. *Todo artista, todo aquele que se considera artista, tem direito a criar livremente de acordo com seu ideal, sem depender de nada*" (cf. *Cultura e revolução cultural*, ed. cit., p. 176 [itálicos meus — *JPN*]).

220. Cf., entre muitos exemplos, de um lado, T. Eagleton, *Marxismo e crítica literária* (Porto: Afrontamento, 1978) e, doutro, E. Lunn, *Marxismo y modernismo. Un estudio histórico de Lukács, Benjamin y Adorno* (México: Fondo de Cultura Económica, 1986). Escreveu o primeiro: "Depois da Revolução de 1917, o Partido Bolchevique pouco controle exerceu sobre a cultura artística; até 1928 [...] floresceram várias

José Paulo Netto. Ensaios de um *marxista sem repouso*   391

organizações culturais relativamente autônomas, a par de uma série de editoras independentes" (p. 54-55); o segundo também toma o ano de 1928 como a data indicativa do "término do período relativamente aberto e intensamente experimental observado nas artes depois da revolução" (p. 87).Não é arbitrária, nas notações de Eagleton e de Lunn, a referência a 1928: foi praticamente nesse ano que se reduziu o peso do implementador da política cultural inspirada por Lenin, A. Lunatcharski, que acabou por se afastar do ministério pertinente em 1929 (as suas concepções — muitas vezes colidentes com as de Lenin, especialmente no tocante à filosofia — podem ser apreendidas numa coletânea de alguns de seus ensaios: *As artes plásticas e a política na URSS*. Lisboa: Estampa, 1975; quanto à sua intervenção na execução da política cultural, cf. sobretudo S. Fitzpatrick, *The Comissariat of Enlightenement: Soviet Organization of Education and the Arts under Lunacharsky*. Cambridge: Cambridge University Press, 1970).

Os fatos conhecidos depõem a favor de considerações como as de Eagleton e Lunn — vencida a guerra civil pelos bolcheviques, quando medidas de coerção atinentes a intelectuais eram (apesar de raras) compreensíveis, em vida de Lenin só se pode apontar como intervenção repressiva sobre o "mundo da cultura" a expulsão para o Ocidente, noticiada pelo *Pravda* em 31 de agosto de 1922, "de um substancioso grupo de intelectuais" (conforme Strada), assim mencionada por um militar que se dedicou a relatos históricos: "*Durante a doença de Lenin*, a GPU [polícia política], com apoio de Stalin, tomara uma providência *inusitada*: 160 pessoas — escritores, cientistas, filósofos, poetas, historiadores, a fina flor da cultura russa — foram expulsas do país" (D. Volkogonov, *Stalin*. Rio de Janeiro: Nova Fronteira, 2004, v. 1, p. 130 [itálicos meus — *JPN*]). A consideração de que tal grupo constituía a "fina flor da cultura russa" pode ser questionada, mas não há dúvida de que a "providência" foi *inusitada* e tomada *durante a doença de Lenin* — lembremo-nos de que "menos de dois meses depois da nomeação de Stalin para o posto de secretário-geral, *as rédeas do governo escaparam das mãos de Lenin* [itálicos meus — *JPN*]. No fim de maio de 1922, sofreu o primeiro ataque de paralisia arteriosclerotica. Quase sem fala, foi levado do Kremlin para o campo, perto de Moscou. Até meados do outono, não se recuperaria o bastante para voltar às funções; e, depois, sua atividade seria muito limitada. No final do outono, um segundo ataque o colocou fora de atividade; e, no final do inverno, em março de 1923, um terceiro ataque finalmente o retirou da cena política, embora o corpo ainda lutasse contra a morte até 21 de janeiro de 1924" (I. Deutscher, *Stalin. Uma biografia política*. Rio de Janeiro: Civilização Brasileira, 2006, p. 259).

Evidentemente, em contraponto a tantos juízos sérios como os de Eagleton e Lunn, avulta a enorme bibliografia reacionária, que ignora (intencionalmente ou não) a profunda inflexão sofrida pelo poder soviético na segunda metade dos anos 1920 e estabelece um vínculo imediato e uma inteira continuidade entre a política cultural do período leninista com aquela conduzida sob a autocracia stalinista (recente paradigma dessa falsificação histórica é o livro, já citado, de R. Service).

Da expressiva bibliografia que considera o cenário artístico soviético na década de 1920, registre-se aqui apenas: HAYWARD, M. and LABETZ, L. (Eds). *Literature and Revolution in Soviet Russia. 1917-1962* (Oxford: Oxford University Press, 1963); THOMSON, B. *The Premature Revolution: Russian Literature and Society* (London: Weidenfeld & Nicholson, London, 1972) e o ensaio de J. Willet ("Arte e revolução") coligido em: HOBSBAWM,E. J. (Org.). *História do marxismo* (Rio de Janeiro: Paz e Terra, IX, 1987). Do ponto de vista documental, é útil o volume, editado por K. Clark *et alii*, *Soviet Culture and Power. A History in Documents. 1917-1953* (New Haven: Yale University Press, 2007) — a que recorro na citação de documentos partidários.

221. O congresso, realizado em agosto-setembro de 1934, assinalando o enquadramento da filosofia e da arte pelo marxismo-leninismo que vai caracterizar o período da autocracia stalinista, tivera as suas condições já preparadas pela dissolução das organizações culturais e literárias autônomas que floresceram na década de 1920 — dissolução imposta pela resolução do Comitê Central do partido de 23 de abril de 1932. No lugar daquelas organizações, instituiu-se, em 1934, sob comando estatal-partidário, a *União dos Escritores Soviéticos*.

Sobre o congresso, cf. H. G. Scott, ed., *Soviet Writers' Congress 1934: The Debate on Socialist Realism and Modernism in the Soviet Union* (London: Lawrence and Wishart, 1977); quanto às ideias do ideólogo stalinista, cf. A. Jdanov, *Sur la littérature, la philosophie et la musique* (Paris: Éd. de la Nouvelle Critique, 1950).

222. *Observe-se que o artigo em questão foi redigido na sequência do III Congresso do POSDR, quando cabia a seus dirigentes a defesa da orientação do "centro dirigente único"* (cf., *supra*, a nota 216). Com o seu consabido cuidado, Konder salientou que, "nesse artigo, ele [Lenin] tratava de questões conexas com as condições de trabalho do Partido e a sua organização, marcada pela difícil luta pela conquista da legalidade. Em termos um tanto ríspidos, ele procurava dar certa ordem à atividade da imprensa do Partido e estabelecia normas disciplinares para os jornalistas e escritores que trabalhavam para ela. Krupskaya, viúva de Lenin, sua mais íntima colaboradora, frisou que as formulações adotadas por ele nesse texto se referiam exclusivamente à produção literária *encomendada* pela imprensa partidária para fazer frente às circunstâncias do momento, e não à literatura em geral" (Leandro Konder, *Os marxistas e a arte*, ed. cit., pp. 89-90). O artigo de Lenin, de não mais que 5 páginas, está disponível em V. I. Lénine, *Obras escolhidas em 6 tomos*, ed. cit., 1, 1986, pp. 277-282 (todas as citações feitas a seguir são extraídas

José Paulo Netto. Ensaios de um *marxista sem repouso*

desta fonte). Acerca dele, cf. o ensaio de V. Strada, "Da 'revolução cultural' ao 'realismo socialista'", recolhido por Hobsbawm no volume, já citado *supra* na nota 15, da *História do marxismo*.

Sobre a revolução de 1905 (que, para Lenin, configurou uma espécie de "ensaio geral" da revolução de 1917), cf. os textos leninianos "As duas táticas da social-democracia na revolução democrática" e "As lições da insurreição de Moscou" (cf. *Obras escolhidas em três tomos*, ed. cit., v.1, 1977, p. 383 e ss.). Cf. também L. Trotski, *A revolução de 1905* (S. Paulo: Global, s.d. [1986?]).

223. No ensaio que citamos na nota anterior, Strada — exímio conhecedor da língua russa — ressalta que o termo *literatura* empregado por Lenin "tinha aqui um significado amplo, próprio da língua russa, e significava também *jornalismo*" (cf. op. e loc. cit., p. 115).

224. Veja-se a resolução do Comitê Central do partido de 16 de junho de 1925.

225. Na "Introdução" que preparei para G. Lukács, *Socialismo e democratização. Escritos políticos. 1956-1971* (Rio de Janeiro: Ed. UFRJ, 2008), arrolo uma sintética, porém expressiva, bibliografia que tematiza as relações entre Lukács e a autocracia stalinista. [A "Introdução" referida é reproduzida adiante, sob o título "G. Lukács e a política".]

226. Numa carta a W. Hofmann, de 11 de abril de 1964, Lukács observa que, "nos tempos de Stalin [...] se interpretavam falsamente, e inclusive se falsificavam, as orientações de Lenin — mais ainda: os seus textos. Um exemplo especialmente explícito é o ensaio de Lenin de 1905 sobre a literatura de partido, do qual se fez uma diretiva para a pauta ideológica da literatura — mesmo quando, já nos anos 1930, a esposa e colaboradora de Lenin, N. Krupskaya, declarava que aquele escrito não se referia absolutamente à literatura" (cf. LUKÁCS, G. *Sobre el stalinismo. Cartas con W. Hofmann*. Buenos Aires: Kohen & Asociados, 1994, p. 94). São inúmeras as passagens lukacsianas em que essa posição de princípio é reiterada; assinalarei apenas duas: o prefácio (1967) a uma coletânea de ensaios publicada na Hungria (cf. LUKÁCS, G. *Arte e società*. Roma: Riuniti, I, 1972, p. 14-15) e a análise (1969) dos romances de Solzenitsin (cf. LUKÁCS, G. *Soljenitsyne*. Paris: Gallimard, 1970, p. 158). Expressivamente, *antes* que a política cultural stalinista, através de Zdhanov, enunciasse que a literatura deveria constituir-se em "literatura de tendência", Lukács já repudiava esta tese (cf. o seu ensaio, de 1932, „Tendenz oder Parteilichkeit?" ["Tendência ou partidismo?"] *in*: LUKÁCS, G. *Essays über Realismus*. Neuwied/Berlin: Luchterhand, 1971).

O fato é que, para Lukács, somente a manipulação textual de Lenin (que a autocracia stalinista levou ao limite) pode fazer com que o artigo de 1905 funcione como eixo de uma política cultural em que o Estado-partido subordina a literatura. Marxistas competentes, todavia, não consideram que essa tese lukacsiana passe sem problemas — veja-se, por exemplo, a breve notação de I. Mészáros, *Para além do capital* (São Paulo: Boitempo/Ed. Unicamp, 2002, p. 478-479).

227. Cf., especificamente: FRANK, J. *Pelo prisma russo. Ensaios sobre literatura e cultura* (São Paulo: EDUSP, 1992). Como se trata de estudioso sério e informado, Frank reconhece que "não se encontra em Marx e Engels nenhum desejo de atrelar a literatura exclusivamente a uma tarefa social" (op. cit., p. 85). Mas ele não hesita em afirmar que Lenin "rompeu com a relativa tolerância e o respeito humanistas pela literatura ainda presentes no marxismo clássico" (*idem*, p. 86). Quanto ao artigo de 1905, a interpretação de Frank é absolutamente convencional à do reacionarismo/conservadorismo: para ele, o texto "proclamava a obrigação do artista de subordinar-se às exigências do Partido Comunista" (*id., ibid.*); mesmo admitindo que nele a referência era à "literatura de partido", escreve que, "*uma vez que a revolução triunfou* [itálicos meus — *JPN*], as ordens traçadas no artigo de Lenin tornaram-se naturalmente a lei da terra" (*id., ibid.*) — afirmação que não corresponde aos fatos.

228. Se se tomam manifestações isoladas e/ou descontextualizadas do pensamento de Lenin (e, é claro, não só dele), corre-se o risco de serem "construídos" tantos Lenin quantos se queira, com as posições mais contraditórias e até excludentes. Recorde-se aqui, a propósito, a "arte da tesoura" que Caldeira Brandt ironizou em relação a Rodrigues e Fiore — cf. Leôncio M. Rodrigues e Ottaviano de Fiore, "Lenin e a sociedade soviética: o capitalismo de Estado e a burocracia (1918-1923)" e Vinícius Caldeira Brandt, "Nota sobre as interpretações burocráticas da burocracia ou as artes da tesoura", em *Estudos Cebrap* (S Paulo, respectivamente n. 15, janeiro-março de 1976 e n. 17, julho-outubro de 1976).

229. Cf. "As três fontes e as três partes constitutivas do marxismo", *in:* LÉNINE, V. I. *Obras escolhidas em três tomos*, ed. cit., 1977, v. 1, p. 35. É ilustrativo cotejar este artigo leniniano com outro de Kautsky, intitulado *As três fontes do marxismo* (São Paulo: Global, s.d.).

230. Disponível no mesmo volume das *Obras escolhidas...* citado na nota anterior. O texto, que trata da relação entre marxistas que então se destacavam na Rússia e o pensamento social russo, revela o que estou caracterizando como padrão de análise que reaparece em "As três fontes...", padrão que conecta *abertura* e *continuidade*, situando como fulcral a questão da *herança cultural*, a que voltaremos adiante.

231. Um exemplo, extraído do mesmo "As três fontes e as três partes constitutivas do marxismo": "A doutrina de Marx é onipotente porque é exata. É completa e harmoniosa [...]" (cf. o texto citado na nota 229, mesma página).

O caráter aperfeiçoável/desenvolvível do marxismo, porém, reponta sempre nas análises leninianas, mesmo as mais polêmicas, de que é um exemplo a sua notação acerca da relação da "revolução nas ciências da natureza" com o materialismo dialético: para ele, "a revisão da 'forma' do materialismo de Engels, a revisão das suas teses de filosofia da natureza, não só nada tem de 'revisionista' no sentido estabelecido da palavra, como, pelo contrário, *o marxismo a exige necessariamente*" (cf. V. I. Lenin, *Materialismo e empiriocriticismo*, ed. cit., p. 191 [itálicos meus — *JPN*]).

232. Lenin reproduz partes do artigo de 1899 no texto "Uma crítica acrítica", redigido em janeiro-março de 1900 e publicado em maio-junho de mesmo ano, apensado a V. I. Lenin, *O desenvolvimento do capitalismo na Rússia* (São Paulo: Abril Cultural [Os economistas], 1982, p. 385-398; a passagem citada encontra-se à p. 397 [itálicos meus — *JPN*]).

233. Cf. *id., ibid.*

234. Cf. as suas *Obras completas* (Moscu: Progreso, t. 41, 1986, p. 140). A citação imediatamente anterior encontra-se no artigo "Acerca de algumas particularidades do desenvolvimento histórico do marxismo", inserido na coletânea *Karl Marx e o desenvolvimento histórico do marxismo* (Lisboa: Avante!, 1975).

235. Lembre-se também do empenho de Lenin para demonstrar que o pensamento marxista na Rússia não se constituíra como um transplante cultural, desligado da tradição russa, mas que o estímulo euro-ocidental, propiciado pela introdução do marxismo no país, encontrara suportes na atividade de expressivas figuras da intelectualidade — nomeadamente Bielinski, Herzen e Tchernichevski. Veja-se o artigo (1912) sobre Herzen *in Obras escolhidas em três tomos*, ed. cit., 1, 1977, p. 486-491.

236. Cf. Lenin, *Cultura e revolução cultural*, ed. cit., p. 47 e 51 (itálicos meus — *JPN*).

237. *Idem*, p. 49 (itálicos meus — *JPN*); e, num discurso de outubro de 1920, afirmou: "O marxismo é um exemplo de como o comunismo resultou da soma de conhecimentos adquiridos pela humanidade" e "Só se pode chegar a ser comunista quando se enriquece a memória com o tesouro da ciência acumulado pela humanidade" (*idem*, p. 98 e 99).

238. *Idem*, p. 113 (itálicos meus — *JPN*).

239. Cf. Lenin, *O desenvolvimento do capitalismo na Rússia*, ed. cit., p. 398, nota.

240. Cf. Lenin, *Materialismo e empiriocriticismo*, ed. cit., p. 259.

241. A que nível de empobrecimento e mutilação pode levar a tese do marxismo como *ruptura radical*, absoluta, com o passado (a herança cultural) prova-o a concepção própria da autocracia stalinista (enunciada, naturalmente, por Zdhanov) da relação do marxismo com Hegel.

242. Para o quadro educacional encontrado pelos bolcheviques e a posição de Lenin, cf. o artigo "A educação na Rússia de Lenin", de Marisa Bittar e Amarílio Ferreira Jr. *in Revista HISTEDBR on-line*. Campinas, n. especial, abril/2011.

243. Cf., *supra*, a nota 208.

244. Cf. Lenin, *Cultura e revolução cultural*, ed. cit., p. 101-102.

245. Na sequência imediata dessa afirmação, acrescenta: "Necessitamos de uma enorme elevação da cultura. É necessário que o homem exerça a sua capacidade de ler e escrever [...]" (*idem, ibidem*, p. 136).

246. Cf. Lénine, *Sur la littérature et l' art*, ed. cit., p. 81.

247. Um quadro dessa política pode ser inferido das atividades desenvolvidas pela agência governamental dirigida por Lunatcharski (cf., entre outras fontes, Fitzpatrick, *The Comissariat of Enlightenement: Soviet Organization of Education and the Arts under Lunacharsky*, ed. cit.).

248. Cf. Konder, *Os marxistas e a arte*, ed. cit., p. 69.

249. Expressa numa resolução partidária de 1° de dezembro de 1920, repetidamente evocada por Lunatcharski — por exemplo, em seu texto inserido em N. Krupskaya, *Recuerdos de Lenin* (Madrid: Nosotros, 1930).

250. Acerca de Bogdanov e suas ideias, cf. A. Bogdanov, *La science, l'art et la classe ouvrière* (Paris: Maspero, 1977) e *El arte y la cultura proletaria* (Madrid: Comunicación, 1979); A. Belova, *A. A. Bogdanov* (Moscow: Meditsina, 1974); quanto ao *proletkult*, cf. esp. L. Mally, *Culture of the Future: The Proletkult Movement in Revolutionary Russia* (Berkeley: University of California Press, 1990) e, ainda, F. Champarnaud, *Révolution et contra-révolution culturelle en URSS* (Paris: Anthropos, 1975) e Z. A. Sochor, *Revolution and Culture. The Bogdanov-Lenin Controversy* (Ithaca: Cornell University Press, 1988). Uma apertada, mas competente, síntese da importância e do programa do *proletkult* é encontrada no respectivo verbete, cujo signatário é J.-M. Gayman, de G. Labica e G. Bensussan, *Dictionnaire critique du marxisme* (Paris: PUF, 1985).

251. Já indiquei que Lenin, sem abrir mão da sua ortodoxia e da sua recusa sistemática do ecletismo, era avesso ao sectarismo tanto na prática política quanto na elaboração teórica. Em um escrito de março de 1922, essa posição é nitidamente explicitada — referindo-se à recém-criada *Sob a bandeira do marxismo*, revista que pretendia aglutinar comunistas e não comunistas, ele escreveu: "Acredito que esta aliança dos comunistas com os que não o são é indiscutivelmente necessária [...]. Um dos mais graves e perigosos erros dos comunistas [...] é o de imaginar que a revolução pode ser levada a cabo pelos revolucionários sozinhos. [...] *Sem a união com os não comunistas, nos mais diversos terrenos da atividade, não se pode sequer falar de qualquer construção comunista eficaz*" (Lenin, *Cultura e revolução cultural*, ed. cit., p. 140 [itálicos meus — JPN]).

252. Escrevendo anos depois, Lunatcharski observou que uma das razões de Lenin para se opor às propostas bogdanovianas da "cultura proletária" era o seu temor de que, "com tais invenções [...], afastar-se-iam os operários do estudo, da assimilação da ciência e da cultura já existentes" (cf. a sua rememoração em Lenin, *Cultura e revolução cultural*, ed. cit., p. 188).

253. Lenin, *Cultura e revolução cultural*, ed. cit., p. 98.

254. Cuja íntegra está disponível em Lenin, *Cultura e revolução cultural*, ed. cit., pp. 112-113. A citação que se segue é extraída desta fonte.

255. Num esboço inacabado, relacionado a esse projeto de resolução, ele anotou: "Não *invenção* de uma nova cultura proletária, mas *desenvolvimento* dos melhores modelos, tradições e resultados da cultura *existente do ponto de vista* da concepção marxista do mundo e das condições de vida e de luta do proletariado na época da sua ditadura" (Lenin, *Cultura e revolução cultural*, ed. cit., p. 114).

256. Reconhece-o Gayman, no já citado verbete (nota 250, *supra*), ao mencionar dois períodos da "literatura proletária" na Rússia: entre 1917 e 1921, quando o *proletkult* dispôs de um quase-monopólio das práticas culturais e artísticas e, depois de 1921, quando esse quase-monopólio foi quebrado, mas com a sua programática subsistindo (até a transição aos anos 1930) em numerosos grupos de escritores e artistas.

257. Pode-se recorrer novamente a Lunatcharski para sinalizar a abertura de Lenin em face mesmo de experiências que não apreciava. Num diálogo que ele situa ainda no período da guerra civil, lembra que Lenin realçou a necessidade de apoiar "o novo, o que nascera sob a influência da revolução". Ao que ele, Lunatcharski, pontuara: "É preciso abordar os novos fenômenos sabendo distingui-los. Não deixar que monopolizem nada. Dar-lhes a possibilidade de conquistar um posto mais destacado graças a seus méritos artísticos reais. Neste sentido, ajudá-los no que for possível". Ao que Lenin arrematou: "Creio que essa é uma formulação bastante exata" (Lenin, *Cultura e revolução cultural*, ed. cit., p. 190).

258. "As estatísticas sobre o número de grevistas retratam bem isso: em 1907, eles constituíam apenas 26% do total de 1905, o *ano da revolução*; em 1908, 6%. Em 1910, 2%" (Ulam, *op. cit.*, p. 303)

259. Envolvendo trabalhos de fôlego e material publicístico, a magnitude da produção leniniana nesses anos é notável: ela está registrada em *quatro volumes* de V. I. Lenin, *Collected Works* (Moscow: Progress Publishers, XIV, XV, XVI e XVII, 1962-1963). Os artigos sobre Tolstoi, a seguir citados, encontram-se nos volumes XV a XVII.

260. Encontram-se os artigos, além da fonte referida na nota anterior, em V. I. Lénine, *Sur la littérature et l'art* (Paris: Éd. Sociales, 1957), *Sur l'art et la littérature* (Paris: UGE/col. 10/18, III, 1964), *Articles on Tolstoi* (Moscow: Progress, 1971), *Lénine et Léon Tolstoi* (Moscu: Novosti, 1972) e *Escritos sobre la literatura y el arte* (Barcelona: Península, 1975). Ao que sei, desses textos, os dois primeiros estão vertidos ao português em LÉNINE, V. I. *Obras escolhidas em 6 tomos* (Lisboa/Moscou: Avante!/Progresso, 1-2, 1986).

261. Já vimos (nota 206, *supra*) que, em 1908, também Trotski escreveu sobre Tolstoi. E não se esqueça que, à época, em pelo menos três oportunidades (1907, 1910 e 1911 — é deste ano o artigo "Karl Marx e Léon Tolstoi"), G. Plekhanov ocupou-se dele: sempre se referindo ao "conde Tolstoi", o "pai do marxismo russo" revelou pouca sensibilidade diante da grandeza estética do autor de *Guerra e paz*; leia-se o artigo "Tolstoi", incluído em G. Plekhanov, *L'art et la vie sociale* (Paris: Ed. Sociales, 1949).

Marxistas não russos também abordaram, então, a obra de Tolstoi, como F. Mehring; entre eles, cf. esp. Rosa Luxemburg, *Scritti sull'arte e sulla letteratura* (Verona: Bertani, 1976).

262. É significativa a bibliografia elaborada sobre os textos leninianos acerca de Tolstoi; umas poucas amostras podem ser expressivas das várias perspectivas de análise nela presentes: B. Meilakh, *Lénine et les problèmes de la littérature russe* (Paris: Éd. Sociales, 1956); Léon Roubel, "Analyse de Tolstoi ou Création et Histoire" (*La nouvelle critique*. Paris: LNC, juillet-aout, 1957); Stefan Morawski, "Lenin as a Literary Theorist" (*Science and Society*. New York: Guilford Press, XXI, 1, Winter 1965); P. Macherey, "Lénine, critique de Tolstoi" (1965), recolhido depois em *Pour une théorie de la production littéraire* (Paris: Maspero, 1966); A. Sánchez Vázquez, "Notas sobre Lenin y el arte" (*Revista Casa de las Américas*. La Habana, n. 6, julio de 1970); Marcelin Pleynet, "Lénine et Tolstoi" (*La nouvelle critique*. Paris: LNC, 39, 1970); M. Aucouturier, "Le 'léninisme' dans la critique littéraire soviétique" (*Cahiers du monde russe et soviétique*. Paris: EHESS, v. XVII, 17-4, 1976); o excelente ensaio de C. Prévost, "Lénine, la politique et la littérature" (1970-1971), recolhido em *Literatura, política, ideologia* (ed. cit.); Y. Lukin, *Lenin and literature* (Moscow: Raduga, 1988) e J.-M. Palmier, *Lénine, l'art et la révolution* (Paris: Payot, 2006).

263. A indicação, que considero pertinente, é de P. Macherey, *Pour une théorie de la production littéraire*, ed. cit. p. 126.

264. *Idem, ibidem,* p. 125, 127 e 128. O emprego da expressão "marxismo científico" denota a estreita vinculação de Macherey, à época, ao pensamento de L. Althusser.

265. Sánchez Vázquez, "Notas sobre Lenin y el arte", *loc. cit.*, notas 7 e 12.

266. Examinando os textos de Macherey e Sánchez Vázquez, verificará o leitor que eles expendem uma argumentação radicalmente diversa acerca dos fundamentos da defesa leniniana do *realismo* na literatura: se, para Macherey, neles está suposta a teorização de *Materialismo e empiriocriticismo*, Sánchez Vázquez infirma essa relação dos seis artigos de Lenin com a teoria do conhecimento explicitada na obra de 1909.

José Paulo Netto. Ensaios de um *marxista sem repouso*

267. C. Prévost, *Literatura, política, ideologia*, ed. cit., p. 121. Parágrafos antes (p. 120), Prévost, reconhecendo a coerência interna dos seis artigos, avança a hipótese segundo a qual "Lenin não produziu uma 'teoria da literatura' [... e que] canonizar os seus juízos, tentar organizar num texto sistemático os seus 'escritos sobre a literatura', é conceder todas as facilidades ao desenvolvimento de uma crítica dogmática".

268. Já não cansarei o eventual leitor com remissões em nota — daqui em diante, todas as citações de Lenin foram extraídas de *Articles on Tolstoi*, ed. cit. na nota 260, *supra*.

269. Recorde-se o leitor de algumas datas significativas da atividade literária de Tolstoi (excluído o seu teatro): 1859, início da redação de *Felicidade conjugal*, logo publicado; 1860, esboço de *Os dezembristas*, nunca concluído; 1863, projeto de romance sobre os anos 1810-1820; 1867, publicação dos primeiros capítulos de *Guerra e paz*, com a edição concluída em 1869; 1873, começa a trabalhar em *Ana Karenina*, cujos primeiros capítulos são dados à luz em 1875 e o livro em 1878; 1883, redação de *A morte de Ivan Ilitch*; 1887, primeira redação de *Sonata a Kreutzer*; 1889, início da redação de *Ressurreição*. Da atividade doutrinária de Tolstoi, lembre-se que são de 1883 esboços de *Qual é a minha fé*, publicado no ano seguinte e logo proibido pela censura, e de 1894 *O reino de Deus está em vós*.

270. Por isso mesmo, como observou Sánchez Vázquez (na fonte referida na nota 262, *supra*), citando Lenin, a obra de Tolstoi "proporciona um conhecimento do real. [...] Todo o povo russo deve compreender em que consistiu a sua própria debilidade, que não lhe permitiu conduzir até o fim a sua libertação" (Lenin refere-se aqui à revolução de 1905).

Lembremos que Marx, cerca de meio século antes, considerava que um ponto de vista anticapitalista, *mesmo inteiramente dissociado de uma perspectiva revolucionária*, pode contribuir para uma crítica da sociedade capitalista, seja no domínio teórico, seja no da arte — basta evocar a sua notação sobre Steuart (cf.: MARX, K. *Grundrisse. Manuscritos econômicos de 1857-1858. Esboços da crítica da economia política*. São Paulo/Rio de Janeiro: Boitempo/UFRJ, 2011, p. 40) e a sua conhecida apreciação da obra de Balzac.

271. Resgate e novo direcionamento sem o qual — para o líder e dirigente político Lenin — não seria viável a aliança operário-camponesa necessária à revolução socialista (cf. os materiais reunidos em: LENIN, V. I. *A aliança operário-camponesa*. Rio de Janeiro: Vitória, 1961).

272. Contradições que são, no plano da ideologia do *tolstoísmo*, índices das *reais contradições* experimentadas na condição camponesa; cf. os sete quadros sinóticos organizados por Prévost (cf. op. cit., p. 109-111). O *tolstoísmo* é situado por

Lenin (no artigo "L. Tolstoi e sua época", de 1911) como uma ideologia *necessária e própria* do momento de transição em que o antigo regime se vê subvertido.

273. No artigo "L. Tolstoi" (1910), Lenin destaca que Tolstoi soube "transmitir [...] o estado de espírito das grandes massas oprimidas pelo sistema patriarcal", "exprimir o seu sentimento espontâneo de protesto e de cólera". Afirma mesmo que a sua (de Tolstoi) "denúncia do capitalismo exprime todo o horror do camponês patriarcal" em face das transformações capitalistas.

274. Em questões especificamente artísticas, Lenin sempre foi muito cauteloso: "Eu não me faço passar por especialista em questões de arte" (cf. *Cultura e revolução cultural*, ed. cit., p. 191).

275. Cf. o rascunho da carta de Engels, de abril de 1888, a Margaret Harkness, disponível em: MARX, K.; ENGELS, F. *Cultura, arte e literatura. Textos escolhidos* (São Paulo: Expressão Popular, 2010, p. 67-69).

276. Uma síntese biobibliográfica da longa trajetória de G. Lukács (1885-1971) está disponível em LUKÁCS, G. *O jovem Marx e outros escritos de filosofia* (Rio de Janeiro: UFRJ, 2007); cf. também a biobibliografia oferecida em: MÉZÁROS, I. *O conceito de dialética em Lukács* (São Paulo: Boitempo, 2013).

277. A concepção lukacsiana do "marxismo ortodoxo" foi formulada no ensaio de abertura de *História e consciência de classe* (1923); releva notar que, posteriormente, ao criticar essa obra, Lukács não estendeu sua autocrítica àquela formulação, em que é central a relação entre elaboração teórica e práxis (ainda que tenha feito restrições à concepção de práxis que atravessa o conjunto do livro). Também importa observar que, em meados dos anos vinte (1925 ou 1926), precedendo as autocríticas que realizou em relação à *História e consciência de classe*, Lukács redigiu um texto em que a defende das críticas que, imediatamente após a sua publicação, lhe foram dirigidas por A. M. Deborin (1881-1963) e L. Rudas (1885-1950), texto que só veio à luz postumamente (1996), já editado entre nós (LUKÁCS, G. *Reboquismo e dialética*. São Paulo: Boitempo, 2015).

278. Carlos Nelson Coutinho. "Lukács, a ontologia e a política". *In:* ANTUNES, Ricardo; REGO, Walquíria Leão (Orgs.). *Lukács. Um Galileu no século XX* (São Paulo: Boitempo, 1996, p. 23).

279. Para todas as referências bibliográficas aqui assinaladas, cf. acima a nota 276.

280. Não casualmente, uma coleção brasileira dedicada às "fontes do pensamento político", foi inaugurada com um estudo e uma seleta de textos políticos de Lukács — trata-se do volume *Lukács*, preparado por Leandro Konder (Porto Alegre: L&PM, 1980).

281. Para uma aproximação à Comuna Húngara, cf., entre outros: COLE, G. D. H. *Historia del pensamiento socialista* (México: Fondo de Cultura Económica,

v. V, 1961); TÖKÉS, Rudolf L. *Béla Kun and the Hungarian Soviet Republic* (New York/London: Praeger/Pall Mall Press, 1967); BROUÉ, Pierre. *História da Internacional Comunista* (São Paulo: Sundermann, t. 1, 2007, p. 121 e ss).

282. Para uma súmula dos eventos alemães da "ação de março" (de 1921) até à derrota comunista de 1923, cf. LOUREIRO, Isabel. *A revolução alemã (1918-1923)* (São Paulo: UNESP, 2005); uma apreciação, de viés trotskista, encontra-se em Pierre Broué, op. cit., t. 1, p. 268 e ss.; uma visão sintética e equilibrada do colapso da República de Weimar é fornecida por Peter Gay, no apêndice a seu livro *A cultura de Weimar* (Rio de Janeiro: Paz e Terra, 1978).

283. Entre 1921 e 1923, Lukács também escreveu textos significativos para *Rote Fahne* (*Bandeira Vermelha*), periódico do Partido Comunista alemão; tais textos, expressão das suas concepções teóricas e políticas à época, foram integralmente publicados por M. Löwy em: LUKÁCS, G. *Littérature, philosophie, marxisme* (Paris: PUF, 1978).

284. Acerca do messianismo do "jovem" Lukács, cf.: SORIA, José Ignacio López. *De lo trágico a lo utópico. El primer Lukács* (Caracas: Monte Ávila, 1978); KONDER, Leandro. "Rebeldia, desespero e revolução no jovem Lukács". In: *Temas de ciências humanas* (São Paulo: LECH, 2, 1978); LÖWY, Michael. *Redenção e utopia. O judaísmo libertário na Europa Central* (São Paulo: Cia. das Letras, 1989); MACHADO, Carlos Eduardo Jordão. *As formas e a vida. Estética e ética no jovem Lukács (1910/1918)* (São Paulo: UNESP, 2004).

285. A qualificação de um texto de Lukács por Lenin como "esquerdista" encontra-se numa breve intervenção de 1920, publicada em *Kommunismus* ([*Comunismo*] n. 14, abril de 1920), disponível hoje em Lenin, *Collected Works* (Moscow: Progress, 31, 1965).

286. Recordando esse período, Lukács declarou, décadas depois: "[...] Éramos todos sectários messiânicos. Acreditávamos todos na revolução mundial como num fato para acontecer amanhã" (LUKÁCS, G. *Pensamento vivivo. Autobiografia em diálogo*. São Paulo/Viçosa: Ad Hominem/UFV, 1999, p 77).

287. A citação é feita conforme Annie Kriegel, *Las Internacionales obreras (1864-1943)* (Barcelona: Orbis, 1986, p. 92).

288. Estudando este período de formação do pensamento político de Lukács, Michael Löwy (*A evolução política de Lukács: 1909-1929*. São Paulo: Cortez, 1998, p. 234-237), numa instigante interpretação — da qual divergimos — aponta a relevância do ensaio lukacsiano *Moses Hess e o problema da dialética idealista* (1926) na inflexão que, segundo sua análise, levaria à "adesão de Lukács ao *termidor* soviético". Tratei desse ensaio em minha contribuição a: DEL ROIO, M. (Org.), *György Lukács e a emancipação humana* (São Paulo/Marília: Boitempo/Cultura Acadêmica, 2013).

289. Jeno Landler (1875-1928) desempenhou importantes funções durante a República Húngara dos Conselhos; membro do Comitê Central do Partido húngaro desde 1919, dirigiu-o durante a emigração na Áustria.

290. Bela Kun (1886-1939), fundador do Partido Comunista da Hungria e um dos líderes da República Húngara dos Conselhos. Com a derrota da República, exilou-se em Viena e, depois, na União Soviética; foi executado durante os expurgos da segunda metade dos anos 1930. Lukács sempre se opôs a Bela Kun na condução da política dos comunistas húngaros.

291. Excertos desse documento foram publicados no Brasil: "Teses de Blum (Extrato). A ditadura democrática", *in Temas de ciências humanas* (São Paulo: LECH, 7, 1980).

292. A ruptura de toda aliança com os social-democratas, nessa perspectiva, tornou-se inevitável — com a social-democracia sendo identificada como "irmã gêmea do fascismo". O caráter absolutamente irrealista e suicida dessa política, que contribuiu para facilitar a ascensão do fascismo na Alemanha, é flagrante na apreciação que E. Thaelmann, principal dirigente comunista alemão à época, formulava da manifestação nazista de 22 de janeiro de 1933, realizada — pelas tropas de assalto — diante da *Karl Liebknecht Haus*: "O 22 de janeiro desenvolveu-se sob o signo de uma viragem das forças de classe em favor da revolução proletária" (*apud* Annie Kriegel, *op. cit.*, p. 111). A apreciação de Thaelmann é de 1º de fevereiro; mas, a 30 de janeiro, já Hitler fora investido por Hindenburg no cargo de chanceler...

293. Cf. as intervenções de Dimitrov no referido congresso em G. Dimitrov, *Obras escolhidas em três volumes* (Sófia: Sófia-Press, 1982, v. 2, p. 22-135).

294. Sobre essa autocrítica, quase quatro décadas, depois Lukács esclareceu: "Logo que soube de fonte segura que Béla Kun preparava a minha exclusão do partido como 'liquidacionista', renunciei a prosseguir a luta (pois conhecia a influência de Béla Kun na Internacional) e publiquei uma 'autocrítica'. É certo que estava então firmemente convencido da correção do meu ponto de vista, mas também sabia (pensando, por exemplo, em Korsch) que a exclusão do partido significava a impossibilidade de tomar parte ativa na luta contra o fascismo ameaçador. Considerei a minha autocrítica o preço dessa participação, uma vez que não queria nem podia militar mais no movimento húngaro. A pouca sinceridade desta autocrítica é evidente: a viragem fundamental na atitude que estava na base das minhas teses [...] passou a ser o fio condutor da minha atividade teórica e prática" — prefácio de 1967 a *História e consciência de classe* (Porto: Escorpião, 1974, p. 370).

295. *Id.*, p. 371.

296. Quanto a isso, são emblemáticos os seus ensaios, de 1932, *Tendência ou partidarismo?*, *Reportagem ou configuração? Observações críticas a propósito do romance* *de Ottwalt* e *Da necessidade, virtude*. Essa linha de crítica terá prosseguimento nas polêmicas que envolverão, até 1938, a intelectualidade alemã exilada na URSS, como o comprovam as intervenções de Lukács nos periódicos *Das Wort* (*A palavra*) e *Internationale Literatur* (*Literatura Internacional*) — cf., sobre este ponto: MACHADO, Carlos Eduardo Jordão. *Um capítulo da história da modernidade estética: debate sobre o expressionismo* (São Paulo: UNESP, 1998).

297. A nosso juízo, a relação do último Lukács com a figura de Lenin (e poder-se-ia pesquisar sua similitude com a relação do Hegel posterior a 1805 com a figura de Napoleão) está marcada por uma forte idealização do máximo dirigente bolchevique, com implicações que comprometem a análise política que o velho Lukács realiza dos rumos tomados pela Revolução de Outubro.

298. Em 1941, Lukács foi preso pela polícia política stalinista e só foi libertado, após alguns meses, graças aos empenhos de G. Dimitrov, então o mais alto dirigente da Internacional Comunista — cf. MÉSZÁROS, I. *Lukács' concept of dialectic* (London: Merlin Press, 1972, p. 142); essa prisão é também referida por LÖWY, M. *A evolução política de Lukács: 1909-1929* (São Paulo: Cortez, 1998, p. 244-245) e por SZABÓ, Tibor. *György Lukács. Filósofo autonomo* (Napoli: La Città del Sole, 2005, p. 51), que recorda que igualmente seu filho adotivo (Ferenc Jánossy) esteve nos cárceres stalinistas.

299. São exemplos bastantes, ademais da obra sobre Hegel (concluída em 1938 e publicada dez anos depois) e dos textos reunidos nos *Escritos de Moscou*), dentre outros, os ensaios *A fisionomia intelectual dos personagens artísticos* (1936), *Tribuno do povo ou burocrata* (1940), *Progresso e reação na literatura alemã* e *A literatura alemã na era do imperialismo* (ambos de 1944-45, reunidos depois num volume sob o título geral de *Breve história da literatura alemã*).

300. Um exemplo emblemático dos procedimentos lukacsianos diante de Stalin aparece na entrada dos anos cinquenta. Em 20 de junho de 1950, o Secretário-Geral publicou, no *Pravda*, um longo artigo (*O marxismo e os problemas da linguística*) em que criticava as teses do lingüista N. J. Marr   sobre o contexto imediato em que Stalin preparou o citado artigo, cf. o cap. 10 de Z. A. Medvedev e R. A. Medvedev, *Um Stalin desconhecido* (Rio de Janeiro: Record, 2006); pois bem: cerca de um ano depois (29 de junho de 1951), Lukács pronunciou na Academia de Ciências da Hungria a conferência "Arte e literatura como superestrutura", na qual, após render homenagens formais ao texto de Stalin, realiza uma "interpretação" do seu pensamento que é, de fato, uma *refutação* das suas teses.

301. Uma larga bibliografia trata da relação entre Lukács e o stalinismo; a título meramente ilustrativo, cf. LICHTHEIM, George. "Lukács and stalinism". *In: New Left Review* (London: New Left, n. 91, 1975); LÖWY, Michael. "Lukács and stalinism". *In:* Gareth Stedman Jones *et alii*, *Western marxism. A critical reader*

(London: Verso, 1978; com modificações, este ensaio foi incluído em Michael Löwy, *A evolução política de Lukács...*, ed. cit.); NETTO, José Paulo. "Lukács e a problemática cultural da era stalinista". *In: Temas de ciências humanas* (São Paulo: LECH, 6, 1979); SCARPONI, Alberto. "Lukács critico dello stalinismo". *In: Critica marxista* (Roma: Riuniti, n. 1, ano XVII, gennaio-febbraio 1979); SLAUGHTER, Cliff. *Marxismo, ideologia e literatura* (Rio de Janeiro: Zahar, 1983, cap. 4); LUNN, Eugene. *Marxism and modernism. An historical study of Lukács, Brecht, Benjamin and Adorno* (Berkeley: University of Califórnia Press, 1982); TERTULIAN, Nicolas. "G. Lukács e o stalinismo". *In: Práxis* (Belo Horizonte: Projeto, 2, setembro de 1994); MÉSZÁROS, I. *Para além do capital. Rumo a uma teoria da transição* (São Paulo: Boitempo/UNICAMP, 2002); KADARKAY, Arpad. *Georg Lukács. Life, thoughs and politics* (Cambridge, Mass.: Basil Blackwell, 1991). Num pequeno texto de Nicolas Tertulian, "Lukács hoje" (*In:* PINASSI, M. O.; LESSA, Sérgio (Orgs.). *Lukács e a atualidade do marxismo*. São Paulo: Boitempo, 2002), também se encontram referências significativas sobre a relação aqui sinalizada.

302. Algumas apontadas em textos indicados na nota anterior e outras indicadas e diferencialmente problematizadas, por exemplo, em Marzio Vacatello, *Lukács. Da* Storia e coscienza di classe *al giudizio sulla cultura borghese* (Firenze: La Nuova Itália, 1968); PARKINSON, G. H. R. (Org.). *Georg Lukács. El hombre, su obra, sus ideas* (Barcelona: Grijalbo, 1972); BLOCH, Ernst *et al. Aesthetics and politics* (London: Verso, 1980); POSADA, Francisco. *Lukács, Brecht e a situação atual do realismo socialista* (Rio de Janeiro: Civilização Brasileira, 1970); BEDESCHI, Giuseppe. *Introduzione a Lukács* (Bari: Laterza, 1970); GALLAS, Helga. *Teoría marxista de la literatura* (México: Siglo XXI, 1977); JAMESON, Fredric. *Marxismo e forma. Teorias dialéticas da literatura no século XX* (São Paulo: Hucitec, 1985); STEINER, George. *Linguagem e silêncio: ensaios sobre a crise da palavra* (São Paulo: Cia. das Letras, 1988); EAGLETON, Terry. *A ideologia da estética* (Rio de Janeiro: Jorge Zahar, 1993); CORREDOR, Eva L. (Ed.). *Lukács after communism. Interviews with contemporary intellectuals* (Durham/London: Duke University Press, 1997); FREDERICO, Celso. *Marx, Lukács: a arte na perspectiva ontológica* (Natal: EDUFRN, 2005); COUTINHO, Carlos Nelson. *Lukács, Proust e Kafka. Literatura e sociedade no século XX* (Rio de Janeiro: Civilização Brasileira, 2005). Críticas às concepções estéticas desenvolvidas por Lukács a partir dos anos 1930 encontram-se também em Galvano della Volpe, *Crítica do gosto* (Lisboa: Estampa, 2 v., s.d.) e em T. W. Adorno, *Teoria estética* (Lisboa: Edições 70, 1988).

303. Para além do debate frequentemente genérico e equivocado acerca do (ou não) "stalinismo político" de Lukács, neste âmbito a investigação que aqui se faz necessária ainda é muito pouco substantiva; ademais de dois dos textos citados na nota 301, acima — o de Löwy, cuidadoso e sério; o de Slaughter, bilioso —, o ensaio de Marco Macciò, "Las posiciones teóricas y políticas del último Lukács" (*Cuadernos de pasado y presente*. Córdoba, n. 16, setembro de 1970) e o artigo muito ruim de François Fejtö, "György Lukács et la politique" (*Esprit*. Paris, n° 106, outubro de 1985), mostram o quanto são quase inexistentes estudos detalhados. Mesmo no que se refere à relação *teórica* entre as concepções gerais do último Lukács (filosóficas e políticas) e sua opção prático-política, um debate mais denso ainda não se realizou — embora já haja contribuições iniciais que merecem citação (como é o caso das contidas no livro de I. Mészáros referido na nota 301), inclusive no Brasil: vale referir as intervenções, de fato colidentes, de Carlos Nelson Coutinho, no ensaio "Lukács, a ontologia e a política", coligido em Ricardo Antunes e Walquíria Leão Rego (Orgs.). *Lukács. Um Galileu no século XX* (São Paulo: Boitempo, 1996) e de Sérgio Lessa, "Lukács: direito e política", recolhido em Maria Orlanda Pinassi e Sérgio Lessa (Orgs.) também citado na nota 302; Sérgio Lessa, aliás, em um opúsculo mais recente, *Lukács. Ética e política* (Chapecó: Argos/Editora Universitária, 2007), reorienta muito problematicamente a sua análise anterior.

304. Cf. o ensaio "As tarefas da filosofia marxista na nova democracia". *In* LUKÁCS, G. *O jovem Marx e outros escritos de filosofia* (Rio de Janeiro: Ed. UFRJ, 2007).

305. Lukács mesmo reconheceu esta conexão — comentando a insinceridade da autocrítica a que se submeteu em 1929, quando da derrota das "Teses de Blum", escreveu, como se viu na nota 294, acima: "A pouca sinceridade desta autocrítica é evidente: a viragem fundamental na atitude que estava na base das minhas teses (...) passou a ser o fio condutor da minha atividade teórica e prática".

306. Mátyas Rakosi (1892-1971), afinado com a política stalinista, comandou o partido e o Estado húngaros de 1946 a 1956. Deposto, emigrou para a União Soviética, onde faleceu.

307. Lázló Rajk (1909-1949) tornou-se, em 1941, o líder do Partido Comunista da Hungria; membro do Comitê Central a partir de 1945, foi ministro do Interior (1946-1949); era ministro do Exterior (1949) quando, em 1949, acusado de "titoísmo", foi submetido a uma farsa judiciária e condenado à morte.

A. Fadeiev (A. A. Bulyga, 1901-1956), romancista russo tornado famoso pela obra *A jovem guarda*, ocupou importantes cargos nas organizações literárias do período stalinista. Seu comprometimento com a política de Stalin levou-o, depois do XX Congresso do PCUS (1956), ao suicídio.

O "processo" contra Lukács foi notavelmente narrado por I. Mészáros no seu artigo "El debate sobre Lukács y sus consecuencias: Révai y el zdanovismo", coligido em G. Steiner *et alii, Lukács* (Buenos Aires: Jorge Alvarez, 1969); cf. também M. Merleau-Ponty, *As aventuras da dialética* (São Paulo: Martins Fontes,

2006). Para uma reconstrução do clima do "ano da mudança", não só na Hungria, cf. Fernando Claudín, *A crise do movimento comunista* (São Paulo: Global, 1986, v. II, p. 511 e ss.).

308. Lázló Rudas (1885-1950), fundador do Partido Comunista da Hungria, exilou-se na União Soviética e ali trabalhou na Escola de Quadros da Internacional Comunista. Regressou à Hungria em 1944 e dirigiu, primeiro, o Instituto Superior do Partido Comunista húngaro (anexo ao seu Comitê Central) e, depois, o Instituto Superior de Ciências Econômicas.

Joseph Révai (1898-1959), publicista, antigo companheiro de lutas de Lukács. Exilado durante as duas guerras, tornou-se o principal ideólogo do regime de Rakósi, sendo Ministro da Cultura de 1949 a 1953; suas acusações a Lukács encontram-se em seu livro *La littérature et la démocratie populaire: à propos de Georges Lukács* (Paris: La Nouvelle Critique, 1950).

Joseph Darvas (1913-1973), romancista, que ocupou cargos ministeriais no regime de Rakosi.

Marton Horváth (1906-1987) foi membro do Comitê Central do Partido húngaro de 1944 a 1956 e, na primeira metade dos anos 1950, seu responsável por agitação e propaganda.

309. G. Lukács, *Pensamento vivido...*, ed. cit., p. 117. Recorde-se que em 28 de junho de 1948 o *Centro de Informação dos Partidos Comunistas* (*Komminform*) divulgou a "condenação" da direção comunista iugoslava, liderada por Tito (Josip Broz, 1892-1980).

310. Escrevendo em 1967, Lukács afirmava ser esta sua autocrítica "inteiramente formal", fato aliás denunciado por seus oponentes (J. Révai, M. Horváth) — cf. o seu prefácio a *Arte e società* (Roma: Riuniti, 1977, I, p. 19). Mas admitindo, anos depois, que fez excessivas concessões nesta autocrítica, o velho filósofo acrescentou: "Como justificação posso dizer que, se Rajk foi executado na Hungria, não se podia ter uma garantia séria de que, no caso de haver oposição, não nos poderia acontecer coisa semelhante" (Lukács, *Pensamento vivido...*, ed. cit., p. 117). N. Tertulian, no texto já citado (nota 301) "Lukács hoje", reproduz o comentário de Lukács a um interlocutor, em 1962, referindo-se à sua atitude em face dos debates de 1949/1950: "Se naquela época eu não tivesse feito a minha autocrítica, estaria agora num túmulo sendo venerado. [...] Eu teria sido enforcado e logo em seguida reabilitado com todas as honras".

311. Sobre a insurreição húngara de 1956, cf., para interpretações muito diferenciadas, I. Mészáros, *La rivolta degli intellectuali in Ungheria* (Torino: Einaudi, 1958); François Fejtö, *La tragédie hongroise* (Paris: Pierre Horay, 1958); Tamás Aczél e Tibor Méray, *The revolt of the mind: a case history of intellectual resistance behind the Iron Curtain* (London: Thames & Hudson, 1960); Jean-Paul Sartre, *O fantasma* *de Stalin* (Rio de Janeiro: Paz e Terra, 1967); Fernando Claudín, *A oposição no "socialismo real". União Soviética, Hungria, Polônia, Tcheco-Eslováquia. 1953-1980* (Rio de Janeiro: Marco Zero, 1983).

312. Imre Nágy (1896-1958), especialista em questões agrárias. Comunista, entre 1921 e 1928, viveu clandestinamente na Hungria e depois exilou-se na União Soviética até 1944. Entre 1945 e 1953, presidiu a Assembleia Nacional, foi várias vezes ministro e exerceu a docência. Em 1955, foi expulso do partido e, um ano depois, readmitido, assumiu o posto de primeiro-ministro. Figura de relevo na insurreição de 1956, foi em seguida deportado e condenado à morte em 1958; foi "reabilitado" em 1989.

313. PAPAIONNOU, Kostas. *Marx et les marxistes* (Paris: Flammarion, 1972, p. 17).

314. CLAUDÍN, Fernando. *op. cit.* na nota 311, p. 163-164.

315. Tibor Déry (1894-1979), figura exponencial da literatura húngara, condenado à prisão em 1957 e anistiado em 1960. Giulia Illiés (1902-1983), poeta, dramaturgo e romancista húngaro. István Mészáros (1930-2017), discípulo de Lukács, emigrou na sequência dos eventos de 1956, radicando-se na Inglaterra; muitas de suas obras foram divulgadas no Brasil.

316. Sobre tais eventos, cf. as evocações do filósofo em G. Lukács, *Pensamento vivido. Autobiografia em diálogo* (ed. cit., p. 131-137, 168-169).

317. Saldo da luta: "aproximadamente 2.000 mortos e 13.000 feridos em Budapeste, 700 mortos e 1.500 feridos no resto do país. Foram encarcerados milhares de combatentes, em sua maioria operários jovens. A imprensa húngara informou, nos meses seguintes, sobre até 105 execuções" (F. Claudín, *A oposição no "socialismo real"...*, ed. cit., p. 162).

318. K. Axelos, prefácio a G. Lukács, *Histoire et conscience de classe. Essais de dialectique marxiste* (Paris: Minuit, 1965, p. 3).

319. Lukács só é readmitido no Partido em 1967.

320. Parte do material dessa campanha foi publicada em português: de Béla Fogarasi (1891-1959, filósofo antes próximo a Lukács), o artigo "As concepções filosóficas de Georg Lukács" (divulgado na edição em português da revista internacional patrocinada pela URSS, *Problemas da paz e do socialismo*, 1959, n. 4) e de Joseph Szigeti (nascido em 1921, ex-aluno de Lukács), "Relação entre as idéias políticas e filosóficas de Lukács" (*Estudos sociais*. Rio de Janeiro, 1959, nº 5). De fato, a campanha contra Lukács esgota-se na entrada dos anos sessenta.

321. Janos Kádar (1912-1989), importante dirigente comunista húngaro, esteve à frente do partido e do Estado entre 1956 e 1988.

322. Cf. *Pensamento vivido. Autobiografia em diálogo*, ed. cit., p. 169.

323. Lukács considerava que o stalinismo, ao promover a paralisia do pensamento marxista, respondia também pela ausência de uma crítica substantiva ao capitalismo contemporâneo — crítica que deveria enfatizar o seu caráter manipulatório. Na exigência de um "renascimento do marxismo", Lukács chegava a exagerar, afirmando que a última pesquisa criativa sob o capitalismo era o livro de Lenin sobre o imperialismo (1916) e insistia na necessidade de escrever um *O capital* do século XX.

324. Cf. G. Lukács, "The twin crises", *in New Left Review* (London: New Left, n. 60, 1970).

325. Sobre essa "escola" (Agnes Heller, Férenc Féher, G. e M. Markus, M. Vajda), cf. o prefácio de Jean-Michel Palmier a Agnes Heller, *La théorie des besoins chez Marx* (Paris: UGE-10/18, 1978); depois da morte de Lukács, esse grupo transitou para posições teóricas e ideológicas antagônicas às de Lukács. É preciso não identificar esta "escola de Budapeste" com o que outros estudiosos vêm designando como "escola de Lukács" — cf. Tibor Szabó, *György Lukács. Filosofo autônomo*, ed. cit., p. 225-238).

326. É também o período em que suas ideias ganham crescente difusão no Ocidente, com o início da publicação de sua obra completa pela editora alemã-ocidental Luchterhand e a ampla repercussão de versões de seus textos em italiano, inglês e castelhano. Nos finais dos anos 1960, sua ativa participação na campanha internacional em defesa da comunista norte-americana Angela Davis (nascida em 1944), torna-o ainda mais conhecido.

327. Sobre os eventos na Tchecoslováquia, cf., entre outros: Roger Garaudy, *La liberté em sursis: Prague, 1968* (Paris: Fayard, 1968); "L'intervention em Tchecoslovaquie, pourquoi?", *Cahiers Rouge* (Paris: Maspero, n. 5, 1969); Pierre Broué, *A primavera dos povos começa em Praga* (São Paulo: Kayrós, 1979); Fernando Claudín, *A oposição no "socialismo real"...*, ed. cit.

328. M. Löwy, no texto já citado (*A evolução política de Lukács...*, p. 252), anotou: "Jovens estudantes revolucionários da Europa Ocidental, que visitavam Lukács por volta de setembro de 1968, ficaram espantados com a severidade da sua crítica quanto à URSS e, por outro lado, seu interesse profundo pelos acontecimentos de Maio na França. Lukács compreendia a relação dialética entre as duas crises, a do stalinismo e a do mundo burguês [...]".

329. M. Löwy, *op. cit.*, p. 254; daí extraímos a frase de Lukács citada pouco antes.

330. É notável o fato de Lukács, reconhecendo expressamente a necessidade de análises capazes de apreender os traços *contemporâneos* da ordem capitalista, pensar as transformações próprias à autorreforma do socialismo — elas igualmente contemporâneas — com as categorias lenineanas, sem submetê-las a qualquer atualização e/ou crítica.

José Paulo Netto. Ensaios de um *marxista sem repouso* 409

331. Certamente, para esse exame, auxiliam-nos antologias como a organizada por Peter Ludz: G. Lukács, *Schriften zur Ideologie und Politik* [*Escritos sobre ideologia e política*] (Neuwied: Luchterhand, 1967) e coletâneas como G. Lukács, *Political writings. 1919-1929* [*Escritos políticos. 1919-1929*] (London: New Left, 1972); vale também a consulta à edição, aos cuidados de Antonino Infranca e Miguel Vedda, de G. Lukács, *Táctica y ética. Escritos tempranos (1919-1929)* [*Tática e ética. Escritos juvenis (1919-1929)*] (Buenos Aires: El Cielo por Asalto, 2005).

332. Sobre a qual N. Tertulian deteve-se com argúcia, no artigo citado na nota 301 (p. 30-32).

333. Deve-se evitar o erro de considerar a América Latina uma totalidade indiferenciada — sabe-se da diversidade problemática que constitui o subcontinente.

334. Creio que é necessário distinguir claramente Serviço Social "clássico" de Serviço Social "tradicional". Serviço Social "clássico" denota o exercício profissional tal como foi postulado pelos agentes profissionais que se dedicaram a um mínimo de sistematização, constituindo de fato as *fontes* do Serviço Social (Mary Richmond é o exemplo mais típico). Por Serviço Social "tradicional" deve entender-se a prática empirista, reiterativa, paliativa e burocratizada que os agentes realizavam e realizam *efetivamente* na América Latina. Evidentemente, há um nexo essencial entre ambos: parametra-os uma ética liberal-burguesa e sua teleologia consiste na correção — numa ótica claramente funcionalista — de resultantes psicossociais considerados negativos ou indesejáveis, sobre o substrato de uma concepção (aberta ou velada) idealista e/ou mecanicista da dinâmica social, sempre pressuposta a ordenação capitalista da vida como um dado factual ineliminável.

Gostaria de ressaltar que essa distinção é *instrumental*: ela permite indicar que a prática profissional refratária ao processo de reconceituação dista muito do Serviço Social "clássico" — e esta indicação tem enorme significado heurístico no debate contemporâneo. Por exemplo: a prática postulada "classicamente" pelo *case work* (tal como explicitada por Richmond em 1922) supõe uma rede de agências sociais interatuantes numa articulada estrutura de serviços eficientes (públicos e privados), um aparato estatal eficaz e uma sociedade civil complexa e estruturada; ora, esta prática, entre nós, realizou-se (e se realiza hoje, parcialmente) na ausência, ou quase ausência, dessas pré-condições.

335. A confusão era tão flagrante que o antídoto chegava a ser divertido: certas escolas, na disciplina *Introdução ao Serviço Social*, desenvolviam uma unidade programática, "Interpretação do Serviço Social", em que se dizia ao discente que ainda era necessário esclarecer ao pessoal das agências e ao público "o que era" o Serviço Social, para que não se lhe acometessem "tarefas que não lhe cabem". Moral da história: bastava uma boa "interpretação" para erradicar os equívocos...

336. Um dos primeiros a detectar os cacoetes do modismo reconceituador foi, ironicamente, um dos pioneiros na denúncia do Serviço Social tradicional, o Dr. Ezequiel Ander-Egg (cf. o seu artigo "Manías y achaques del Servicio Social reconceptualizado", *in Selecciones de Servicio Social*. Buenos Aires: Humanitas, n. 23, 1974).

337. Quem conhece a história *real* do Serviço Social clássico sabe que raciocinar em termos de "modismo" leva à infirmação de *todo* o Serviço Social — retorna-se mesmo à única atividade indene de "modismos", a velha filantropia pré-cristã.

338. No pior dos casos, pode-se afirmar que os grupos reconceituadores utilizaram a mesma moeda corrente entre os grupos do Serviço Social tradicional.

339. No fundo dessa suposição, o que aparece é mesmo a sombra rançosa do velho Comte a nos preceituar o progresso na ordem.

340. A própria emergência do Serviço Social clássico prova-o: em Richmond é visível e consciente o projeto de recusar a filantropia aleatória.

341. Traço estreitamente conectado ao ecletismo, já referido, que o processo de reconceituação trazia consigo.

342. No fundo, o que se contesta ao processo de reconceituação não é "ter ideologia", mas "ter ideologia *de esquerda*" — esta é a postura dos profissionais refratários a ele. Nos últimos quinze anos, jamais ouvi dos que mencionam o "esquerdismo" reconceituador qualquer juízo sobre a "ideologia" daqueles cujo êxito profissional foi e é variável dependente de 17 anos de ditadura.

343. Fenômeno absolutamente "normal" e *nada original na própria história do Serviço Social institucional*. Quanto a isto, os refratários ao processo de reconceituação deveriam ilustrar-se investigando as polêmicas e os giros que, por exemplo, marcaram a evolução profissional nos Estados Unidos na década de 1930, no período da Grande Depressão e do *New Deal*.

344. Seria o mesmo que sugerir que os economistas do DIEESE "desprofissionalizaram" a Economia ou que Dalmo Dallari, Carlos Gentile de Melo e Oscar Niemeyer fizeram o mesmo com o Direito, a Medicina e a Arquitetura.

345. Disto chegou a resultar, de um lado, na efervescência das escolas, um conflito mal equacionado entre estudantes mais dotados e professores tradicionais (a inquietude dos primeiros vendo na incompetência e na intransigência dos segundos um signo da "luta de classes") e, doutro, na projeção teórica, a atribuição de funções evidentemente enganosas ao Serviço Social ("transformação do mundo"). Indicações acerca dessas e outras questões encontram-se em Diego Palma, *Reconceptualización: una búsqueda en América Latina*. Buenos Aires: ECRO, 1977.

346. É premente investigar os *modelos de interação* da nossa categoria profissional — algumas curiosas configurações comportamentais viriam à luz.

José Paulo Netto. Ensaios de um *marxista sem repouso*

347. Da minha modesta experiência: conheço inúmeros casos de assistentes sociais que, manifestando solidariedade militante a grupos político-partidários de esquerda, foram acusados de "desprofissionalizar" o seu desempenho profissional. Aguardo, com ansiedade, a mesma acusação àqueles que fizeram cursos na ADESG, elogiaram o "milagre econômico" de alguns anos atrás etc. Suponho que aguardarei em vão.

348. E não é preciso referir o grau de complexidade com que tem operado a esmagadora maioria das nossas agências de intervenção — no geral, as exigências *institucionais* efetivas que se põem ao assistente social são tão reduzidas que é de se indagar se vale a pena manter cursos *universitários* para atendê-las.

349. A própria concepção do estágio era compatível com o modelo global do Serviço Social tradicional: um campo de instrumentalização (intervenção) dos conhecimentos estabelecidos (reflexão). Não é preciso dizer que a relação entre a teoria e a prática aparecia como unilateral e linear.

350. É de observar que os críticos do processo de reconceituação, neste sentido e especificamente no Brasil, demonstraram e demonstram uma extraordinária habilidade política na montagem desta mistificação. E isto porque abstraem da discussão (para só tecer assaques ao processo de reconceituação) *a efetiva queda na qualidade do ensino superior* — mas não só deste —, fenômeno diretamente relacionado à catastrófica política educacional da ditadura brasileira. Contra essa gente, é tarefa dos profissionais comprometidos com o processo de reconceituação demonstrar que a incidência do processo contribuiu decisivamente, no caso dos cursos de Serviço Social, para *travar* a tendência geral operante nos últimos dezessete anos, consistente na *degradação* da formação acadêmica.

351. Nem de longe estou sugerindo que tais aspectos são desimportantes na formação profissional. Tomá-los, porém, como o eixo dela é, realmente, conferir à profissão um estatuto *subalterno*: experiências já demonstraram que a manipulação desse repertório "técnico" é acessível a qualquer cidadão cujos dotes intelectuais se situam na faixa consensualmente reconhecida como medíocre.

352. A própria sazonalidade dos estágios, bem como a circulação dos estagiários (ambos decorrentes do caráter burocrático dos calendários escolares) *continuou* contribuindo decisivamente para a problematização desses resultados.

353. Neste sentido, as experiências de *work shop* (*taller*, no castelhano, e, em tradução discutível, para nós *oficina*), embora nem sempre sistemáticas, guardam um potencial praticamente inexplorado.

354. Uma das várias experiências que comprovam a relevância deste giro (independentemente de outros aspectos problemáticos) foi a realizada pela escola de Serviço Social da Universidade Católica de Belo Horizonte, nos inícios da década de 1970.

355. Não é este o lugar para clarificar tais progressos. Entretanto, deve-se dizer, sinteticamente, que eles se constelam em torno da emergência de um *novo perfil de profissional*, capaz de ampliar significativamente o espaço institucional do Serviço Social (que este novo profissional visualiza como uma *tecnologia* que pode intervir no campo das *políticas sociais*). Estamos em face de um agente profissional de novo tipo, com óbvia vocação intelectual, que se dispõe à intervenção institucional com a clara consciência dos seus limites. A prática que se consubstancia neste Serviço Social, autodenominado "crítico", não se dá sem problemas; referido às componentes mais audazes contidas no processo de reconceituação, ele concretiza patentes recuos — mas como tais recuos são determinados pela conjuntura histórica, esta prática institucional aparece como a mais avançada *possível*.

356. Distingo sempre a *obra marxiana* (o que é da lavra de Marx) da *tradição marxista* (o elenco diferenciado de propostas, elaborações e contribuições concretizado pela reflexão das diversas correntes marxistas). Como se verá no andamento desta intervenção, se, nos últimos vinte anos, registram-se remissões de setores do Serviço Social à tradição marxista, o seu contato com o pensamento marxiano permanece um desafio em aberto.

357. Por razões de espaço, a transcrição dessa conferência não contemplou o debate que se seguiu a esta intervenção.

358. Não é uma simples coincidência cronológica que a institucionalização profissional do Serviço Social decorra justamente durante o "período clássico" do imperialismo, que, segundo Mandel, compreende os anos que vão de 1890 a 1940.

359. É claro que, com esta determinação estou limitando a validez da obra marxiana — a sua utilização para o desvendamento de épocas anteriores e posteriores ao capitalismo não me parece passar sem reservas.

360. A fronteira entre o reacionarismo e o conservadorismo pode ser nitidamente estabelecida nas suas expressões culturais e políticas, mas é de determinação mais complexa nas práticas sociais.

361. Não creio ser preciso lembrar que o pensamento conservador está aberto a perspectivas reformistas. É próprio da vertente conservadora pensar a dinâmica da ordem social burguesa não apenas como permeável a mudanças, mas, sobretudo, como necessitada de reformas para a sua preservação.

362. Para a discussão rigorosa do caráter ontológico do pensamento marxiano, cf. G. Lukács, *Para uma ontologia do ser social*. São Paulo: Boitempo, I, 2012, p. 281-422.

363. Escusa observar que a racionalidade assim concretizada é *crítico-dialética*, à partida infirmando tanto a "destruição da razão", que abre a vida para a aventura irracionalista, quanto a "miséria da razão", que a empobrece ao esgotá-la como procedimento formal. O pensamento funcional à ordem burguesa, em plano histórico-universal e desde 1848, debate-se entre esta polaridade antitético-complementar: as impulsões irracionalistas e o racionalismo formal — cf. G. Lukács, *El asalto a la razón*. Barcelona/México: Grijalbo, 1968 e C. N. Coutinho, *O estruturalismo e a miséria da razão*. São Paulo: Expressão Popular, 2010.

364. Donde, de uma parte, a sua natureza ontológica e, doutra, no plano teórico-metodológico, o cancelamento de (e a recusa a) quaisquer fatorialismos e/ou causalismos unívocos.

365. A *naturalização* da sociedade implícita neste passo (que é simétrica à sua *moralização*, sucedâneo da especificidade perdida do ser social quando se opera a equalização da sua pesquisa à da natureza), é o grande legado da tradição positivista às chamadas ciências sociais. E que não se recorra ao "superado" Comte; antes, veja-se o sofisticado e rigoroso Durkheim: "A ciência social não poderia realmente progredir mais senão se houvesse estabelecido que as leis das sociedades não são diferentes das leis que regem o resto da natureza e que o método que serve para descobri-las não é outro senão o método das outras ciências" (E. Durkheim, *Montesquieu et Rousseau, précurseurs de la sociologie*. Paris: M. Rivière, 1953, p. 113).

366. Cf., p. ex., as ironias marxianas sobre a posição de Proudhon em face dos lados "bons" e "maus" das categorias econômicas (K. Marx, *Miséria da filosofia*. São Paulo: Expressão Popular, 2009, p. 142 e ss.) e a seguinte passagem: "Uma parte da burguesia deseja remediar os males sociais para assegurar a existência da sociedade burguesa. A esta parte pertencem economistas, filantropos, humanitários, melhoradores da situação das classes trabalhadoras, organizadores da caridade, protetores dos animais, fundadores de ligas antialcoólicas, reformadores ocasionais dos mais variados" (K. Marx-F. Engels, *Manifesto do partido comunista*. São Paulo. Cortez, 1998, p. 40).

367. Pense-se, para citar um só exemplo, nos constrangimentos de que, nos Estados Unidos, Bertha Reynolds foi vítima.

368. Sinteticamente, tratei-os na abertura do meu ensaio *Capitalismo e reificação* (São Paulo: ICP, 2015).

369. Referências a este complexo processo estão contidas na minha introdução ao volume *Stalin*, da coleção "Grandes cientistas sociais" (São Paulo: Ática, 1981).

370. Desde finais do século XIX, as críticas substantivas a Marx quiseram ferir um desses componentes (ou dois ou todos eles). A cada anúncio da "morte do marxismo", numa reiteração terrivelmente enfadonha, segue-se a mesma ladainha: com dialética não se faz "ciências", a teoria do valor-trabalho não encontra verificação empírica, a perspectiva da revolução é milenarismo...

371. Penso que o pensamento marxiano mantém uma relação de excludência com as chamadas ciências sociais. E parece-me que estas, quando trilham consequentemente uma perspectiva crítica radical, fecundadas pela inspiração marxiana, acabam por romper com o seu estatuto original. Por exemplo: pergunto-me, de fato, se obras como *A revolução burguesa no Brasil*, de Florestan Fernandes, ou *A ditadura do grande capital*, de Octavio Ianni, podem ainda ser consideradas como "sociologia crítica".

372. Neste momento, a professora Lídia M. Rodrigues da Silva pesquisa, na elaboração da sua tese de doutoramento, o modo pelo qual assistentes sociais brasileiros com alguma representatividade e que se reclamam vinculados à tradição marxista se aproximaram dela. As indicações são de que a maioria esmagadora se aproximou de Marx pela via da prática política, exercitada ainda no âmbito do movimento estudantil.

373. É claro que, para isso, contribuiu fortemente a ausência, em nosso passado profissional, de uma *tradição intelectual*, bem como o lastro de *militantismo* sempre presente no meio profissional.

374. E de que são índices incontestes elaborações de assistentes sociais em várias latitudes. Entre nós, para ficar com um exemplo privilegiado, saliento a contribuição de Marilda V. Iamamoto (cf. Marilda V. Iamamoto e Raul de Carvalho, *Relações sociais e Serviço Social no Brasil*. São Paulo: Cortez/CELATS, 1983).

375. Pode-se negar que, como o disse Sartre, esta tradição seja "o espírito do nosso tempo", *mas não se pode negar a necessidade de um confronto aberto e sério com ela*. Isto não significa, nem de longe, que a adesão à tradição marxista seja imperativa, mas significa que ela é um *interlocutor inalienável* no debate teórico--cultural contemporâneo.

376. Publicado no módulo I de *Capacitação em Serviço Social e Política Social*. Brasília: CFESS/ABEPSS/CEAD-UnB, 1999.

377. Esta designação não é originalmente da minha responsabilidade: ela já circulava no IX CBAS, realizado em Goiânia (1998), onde a recolhi. Devo salientar que tal designação nunca me pareceu inteiramente adequada — o leitor do meu ensaio de 1999 certamente notará nele a minha preferência pela denominação *novo projeto profissional*.

378. Pouco depois de sua publicação no Brasil, o texto foi editado em Portugal, na Espanha e na América Latina. Posteriormente, foi republicado em nosso país — cf. MOTA, A. E. *et al* (Orgs.). *Serviço Social e saúde: formação e trabalho profissional*. São Paulo: Cortez/OPS/OMS, 2006; aqui, as citações serão feitas conforme esta edição de 2006, com os números entre parênteses indicando as suas respectivas páginas (na última citação, há uma adição adjetiva, que não constava da versão de 1999).

José Paulo Netto. Ensaios de um *marxista sem repouso*   415

379. Algumas delas já foram sugeridas nos artigos de Marcelo Braz, "O governo Lula e o projeto ético-político do Serviço Social", e de José Paulo Netto, "A conjuntura brasileira: o Serviço Social posto à prova", publicados em *Serviço Social & Sociedade* (São Paulo: Cortez, ano XXV, respectivamente n. 78, julho/2004 e n. 79, setembro/2004).

380. Conforme a justa notação de Ana Elizabete Mota, organizadora do volume *O mito da assistência social. Ensaios sobre Estado, sociedade e política social*. Recife: Ed. Univ. da UFPE, 2006.

381. Um dos primeiros sinais explícitos dessa política foi a substituição do "currículo mínimo" pelas "diretrizes curriculares".

382. É curioso notar que tanto os ideólogos ministeriais da "desregulamentação" quanto segmentos profissionais progressistas recusam — por razões alegadamente diversas — a proposta de um "exame de proficiência" para assistentes sociais. A coincidência na recusa deveria levar os mencionados segmentos profissionais a alguma reflexão.

383. Não posso tematizar aqui a "educação à distância" no âmbito do Serviço Social, mas devo explicitar que não tenho contra ela uma posição de princípio — penso que o essencial é discutir as *condições reais* em que se pode efetivar e as *exigências rigorosas* a que deve atender.

384. No que toca aos periódicos profissionais, apenas a título de ilustração, recorra-se, entre muitas, a publicações bem conhecidas: *British Journal of Social Work* (Reino Unido), *Social Service Review* (EUA), *Canadian Social Work Review* (Canadá), *Transnational Social Review* (Alemanha), *The New Social Worker* (EUA), *European Journal of Social Work* (Reino Unido), *Revue Française de Service Social* (França), *Lien Social* (França), *Serviço Social & Sociedade* (Brasil), *Escenarios* (Argentina) e *Revista de Trabajo Social* (seja a chilena, seja a mexicana).

Quanto à bibliografia, só é possível mencionar aqui, de um rol enorme, uma pequeníssima, mas expressiva, amostragem: J. Clarke (ed.), *A Crisis in Care? Challenges to Social Work*. London: Sage, 1993; N. Parton (Ed.), *Social Theory, Social Change and Social Work*. London: Routledge, 1996; Chopart, J.-N. (Dir.), *Les mutations du travail social*. Paris: Dunod, 2000; A. Adams *et al* (Eds.), *Fundamentals of Social Work in Selected European Countries*. Lime Regis: Russel House, 2000; P. Mondolfo, *Travail social et développement*. Paris, Dunod, 2001; L. Dominelli, *Social Work: Theory and Practice for a Changing Profession*. Cambridge: Polity Press, 2004; W. Lorenz, *Social Work in a Changing Europe*. London: Routledge, 1994 e *Perspectives on European Social Work*. Opladen: Barbara Budrich Publishers, 2006; M. V. Iamamoto, *Serviço Social em tempo de capital fetiche*. São Paulo: Cortez, 2007; V. Fortunato *et al* (Eds.). *Social Work in Restrutured European Welfare Systems*. Roma: Carocci, 2008; M. Payne & G. A. Askeland, *Globalization and International Social Work*. Farham (UK): Ashgate, 2008.

Enfim, acerca da documentação institucional, recorra-se, por exemplo, a textos da última década das seguintes organizações: *International Federation of Social Workers*, *International Association of Schools of Social Work*, *European Association of Schools of Social Work* e *Asociación Latinoamericana de Escuelas de Trabajo Social*.

385. Espero que o eventual leitor não se apoquente com este rol de referências, que podem parecer excessivas; elas são aqui registradas porque entendo que os especialistas da área do Serviço Social devem sempre socializar as suas fontes, procedimento imperioso para alargar o horizonte das pesquisas e estimular/problematizar mais pistas de investigação.

386. Sobre o *endogenismo* na análise do desenvolvimento do Serviço Social, cf. C. Montaño, *A natureza do Serviço Social*. São Paulo: Cortez, 2007.

387. Para mapear a profissionalização do Serviço Social, a documentação é, do ponto de vista quantitativo, enorme; refiro, aqui, tão somente os principais títulos de que se socorrem as minhas pesquisas: R. E. Pumphrey & M. W. Pumphrey (Eds.), *The Heritage of American Social Work*. New York: Columbia University Press, 1967; P. Seed, *The Expansion of Social Work in Britain*. London: Routledge & Kegan Paul, 1973; R. Lubove, *The Professioal Altruist. The Emergence of Social Work as Career (1880-1930)*. New York: Atheneum, 1977; J. Leiby, *A History of Social Welfare and Social Work in the United States*. New York: Columbia University Press, 1978; J. Verdès-Leroux, *Le travail social*. Paris: Minuit, 1978; Y. Kniebiehler, *Nous les assistantes sociales. Naissance d'une profession. Trente ans de souvenirs d'assistantes sociales françaises (1930-1960)*. Paris: Aubier, 1980; J. Midgley, *Professional Imperialism: Social Work in the Third World*. London: Heinemann, 1981; M. E. Martínez *et alii*, *Historia del Trabajo Social en Colombia*. Bogotá: Tecnilibros, 1981; M. V. Iamamoto e R. Carvalho, *Relações sociais e Serviço Social no Brasil*. São Paulo: Cortez/Celats, 1983; M. M. Castro, *História do Serviço Social na América Latina*. São Paulo: Cortez, 1984; J. H. Ehrenreich, *The Altruistic Imagination: A History of Social Work and Social Policy in the United States*. Ithaca (NY): Cornell University Press, 1985; H.-J. Brauns & D. Kramer, *Social Work Education in Europe: A Comprehensive Description of Social Work Education in 21 Countries*. Frankfurt: Deutschen Vereins, 1986; H. Mouro e A. Carvalho, *Serviço Social no Estado Novo*. Coimbra: Centelha, 1987; N. Alayón, *Historia del Trabajo Social en Argentina*. Buenos Aires: Espacio, 1992; M. C. Hokenstad *et al* (Eds.), *Profiles in International Social Work*. Washington: NASW Press, 1992; T. D. Watts *et al* (Eds.), *International Handbook on Social Work Education*. London: Greenwood Press, 1995; C. Rater-Garcette, *La professionnalisation du Travail Social: action sociale, syndicalisme, formation, 1880-1920*. Paris: L'Harmattan, 1996; E. E. Ramírez, *Historia del Trabajo Social en México*. México: Plaza y Valdéz, 1998; M. H. Q. Neira (Org.). *Antología del Trabajo Social chileno*. Concepción: Universidad de Concepción, 1999; A. M. C. Martins, *Génese, emergência e institucionalização do Serviço Social português*. Lisboa: Fund.

C. Gulbenkian/Fund. para a Ciência e a Tecnologia, 1999; N. Tello (Coord.). *Trabajo Social en algunos países: aportes para su comprensión*. México: UNAM, 2000; G. Parra, *Antimodernidad y Trabajo Social. Orígenes y expansión del Trabajo Social argentino*. Buenos Aires: Espacio, 2001; L. Ruiz, "Sesenta años de Trabajo Social en Venezuela". *Revista Venezuelana de Análisis de Coyuntura*. Caracas: Universidad Central de Venezuela, enero-julio, 2002; S. Hering & B. Waaldijk, *History of Social Work in Europe (1900-1960)*. Opladen: Leske & Budrich, 2003; E. Jovelin (Dir.). *Histoire du Travail Social en Europe*. Paris: Vuibert, 2008; W. R. Wendt, *Geschichte der Sozialen Arbeit*. Stuttgart: Lucius & Lucius, 2008; M. L. Molina, "El Trabajo Social en América Latina y Caribe". *Revista Em Pauta*. Rio de Janeiro:Universidade do Estado do Rio de Janeiro/Faculdade de Serviço Social, n. 22, 2009; G. Hauss & D. Schulte (Eds.). *Amid Social Contradictions: Towards a History of Social Work in Europe*. Leverkusen: Barbara Budrich Publishers, 2009; J. Pierson, *Understanding Social Work. History and Context*. New York: Two Penn Plaza, 2011; K. Lyons *et al*, *The Sage Handbook of International Social Work*. London: Sage, 2012.

388. Com efeito — e deixadas de lado as transplantações colonialistas da profissão —, a universalização do Serviço Social é posterior a 1960 (o seu último capítulo, invadindo a Europa Central e do Leste, está diretamente ligado ao colapso das experiências do "socialismo real" e ao impacto negativo deste colapso sobre amplos contingentes populacionais).

389. Cf. FLORA,P.; HEIDENHEIMER, A. (Eds.), *The Development of Welfare State in Europe and America*. New Brunswig: Transaction, 1981; R. Mishra, *Society and Social Policy. Theories and Practice of Welfare*. London: MacMillan, 1981 e *O Estado providência na sociedade capitalista*. Oeiras: Celta, 1995; G. Esping-Andersen, *The Three Worlds of Welfare Capitalism*. Cambridge/Princeton: Polity Press & Princeton University Press, 1990 e C. Pierson & F. Castles (Eds.). *The Welfare State Reader*. Cambridge: Polity Press, 2007.

390. Cf. MARSHALL, T. H. *Cidadania, classe social e status*. Rio de Janeiro: Zahar, 1967. Para uma crítica da concepção de Marshall, cf. BOBBIO, N. *A era dos direitos*. Rio de Janeiro: Campus, 2004, para uma interessante alternativa liberal à concepção tradicional dos direitos sociais, cf. J. C. Espada, "Direitos sociais de cidadania — uma crítica a F. A. Hayek e R. Plant". *Análise social*. Lisboa: Instituto de Ciências Sociais/Universidade de Lisboa, v. XXX (131-132), 1995.

391. Tais possibilidades são, também, uma função do nível e do resultado das lutas de classes em contextos sócio-históricos muito determinados — cf. NETTO, J. P. *Democracia e transição socialista. Escritos de teoria e política*. Belo Horizonte: Oficina de Livros, 1990.

392. Recorde-se a ação da célebre *COS*, fundada em Londres em 1869 — cf. BOSANQUET, H. D. *Social Work in London, 1869-1912: A History of the Charity Organisation Society*. New York: A. M. Kelley, 1970 (ed. orig. de 1914).

393. A relação entre Serviço Social e "questão social" é objeto de larga bibliografia profissional, dispensável de referir nesta oportunidade. Cabe observar, porém, que depois da publicação dos (muito diferentes) trabalhos de P. Rosanvallon, *La nouvelle question sociale. Repenser l´État Providence*. Paris: Minuit, 1995 e de R. Castel, *Métamorphoses de la question sociale. Une chronique du salariat*. Paris: Fayard, 1995, a polêmica entre os assistentes sociais se reacendeu; na bibliografia profissional brasileira, cf., entre outros, os textos reunidos em *Temporalis*. Brasília: ABEPSS/Grafline, ano 2, n. 3, 2001; A. Pastorini, *A categoria "questão social" em debate*. São Paulo: Cortez, 2004 e o capítulo 1 de J. S. Santos, *"Questão social". Particularidades no Brasil*. São Paulo: Cortez, 2012.

394. A recusa do assistencialismo tem sido historicamente constante entre os profissionais do Serviço Social; contudo, não foram muitos os esforços analíticos para fundamentá-la — entre eles, cabe referir o ensaio de N. Alayón, *Asistencia y Asistencialismo. Pobres controlados o erradicación de la pobreza?*. Buenos Aires: Lumen-Humanitas, 4. ed., 2008.

395. Discussão relevante acerca de conceitos como esses, correlatos ao de política social, encontra-se no cap. V de P. A. P. Pereira, *Política social. Temas & questões*. São Paulo: Cortez, 2008.

396. De fato, as periferias e semiperiferias não experimentaram a implementação de quaisquer formatos de *Welfare* — nas Américas, por exemplo, o Uruguai do período reformista de Battle y Battle (1900/1930) no máximo pode ser considerado uma tênue "antecipação" de *Welfare* (cf. G. Caetano & J. Rilla, *Historia contemporánea del Uruguay*. Montevideo: Claeh/Fin de Siglo, 1996) e a Costa Rica de José Figueres, posterior à guerra civil (1948), não mais que isso (cf. H. P. Brignoli, ed., *Historia general de Centro América. De la posguerra a la crisis.1945-1979*. Madrid: Comunidades Europeias/FLACSO, 1993). Para além das "modernizações capitalistas" (de que são exemplos, no pós-1930, o México de Cárdenas, o Brasil de Vargas e a Argentina do primeiro Perón), a configuração dos direitos sociais dificilmente pode ser identificada, na América Latina, como parte da constituição de um *Welfare*. Por outro lado, houve áreas periféricas em que a modernização tardia se processou também sob o tacão de ditaduras truculentas (como o Irã de Reza Pahlevi, entre 1953 e 1979, e a Indonésia de Suharto, entre 1965 e 1998).

397. O Brasil é um desses casos: segundo alguns analistas, a Constituição aprovada (1988) após a derrota da ditadura (1964-1985) continha um projeto de *Welfare*, logo inviabilizado — cf. LESBAUPIN, I. (Org.). *O desmonte da Nação. Balanço do governo FHC*. Petrópolis: Vozes, 1999.

398. Mormente em função da expansão das políticas sociais, como o demonstrou o estudo de Esping-Andersen citado na nota 389. Vale lembrar que, nos anos

1960-1975, o crescimento do gasto social em relação ao PIB, nos 7 maiores países da OCDE (Canadá, França, Alemanha Ocidental, Itália, Japão, Reino Unido e Estados Unidos) saltou, na média, de 12,3% para 21,9% (cf. PIERSON, C. *Beyond the Welfare State?*. Cambridge: Polity Press, 1991).

399. Recorde-se que, então, enfim se estabeleceram e definiram melhor os "novos processos" (ou "métodos") — a intervenção com grupos e o trabalho em comunidades —, postos agora ao lado do trabalho centrado em indivíduos (o "caso").

400. Todo esse complexo ídeo-político e teórico encontrou tratamento em M. L. Martinelli, *Serviço Social: identidade e alienação*. São Paulo: Cortez, 7. ed., 2001; M. V. Iamamoto, *Renovação e conservadorismo no Serviço Social*. São Paulo: Cortez, 7. ed., 2004; J. P. Netto, *Capitalismo monopolista e Serviço Social*. São Paulo: Cortez, 7. ed., 2009 e *Ditadura e Serviço Social*. São Paulo: Cortez, 16. ed., 2011.

401. Neste contexto, antigas organizações umbilicalmente ligadas ao Serviço Social passaram a ter o seu protagonismo redimensionado — como é o caso do *Conselho Internacional de Bem-Estar Social (ICSW)*, fundado em 1928 pelo Dr. R. Sand.

402. Não se esqueça que a assistência pode constituir-se (e, de fato, constituiu-se) na estratégia de instituições e organizações não estatais (é legítimo, pois, considerar-se a existência, por exemplo, de uma *política assistencial* de instituições religiosas). Um dos traços próprios do *Welfare State* foi a subsunção (não a eliminação) dessas políticas à *sua* política social.

403. Data deste período a preocupação *técnica* dos assistentes sociais com o planejamento da intervenção profissional.

404. Questão que não pode sequer ser tangenciada aqui é a que se refere ao usuário dos serviços prestados pelo assistente social — ao deixar de ser um "assistido" (objeto de ação filantrópico-caritativa), passando a ser um "cidadão" (que recebe a atenção que lhe cabe por direito), livrou-se ele do *estigma social* de ser um "beneficiário"?

405. Condicionadas, inclusive, por alterações na divisão internacional do trabalho, quando Estados semiperiféricos e periféricos tiveram a sua economia afetada, por exemplo, pela chamada *industrialização via substituição de importações*, cujo auge ocorreu nos anos 1950.

406. Não cabe recuperar aqui o quadro geral do debate sobre o *subdesenvolvimento* e a tomada de consciência acerca dele, emergente no imediato segundo pós-guerra (e, naturalmente, vinculada às lutas de libertação nacional que culminaram com a liquidação dos velhos impérios coloniais). Basta-me apenas indicar que tal debate, na passagem dos anos 1950 aos 1960 e em seguida, produziu uma importante bibliografia crítica, cuja expressão privilegiada aparece nos textos da época de pensadores como Yves Lacoste, Celso Furtado, A. Gunder Frank e, em especial, do que se convencionou chamar de "teoria da dependência" (R. Mauro Marini, Teotônio dos Santos *et al*).

407. As ideias de Rostow, conselheiro do governo norte-americano nos anos 1960, foram sistematizadas em seu livro *The Stages of Economic Growth* (Cambridge: Cambridge University Press, 1960), cujo título se complementava, emblematicamente, com a qualificação *um manifesto não-comunista*.

408. Inclusive a ONU, cuja Assembleia Geral, a partir de 1960, passou a fomentar as "Estratégias Internacionais de Desenvolvimento", elaboradas a espaços de dez anos.

409. Fundador de *Économie et humanisme*, o padre L. J. Lebret — assessor do Concílio Vaticano II, convocado por João XXIII em 1961 — publicou, entre muitos trabalhos importantes, *Dynamique concrète du développement*. Paris: Éd. Ouvrières, 1967.

410. Já mencionei o peso do pensamento sociológico funcionalista (norte-americano) sobre o Serviço Social nos anos 1950/1960 — a noção de "mudança social" (quase sempre articulada à de "modernização") é dele caudatária. Construiu-se, à base daquele pensamento, uma "sociologia do desenvolvimento" segundo a qual a "solução" para o subdesenvolvimento, implicando "mudança social" e "modernização", era sobretudo um equacionamento "técnico", demandando essencialmente um eficaz "planejamento social".

411. É neste quadro que, por exemplo, na América Latina, surgirá um importante movimento de renovação do Serviço Social, conhecido como "Reconcei-tuação" — cf. N. Alayón *et al*, *Desafío al Servicio Social*. Buenos Aires: Humanitas, 1976; D. Palma, *Reconceptualización: una búsqueda en América Latina*. Buenos Aires: Ecro, 1977; V. P. Faleiros, "Confrontos teóricos do movimento de reconceituação do Serviço Social na América Latina". *Serviço Social & Sociedade*. São Paulo: Cortez, n. 24, agosto de 1987. Para uma visão retrospectiva, cf. ALAYÓN, N. (Org.). *Trabajo Social latinoamericano*. Buenos Aires: Espacio, 2. ed. aumentada, 2007 — nesta edição, há textos referentes a Portugal (de M. H. Reis e C. S. Maurício) e à Espanha (de M. Feu).

412. Especificamente sobre o *tatcherismo* e a *reaganomics*, cf. EVANS, E. J. *Thatcher and Thatcherism*. London: Routledge, 2004 e SAHU, A. P.; TRACY, R. L. (Eds.). *The Economic Legacy of the Reagan Years: Euphoria or Chaos?*. New York: Praeger, 1991.

Quanto à crise do *Welfare State*, larga bibliografia foi dedicada a ela. Cf., entre muitas fontes: OCDE, *L'État protecteur en rise. Rapport de la Conférence sur les Politiques Sociales dans les années 80. Paris, 20-30 octobre, 1980*. Paris: OCDE, 1981; P. Rosanvallon, cit. na nota 393; R. Mishra, *The Welfare State in Crisis: Social Thought and Social Change*. New York: St. Martin's Press, 1984; S. de Brunhoff,

L'heure du marché. Critique du libéralisme. Paris: PUF, 1986; J. Alber, "Is there a crisis of the Welfare State? Crossnational evidence from Europe, North America, and Japan". European Sociological Review. Oxford: Oxford University Press, v. 4, n. 3, 1988; M. Moran, "Crisis of the Welfare State". *British Journal of Political Science.* Cambridge: Cambridge University Press, v. 18, n°.3, 1988; E. Isuani *et al, El Estado benefactor. Un paradigma en crisis.* Buenos Aires: Miño y Dávila Eds., 1991; P. Pierson, *Dismantling the Welfare State? Reagan, Tatcher and the politics of retrenchment.* Cambridge: Cambridge University Press, 1994. Cf., ainda, A. J. Avelãs Nunes, *As voltas que o mundo dá... Reflexões a propósito das aventuras e desventuras do Estado Social.* Lisboa: Avante!, 2010.

413. Cf. E. Mandel, *O capitalismo tardio.* São Paulo: Abril, 1982 e *A crise do capital. Os fatos e sua interpretação marxista.* São Paulo/Campinas: Ensaio/Unicamp, 1990. Para um tratamento polêmico da concepção de Mandel, cf. E. Almeida Neto, "Uma onda longa recessiva está apenas começando", *in:* SAMPAIO JR. P. A. (Org.). *Capitalismo em crise. A natureza e a dinâmica da crise econômica mundial.* São Paulo: Sundermann, 2009.

414. Uma síntese histórica dos "anos dourados" e do seu "desmoronamento" encontra-se em E. J. Hobsbawm, *Era dos Extremos (1914-1991).* São Paulo: Cia. das Letras, 1995.

415. Cf. R. Braga, *A restauração do capital.* São Paulo: Xamã, 1996. Brilhante análise do cinismo da economia política do capital diante dos resultados efetivos dessa restauração encontra-se em J. L. Medeiros, *A economia diante do horror econômico.* Niterói: Ed. da UFF, 2013, parte IV.

416. Cf. CHESNAIS, F. *A mundialização do capital.* São Paulo: Xamã, 1996. CHESNAIS, F. (Coord.). *A mundialização financeira: gênese, custos e riscos.* São Paulo: Xamã, 1998 e *A finança mundializada.* São Paulo: Boitempo, 2005; AMIN, S. *Más allá del capitalismo senil.* Paidós: Buenos Aires, 2003; HARVEY, D. *O novo imperialismo.* São Paulo: Loyola, 2004 e *O neoliberalismo. História e implicações.* São Paulo: Loyola, 2008 e STEGER, M. B. y ROY, R. K. *Neoliberalismo. Una breve introducción.* Madrid: Alianza, 2011.

Sobre o conservadorismo contemporâneo, cf. CUEVA, A. (Coord.). *Tempos conservadores. A direitização no Ocidente e na América Latina.* São Paulo: Hucitec, 1989; MILIBAND, R. *et al. El conservadurismo en Gran Bretaña y Estados Unidos.* Valencia: Alfons el magnanim, 1992; CAMPOS, M. Verea y NUÑEZ GARCÍA, S. (Coords.). *El conservadurismo en Estados Unidos y Canadá. Tendencias y perspectivas hacia el fin del milenio.* México: UNAM/CISAN, 1997 e STELZER, I. (Ed.). *The Neocon Reader.* New York: Grove Press, 2004.

417. Resumi esse processo no ensaio "Transformações societárias e Serviço Social. Notas para uma análise prospectiva da profissão no Brasil" (*Serviço*

Social & Sociedade. São Paulo: Cortez, ano XVII, n. 50, abril/1996); outra síntese está acessível em J. P. Netto e M. Braz, *Economia política. Uma introdução crítica.* São Paulo: Cortez, col. Biblioteca Básica de Serviço Social, v. 1, 7. ed., 2011. Ver também D. Harvey, *Condição pós-moderna.* São Paulo: Loyola, 1993; F. Jameson, *Pós-modernidade ou a lógica cultural do capitalismo tardio.* São Paulo: Ática, 1996; R. Antunes, *Os sentidos do trabalho: ensaio sobre a afirmação e a negação do trabalho.* São Paulo: Boitempo, 2000; G. Therborn, *Sexo e poder. A família no mundo.1900-2000.* São Paulo: Contexto, 2006.

418. Cf. DUMÉNIL, G.; LÉVY, D. *The Economics of the Profit Rate.* Brookfield: E. Elgar, 1993 e WOLF, E. *"What's Behind the Rise in Profitability in the US in the 1980s and 1990s?".* Cambridge Journal of Economics. Oxford: Oxford University Press, 2003, v. 27, number 4.

419. Cf. E. Costa, *A globalização e o capitalismo contemporâneo.* São Paulo: Expressão Popular, 2008, p. 69-103. Resultado desse processo de concentração/centralização: uns poucos grupos monopolistas detêm o *controle mundial* dos setores de biotecnologia, produtos farmacêuticos e veterinários, sementes, agro-tóxicos, alimentos e bebidas e redes de distribuição varejista (cf. *Brasil de fato.* São Paulo: ano 4, n. 160, março/2006). Também nas finanças internacionais o mesmo processo se verifica: elas já eram mundialmente controladas, no final do século XX, por menos de 300 bancos (e corretoras de ações e títulos).

420. Escrevendo na entrada do presente século, S. Amin (*op. cit.* na nota 416, p. 32) estima que o fluxo de capitais voláteis era 30 vezes superior ao montante do comércio mundial. Isto foi possível com a liquidação de quaisquer controles nacionais significativos, implicando na redução da soberania de Estados na-cionais — naturalmente os mais débeis; como observou o Prof. Hobsbawm, "o mundo mais conveniente para os gigantes multinacionais é aquele povoado por Estados-anões, ou sem Estado algum" (*op. cit.* na nota 414, p. 276).

421. Exemplares do *transformismo* aqui aludido foram as inflexões operadas nos partidos de cariz social-democrata, que tinham sido, como A. Przeworski (*Capitalismo e social-democracia.* São Paulo: Cia. das Letras, 1991) o demonstrou, suportes políticos — juntamente com seus aparatos sindicais — do *Welfare.* Na sequência dos anos 1980, tais partidos tornaram-se intransigentes gestores das "políticas de ajuste" propugnadas pelas chamadas agências multilaterais (Banco Mundial, Fundo Monetário Internacional); cf. D. Sassoon, *One Hundred Years of Socialism.* London: I. B. Taurus, 1996, esp. o livro terceiro; outra análise, pouco crítica, e que aborda algo de um "caso semi-periférico", o espanhol, encontra-se em J. V. Sevilla, *El declive de la socialdemocracia.* Barcelona: RBA, 2011; para o "caso periférico" brasileiro do Partido dos Trabalhadores (PT) e seu governo, cf. M. Iasi, *As metamorfoses da consciência de classe. O PT entre a negação e o consentimento.*

São Paulo: Expressão Popular, 2006 e V. Arcary, *Um reformismo quase sem reformas. Uma crítica marxista do governo Lula em defesa da revolução brasileira.* São Paulo: Sundermann, 2011.

Quanto às transformações vividas pelo movimento sindical, cf., p. ex., A. Bihr, *Du "Grand Soir" à "L'Alternative". Le mouvement ouvrier européen en crise.* Paris: Éd. Ouvirères, 1991; J. Freyssinet (Org.). "Syndicats d'Europe". *Le mouvement social.* Paris: Éd. Ouvrières, n. 162, janvier-mars, 1993; L. M. Rodrigues, *Destino do sindicalismo.* São Paulo: EDUSP, 1999; G. Alves, *O novo (e precário) mundo do trabalho. Reestruturação produtiva e crise do sindicalismo.* São Paulo: Boitempo, 2000; K. Moody, *US Labor in Trouble and Transition.* New York: Verso, 2007.

422. HOBSBAWM, E. J. *in:* BLACKBURN. R. (Org.). *Depois da queda. O fracasso do comunismo e o futuro do socialismo.* Rio de Janeiro: Paz e Terra, 1992, p. 104; o cauteloso "provavelmente" do parêntese de Hobsbawm pode ser suprimido hoje (2013). Sobre a "crise ecológica", cf. SANTOS, B. Sousa. *Pela mão de Alice. O social e o político na pós-modernidade.* São Paulo: Cortez, 1995, p. 296-299.

423. Em 1999, "a concentração [da riqueza] chegou ao ponto de o patrimônio conjunto dos raros 447 bilionários que há no mundo ser equivalente à renda somada da metade mais pobre da população mundial — cerca de 2,8 bilhões de pessoas" (Alex F. Mello, *Marx e a globalização.* São Paulo: Boitempo, 1999, p. 260); em 2004, documento de agência vinculada à ONU informava que os 500 indivíduos mais ricos do mundo tinham um rendimento conjunto maior que o rendimento dos 416 milhões de pessoas mais pobres (PNUD, *Relatório do desenvolvimento humano 2005.* Lisboa: Ana Paula Faria Ed., 2005, p. 21); dados da ONU, de 2006, indicavam que "os 2% adultos mais ricos do mundo possuem a metade da riqueza global, enquanto a parcela correspondente a apenas 1% da população adulta detém 40% dos ativos mundiais. Em contrapartida, a metade mais pobre da população adulta só possui 1% da riqueza global" (E. Costa, *op. cit.* na nota 419, p. 109); cf. ainda, sobre a oligarquia financeira global e seus agregados, DREIFUSS, R A. *A época das perplexidades. Mundialização, globalização e planetarização: novos desafios.* Petrópolis: Vozes, 2004.

Acerca da pauperização das massas, cf., dentre documentos oficiais, textos acadêmicos e jornalísticos, V. Forrester, *L'horreur économique.* Paris: A. Fayard, 1996; H.-P. Martin e H. Schumann, *A armadilha da globalização. O assalto à democracia e ao bem-estar social.* Lisboa: Terramar, 1998; M. Chossudovsky, *A globalização da pobreza.* São Paulo: Moderna, 1999; Banco Mundial, *Globalization, growth and poverty: building an inclusive world economy* (*press release* de 23 de abril de 2004); M. Pochmann *et al.* (Orgs.). *Atlas da exclusão social. v. 4: A exclusão no mundo.* São Paulo: Cortez, 2004; OECD, *Growing Unequal? Income Distribution and Poverty in OECD.* Paris: OECD, 2008; CEPAL, *Panorama social de América Latina. 2009.*

Santiago: ONU/CEPAL, 2009; United States Census Bureau, *Income, Poverty and Health Insurance Coverage in the United States. 2010.* Washington (DC): US Government Printing Office, 2011; OECD, *Divided We Stand: Why Inequality Keeps Rising.* Paris: OECD, 2012; M. Antuofermo & E. Di Meglio, "Population and Social Conditions". Eurostat, *Statistics in focus,* 9/12; EAPN-Rede Europeia Anti-Pobreza/Portugal, *Indicadores sobre a pobreza. Dados europeus e nacionais.* Porto: EAPN/Portugal, agosto de 2012; R. Grover, C. Pearce & K. Raworth, "Desigualdade e degradação ambiental ameaçam excluir os pobres dos benefícios do crescimento econômico". *Informativo da OXFAM 157.* Oxford: Oxfam GB, janeiro de 2012; J. Ziegler, *Destruição em massa. Geopolítica da fome.* São Paulo: Cortez, 2013.

Sobre o desemprego, cf., na década de 1990, as preocupações do "Grupo de Lisboa", expressas em *Limites à competição.* Lisboa: Europa-América, 1994 e Jeremy Rifkin, *O fim dos empregos.* São Paulo: Makron Books, 1995; a magnitude do fenômeno, na sequência das conjunturas críticas de 2008 e 2010, demonstrou suficientemente que ele é *constitutivo,* nesta escala, do *novo capitalismo* — "Nossa estimativa provisória para o ano de 2011 é que o desemprego tenha sido de 196 milhões de pessoas e que passaremos em 2012 a 202 milhões, um aumento de seis milhões, e em 2013, a 207 milhões" (declarou em Genebra R. Torres, diretor do Instituto Internacional de Estudos Sociais da OIT, conforme o *site* noticias. terra.com.br em 29 de abril de 2012).

Submergidos em aparente serenidade e em óbvio otimismo (imperdoavelmente ingênuo), alguns traços desse *novo capitalismo* subjazem no *Relatório do Desenvolvimento Humano 2013. A ascensão do Sul: progresso humano num mundo diversificado,* elaborado pelo PNUD, que registra, à página 22 da sua versão em português, esta passagem significativa: "A crescente desigualdade de rendimentos nos Estados Unidos e nalguns países europeus espelha a questão da equidade na forma como são distribuídos os rendimentos e os beneficiários do crescimento. Estas preocupações começam a permear o discurso político dominante nos países desenvolvidos, embora, até a data, com impacto limitado nas políticas seguidas. O desemprego nos países desenvolvidos apresenta os seus níveis mais elevados desde há anos, sendo que uma grande percentagem da população ativa não obteve, nas últimas décadas, um incremento significativo dos salários reais, apesar do aumento substancial de rendimento verificado nos decis mais ricos. O aumento da desigualdade tem sido acompanhado por exigências, da parte de muitos dos mais desafogados, de menos Estado e de maior contenção orçamental: os desafogados não só beneficiaram de forma desproporcionada do início do crescimento, como também parecem empenhados em proteger os seus ganhos. É surpreendente que, nas democracias, apesar da pressão considerável da sociedade civil, a agenda dos governos seja dominada por programas de austeridade e não por programas de proteção social".

424. A cultura política própria à ofensiva do capital foi enunciada contundentemente pela falecida Senhora Thatcher: "Não há sociedade, só indivíduos".

425. Cf., por exemplo, N. Johnson, *The Welfare State in Transition: The Theory and Practice of Welfare Pluralism*. Brighton: Weatsheaf, 1987; G. Esping-Andersen, *Welfare State in Transition: National Adaptations in Global Economies*. London: Sage, 1996; G. Bonoli *et al*, *European Welfare Futures: Towards a Theory of Retrenchment*. Cambridge: Polity Press, 2000; P. Pierson (Ed.). *The New Politics of the Welfare State*. Oxford: Oxford University Press, 2001.

426. Sobre a produção destrutiva, cf. I. Mészáros, *Para além do capital*. São Paulo: UNICAMP/Boitempo, 2002, esp. caps. 14 a 16. No que toca à degradação dos ecossistemas, já está claro que "é uma ilusão acreditar que um desenvolvimento [ecologicamente] sustentável seja alcançável no interior dos mecanismos de funcionamento do mercado" (A. W. Stahel, *in:* CAVALCANTI, C. (Org.). *Desenvolvimento e natureza. Estudos para uma sociedade sustentável*. São Paulo/Recife: Cortez/Fundação Joaquim Nabuco, 1995, p. 111); em ensaio mais recente, outra investigadora tematiza a questão da "sustentabilidade" ambiental em relação à "sustentabilidade social", chegando à mesma conclusão de Stahel (cf. M. G. e Silva, "Sustentabilidade ambiental e (in)sustentabilidade social", *in:* MOTA, A. E. (Org.). *As ideologias da contrarreforma e o Serviço Social*. Recife: Ed. da UFPE, 2010).

427. Cf. a documentação citada na nota 423 e, *infra*, na nota 436.

428. Tais tendências já tinham sido apreendidas, desde os anos 1980, por estudiosos argutos como o mexicano R. Villareal (*La Contrarrevolución Monetarista. Teoría, Política Económica e Ideología del Neoliberalismo*. México: Fondo de Cultura Económica, 1986, esp. partes IV e V) e o português A. J. Avelãs Nunes (O keynesianismo e a contrarrevolução monetarista. Coimbra: Separata do Boletim de Ciências Económicas, 1991, esp. p. 510 e ss.).

429. Em inícios de 2008, o estudioso norte-americano R. Brenner anotava que "o desempenho econômico nos EUA, Europa Ocidental e Japão, deteriorou-se em todos os indicadores relevantes (crescimento econômico, investimento, salários) década após década, ciclo econômico após ciclo econômico, desde 1973" (cf. *Against The Current*. Detroit, janeiro-fevereiro de 2008). Corridos cinco anos, este quadro não foi revertido.

430. De 1970 até 2008, antes da chamada "crise da zona do euro", registraram-se, no mundo, "124 crises bancárias sistêmicas, 208 crises cambiais e 63 episódios de não pagamento de dívida soberana" (C. Gontijo e F. A. Oliveira, *Subprime: os 100 dias que abalaram o capital financeiro e os efeitos da crise sobre o Brasil*. Belo Horizonte: Corecon-MG/Autores, 2009, p. 5).

431. E. Costa, "A crise mundial do capitalismo e as perspectivas dos trabalhadores". *Resistir.info*, 5 de fevereiro de 2009. Os itálicos não constam do original.

Ensaios indispensáveis para compreender a crise capitalista mundial encontram-se em M. Chossudovski e A. G. Marshall (Eds.). *The Global Economic Crisis. The Great Depression on the XXI Century*. Montreal: Global Research, 2010.

432. Desde meados dos anos 1970, em todos os quadrantes, as lutas sociais, especialmente as conduzidas pelos segmentos proletários, prosseguiram — mas assumiram caráter defensivo, de resistência. Este caráter permanece, a meu juízo, nas mobilizações dos três últimos anos, que certamente indicam um novo tônus combativo que, porém, para ultrapassar o limite da resistência e ganhar a ofensiva, exigem a superação do que, noutra oportunidade, caracterizei como *déficit organizativo* da esquerda (cf. J. P. Netto, "O *deficit* da esquerda é organizacional". *Socialismo e Liberdade*. Rio de Janeiro: Fundação Lauro Campos, ano 1, n. 2, 2009).

433. A indústria bélica sempre constituiu um dínamo da economia capitalista na era monopólica (cf. V. Perlo, *Militarism & Industry*. New York: International Publishers, 1963 e P. A. Baran & P. M. Sweezy, *Monopoly Capital. An Essay on the American Economic of Social Order*. New York: Monthly Review Press, 1966, esp. cap. 7), mas o seu crescimento dez anos após o fim da Guerra Fria foi notável; indicam-no os gastos militares mundiais que, desde 1999, aumentaram: entre 2000 e 2009, cresceram em 48,9% (cf. E. B. Silva Filho e R. F. Moraes, "Dos 'dividendos da paz' à guerra contra o terror: gastos militares mundiais nas duas décadas após a Guerra Fria. 1991-2009". *Texto para discussão*. Rio de Janeiro: IPEA, julho de 2012); cf. ainda M. Chossudovsky, *Guerra e globalização*. São Paulo: Expressão Popular, 2004 e C. Serfati, *La mondialisation armée: le déséquilibre de la terreur*. Paris: Textual, 2011.

À indústria bélica vincula-se à produção (e à venda de serviços) de tecnologia das seguranças *privada e pública*: no capitalismo contemporâneo, verifica-se que o belicismo passa a incluir as políticas de *segurança* em períodos de paz formal e se estende como *negócio capitalista privado* na paz e na guerra, configurando a *militarização da vida social* — cf. F. M. S. Brito, *Acumulação (democrática) de escombros*. Rio de Janeiro: UFRJ, tese de doutoramento/PPGSS, 2010. Evidentemente, tal militarização conecta-se à ampliação da repressão sobre as "classes perigosas", configurando o movimento que Wacquant designou como substituição do Estado de Bem-Estar Social pelo Estado Penal — cf. L. Wacquant, *Punir os pobres: a nova gestão da pobreza nos Estados Unidos*. Rio de Janeiro: Revan/Instituto Carioca de Criminologia, 2002.

Sobre o assalto ao fundo público e seus impactos sobre a política social, cf. os excelentes estudos reunidos em E. Salvador *et al* (Orgs.). *Financeirização, fundo público e política social*. São Paulo: Cortez, 2012, caps. 4 a 8. Sobre a sucção do fundo público pelo grande capital, sabe-se que ela não é fenômeno recente; fenômeno recente — de que as desonerações tributárias dos anos 1980 (R. K.

Roy & A. T. Denzau. *Fiscal Policy Convergence from Reagan to Blair. The Left Veers Right*. London: Routledge, 2004) e as privatizações (A. G. Nasser, "The Tendency to Privatize". *Monthly Review*. New York: Monthly Review Press, v. 54, issue 10, March 2003) foram os primeiros indicadores — é a verdadeira sangria de que o fundo público tem sido objeto, exemplificada pela fantástica injeção monetária no sistema bancário: "Em 2008-2009, um total de 1,45 trilhão de dólares foram canalizados para as instituições financeiras de Wall Street como parte dos pacotes de socorrro de Bush e Obama" (M. Chossudovsky, "The Confiscation of Bank Saving to 'Save the Banks': The Diabolical Bank 'Bain-In' Proposal". *Global Research*. Quebec, 2 April 2013); cf. também o *Comunicado à Imprensa da Comissão Europeia* (06/06/2012), relatando que, entre outubro de 2008 e outubro de 2011, ela aprovou ajudas estatais a favor de instituições financeiras no montante de 4,5 bilhões de euros.

434. Remeto o leitor às minhas "Cinco notas sobre a *questão social*" (cf. *Capitalismo monopolista e Serviço Social*, ed. cit., p. 151-162), nas quais relaciono a "questão social" à *lei geral da acumulação capitalista*, descoberta por Marx e tal como enunciada em 1867 (cf. *O capital. Crítica da economia política*. São Paulo: Boitempo, Livro I, 2013, cap. 23).

435. A que se acoplou, especialmente na Europa dos anos 1990 e por razões inicialmente políticas (a implosão da União Soviética e do "campo socialista"), uma intensa mobilidade espacial, por outra parte verificável noutros quadrantes.

436. Além das fontes citadas na nota 423, há registros abundantes, em todas as latitudes, sobre processos de superexploração do trabalho, pauperização (absoluta e relativa) e concentração de riqueza. Não se modificou o quadro esboçado nos anos 1990 — "Nos países ricos, os dados mostram claramente, desde meados da década de 1970, uma reversão nas tendências, apresentadas no pós-guerra, de aumento dos salários reais, redução das diferenças entre os rendimentos do capital e do trabalho e de maior igualdade dentro da escala de salários" (L. G. M. Beluzzo, *in:* OLIVEIRA. C. A. B. e MATTOSO, J. F. L. (Orgs.) *Crise e trabalho no Brasil. Modernidade ou volta ao passado?* São Paulo: Scritta, 1996, p. 13) —, como se verifica nos dados coletados, para meados da primeira década do século XXI, por Avelãs Nunes (cf. o seu trabalho citado na nota 412, p. 223 e ss). Para a América Latina, cf. C. M. Vilas, *Estado y políticas sociales después del ajuste. Debates y alternativas*. Caracas/México: Nueva Sociedad/UNAM, 1995 e L. T. Soares, *Os custos do ajuste neoliberal na América Latina*. São Paulo: Cortez, 2002. Da África, diz-se que, "nos últimos vinte e cinco anos de neoliberalismo, não se assistiu à recuperação econômica nem ao equacionamento da dívida externa, mas às taxas mais baixas de crescimento econômico e às mais inquietantes disparidades de riqueza e bem-estar" (Steger y Roy, *op. cit.*, p. 174); especificamente no caso da

África do Sul, "a aplicação do modelo neoliberal agravou, apesar da libertação política e da riqueza do país, as desigualdades sociais que a ordem racista institucionalizou" (J. L. Cabaço, *in:* OLIVEIRA, F. de *et al* (Orgs.). *Hegemonia às avessas.* São Paulo: Boitempo, 2010, p. 335). Na Índia, as reformas neoliberais de Singh "aumentaram a distância entre ricos e pobres" (Steger y Roy, *op. cit.*, p. 154). A situação contemporânea da República Popular da China não pode ser discutida aqui — é de notar, contudo, que os dados oficiais chineses apontam que o índice de Gini, no país, em 2012, está na casa de 0,474, bem melhor, por exemplo, que o brasileiro (em 2012, 0,519) e pior que o português (em 2011, 0,342).

437. É de observar a ressignificação da palavra *reforma* no processo de restauração do capital: ela, que, ao longo do século XX, conotou mudanças sociais promotoras da ampliação de direitos, transformou-se em indicador da sua redução/supressão (com lucidez, a investigadora Elaine Behring anotou que, de fato, nos últimos anos do século passado o que veio se publicitando como reforma é, antes de mais, *contra*-reforma).

438. Mas não se deve esquecer que as primeiras experiências prático-sociais do chamado neoliberalismo tiveram o seu laboratório no Chile, depois de setembro de 1973, sob a ditadura genocida de Pinochet.

439. Vale recorrer, entre outros, sobre relações laborais, a M. R. Nabuco e A. Carvalho Neto (Orgs.). *Relações de trabalho contemporâneas.* Belo Horizonte: IRT/PUC, 1999; E. M. Wood *et al* (Eds.). *Rising from the Ashes? Labor in the Age of "Global" Capitalism.* New York: Monthly Review Press, 1999; B. R. Moraes Neto, *Século XX e trabalho industrial: taylorismo/fordismo, ohnoísmo e automação em debate.* São Paulo: Xamã, 2003; K. Doogan, *New Capitalism? The Transformation of Work.* Cambridge: Polity Press, 2009; acerca dos sistemas previdenciários, a P. Pierson (Ed.). *The New Politics of the Welfare State.* Oxford: Oxford University Press, 2001; J. Adelantado (Ed.). *Cambios en el Estado de Bienestar.* Barcelona: Universidad Autónoma de Barcelona, 2002; OIT, *Social Security: A New Consensus.* Geneva: OIT, 2003; B. Palier, *Gouverner la sécurité sociale.* Paris: PUF, 2005; M. A. Orenstein, *Privatizing Pensions. The Transnational Campaing for Social Security Reform.* Princeton: Princeton University Press, 2008; *International Social Security Review.* Geneva: ISSA, v. 63, n. 2, May 2010; sobre a privatização dos sistemas previdenciários, cf. as concepções radicalmente diversas de F. A. F. D. Barreto, *Três ensaios sobre reforma de sistemas previdenciários.* Rio de Janeiro: FGV, tese de doutoramento/EPGE, 1997 e S. A. Granemann, *Para uma interpretação marxista da previdência privada.* Rio de Janeiro: UFRJ, tese de doutoramento/ESS, 2007.

440. Cf. J. M. M. Pereira, "O Banco Mundial e a construção político-intelectual do 'combate à pobreza'". *Topoi.* Rio de Janeiro: UFRJ, v. 11, n. 21, julho-dezembro de 2010.

441. Estudo exemplar dessa "filantropia empresarial", referido especificamente ao Brasil, mas de amplo alcance, é o de M. J. Cesar, *"Empresa cidadã". Uma estratégia de hegemonia*. São Paulo: Cortez, 2008.

442. Esta notação crucial vale tanto para as várias propostas europeias como para as outras tantas latino-americanas. Quando concretizadas em programas governamentais — e o têm sido especialmente desde meados dos anos 1980 —, tais propostas apresentaram, em muitos casos, alguns resultados positivos (seja em termos emergenciais, seja em termos menos imediatos, implicando pequenas reduções percentuais em indicadores como o índice de Gini). Há incontável literatura acadêmica sobre os impactos desses programas, impossível de ser relacionada aqui mesmo em pequeniníssima amostra — em todos os países onde se implementaram tais programas, eles foram objeto de investigadores qualificados (por exemplo: em Portugal, Alfredo Bruto da Costa; na França, Serge Paugan; no Brasil, Lena Lavinas e Maria Ozanira Silva e Silva; na Argentina, R. M. Lo Vuolo; no México, Yuriko Takahashi; nos Países Baixos, Y. Vanderborght; na Itália, D. Benassi e E. Mingione; na Europa Nórdica, Reino Unido e Alemanha, B. A. Gustafsson, H. Uusitalo e C. Behrendt).

Na Europa (e não só), sabe-se, tem apelo a "ideia simples e forte" (tal como a caracterizou um de seus teóricos, o belga Philippe Van Parijs) da *renda básica* — criticada por estudiosos de posições muito diversas (cf., p. ex., as intervenções de A. Przeworski, J. Elster e A. Nove *in Zona Abierta*. Madrid: Fund. Pablo Iglesias, n. 46-47, enero-junio de 1988) e assumida por R. Van der Veen & L. Groot (Eds.). *Basic Income on the Agenda: Policy Objectives and Political Chances*. Amsterdam: Amsterdam University Press, 2000; cf. também a documentação da *Basic Income Earth Network* (existente desde 2004 e continuadora da *Basic Income European Network*, criada em 1986).

443. Cf., para o seu custo em relação ao PIB, na América Latina, os dados de 2009 (os mais altos equivaliam a 0,4% do PIB) sintetizados por I. Boschetti *in:* E. Salvador *et al* (Orgs.). *Financeirização, fundo púlico e política social*, ed. cit., p. 51.

444. O texto completo do documento, subscrito por 191 Estados-membros, foi publicado em português — cf. *Nações Unidas. Declaração do Milénio. Cimeira do Milénio (Nova Iorque, 6-8 de setembro de 2000)*. Lisboa: United Nations Information Center, 2001. Lembre-se que, uma década depois, a Comissão Europeia propôs 2010 como "Ano Europeu de Combate à Pobreza e à Exclusão Social" (a que se seguiu, em 2011, o "Ano Europeu do Voluntariado").

Permito-me aqui uma referência de caráter pessoal. Coube-me a mim a conferência de abertura da *33ª Conferência Mundial de Escolas de Serviço Social* (Santiago do Chile, 28-31/08/2006), na qual sustentei que os *objetivos do milênio* não seriam alcançados (cf. o texto da conferência em *Em Pauta. Revista da Faculdade de Serviço Social da Universidade do Estado do Rio de Janeiro*. Rio de Janeiro: UERJ/Revan, n. 19, 2007, p. 135-170); debatedor da minha intervenção, jovem economista chileno muito aclamado e obviamente formado nos cânones da Escola de Chicago, debitou minhas afirmações à conta da "ideologia". Pois bem: anos depois, constato que especialista reconhecido mundialmente, que prestou relevantes serviços à ONU, afirma de forma categórica sobre o mais prioritário dos *objetivos do milênio* ("Reduzir para a metade, até ao ano 2015, a percentagem de habitantes do planeta com rendimentos inferiores a um dólar por dia e a das pessoas que passam fome [...]"): "Esse objetivo, evidentemente, não será alcançado" (J. Ziegler, *Destruição em massa*, ed. cit., p. 37). Como veremos na próxima frase, o Banco Mundial, agora, adia a meta para 2030...

445. C. P. Pereira e M. C. A. Siqueira oferecem uma bela síntese dos traços mais pertinentes desse redimensionamento no artigo "As contradições da política de assistência social neoliberal", inserido em I. Boschetti *et al* (Orgs.). *Capitalismo em crise, política social e direitos*. São Paulo: Cortez, 2010.

446. A ideológica satanização do Estado e a glorificação ingênua da "sociedade civil", bem próprias dos quadros ideológicos dominantes na atualidade, têm muito a ver com a consideração acrítica da função das chamadas *organizações não governamentais* (ONGs) e do também chamado *terceiro setor*. Para um tratamento sério e rigoroso de ambos, cf., entre muitas fontes, os estudos de James Petras referidos às ONGs (um deles contido em *Neoliberalismo: América Latina, Estados Unidos e Europa*. Blumenau: FURB, 1999) e C. Montaño, *Terceiro setor e questão social. Crítica ao padrão emergente de intervenção social*. São Paulo: Cortez, 2002.

Investigação interessante a desenvolver seria aquela que perquirisse o papel das ONGs no processo de *precarização* das condições de trabalho dos assistentes sociais (e não só destes profissionais).

447. Cf., a propósito, a contribuição de P. A. P. Pereira e R. Stein ao volume, citado na nota 445, *Capitalismo em crise, política social e direitos*.

448. Paradigmáticas da equívoca crença na panaceia alquímica da "solidariedade" são as várias propostas da "Economia Solidária" (ou "Economia Social"). Um exame rigoroso dos fundamentos dessas propostas encontra-se em WELLEN, H. *Para a crítica da "economia solidária"*. São Paulo: Outras Expressões, 2012; cf. também NEVES, D. *A recepção da Economia Solidária no Serviço Social*. Rio de Janeiro: UFRJ, tese de doutoramento/PPGSS, 2010.

449. A "refilantropização" referida à assistência foi mencionada pela primeira vez, ao que sei, por uma das autoras brasileiras mais qualificadas no trato da assistência social, Maria Carmelita Yazbek (cf. o seu artigo "A política social brasileira nos anos 90: a refilantropização da questão social". *Cadernos ABONG-CNAS. Subsídios à I Conferência Nacional de Assistência Social*. São Paulo/Brasília:

ABONG-CNAS, 1995). Para uma análise dos limites da assistência como política social, cf. A. E. Mota (Org.). *O mito da assistência social. Ensaios sobre Estado, política e sociedade.* São Paulo: Cortez, 2008. Vale, também, recorrer ao breve artigo de M. P. Rodrigues, "Assistência *x* assistencialização". *Em foco.* Rio de Janeiro: CRESS-RJ, n. 5, março de 2009.

450. Não é casual a generalizada tendência ao encurtamento do tempo de formação acadêmica (enxugamento dos planos de estudos, dos currículos etc.), inclusive da pós-graduação e, mesmo, da substituição do ensino presencial pelos mecanismos da chamada "educação à distância". A "refilantropização da assistência", ademais, abre a via à *desprofissionalização* na implementação/execução das políticas sociais, de que um índice é o apelo ao *voluntariado* (sobre este ponto, cf. J. M. Araujo, *Voluntariado: na contramão dos direitos sociais.* São Paulo: Cortez, 2008).

451. O erudito e detalhado estudo da chilena Teresa Matus (*Punto de fuga. Imágenes dialécticas de la crítica en el Trabajo Social Contemporáneo.* Rio de Janeiro: UFRJ, tese de doutoramento/PPGSS, 2012), trabalhando com a mais recente bibliografia crítica internacional, permite esta inferência (que, seja dito *en passant*, não me parece compartilhada pela autora). No seu estudo, Matus analisa as expressões mais contemporâneas e diferenciadas da elaboração contemporânea, dentre elas a "proposta pós-estrutural de Karen Healy", "as leituras foucaultianas no Serviço Social", "as práticas antiopressivas" e o "Serviço Social baseado na evidência" — tematizando autores hoje muito expressivos no debate profissional (dentre os quais L. Dominelli, B. Burke e P. Harrison, M. Autès, S. Karsz, G. Sanhueza). O esforço analítico de Matus, ainda que se possa discordar das suas teses (e estou entre os que discrepam de muitas delas), merece particular atenção.

452. Perspectiva que, ao que me parece, sofre direta influência do pensamento inspirado em M. Foucault (cf. A. Chambon & A. Irving, eds., *Reading Foucault for Social Work.* New York: Columbia University Press, 2007). O exílio da categoria de *exploração* nas análises profissionais (exílio que, por outra parte, refrata a ambiência *ideológica* hoje dominante nas ciências sociais acadêmicas) é verificável praticamente na totalidade da teorização europeia mais avançada e mais pretensamente renovadora.

453. GULLAR, Ferreira. *Poema sujo.* Rio de Janeiro: Civilização Brasileira, 1976.

454. As categorias de *singularidade*, *particularidade* e *universalidade* são empregadas aqui com as mesmas acepções desenvolvidas por Lukács na sua *Estética I*.

455. Por *refração lírica* denoto a dialética da *dupla mimese* que se processa também na mentação lírica — Lukács avançou a noção de *dupla mimese* especialmente para pensar a música (cf. G. Lukács, *Estética I.* Barcelona/México: Grijalbo, v. 4, p. 7-82, 1967).

456. Para o estudo crítico, pouco importa a consciência que o artista tenha ou não consciência dessa dialética — recorde-se o *motto* de velho sábio alemão: "Não o sabem, porém o fazem".

457. A mentação aí paralisada pode, é claro, tornar-se a base para uma ulterior retomada da práxis poética; mas, neste caso, o processo *recomeça*.

458. Cf. "O significado de Lima Barreto em nossa literatura", *in:* COUTINHO, Carlos Nelson. *Cultura e sociedade no Brasil. Ensaios sobre ideias e formas.* São Paulo: Expressão Popular, 2011.

459. A observação do historiador do modernismo aparece na parte interna da capa do volume do *Poema sujo.*

460. Aliás, uma pesquisa ampla veria no *Poema sujo* uma verdadeira súmula da poética nacional: retoma linhas já preexistentes no romantismo, utiliza-se de certos recursos aprofundados pelo concretismo, recupera caracteres rítmicos do cancioneiro popular etc.